# OEUVRES

## DE

# PROSPER MÉRIMÉE

## OUVRAGES DU MÊME AUTEUR

PUBLIÉS DANS LA BIBLIOTHÈQUE-CHARPENTIER

A 3 FR. 50 LE VOLUME

Chronique du Règne de Charles IX, suivie de la Double méprise, la Guzla, etc., etc . . . . . . . . . . . . . . . . . . . . 1 vol.
Colomba, suivie de la Mosaïque et autres Contes et Nouvelles. 1 vol.
Histoire de don Pèdre I$^{er}$, roi de Castille. . . . . . . . . 1 vol.

# PROSPER MÉRIMÉE

DE L'ACADÉMIE FRANÇAISE

## THÉATRE
DE
# CLARA GAZUL

COMÉDIENNE ESPAGNOLE

SUIVI DE

## LA JAQUERIE
ET DE
## LA FAMILLE CARVAJAL

PARIS

CHARPENTIER ET Cie, LIBRAIRES-ÉDITEURS

28, QUAI DU LOUVRE

1874

# PROSPER MÉRIMÉE
DE L'ACADÉMIE FRANÇAISE

## THÉÂTRE
DE
## CLARA GAZUL
COMÉDIENNE ESPAGNOLE

SUIVI DE
## LA JAQUERIE
ET DE
## LA FAMILLE CARVAJAL

PARIS
CHARPENTIER ET Cⁱᵉ, LIBRAIRES-ÉDITEURS
28, QUAI DU LOUVRE

1874

# THEATRE

DE

# CLARA GAZUL

COMÉDIENNE ESPAGNOLE

> Pensaran vuestras mercedes ahora que es poco trabajo hinchar un perro.
> 
> MIGUEL DE CERVANTES.

# NOTICE

## SUR CLARA GAZUL

---

C'est à Gibraltar, où j'étais en garnison avec le régiment suisse de Watteville, que je vis pour la première fois mademoiselle Gazul. Elle avait alors quatorze ans (1813). Son oncle, le licencié Gil Vargas de Castañeda, commandant d'une guerrilla andalouse, venait d'être pendu par les Français, en laissant doña Clara confiée à la tutelle du père Fray Roque Medrano, son parent, et inquisiteur au tribunal de Grenade.

Ce vénérable personnage avait défendu à sa pupille de lire d'autres livres que ses Heures ; et, pour rendre sa défense plus efficace, il avait fait brûler tous les volumes que le pauvre licencié Gil Vargas avait légués à sa nièce. De là vient, je crois, la haine de l'auteur pour ces membres d'un ordre religieux que la sagesse du roi d'Espagne vient de supprimer. J'avais dans mon petit bagage trois ou quatre volumes dépareillés ; je les donnai à Clara, et ce cadeau, qui lui parut fort précieux, commença notre connaissance. — Je l'ai toujours cultivée avec soin pendant le long séjour que je fis en Espagne, après la guerre de l'indépendance; et plus qu'un autre je suis en état de démêler la vérité d'une foule de mensonges que l'on débite dans son pays sur le compte de cette femme singulière.

On ne sait presque rien de ses premières années. Voici cependant ce que je tiens d'elle-même. Un soir que nous fumions, serrés autour de son *brasero*, un curé qui se trouvait parmi nous lui demanda où et de qui elle était née ; sur quoi Clara, qui était en humeur conteuse, nous conta l'histoire suivante, que je suis loin de garantir.

« Je suis née, nous dit-elle, sous un oranger sur le bord d'un
« chemin, non loin de Motril, dans le royaume de Grenade. Ma
« mère faisait profession de dire la bonne aventure. Je l'ai suivie,
« ou plutôt elle m'a portée sur son dos jusqu'à l'âge de cinq ans.
« Alors elle me mena chez un chanoine de Grenade (le licencié

« Gil Vargas), lequel nous reçut avec de grandes démonstrations
« de joie. Ma mère me dit : « Saluez votre oncle. » Je le saluai.
« Elle m'embrassa, et partit à l'instant. Je ne l'ai jamais vue de-
« puis. »

Et, pour arrêter nos questions, doña Clara prit sa guitare et
nous chanta la chanson de la bohémienne : *Cuando me parió mi
madre la gitana.*

Quant à sa généalogie, elle s'en est fabriqué une à sa manière.
Bien loin de se prétendre issue de vieux chrétiens, elle se dit de
sang moresque et arrière-petite-fille du tendre Maure Gazul, si
fameux dans les vieilles romances espagnoles. Quoi qu'il en soit,
l'expression un peu sauvage de ses yeux, ses cheveux longs et d'un
noir de jais, sa taille élancée, ses dents blanches et bien rangées,
et son teint légèrement olivâtre, ne démentent pas son origine.

Quand la tranquillité fut rétablie dans le sud de l'Espagne,
doña Clara et son tuteur revinrent habiter Grenade. Ce tuteur
était une espèce de cerbère, grand ennemi des sérénades. A peine
un barbier faisait-il résonner sa mandoline fêlée, que Fray Roque,
voyant partout des amants, grimpait à la chambre de sa pupille,
lui reprochait amèrement le scandale que causait sa coquetterie,
et l'exhortait à faire son salut en entrant au couvent (probablement il l'engageait aussi à renoncer en sa faveur à la succession
du licencié Gil Vargas). Enfin il ne la quittait qu'après s'être
assuré que les verrous et les barres de sa fenêtre lui répondaient
de sa sagesse.

Un jour il monta si doucement dans la chambre de Clara, qu'il
la surprit écrivant, non une comédie, elle n'en faisait pas encore,
mais le plus passionné des billets doux. La colère du révérend
père fut proportionnée au délit : la coupable fut enfermée dans
un couvent.

Quinze jours après son entrée au cloître, elle en disparut en
escaladant les murs, et pendant trois mois elle échappa à toutes
les recherches.

Au bout de ce temps, Fray Roque apprit avec horreur que la
timide colombe confiée à ses soins venait de débuter avec succès
au Grand Théâtre (*Teatro Mayor*) de Cadiz, dans le rôle de doña
Clara, de la *Mojigata.*

Il quitta Grenade, se disposant à venir l'arracher de l'asile singulier qu'elle avait choisi. Les amateurs de scandale se réjouis-
saient en pensant au procès futur entre un inquisiteur et un
directeur de théâtre, quand un accès de goutte remontée priva le
Saint-Office d'un membre zélé, et Clara d'un tuteur incommode.

On a supposé bien des motifs pour son entrée au théâtre. Les
uns l'attribuent à un goût naturel pour la profession d'acteur ;

d'autres à une inclination pour le *joven galan*[1] du Grand Théâtre ; d'autres enfin veulent que la pauvreté ait décidé Clara à se faire comédienne.

Quelque temps avant l'insurrection des troupes cantonnées dans l'île de Léon, doña Clara avait recueilli l'héritage de son oncle, et sa maison était le rendez-vous de tous les beaux-esprits et de tous les constitutionnels de Cadiz. Sa réputation d'exaltée pensa lui coûter cher lors du massacre du 10 mars. Un des *leales de Fernando Sétimo*, la rencontrant dans la rue, avait levé son sabre pour lui fendre la tête, lorsqu'un de ses camarades l'arrêta en lui disant : « Ne vois-tu pas, imbécile, que c'est la Clarita, qui « nous a fait tant rire dans la *sainete* de la *Gitana?* — Oui, dit « l'autre, mais c'est une ennemie de Dieu et du roi. — N'importe, « répondit son camarade, je veux la voir encore jouer la *Gitana*. » Et il la sauva ainsi.

Les jours suivants, Clara parut sur la scène avec la cocarde nationale, et chanta des hymnes patriotiques avec tant de grâce qu'elle fit tourner la tête aux *serviles* eux-mêmes. Tous les officiers du corps de Quiroga en avaient fait la dame de leurs pensées.

Deux jeunes officiers du bataillon d'Amérique se prirent de querelle à son sujet. Elle avait donné à l'un d'eux une cocarde de rubans verts faite de ses propres mains, et l'autre, disait-on, avait voulu l'enlever à son camarade. Les deux rivaux sortirent pour se battre. Clara l'apprit, et se rendit aussitôt sur le champ de bataille. On n'a jamais su de quel moyen elle s'était servie pour calmer leur fureur. Ce qu'il y a de certain, c'est qu'elle rentra le soir dans Cadiz, donnant le bras aux deux militaires réconciliés, qu'elle les mena souper chez elle, et que jamais querelle ne vint depuis troubler leur amitié.

Sa réputation littéraire commença par la petite pièce intitulée : UNE FEMME EST UN DIABLE. Le public ignorait complétement le sujet de la comédie, et l'on peut juger de la surprise d'un parterre espagnol qui voyait pour la première fois sur les planches des inquisiteurs en grand costume. Cette bluette eut un succès fou ; c'étaient des écoliers qui voyaient fesser leur régent.

Cependant les cagots qui commençaient à se rallier crièrent au scandale. Trois ou quatre duchesses ou marquises, désespérées de voir leurs salons désertés pour celui de doña Clara, obligèrent leurs maris à faire des plaintes au gouvernement. Mais Clara avait aussi des protections puissantes. La comédie ne fut point défendue, et l'on se contenta d'y ajouter, pour la morale, le prologue que nous donnons en tête de la traduction. Clara se proposait de faire

---

[1] Jeune premier.

représenter la seconde partie d'UNE FEMME EST UN DIABLE ; mais son confesseur, aumônier du régiment de la Constitution, en fut tellement choqué, qu'il obtint d'elle que ce petit ouvrage serait jeté au feu.

Depuis ce moment sa réputation ne fit qu'augmenter, et ses comédies se succédèrent rapidement jusqu'à sa fuite en Angleterre, lors de la restauration. Cependant, comme elles n'ont été imprimées qu'en 1822, et qu'elles ne furent jouées qu'assez tard sur le théâtre de Madrid, on n'en connaissait presque rien à Paris, où depuis quelque temps on semble rechercher les ouvrages étrangers.

On avait fait à Cadiz une édition de ses OEuvres complètes en deux volumes petit in-quarto; mais, aussitôt après la déconfiture des constitutionnels, les juntes royalistes se hâtèrent de la mettre à l'index. Aussi l'original est-il extrêmement rare. La traduction que nous donnons aujourd'hui peut être considérée comme très-fidèle, ayant été faite en Angleterre sous les yeux de doña Clara, qui a même eu la bonté de me donner une de ses pièces inédites pour joindre à son recueil. C'est la dernière du volume, LE CIEL ET L'ENFER, qui n'a été représentée qu'à Londres et sur un théâtre de société.

JOSEPH L'ESTRANGE.

1825.

LES

# ESPAGNOLS EN DANEMARCK

### COMÉDIE EN TROIS JOURNÉES

> Que el orbe se admire,
> Y en nosotros mire
> Los hijos del Cid.

## AVERTISSEMENT

« Le marquis de La Romana, général espagnol, naquit dans l'île de Majorque, d'une famille illustre, et était neveu du célèbre général Ventura Caro.

« Son éducation fut très-soignée. Il possédait plusieurs langues, et montrait pour les sciences une passion et une aptitude dont les armes changèrent bientôt la direction. Il fit, avec son oncle, la campagne de 1793 contre les Français, et se distingua dans plusieurs occasions, entre autres à la défense du poste de Biriatori; plus tard il fut blessé. En 1795, il concourut à la défense de la Catalogne. La paix lui permettant de voyager, il vint d'abord en France, et parcourut ensuite les principales villes de l'Europe.

« En 1807, l'empereur Napoléon ayant obtenu du roi Charles IV 15,000 hommes pour seconder dans le Nord les opérations de son armée, le marquis de La Romana en prit le commandement. Aussitôt après l'arrivée de ces troupes à leur destination, plusieurs corps entrèrent en ligne, et rendirent d'importants services. La cavalerie surtout eut des engagements très-brillants avec l'ennemi.

« Le marquis de La Romana était encore sous les drapeaux français dans l'île de Fionie, lorsqu'il apprit les événements de Madrid du 2 mai 1808, et en même temps que les projets de Napoléon sur le trône d'Espagne avaient cessé d'être un mystère. Le marquis de La Romana résolut de rentrer dans sa patrie, et de se réunir aux défenseurs de l'indépendance nationale ; mais il fallait négocier avec les envoyés espagnols à Londres et avec le gouvernement anglais à l'insu du prince de Ponte-Corvo, aujourd'hui roi de Suède, commandant en chef de l'armée française. Il y parvint au moyen du capitaine de vaisseau don Rafael Lobo, qui faisait partie de l'escadre anglaise dans la Baltique, et il fit embarquer secrètement toutes ses troupes, ne laissant que quelques centaines d'hommes en Zélande et en Jutland, lesquels furent bientôt entourés et désarmés par les troupes danoises.

« De retour en Espagne, le marquis de La Romana se joignit aux insurgés. Ses talents et son courage ne purent éviter à son parti de nombreuses défaites. Celle d'Espinosa fut des plus désastreuses. Néanmoins il ne perdit pas courage. Vers la fin de 1808, il rallia les corps dispersés dans le royaume de Léon, et en forma l'*armée de gauche*. Au commencement de 1809, il eut une affaire très-vive avec un des corps français qui poursuivaient l'armée anglaise, alors en pleine retraite. Il disputa le terrain avec la plus grande valeur, mais il perdit ses meilleures troupes. Les Anglais parvinrent enfin à se rembarquer ; le marquis de La Romana se replia sur la province d'Orense, où il prit position, ce qui lui permit d'entraver les opérations de l'armée française en la harcelant journellement dans sa marche. C'est en suivant ce système qu'il s'empara de Villa-Franca et passa dans les Asturies, où il continua le même genre d'attaques. La province de Valence le nomma membre de la junte de Séville. Il quitta alors son commandement militaire, et se rendit à sa nouvelle destination. Son expérience et ses lumières furent justement appréciées par ses collègues, et il contribua puissamment à toutes les mesures importantes qui furent prises à cette époque. En 1810, par suite de l'entrée des Français en Andalousie et du départ de Séville de la junte, il alla prendre le commandement de l'armée stationnée sur les bords de la Guadiana, puis fit sa jonction avec le duc de Wellington, lorsque ce général se retira dans les lignes de Torres-Vedras.

« La Romana défendit ensuite avec le général Hill la rive gauche du Tage, dont le maréchal Masséna, malgré ses habiles manœuvres, ne put s'emparer. Sa santé s'était beaucoup affaiblie par les fatigues de la guerre, et il mourut à Cartaxo, en Portugal, le 28 janvier 1811.

« Ses compatriotes et les Français eux-mêmes rendaient justice à sa bravoure, à ses talents et à sa loyauté. Les premiers l'ont placé au rang de leurs généraux modernes les plus distingués. »

(*Biographie nouvelle des Contemporains.*)

# PROLOGUE

**PERSONNAGES DU PROLOGUE :**

UN GRAND.  
UN CAPITAINE.  
UN POÈTE.  
CLARA GAZUL.

*La loge de Clara Gazul.*

## UN GRAND, UN CAPITAINE, UN POÈTE, CLARA.

LE GRAND. Enfin vous êtes habillée !

LE POÈTE. Et toujours jolie comme un ange.

LE CAPITAINE. Eh quoi ! sans basquina et sans mantilla² ?

CLARA. C'est que je n'ai pas à jouer un rôle espagnol.

LE CAPITAINE. Tant pis !

LE GRAND. Qu'est-ce que l'auteur ?

CLARA. Je ne sais.

LE POÈTE. Toujours discrète ! Ah ! que nous vous avons d'obligations, nous autres pauvres auteurs ! *Ils s'asseyent tous.*

CLARA. Voilà qui est bien, messieurs ! Vous vous asseyez ici, comme si vous aviez envie de passer la soirée dans cette loge. — Excellentissime seigneur, si vous vous mettez dans un fauteuil, vous allez vous endormir et manquer la comédie.

LE GRAND. Vous savez bien que je ne viens jamais qu'à la seconde journée.

LE POÈTE. Oh ! j'espère que la pièce nouvelle est divisée en actes.

CLARA. C'est ce qui vous trompe. Mais la comédie en reste-t-elle plus mauvaise ?

LE POÈTE. Hé ! elle n'en devient pas meilleure. — D'abord le titre n'a pas le sens commun, puisque jamais Espagnols, que je sache, n'ont été en Danemarck. N'est-ce pas, excellence ?

LE GRAND. Est-ce que du temps des guerres de Pavie ?.... Sous le Grand Capitaine... — Ils se seront peut-être avisés de traverser... Il me semble qu'il n'y a pas grand'chose à traverser... pour aller en Danemarck... Hein, seigneur licencié ?

LE POÈTE s'inclinant Sans doute. — Mais la route la plus directe...

LE CAPITAINE. Vous dites, seigneur licencié, que les Espagnols ne sont jamais allés en Danemarck? Eh! n'y suis-je pas allé, moi, avec le grand marquis de La Romana? et n'ai-je pas manqué, vive Dieu! d'y laisser mon nez? Je l'ai eu gelé, parbleu! qu'on l'aurait pris pour un morceau de glace.

CLARA. Bravo, capitaine! vous avez deviné le sujet de la comédie.

TOUS. Quoi! le marquis de La Romana!

CLARA. Précisément.

LE CAPITAINE. Eh bien, morbleu! la comédie doit être excellente, c'est moi qui vous le dis. Le marquis était un grand homme. — Il a organisé chez nous la guerre des Quadrilles[1], qui a chassé les Français de notre vieille Espagne.

LE GRAND. Appeler La Romana un grand homme! Il était d'une injustice!... Il n'a pas voulu seulement me donner un régiment à commander... à moi!

LE POÈTE. Mais c'est impossible de faire une comédie sur des gens qui sont à peine morts.

CLARA. A peine morts!... Plût au ciel que le pauvre marquis ne fût pas tout à fait mort!

LE CAPITAINE. Vive Dieu! je me souviens encore du jour où nous rencontrâmes en Galice[3] nos anciens alliés de Pologne. Nous avions l'air de tomber des nues... Malheureusement La Romana n'était pas avec nous... et...

LE GRAND. Dites-nous un peu, Clarita, qu'est-ce que chante cette comédie?

CLARA. Patience, et vous verrez.

LE POÈTE. Sur ce pied-là, la comédie commence en Danemarck et finit à Espinosa en Galice. — Le trajet est court... — Mais messieurs les romantiques ont des voitures si commodes!

CLARA. Vous ne savez ce que vous dites. Toute la pièce se passe dans l'île de Fionie.

LE CAPITAINE. Oui, justement, l'île de Fionie; c'est là que j'ai manqué de laisser mon nez en gage.

LE POÈTE. Et... les unités?

CLARA. Ma foi! je ne sais pas ce qu'il en est. Je ne vais pas m'informer, pour juger d'une pièce, si l'événement se passe dans vingt-quatre heures, et si les personnages viennent tous dans le même lieu, les uns comploter leur conspiration, les autres se faire assassiner, les autres se poignarder sur le corps mort, comme cela se pratique de l'autre côté des Pyrénées.

LE GRAND qui n'a entendu que la fin de la phrase. En vérité? les Français s'entr'égorgent-ils de cette manière? Pourtant, lorsque j'étais en France, jamais je n'ai rien vu de semblable, et certainement je connaissais tout le monde à Paris.

LE POÈTE à part. Il est d'une bêtise! Faut-il qu'un homme comme moi en soit réduit à faire des vers pour un homme comme lui! (Haut.) Mais pour en revenir à nos unités...

LE CAPITAINE. Allons, monsieur le licencié, qu'est-ce que cela vous fait, qu'il y ait de l'unité ou qu'il n'y en ait pas? Mais vous êtes toujours à éplucher les autres.

LE POÈTE. Ce que j'en fais, c'est seulement dans l'intérêt de l'art. Qu'il serait à désirer que nous imitassions nos voisins les Français!...

LE CAPITAINE. Non, non! en rien! excepté dans la charge en douze temps, qu'ils font avec plus d'élégance que nous.

LE GRAND. Et dans leur respect pour la noblesse! en France, c'est toujours à un grand seigneur que l'on donne les ministères; tandis que chez nous maintenant [5]...

CLARA. Sans doute, et voilà qui est criant... Cette maudite constitution!... Un ministère vous irait si bien!

LE GRAND. Pourquoi pas? N'ai-je pas de la naissance et des talents politiques? — Demandez au seigneur licencié... il s'y connaît.

LE POÈTE. Nous n'avons pas de famille plus ancienne que celle de votre excellence.

LE CAPITAINE. Morbleu! vive l'égalité! il y a bien assez longtemps que je suis capitaine; faut-il encore qu'un blanc-bec de grand seigneur vienne m'enlever mes galons de colonel, que j'attends depuis si longtemps?

LE GRAND. Capitaine, capitaine!... ce n'est pas à un guerrilléro... [6]

CLARA. Ne vous disputez pas, messieurs, ou je vous mets tous à la porte. — Mais vous allez entendre la pièce nouvelle, qui, je l'espère, vous mettra tous d'accord. Vous, excellentissime seigneur, vous vous intéresserez à un noble marquis.—Vous, capitaine, votre héros sera l'aide-de-camp de La Romana, qui porte un nom cher à tous les Espagnols...

LE CAPITAINE. Et quel nom? J'ai connu un aide-de-camp de La Romana qui avait gagné ses galons dans les antichambres de Godoy.

CLARA. Le nom de votre héros, capitaine, est don Juan Diaz...

LE CAPITAINE. Don Juan Diaz Porlier[1]? Vive Dieu! El marquesito?

CLARA. Je ne dis pas cela, mais il s'appelle Juan Diaz..... Vous, seigneur licencié, qui aimez tout ce qui est français, je vais vous charmer en vous apprenant que l'héroïne est une Française.

LE POÈTE. Comment! une Française en Danemarck? Qu'y vient-elle faire?

LE GRAND. La Romana était de tous les hommes le plus injuste : la comédie doit être mauvaise.

LE CAPITAINE. Au diable la pièce et l'auteur, si la dame est Française!

CLARA. Eh bien! pas un de vous n'est content? Certes, je joue de malheur. Comment! capitaine, vous n'applaudirez pas votre général?

LE CAPITAINE. Oui, si l'on y dit beaucoup de mal des Français.

CLARA. Et vous, seigneur Escolástico,... puisqu'il y a des Français dans la pièce?

LE POÈTE. A la bonne heure, si c'étaient des gens morts depuis quatre cents ans au moins.

CLARA. Et s'ils n'étaient morts que depuis trois cent cinquante ans, est-ce que la comédie ne pourrait pas être bonne?

LE POÈTE. C'est difficile.

CLARA. Alors elle deviendra bonne avec le temps. Oh! que je voudrais revenir dans quatre cents ans pour la voir applaudir! — Et vous, excellence, applaudissez, je vous en prie un marquis espagnol.

LE GRAND. Une famille qui m'a volé sept de mes noms!

CLARA. Que le diable vous emporte tous! (Au public.) Vous, messieurs, vous êtes des gens raisonnables, écoutez avec indulgence la pièce nouvelle, l'auteur se recommande à vous.

# LES ESPAGNOLS EN DANEMARCK

---

#### PERSONNAGES DE LA COMÉDIE :

Le marquis de LA ROMANA.
Don JUAN DIAZ [1].
Le Résident français dans l'île de Fionie.
Charles LEBLANC, officier français.
WALLIS, officier anglais.
L'Hôte de l'auberge des Trois-Couronnes.
Madame de TOURVILLE, ou madame Leblanc.
Madame de COULANGES, ou mademoiselle Leblanc.

*La scène est dans l'île de Fionie, en 1808.*

---

## PREMIÈRE JOURNÉE.

### SCÈNE PREMIÈRE.

**Le cabinet du Résident.**

On entend une musique militaire espagnole dans le lointain.

#### LE RÉSIDENT seul.

La, la, la ; au diable leur chienne de musique ! — La parade est finie. Je n'aime pas à me trouver au milieu de ces vieux soldats basanés. (Regardant à la fenêtre.) Ah ! voilà le général La Romana qui rentre chez lui ; reposons-nous. Dieu ! quel rude métier ! Mes instructions m'obligent à me trouver sans cesse avec leurs officiers. — Je viens encore de me promener une heure durant avec eux... Pouah ! mes habits sentent le tabac à faire évanouir. — A Paris, j'en aurais pour six semaines avant d'oser me montrer... mais dans l'île de Fionie, dans ce barathrum, on n'est pas si délicat. (Il s'assied.) Ouf ! Ils me faisaient presque peur avec leurs longues moustaches et leurs yeux noirs et farouches. C'est qu'ils ne paraissent pas nous aimer beaucoup, nous autres Français... et ces diables d'Espagnols sont tellement ignorants !... Ils ne peuvent comprendre comment notre grand monarque ne veut que leur bonheur en leur donnant pour roi son auguste frère... Ils trouvent l'île un peu froide... Parbleu ! et moi aussi. — Je paye bien cher l'honneur que rapporte une mission comme la mienne... Morbleu ! quand je me lançai dans la diplomatie, je m'imaginais qu'on allait m'envoyer d'abord à Rome ou à Naples, dans un pays de bonne compagnie enfin... — Je vais solliciter le ministre... dans la conversation j'ai le malheur de dire que je sais l'espagnol. — « Vous savez l'espagnol ? me dit-il. » — Me voilà ravi. — En rentrant chez moi, je trouve des passe-ports et des instructions ; — c'est pour Madrid, à ce que je crois... — Pas du tout... pour la division espagnole de La Romana dans l'île de Fionie !... l'île de Fionie ! Bon Dieu ! qu'ils doivent être étonnés à Paris de me savoir dans l'île de Fionie !... Avec cela, on me fait trotter deçà, delà, comme si j'étais un militaire. Encore si j'étais en Danemarck avec l'armée du prince [7], je trouverais des Français à qui parler. — Mais, hélas ! il faut que je reste ici avec un tas d'Espagnols... des Danois, des Hanovriens, des Allemands... tant qu'on en veut. Tous ces braves gens-là s'aiment comme chiens et chats. Il faut les espionner, les amuser, leur parler le langage de la raison, de la nature et de la civilisation, comme mes instructions me le prescrivent... C'est, ma foi, difficile... Ils ne veulent pas se mettre dans la tête que les Anglais avec leur sucre sont leurs ennemis mortels. Ils voudraient prendre du café des îles et cent autres choses ; mais, puisque nous nous en passons, ils peuvent bien, eux aussi, s'en passer. — Mon Dieu ! quand prendrons-nous l'Angleterre ? Ce sont les Anglais qui me font rester dans cette maudite île avec ces baragouineurs d'Espagnols. — Ah ! l'air était si humide aujourd'hui !... bien heureux si je n'attrape pas une bonne fluxion de poitrine. — Je serais tenté de me mettre au lit ; — mais il faut pourtant faire mon rapport. — Chien de métier ! — jamais un instant de repos ! Un rapport ! Eh ! que dire ?... Le prince m'écrit qu'il a lieu de soupçonner la fidélité du marquis de La Romana, qu'il me faut observer de près sa conduite et sonder les dispositions de ses soldats... Oui, sonder, voilà qui est bien aisé à dire ; — allez donc regarder ce qu'ils ont sur le cœur... leur peau est si noire, à ces moricauds, qu'on ne peut voir leur cœur au travers. — Ah parbleu ! voilà qui est bien trouvé ! — Je m'en vais écrire cela au prince de Ponte-Corvo ; cela le fera rire, et c'est en faisant rire les gens que l'on avance. — C'est cela. — Je leur écrirai aussi cela à Paris. — (Il écrit.) L'idée n'est pas mauvaise...

UN DOMESTIQUE entrant. Une dame demande à parler à monsieur.

LE RÉSIDENT. Une dame ! et quelle espèce de dame ?

LE DOMESTIQUE. Mais, monsieur, c'est une Française... Elle est bien habillée, et elle a bien bonne tournure.

LE RÉSIDENT. Une Française dans l'île de Fionie ! une Française à Nyborg ! O bonheur inespéré ! Lafleur, donnez-moi mon habit bleu et ma montre à breloques. — Un peigne. Bon. Faites entrer.

Entre madame de Coulanges en habit de voyage.

LE DOMESTIQUE annonçant. Madame de Coulanges.

Il sort.

LE RÉSIDENT à part. Peste ! c'est sans doute la femme d'un général. (Haut.) Je suis désespéré, madame, de vous recevoir au milieu des horreurs diplomatiques d'un cabinet qui...

MADAME DE COULANGES. Monsieur, veuillez avoir la bonté de lire cette lettre.

LE RÉSIDENT. Madame, avant tout, prenez la peine de vous asseoir.

MADAME DE COULANGES. Monsieur...

LE RÉSIDENT. Ah ! de grâce, prenez ce fauteuil.

MADAME DE COULANGES. Si...

LE RÉSIDENT sans lire la lettre. Madame arrive de Paris, sans doute ?

MADAME DE COULANGES. Oui, monsieur. Cette lettre...

LE RÉSIDENT de même. J'ose à peine espérer, madame, que vous daignerez prolonger votre séjour dans cet affreux pays !...

MADAME DE COULANGES. Je ne sais ; mais si vous preniez la peine de lire cette lettre...

LE RÉSIDENT de même, très-vite. Nyborg est fort triste. C'est ici que sont cantonnés les Espagnols. Ils s'y ennuient à qui mieux mieux avec les Allemands. Nous n'avons presque pas de Français. Ils sont malheureusement en Danemarck, de l'autre côté du Belt, avec le prince de Ponte-Corvo. Cependant, madame, votre séjour à Nyborg suffirait pour y attirer tout l'état-major du prince. — Un désert habité par un cénobite comme vous...

MADAME DE COULANGES. Monsieur, si...

LE RÉSIDENT de même. A propos, et Talma, que devient-il ?

MADAME DE COULANGES. Je vais peu au spectacle. Si vous...

LE RÉSIDENT de même. Je ne puis vous exprimer, madame, à quel point je suis charmé de rencontrer au milieu des neiges éternelles... une rose de Paris... hi ! hi ! hi ! une compatriote aussi aimable... Je désirerais vivement pouvoir vous être utile à quelque chose. Si vous aviez besoin, madame...

MADAME DE COULANGES. De grâce, prenez la peine de lire cette lettre.

LE RÉSIDENT. Puisque vous le permettez... (Il ouvre la lettre et lit.) Brr, brr, brr... Ho ! ho ! Peste ! il ne faut pas rougir pour cela... Mais que diable voulez-vous que je vous dise, ma belle dame ?

MADAME DE COULANGES. Faites-moi connaître le marquis de La Romana.

LE RÉSIDENT. Mais... que voulez-vous que je vous dise ? — Je l'ai bien observé. Il n'y a rien à faire avec un homme comme lui. Il est boutonné jusqu'au menton. Et puis, voyez-vous, il est vieux... et, quelque jolis que soient vos yeux, ils n'ont pas le pouvoir de ranimer un mort, hé ! hé ! hé !

Il approche son fauteuil de madame de Coulanges.

MADAME DE COULANGES se reculant. Peut-être a-t-il un ami... un ami intime, qui possède toute sa confiance ?

LE RÉSIDENT. Oui, il en a bien un... et même un drôle de corps. C'est son aide-de-camp et son neveu. Il n'a pas de secret pour lui, à ce qu'on m'a rapporté. Au reste, cet aide-de-camp est un mauvais sujet, un bretteur... qui, il n'y a pas quinze jours, a tué en duel un officier français de la plus haute espérance. Et savez-vous pourquoi? Parce que cet officier français lui a dit, en lui proposant la santé de sa majesté l'empereur, qu'il lui couperait les oreilles s'il ne buvait pas. Il n'a pas bu, et l'a tué.

MADAME DE COULANGES. Du reste, quelle espèce d'homme est-il?... Son caractère?...

LE RÉSIDENT. Son caractère?... ma foi... que voulez-vous que je vous dise?... Je ne sais... Il est toujours à friser sa moustache... Ah! et puis c'est un fumeur, un fumeur déterminé. Oui, il passe quelquefois des heures entières, enfermé avec le marquis, à fumer d'une drôle de façon... avec de petits cigares de papier qu'ils font eux-mêmes. Ce que je vous dis est exact, je les ai vus.

MADAME DE COULANGES. Sans doute on vous aura remis quelques notes sur son compte?

LE RÉSIDENT. A vous dire vrai, on m'en a bien remis quelques-unes. Mais, ma foi, je ne sais ce qu'elles sont devenues. J'ai tant de papiers!... C'était peu de chose, puisque je ne m'en souviens plus.

MADAME DE COULANGES. Fort bien. Mais au moins quel est son nom?

LE RÉSIDENT. Il se nomme don... vous savez que tous les Espagnols s'appellent don... don Juan Diaz... Ils ont des noms uniques!... don Juan Diaz... Il a bien encore un autre nom, mais pour le moment je ne m'en souviens plus... Il demeure aux Trois-Couronnes, un hôtel sur le bord de la mer.

MADAME DE COULANGES. Cela suffit. J'ai de grands remercîments à vous faire pour vos informations. — Il me faudrait mille écus.

LE RÉSIDENT écrivant un billet. Vous les aurez. Vous avez un crédit illimité dans la lettre, et sur votre figure... Hé! hé! hé!

MADAME DE COULANGES. Me serait-il possible, monsieur, de faire passer par votre entremise de l'argent franc de port à un frère que j'ai, sergent dans la garde?... Cet argent provient de quelques marchandises françaises que j'ai vendues en Allemagne.

LE RÉSIDENT. Sans la moindre difficulté. J'envoie tous les jours à mes amis du bœuf fumé par le courrier diplomatique. Mais pourrai-je compter sur un peu de reconnaissance? Hé! hé!

MADAME DE COULANGES. Le billet est à vue?

LE RÉSIDENT. A vue sur messieurs Moor et compagnie. — Ce monsieur Juan Diaz est un heureux coquin... Car nous autres qui faisons de la diplomatie, nous comprenons tout de suite le fin des choses... Vous allez le séduire... Hé! hé! j'ai envie de me faire conspirateur, moi, hé! hé! hé!

MADAME DE COULANGES. Ce ne serait pas chose aisée, monsieur, que de pénétrer vos secrets. Je suis bien fâchée de vous avoir dérangé, pour si peu de chose, de vos occupations diplomatiques.

LE RÉSIDENT. Vous me permettrez, belle dame, de venir quelquefois me délasser de la politique auprès de vous?...

MADAME DE COULANGES. Pardon, monsieur; vous ne réfléchissez pas, sans doute, que je ne dois pas recevoir le résident français dans l'île de Fionie.

LE RÉSIDENT. Diable! Vous avez bien quelque espèce de raison... Mais avec un grand manteau sombre, comme en portent les Espagnols... un soir... par un temps de brouillard...

MADAME DE COULANGES. Non, voici ma première et ma dernière visite. Ma mère se chargera de vous porter les notes que j'adresserai au prince.

*Elle met son voile et se dispose à sortir.*

LE RÉSIDENT. Permettez du moins...

LE DOMESTIQUE *entrant*. Cet aide-de-camp que vous savez bien... l'aide-de-camp du général La Romana, désire vous parler.

LE RÉSIDENT. Qu'il aille au diable! Lafleur, conduisez madame par le petit escalier dérobé. Vite, vite! Adieu, sirène! (Madame de Coulanges sort.) Quel dommage! jamais je ne me suis senti tant d'esprit. Et j'étais en si beau chemin! Au diable le fâcheux! N'avoir pas un moment à soi!

Ah! monsieur, j'ai l'honneur de vous présenter mes hommages : comment vous portez-vous? — J'en suis charmé. Et le cher général? Toujours de même? — Enchanté! Prenez donc la peine de vous asseoir.

DON JUAN. Voulez-vous prendre la peine de m'écouter?

LE RÉSIDENT. Entièrement à vos ordres. Disposez de moi.

DON JUAN. Il y a six mois, monsieur, que nous sommes sans nouvelles d'Espagne. Diverses raisons nous ont portés à croire, moi et d'autres officiers de notre division, que vous, monsieur, aviez des ordres de votre gouvernement pour les faire arrêter, et...

LE RÉSIDENT. Pardonnez-moi, monsieur le colonel, vous êtes entièrement dans l'erreur, et, pour achever de vous détromper, je me fais un véritable plaisir de vous communiquer des dépêches de votre pays que je reçois à l'instant même. Voici une proclamation de son altesse le grand-duc de Berg; voici un bulletin annonçant...

DON JUAN. Eh! que m'importent vos proclamations et vos bulletins? C'est bien cela dont nous nous soucions! Des nouvelles de nos familles, et non de celles du grand-duc de Berg, voilà ce que nous vous demandons.

LE RÉSIDENT. Monsieur, il y a tant d'accidents qui peuvent empêcher une lettre de parvenir à son adresse! Peut-être, par exemple, aura-t-on oublié d'affranchir vos lettres en Espagne, ce qui arrive très-fréquemment; ou bien...

DON JUAN. Plaisante excuse!

LE RÉSIDENT. Voulez-vous me faire l'honneur de déjeuner avec moi?

DON JUAN. Grand merci, monsieur le résident. J'ai chez moi du chocolat de contrebande qui m'attend, et vous m'excuserez si je le préfère à votre café impérial.

LE RÉSIDENT. Ah! jeune homme, jeune homme! se peut-il que vous oubliiez le tort irréparable que vous faites au commerce! Ce chocolat ne vous est-il pas apporté par nos plus cruels ennemis?

DON JUAN. Que m'importe, pourvu qu'il soit bon?

LE RÉSIDENT. Monsieur, monsieur, le chocolat des tyrans des mers doit toujours paraître détestable à un officier qui a l'honneur de servir sous les drapeaux toujours victorieux de sa majesté impériale.

DON JUAN. Et sa majesté impériale nous dédommage assurément de toutes les drogues continentales qu'elle nous fait avaler, grâce à son blocus !

LE RÉSIDENT. Sans doute, monsieur. Sa majesté ne veut-elle pas faire briller au-dessus des Pyrénées le soleil de la civilisation, dont les brouillards de l'anarchie ne vous ont laissé voir jusqu'à présent qu'une faible lueur ?

DON JUAN riant. Ha ! ha ! ha ! Quels soins paternels ! que cela est touchant ! Mais, franchement, monsieur, je vous avoue que nous aimons l'ombre en Espagne, et nous nous passerions fort bien de son soleil.

LE RÉSIDENT. Nouvelle preuve du besoin que vous avez d'un législateur qui vous retrempe. Permettez-moi, monsieur le colonel, d'exprimer ici toute ma pensée. Vous n'êtes pas, vous autres Espagnols, à la hauteur du siècle ; et même, qui le croirait ? vous voulez repousser la lumière qu'on vous apporte. — Tenez, monsieur, je parie que vous n'avez jamais lu Voltaire !

DON JUAN. Je vous demande pardon, monsieur ; je sais par cœur une grande partie de ses œuvres.

LE RÉSIDENT. En ce cas, je ne vous en parlerai pas. — Mais enfin, vous êtes encore entichés... (non pas vous, monsieur, qui êtes un esprit fort comme un Français, mais la masse de vos compatriotes), vous êtes encore entichés de vos superstitions. Vous en êtes encore à n'avoir de respect que pour la monacaille... N'est-ce pas vous rendre service que de vous importer la philosophie du dix-neuvième siècle, et vous débarrasser de vos antiques préjugés, enfants de l'ignorance et de l'erreur ?

DON JUAN. Monsieur, nous recevrons toujours la philosophie à bras ouverts quand on nous l'enverra dans des caisses de bons livres. Mais, d'honneur, le cortége de quatre-vingt mille soldats qui l'accompagne aujourd'hui ne nous la rend pas très-aimable.

LE RÉSIDENT. Sa majesté veut vous arracher au joug des despotes insulaires.

DON JUAN. A propos, on dit qu'en Portugal, sur le bord de la mer, auprès de certain bourg nommé Vimeiro [8]...

LE RÉSIDENT. Oh! monsieur, vous êtes assurément mal informé.

DON JUAN. Comment! je ne vous ai rien dit encore.

LE RÉSIDENT. Mais je devine ce que vous allez dire. Permettez-moi de rétablir les faits. Les Anglais ont débarqué à Vimeiro, il est vrai; jusqu'ici vous êtes bien informé. Mais nous avons été les attaquer; nous les avons tournés, coupés... Enfin on en a fait un carnage effroyable. — Il paraît même que beaucoup de leurs généraux ont été tués. Leur armée a été mise dans la plus épouvantable désorganisation... à la suite de quoi nos braves troupes, d'après des ordres supérieurs, se sont embarquées pour Brest en France. Telle est, monsieur, l'exacte vérité.

DON JUAN. Voilà qui est admirable! mille remercîments. Je vais faire part à mes amis des nouvelles que vous m'avez données...

LE RÉSIDENT. Si vous le permettez, je vous remettrai une relation moins succincte et plus claire.

DON JUAN. Oh! votre relation est excellente et fort claire... et je m'y tiens. Adieu, monsieur, bon appétit! Il en faut pour prendre le café de la grande nation.

Il sort.

LE RÉSIDENT. Serviteur, monsieur; mes respects à monsieur le marquis. (Seul.) Mauvais ricaneur! Qu'il rie tant qu'il voudra, je l'ai bien attrapé avec ma relation de la bataille de Vimeiro. C'est extraordinaire! depuis que je suis dans la diplomatie, je me sens un aplomb, une intrépidité pour débiter des bourdes, dont je ne me serais pas cru capable il y a un an. Me voilà faisant des bulletins, en vérité, aussi bien qu'un major-général. Patience, patience! Je ne suis pas cloué à cette île. On avance vite au service de l'empereur. Qui sait! un jour peut-être bien me réveillerai-je avec le portefeuille des affaires étrangères sous mon chevet.

Il sort.

## SCÈNE II.

**Un salon de compagnie dans l'hôtel des Trois-Couronnes.**

LE MARQUIS, seul, se promenant avec inquiétude.

*Il tire sa montre.*

Il devrait être arrivé depuis une heure!... Je ne puis tenir en place!... Peut-être que d'ici je découvrirai quelque chose. (Il ouvre la fenêtre qui donne sur la mer.) Non, pas un bateau en mer... Aussi loin que la vue peut s'étendre, les vagues, rien que les vagues... pas un point noir pour me donner une lueur d'espérance!... (Il se promène.) Peut-être ont-ils craint ce mauvais temps... c'était au contraire celui qu'ils devaient choisir... Seulement, si je pouvais être sûr qu'ils ne se sont pas embarqués!... (Regardant à la fenêtre.) Le sloop a pris le large. Allons! ils me tiendront encore un jour à la torture... Cependant... quelque temps qu'il fasse, m'écrivait l'amiral, vous aurez de mes nouvelles... Il me semble que je brûle... Pas une embarcation!... S'ils avaient été arrêtés, malgré leurs passe-ports, par quelque garde-côte?... Auront-ils pris toutes leurs précautions pour cacher leurs dépêches?... Je leur avais tant recommandé!... Quel tourment que l'incertitude!... J'aimerais mieux mille fois me trouver au milieu des boulets d'un champ de bataille que dans cette chambre, attendant ce bateau, sans pouvoir hâter d'un seul instant son arrivée...

DON JUAN *derrière la scène.* Lorenzo, desselle la jument, il fait trop mauvais temps pour sortir. — (Entrant.) Au diable ce pays de brouillards et de pluies! — Ah! général, je baise les mains de votre excellence. Toujours à regarder par la fenêtre depuis que je vous ai quitté? — Eh! dites-moi, avez-vous compté combien il y a de vagues dans le Belt?

LE MARQUIS. Don Juan, comment trouves-tu ce pays?

DON JUAN. Comme une antichambre du purgatoire; et j'espère qu'on me rabattra dans l'autre monde les années que j'y ai passées sur celles que je dois rôtir en expiation de mes péchés...

LE MARQUIS à part. La mer n'est pas tenable. J'espère qu'ils ne se sont pas embarqués.

DON JUAN continuant. Il y pleut toujours, quand il n'y neige pas. Les femmes y sont toutes ou blondes ou rousses ; jamais grand comme la main de bleu dans le ciel, pas un pied mignon, pas un œil noir ! Oh ! Espagne, Espagne ! quand reverrai-je tes basquinas, tes jolis escarpins, tes yeux noirs, brillants comme des escarboucles !

LE MARQUIS. Don Juan, ne désires-tu revoir l'Espagne que pour les yeux noirs et les pieds mignons qu'elle renferme ?

DON JUAN. Voulez-vous que je vous parle sérieusement ?

LE MARQUIS. Oui ; mais es-tu capable d'une pensée sérieuse ?

DON JUAN. Vive Dieu ! si vous n'étiez pas mon général, je vous dirais une raison bien sérieuse qui me fait désirer de revoir l'Espagne.

LE MARQUIS. Parle en toute assurance.

DON JUAN. Vous ne me mettrez pas aux arrêts, vous me le promettez ?

LE MARQUIS. Toujours des plaisanteries !

DON JUAN. Vous voulez du sérieux ? Eh bien ! si je veux revoir l'Espagne, c'est pour me trouver face à face avec ses oppresseurs. C'est pour planter en Galice l'étendard de la liberté, c'est pour y mourir, si je n'y puis vivre libre.

LE MARQUIS lui serrant la main. O don Juan ! tu as le cœur d'un véritable Espagnol, malgré ta légèreté apparente. C'est à ce cœur, don Juan, que je veux confier un secret qu'il est digne d'apprendre.— Bien que nous ne portions pas de chaînes, nous sommes tout aussi captifs dans cette île que nous le serions dans un immense cachot. Ici une armée nombreuse d'auxiliaires nous observe. De l'autre côté du Belt, l'armée du prince de Ponte-Corvo pourrait en quelques jours se réunir aux Danois et aux Allemands pour nous écraser. Mais cette mer, qui nous ferme le chemin de notre patrie, cette mer...

Entrent madame de Coulanges, madame de Tourville, l'hôte, une femme de chambre. Don Juan les observe, et le marquis se retire dans le fond, à la fenêtre.

L'HÔTE. Voici le salon de compagnie : ainsi vous n'aurez que le carré à traverser ; la société la plus distinguée s'y rassemble. Le général La Romana occupe en ce moment l'aile de la maison en face de votre appartement. Vous voyez qu'il est impossible de trouver un hôtel mieux fréquenté. Le cercle noble de la ville s'y réunit tous les soirs [9].

MADAME DE TOURVILLE. Cela est fort agréable.

MADAME DE COULANGES. Louise, faites porter mes malles dans nos chambres.

MADAME DE TOURVILLE. Je vais avec vous. Je suis bien aise de me mettre au fait de la maison. (Bas à madame de Coulanges.) Allons, ferme! Te voilà en présence de l'ennemi; l'important est de bien débuter.

MADAME DE COULANGES. Bon. Je reste ici pendant que tu rangeras un peu. (Affectant de la surprise.) Ah! mais il y a quelqu'un ici!

L'HÔTE. C'est le général dont je vous parlais, et son premier aide-de-camp.

DON JUAN bas au marquis. Excellence, voyez donc ce qui nous arrive; de véritables prunelles andalouses, ou le diable m'emporte!

LE MARQUIS. Don Juan, viens...

L'HÔTE. Monsieur le marquis, une dame française qui va être votre voisine! — Madame de Coulanges. — Madame, monsieur le général de La Romana, le colonel don Juan Diaz.

MADAME DE COULANGES à l'hôte. Ainsi vous vous chargez de me procurer un domestique?

L'HÔTE. Je vais de ce pas le chercher. Excusez-moi si je vous quitte; sans doute, ces messieurs se feront un plaisir...

DON JUAN. Madame, c'est à nous, comme aux plus anciens locataires, à faire les honneurs de ce triste hôtel. Veuillez donc prendre la peine de vous asseoir. Ce ne peut être qu'un naufrage, madame, qui vous amène dans cette île maudite; il y a bien longtemps que j'en demandais un au ciel, mais je n'espérais pas qu'il nous envoyât une...

MADAME DE COULANGES. Pardon, monsieur le colonel, vos vœux n'ont pas été exaucés, car je suis arrivée hier par le paquebot; et moi qui ne me pique pas de courage, je n'ai pas eu un instant de frayeur. En voyant la mer aujourd'hui, je me félicite d'avoir passé hier.

LE MARQUIS. Don Juan....

DON JUAN. Vous parlez trop bien espagnol, madame, pour n'être pas une de nos compatriotes. Vous avez eu compassion de nous autres, malheureux exilés.

MADAME DE COULANGES. Non, monsieur, je ne suis pas Espagnole, mais j'ai longtemps habité votre beau pays.

DON JUAN. J'aurais juré que vous étiez Andalouse, à votre excellente prononciation, et surtout à vos yeux et à vos pieds tout à fait *gaditanos*. N'est-ce pas, excellence, que vous auriez cru que madame était de Cadiz [10] ?

MADAME DE COULANGES. Pour moi, à vos compliments, j'étais tentée de vous prendre pour un Parisien ; vous m'avez dit trois paroles, et c'étaient autant de compliments. Je vous préviens que je ne les aime pas.

DON JUAN. Ah ! madame, il faut me les pardonner : il y a si longtemps que je n'ai vu de jolie femme !

LE MARQUIS. Don Juan, j'ai à te parler chez moi. Il sort.

MADAME DE COULANGES. Le général semble avoir quelque chose à vous dire.

DON JUAN. Oh bien ! qu'il attende ; je ne quitterai pas la compagnie d'une dame pour aller parler de casernes et de corps-de-garde avec un vieux général. — Pouvons-nous espérer, madame, de vous conserver longtemps ?

MADAME DE COULANGES. Je ne sais. Depuis la mort de mon mari j'ai quitté la Pologne, et j'attends ici mon oncle, qui doit faire partie de votre corps d'armée.

DON JUAN. Un militaire ?

MADAME DE COULANGES. Il est colonel de dragons.

DON JUAN. Et le numéro de son régiment ?

MADAME DE COULANGES, à part. Je tremble ! (Haut.) Mais le... le quatorzième, je crois...

DON JUAN. C'est donc le colonel Durand, avec lequel j'ai servi. Mais son régiment était en Holstein, et il est parti depuis quelque temps pour l'Espagne.

MADAME DE COULANGES. Le nom de mon oncle est M. de Tourville... Mais il est maintenant, je crois, attaché à l'état-major... Il a commandé autrefois ce régiment, ou bien peut-être ai-je confondu les numéros.

DON JUAN. Vous avez quitté l'Espagne avant l'invasion...

(se reprenant) avant que les Français n'entrassent en Espagne.

MADAME DE COULANGES. Oui, monsieur. — Les Français sont bien détestés en Espagne aujourd'hui.

DON JUAN. Des Françaises comme vous, madame, sont aimées en tout pays, et je suis sûr que nos rebelles, comme vous les appelez...

VOIX derrière la scène. Ils sont perdus! ils sont dans le courant.

DON JUAN. O Dieu! quelques malheureux qui font naufrage! *Ils vont à la fenêtre.*

MADAME DE COULANGES. Oh! cette barque là-bas, avec ces trois hommes. Ciel! quelle énorme vague!

DON JUAN. Ils vont se briser sur les récifs, si l'on ne va à leur secours! Mais personne n'ose, à ce qu'il paraît.

MADAME DE COULANGES. Oh! si j'étais homme!

DON JUAN déboutonnant son habit. J'y vais, moi.

MADAME DE COULANGES. Arrêtez! qu'allez-vous faire? monsieur, vous allez vous perdre; restez, je vous en supplie!

DON JUAN. Non, non! je ne puis demeurer tranquille quand je vois des hommes en danger de périr.

MADAME DE COULANGES. Mais vous n'êtes pas marin... Arrêtez, au nom du ciel! monsieur, vous allez périr avec eux, restez, restez! (Elle le prend par l'habit. Don Juan le lui laisse entre les mains, et sort.) Il veut mourir! Quel secours pouvez-vous leur porter!... monsieur! (A la fenêtre.) Colonel! colonel don Juan!... Le voici qui entre dans une petite chaloupe, avec deux hommes, braves comme lui; malheureux! et les vagues sont plus hautes que la maison. *Entre le marquis.*

LE MARQUIS. Qu'est-ce? Pourquoi ce bruit?

MADAME DE COULANGES. Hélas! monsieur!... votre aide-de-camp...

LE MARQUIS. Eh bien?

MADAME DE COULANGES. Il s'est élancé... malgré moi...

LE MARQUIS. Où est-il?

MADAME DE COULANGES. Tenez, le voyez-vous?... Hélas!....

LE MARQUIS à la fenêtre. Don Juan! don Juan!

MADAME DE COULANGES. Dieu! quelle affreuse tempête!.... et leur chaloupe est si petite!

LE MARQUIS. Messieurs, allez, arrêtez cette barque! ils

courent à leur perte. Tenez, voici ma bourse.... mais partez !

MADAME DE COULANGES. Hélas ! le danger est si affreux, que personne n'ose la ramasser.

LE MARQUIS. Comment ! lâches ! laisserez-vous périr ainsi vos camarades sous vos yeux ?... Ah ! je suis ébloui !... je ne vois plus rien... Dites-moi, le voyez-vous encore ?

MADAME DE COULANGES. Oui, toujours. Ils sont couchés sur leurs rames.

LE MARQUIS. Mon Dieu ! le rendras-tu victime de sa générosité !

MADAME DE COULANGES. Ah !... ils sont submergés, miséricorde !

LE MARQUIS. Non, la barque de don Juan flotte encore !... mais les autres....

MADAME DE COULANGES. Je ne puis m'arracher à cet affreux spectacle, bien qu'il me tue !

LE MARQUIS. Ciel ! il a disparu !

MADAME DE COULANGES. Je ne vois plus son écharpe rouge !

LE MARQUIS. Malheureux ! que dirai-je à sa mère ?

MADAME DE COULANGES. Mes yeux se remplissent de larmes... tout tourne autour de moi.

*Elle se laisse tomber sur la fenêtre.*

LE MARQUIS. Il est mort ! il est mort ! Et sa mère qui me l'avait confié !...

*Il court çà et là comme un forcené. Au bout de quelques instants on entend des*

CRIS *derrière la scène.* Les voilà ! les voilà !

LE MARQUIS. Ils sont sauvés !... Je le vois !... Don Juan !... Don Juan !... Madame... il est sauvé !

MADAME DE COULANGES. Quoi !... il n'est pas mort ?

LE MARQUIS. Voilà leur bateau !... Ils ont pris les hommes de l'autre barque... Encore un effort, don Juan !

MADAME DE COULANGES *agitant son mouchoir.* Courage, brave jeune homme, tu n'es pas fait pour mourir ici [11] !

LE MARQUIS. Tiens ferme le gouvernail, don Juan.... Encore cette vague... courage !

MADAME DE COULANGES. Ah ! je n'y puis résister...

*Elle se jette sur un sofa.*

LE MARQUIS. Don Juan !... Don Juan !...

CRIS derrière la scène. Ils sont sauvés !

LE MARQUIS. Bien !... encore celle-ci... c'est la dernière... Victoire !... Il touche au rivage... J'en mourrai de joie !... Madame, madame, venez donc le voir portant dans ses bras le malheureux qu'il a sauvé... Est-ce là du courage ! Il sort.

MADAME DE COULANGES. Voilà donc ce don Juan !... Malheureuse que je suis !... j'espérais trouver quelque fat... et je trouve un héros !... Ah ! qu'il est différent de l'homme que je m'étais imaginé !

Entrent don Juan portant Wallis évanoui, le marquis, madame de Tourville, l'hôte, quelques valets.

DON JUAN. Vive Dieu !... je suis heureux de savoir nager !... Ah ! vous voici, madame... faites-nous, de grâce, un peu de place.

L'HÔTE. Prenez garde au sofa... mettez cette serviette sous lui.

DON JUAN. Il s'agit bien de votre sofa ! posons-le doucement !

LE MARQUIS l'embrassant. Mon fils ! mon cher don Juan !

L'HÔTE aux valets. Allez préparer un lit bien chaud ; moi, je vais chercher un médecin. Il sort.

DON JUAN, à madame de Coulanges. Je parie, madame, que vous avez des sels sur vous ; toutes les jolies femmes en ont.

MADAME DE COULANGES. Je vais en chercher. Elle sort.

DON JUAN. Ce ne sera rien, il est resté trop peu de temps sous l'eau. — Voyez donc, excellence, sous cette mauvaise veste, cette chemise à jabot... Pour un pêcheur norwégien, cela est assez élégant.

LE MARQUIS bas. Tais-toi.

DON JUAN. Hein ? — Frottez-lui les tempes de votre côté... et la paume des mains... Mais comme il les tient serrées toutes les deux sur sa poitrine !... Ah ! ah ! une petite boîte au bout d'un cordon ?... Il y a de l'amour là dedans, ou le diable m'emporte !

MADAME DE TOURVILLE. Voyons.

LE MARQUIS prenant la boîte. Occupons-nous du malade.

MADAME DE COULANGES rentrant avec un flacon. Tenez. Il commence à respirer. Maman, soutiens-lui la tête.

MADAME DE TOURVILLE. Il faudrait le pendre par les pieds pour lui faire rendre l'eau qu'il a bue.

LE MARQUIS. Oui ? ce serait le vrai moyen de l'achever.

WALLIS. Où suis-je?

DON JUAN. Avec des amis, camarade. — Eh bien! comment cela va-t-il?

WALLIS portant les mains à son cou. Ma boîte?

DON JUAN. Elle est en sûreté; c'est le marquis de La Romana qui la tient. Il vous la rendra, soyez tranquille, et buvez ce que l'on vous présente.

WALLIS. Le marquis?...

DON JUAN. Tenez, buvez ce cordial.

LE MARQUIS. Qu'on le porte sur le lit de Pedro, mon valet de chambre.

DON JUAN à madame de Coulanges. Regardez, madame, regardez ce pauvre matelot. Vous voyez en lui le modèle des amants. Il tenait serrée sur son sein une petite boîte que M. le marquis vient de prendre, et qui contient un portrait de femme que son excellence va nous montrer.

LE MARQUIS. Don Juan, respectez les secrets de ce jeune homme.

DON JUAN. A la bonne heure; mais, pour ma peine, il faudra bien qu'il me montre un jour si elle est jolie ou non.

WALLIS. Où est celui qui m'a sauvé?

TOUS. Le voici.

WALLIS. Monsieur, donnez-moi votre main.

DON JUAN. Allez, camarade, tâchez de dormir ; et puis, pour vous faire oublier toute l'eau salée que vous avez bue, je vous ferai vider une bouteille de véritable Jerez qui vous remettra le cœur.

Tous sortent avec Wallis, excepté don Juan et madame de Coulanges.

MADAME DE COULANGES. Monsieur...

DON JUAN. Je donnerais je ne sais quoi pour voir ce portrait.

MADAME DE COULANGES. Je voudrais trouver des mots pour vous exprimer mon admiration.

DON JUAN. C'est une chose toute simple pour quelqu'un qui sait nager comme moi. Tout autre à ma place en aurait fait autant; mais ce qu'il y a de singulier, c'est que je n'ai jamais si bien plongé. Quelle force l'on trouve dans ces moments-là !

MADAME DE COULANGES. Oh, monsieur!... Tenez... je ne puis m'empêcher de vous embrasser.

DON JUAN. Vive Dieu! je voudrais qu'il y eût tous les jours des naufrages sous nos fenêtres. — Mais à propos, madame, il y avait trois personnes dans le bateau que nous avons sauvé.

MADAME DE COULANGES l'embrassant. Tenez... et encore... Oh! je suis une folle!... mais jamais je n'ai tant souffert... ni jamais... *Elle pleure.*

DON JUAN. Qu'avez-vous? Vous m'effrayez! Vous êtes plus pâle que notre noyé.

MADAME DE COULANGES. Oh! monsieur... ce n'est rien... mais je ne puis m'empêcher de pleurer... Oh! je suis une folle!

DON JUAN. Ah çà! où est mon habit? Je vous ai laissé mon habit entre les mains, comme le chaste Joseph... sans prétendre à une comparaison...

MADAME DE COULANGES. Prenez bien soin de vous... Allez changer bien vite... je vous en supplie...

DON JUAN. D'abord permettez-moi de vous reconduire jusqu'à votre appartement... Et pourrai-je ensuite venir savoir de vos nouvelles?

MADAME DE COULANGES. Oui, monsieur... toujours.

*Elle sort appuyée sur le bras de don Juan, en mettant son mouchoir sur ses yeux.*

DON JUAN rentrant seul. Une intrigue bien commencée... un homme tiré de l'eau, un secret à apprendre; — voilà, certes, de quoi finir agréablement sa journée. — Elle est fort jolie, cette dame, et semble avoir un bien bon caractère. Je n'aime rien tant, moi, que les gens francs et sincères qui ont le cœur sur les lèvres. Ah çà! allons changer, car je commence à avoir froid. *Il va pour sortir; entre le marquis.*

LE MARQUIS. Nous sommes seuls, don Juan. Tu es un brave Espagnol. Je vais t'ouvrir mon cœur.

DON JUAN. Parlez, général, je grille d'impatience... (bas) et je meurs de froid.

LE MARQUIS. Sais-tu qui tu as sauvé?

DON JUAN. Un pêcheur... peut-être un contrebandier?

LE MARQUIS. Un officier anglais, le lieutenant du *Royal-George*, envoyé par l'amiral de la station, avec lequel, depuis quelque temps, j'ai engagé une correspondance.

DON JUAN. Je comprends... bravo! je vois tout!... Parbleu,

voilà qui est plaisant !... Et cet honnête amiral nous tirera peut-être de cette île du diable ?

LE MARQUIS. Et nous ramènera dans notre vieille Espagne.

DON JUAN. Espagne ! O mon cher pays, je vais donc te revoir !

LE MARQUIS. Le défendre, don Juan !

DON JUAN. Mourir pour lui, pour la liberté ! Oh ! la mort me paraîtra douce sur le rivage d'Espagne ! — Mais, diable ! pourrons-nous emmener toute la division ?

LE MARQUIS. Tous mes soldats me suivront. Tout est prévu : la flotte anglaise jettera l'ancre dans cette baie avant que le prince puisse accourir avec ses Français pour s'opposer à notre dessein.

DON JUAN. Quant aux étrangers qui garnisonent l'île avec nous...

LE MARQUIS. Nous avons des armes...

DON JUAN. Et nous nous en servirons !... Vivat !... Mais, diable ! voilà qui dérange un peu ma conquête de tout à l'heure...

LE MARQUIS. Don Juan, est-il possible que vous ayez de pareilles idées dans un semblable moment !

DON JUAN. Eh ! pourquoi pas ? la patrie d'abord, ensuite... un peu d'amour pour se distraire.

LE MARQUIS souriant. Tu es un fou, mais un brave garçon. Écoute, je mettrai dans peu ton zèle à l'épreuve.

DON JUAN. C'est ce que je demande ! Vous verrez que, si quelquefois je suis trop disposé à rire, jamais je n'oublie pour une amourette l'honneur ou ma patrie.

LE MARQUIS. Je te connais, bon jeune homme. Va, si les vents ne changent pas, dans quelques jours nous aurons quitté notre prison.

DON JUAN. Vous me transportez de joie. — A propos, comment va cet Anglais ?

LE MARQUIS. Grâce à toi, il pourra me donner les nouvelles que j'attendais. Il faudra que tu l'accompagnes à son bord pour me rapporter le dernier mot de l'amiral.

DON JUAN. Disposez de moi. — C'étaient sans doute les lettres de l'amiral qu'il portait à son cou comme le portrait de sa maîtresse ?

LE MARQUIS. Précisément. — Et toi tu voulais que je les montrasse !

DON JUAN. Le pauvre diable ! il les tenait serrées dans ses mains, même après avoir perdu connaissance. — Avez-vous remarqué que son premier mot a été pour demander sa boîte ?

LE MARQUIS. Et ce brave homme s'expose à une mort ignominieuse pour une entreprise qui n'intéresse que médiocrement son pays. De quelle ardeur ne devons-nous pas être enflammés, nous qui allons venger notre patrie trahie lâchement, nous qui allons combattre pour tout ce que les gens d'honneur ont de plus cher !

DON JUAN. J'espère que l'on parlera de nous un jour !

LE MARQUIS. Qu'importe que la postérité oublie nos noms, pourvu qu'elle sente les effets de nos généreux efforts ! — Don Juan, faisons le bien pour le bien. Ensuite remercions le ciel s'il nous envoie un Homère.

# DEUXIÈME JOURNÉE.

## SCÈNE PREMIÈRE.

*L'appartement de madame de Coulanges à l'auberge des Trois-Couronnes.*

### MADAME DE TOURVILLE, MADAME DE COULANGES.

MADAME DE TOURVILLE. Tu es une sotte ; te voilà toute sens dessus dessous, parce que tu lui as vu faire sa coupe. La belle chose que de savoir nager quand on l'a appris ! et pourtant une carpe lui en remontrerait.

MADAME DE COULANGES. Mais un homme qu'il ne connaissait pas !... et les gens de cette maison disent que la côte est si dangereuse !

MADAME DE TOURVILLE. Eh bien ! il sait nager, — c'est dit, et il a du courage : mais qu'est-ce que cela te fait ? Fais-moi toujours ton rapport.

MADAME DE COULANGES. Je n'ai rien à dire.

MADAME DE TOURVILLE. Sais-tu que je serais tentée de croire que tu t'es amourachée de ce petit officier brun, qui nage comme un canard? — Tu as la berlue, mon enfant. Tu n'as rien vu!... Moi, du premier coup d'œil, j'ai découvert un complot.

MADAME DE COULANGES. Un complot! en vérité, tu en vois partout.

MADAME DE TOURVILLE. Il vaut mieux en voir où il n'y en a point, que de n'en pas voir où il y en a. Sais-tu que l'on a toujours une gratification, outre le traitement ordinaire, pour chaque complot que l'on évente? — Dis-moi, as-tu remarqué que ce noyé avait une chemise de batiste?

MADAME DE COULANGES. Qu'y a-t-il là de si extraordinaire?

MADAME DE TOURVILLE. Ce qu'il y a d'extraordinaire!... Allons, elle est folle, c'est fini. — Une chemise de batiste, avec un jabot. — Faut-il te le répéter? — Une chemise de batiste, hé? C'est le fil d'une conspiration effroyable. Il y a de quoi faire pendre vingt personnes.

MADAME DE COULANGES. Tu as bien de la pénétration.

MADAME DE TOURVILLE. Et toi, bien de la bêtise! — Comment! il ne te saute pas aux yeux que cet homme est un espion ou suédois, ou anglais, ou russe... Et même il est certain qu'il est Anglais, car je me trompe fort, ou sa chemise était de batiste anglaise. Ainsi voilà qui est assez clair.

MADAME DE COULANGES. Clair?

MADAME DE TOURVILLE. Un moment... De plus, il portait à sa veste un bouton dépareillé, avec une ancre dessus; donc il vient d'un vaisseau anglais.

MADAME DE COULANGES. Tous les marins ont des boutons semblables.

MADAME DE TOURVILLE. Innocente! — Et des portraits suspendus au cou? Il était plaisant, le petit aide-de-camp, avec son portrait de femme. Il a bien joué son rôle, sur ma foi! c'est un gaillard bien retors, et qui contrefait l'indifférent à merveille. — Et le général, qui a vite empoché la boîte avant qu'on pût y jeter un coup d'œil....

MADAME DE COULANGES. Il y a peut-être bien du mystère

là-dessous, mais je n'irai pas les ennuyer avec une histoire de boutons, de chemise de batiste et de semblables bagatelles. Ce serait le moyen de se faire rappeler sur-le-champ.

MADAME DE TOURVILLE. Bagatelles? bagatelles?..... Ah! Élisa, dans les affaires rien n'est à dédaigner. C'est pourtant un poulet rôti qui m'a fait découvrir la cachette du général Pichegru ; et, sans me vanter, cela m'a valu bien de l'honneur, sans parler du profit. Voici le fait : c'était du temps de ton père, le capitaine Leblanc. Il revenait de l'armée ; il avait de l'argent, nous faisions bonne chère et grand feu. Un jour donc je m'en vais chez mon rôtisseur, et je lui demande un poulet rôti. — « Mon Dieu, madame, » me dit-il, « je suis bien fâché, mais je viens de vendre mon dernier. » — Moi qui connaissais tout le quartier, je voulus savoir à qui. — « Qui est-ce qui l'a pris ? » que je lui demande. — Lui me dit : « C'est un tel, et il se traite joliment, car depuis trois jours il lui faut une volaille à chaque dîner. » — *Nota bene* qu'il y avait justement trois jours que nous avions perdu les traces du général Pichegru. Moi, je roule tout ça dans ma tête, et je me dis : « Diable ! voisin, l'appétit vous est venu ; vous avez la fringale. » Finalement, je reviens le lendemain, et j'achète des perdrix qui n'étaient pas cuites, remarque bien cela, pour avoir le temps de faire causer mon marmiton pendant qu'elles rôtiraient. Là-dessus, mon homme au gros appétit entre et achète une dinde rôtie, une belle dinde, ma foi ! — « Ah ! » je lui dis, « un tel, vous avez bon appétit, en voilà pour deux personnes, et pour une semaine. » — Lui cligne de l'œil, et dit : — « C'est que j'ai de l'appétit comme deux. » Un Français se ferait pendre plutôt que de manquer un mot. Moi, je le regarde entre deux yeux, lui se détourne, prend sa bête et s'en va. Il ne m'en fallut pas davantage, je savais qu'il connaissait Pichegru. — On me happe mon homme, et, moyennant une récompense honnête, il livra bien et beau mon général, — et j'eus pour ma part six mille francs de gratification [12]. Voilà ce que c'est que de faire attention à des bagatelles.

MADAME DE COULANGES. Oh ! tu es fort habile ; pour moi, je ne suis pas en train de deviner.

MADAME DE TOURVILLE. Fais comme tu l'entendras, cela te regarde ; quant à moi, je m'en lave les mains. Si un autre a la gratification, si l'État en souffre, ce ne sera pas ma faute.

MADAME DE COULANGES. Bah ! ce don Juan m'a l'air d'un...

MADAME DE TOURVILLE. Veux-tu que je te dise de quoi il a l'air ? Il a l'air d'aimer les dames ; et, si tu avais de l'esprit comme moi, tu mangerais à deux râteliers, et tu tirerais plus d'un quadruple à monsieur le colonel. C'est un marquis, sans que cela paraisse, et les domestiques disent qu'il roule sur l'or. Il leur donne des pourboires !...

MADAME DE COULANGES. Mon Dieu ! que je suis fatiguée ! je n'ai pu fermer l'œil de la nuit.

MADAME DE TOURVILLE. Il a l'air d'un franc libertin... tu m'entends ? — Ah ! mon enfant, si j'avais été aussi jolie que toi, je n'en serais pas où j'en suis ; et pourtant, si tu ne m'avais pas auprès de toi dans tes missions, que ferais-tu ? Il faut que, moi, je me mette en quatre pour amener le gibier à mademoiselle, qui n'a que la peine de se baisser pour le prendre, et de dire merci pour l'argent que cela rapporte.

MADAME DE COULANGES avec ironie. Sans compter l'honneur.

MADAME DE TOURVILLE. Bah ! bah ! Est-ce qu'il faut penser à cela ? il y en a de plus huppés que nous qui font de pires métiers.

UNE FEMME DE CHAMBRE entrant. Monsieur don Juan Diaz demande si ces dames sont visibles.

MADAME DE TOURVILLE. Sans doute. — Ce que c'est que d'être jolie ! elle n'a pas besoin de se donner de la peine ; qu'elle se montre seulement, et on lui court après.

DON JUAN entrant. Pardon, mesdames, si je me présente devant vous sans autre titre que ma qualité de voisin. J'ai pris la liberté de venir m'informer si la scène d'hier n'avait pas produit un fâcheux effet sur la santé de madame.

MADAME DE COULANGES. J'ai été fort émue sans doute... mais jamais je n'ai ressenti une émotion si douce.

MADAME DE TOURVILLE bas. Bien dit. — (Haut.) Prenez donc la peine de vous asseoir, monsieur.

MADAME DE COULANGES. Vous ne vous êtes pas trouvé incommodé ?... et le malheureux que vous avez sauvé ?...

DON JUAN assis. Il est frais et gaillard, et parle déjà de se mettre à la poursuite des harengs... Mais, madame, vous paraissez encore souffrante, je me reproche d'avoir apporté ce mourant sous vos yeux... mais dans le trouble...

MADAME DE COULANGES. Après vous avoir vu braver la mort !... Mais je me porte très-bien.

MADAME DE TOURVILLE à part. Elle joue la passion à merveille ! — (Haut.) Et vous, monsieur, vous ne nous donnez pas des nouvelles de votre santé, après l'imprudence que vous avez faite. — Ah ! jeune homme, jeune homme ! mais ils sont tous comme cela !

MADAME DE COULANGES bas à sa mère. Tous ?

DON JUAN. En vérité, j'ai passé une nuit fort agréable, enchanté d'avoir pris un bain de mer dans cette saison.

MADAME DE TOURVILLE. Ma fille ne cessait de parler de votre courage. Elle craignait que vous ne prissiez une fluxion de poitrine.

DON JUAN. Je suis bien fier de vous avoir fait penser à moi. Mais nous autres militaires, nous sommes à l'épreuve d'un bain froid.

MADAME DE TOURVILLE. Peut-être, monsieur, avez-vous connu dans vos campagnes, mes fils, deux officiers de la plus grande espérance... l'aîné, le général de Tourville, et le cadet, le colonel Auguste de Tourville.

MADAME DE COULANGES bas. Prends garde !

DON JUAN. J'avouerai à ma honte que j'entends leurs noms pour la première fois... Mais je lis si peu les bulletins !

MADAME DE TOURVILLE. Ah ! vous avez bien raison. Du sang, on n'y voit que cela. Ah ! monsieur Diaz, j'ai bien peur que l'on n'envoie mes enfants en Espagne ; cela nous ferait bien de la peine, c'est une guerre si injuste !...

DON JUAN, au lieu de répondre, joue avec son écharpe.

MADAME DE COULANGES. Vous m'avez dit, je crois, que vous aviez demeuré à Séville ?

DON JUAN. Assez longtemps pour conserver un tendre souvenir de cette noble cité et de ses habitants. Mais vous, madame, à l'exception de leur teint tant soit peu mauresque, vous me retracez tout ce que j'admirais dans les dames de Séville.

MADAME DE TOURVILLE. C'est à Séville qu'est votre junte? Ah! ce sont des gens bien courageux, des Romains du temps de Jules César.

MADAME DE COULANGES. Colonel, vous êtes sans doute musicien? En votre qualité d'Espagnol, vous êtes tenu de savoir pincer de la guitare. Je mettrais votre talent à l'épreuve, si je ne craignais de vous ennuyer.

DON JUAN. Ah! madame, pourrais-je m'ennuyer de ce qui vous amuse? Mais, modestie à part, je ne joue de la guitare qu'assez bien pour donner une sérénade au besoin, ou pour accompagner nos simples romances espagnoles. — Pour vous, madame, en votre qualité de Française, vous n'aimez sans doute que les grands airs d'opéra?

MADAME DE COULANGES. Point du tout. Vos airs mélancoliques me plaisent plus que cette musique sans caractère qu'il est de bon ton d'admirer.

MADAME DE TOURVILLE. Votre musique me chasse; excusez-moi, colonel Diaz. — (Bas à sa fille.) L'occasion est belle, profites-en. Dis donc... Beaucoup de vertu, les hommes aiment cela.   *Elle sort.*

DON JUAN. Vous aimez les romances espagnoles? Seriez-vous assez bonne pour en chanter une?

MADAME DE COULANGES. Mais cela vous donnera peut-être la maladie du pays.

DON JUAN. Heureusement la musicienne balancera l'effet de la musique.

MADAME DE COULANGES. Voici des romances, choisissez.

DON JUAN. Celle-ci, dont je ne vois que le titre; ce doit être une vieille romance.

MADAME DE COULANGES à part. Hélas! quel choix!

DON JUAN. Un chevalier amoureux d'une Mauresque, c'est le sujet favori des anciens poëtes.

*Madame de Coulanges chante, et don Juan l'accompagne avec sa guitare.*

### ROMANCE.

Alvar de Luna était un cavalier de renom, natif de Zamora. Son cheval s'appelait *Aquilon*, et son épée *Tranche-fer*. Il avait tué plus de Maures qu'il n'y a de grains à mon chapelet. Jamais cavalier des Espagnes ne lui fit perdre les arçons. Jamais il ne fut vaincu en duel ni en bataille; mais il fut vaincu par deux beaux yeux;

Les beaux yeux de Zobéide, fille de l'alcayde 13 de Cordoue la Grande. Il jeta son épée, abandonna son coursier dans un pré. Il prit une guitare, monta sur une mule noire aux pieds blancs, et s'en vint à l'Alcazar 14 de Cordoue, et dit à Zobéide : « Je t'aime ; monte en croupe avec moi, et t'en viens à Zamora. »

Zobéide lui répondit avec un soupir : « Beau cavalier, je t'aime d'amour ; mais Allah est mon Dieu, et Christ est le tien. Je te le dis en vérité, je mourrai avant peu, car tu m'as blessée au cœur. Mais je ne serai point ta femme, car je suis Maure, et tu es chrétien. »

Le bon chevalier remonta sur sa mule, et revint à Zamora, sa patrie ; et il distribua tout son bien aux pauvres. Dieu fasse paix au frère Jayme du cloître de Saint-Iñigo ! Et il mourut en odeur de sainteté, le cœur brisé d'amour, parce que Zobéide était Maure et qu'il était chrétien.

MADAME DE COULANGES tristement. Eh bien ! qu'en pensez-vous ?

DON JUAN. Charmante ! divinement chantée ! — Je voudrais que l'on fît une loi en Espagne pour défendre à tous les fous de se faire moines, excepté aux fous d'amour. Ce serait le moyen de diminuer le nombre des couvents ; et, s'il en restait encore, cela donnerait une bonne idée de nous aux étrangers.

MADAME DE COULANGES. Comment trouvez-vous les paroles?

DON JUAN. Comme celles de toutes nos vieilles romances. Voilà bien les sottes mœurs du bon vieux temps. Cet Alvar de Luna était un plat animal. Eh ! vive Dieu ! que ne se faisait-il musulman au lieu de se faire moine ?

MADAME DE COULANGES. Ah !... Il y a tel obstacle qui peut séparer deux personnes faites pour s'aimer.

DON JUAN. Comment ? la différence de nation ou de religion ?

MADAME DE COULANGES. Il peut exister bien d'autres causes.

DON JUAN. Quelles donc?

MADAME DE COULANGES. Par exemple...

DON JUAN. Eh bien ! vous ne trouvez pas d'exemple ? — Ah ! dites-moi, madame, seriez-vous incapable de renoncer à votre patrie pour un... un époux... qui aurait su se faire aimer ?

MADAME DE COULANGES. Sans doute, c'est le devoir d'une épouse. — Mais...

DON JUAN vivement. Mais ?...

MADAME DE COULANGES. ... Je ne me remarierai point. (S'efforçant de sourire.) Il est trop agréable d'être veuve.

DON JUAN à part. Au diable la romance !

MADAME DE COULANGES. Voulez-vous chanter encore ?

DON JUAN. Je craindrais de vous fatiguer, madame ; — je m'aperçois d'ailleurs que ma visite s'est un peu trop prolongée.

MADAME DE COULANGES. Colonel, ce sera toujours avec le plus grand plaisir que... mais... (A part.) Que lui dire pour qu'il ne vienne plus se jeter dans les piéges qu'on lui tend ?

LA FEMME DE CHAMBRE entrant. M. le marquis de la Romana demande monsieur.

DON JUAN. Son général avant tout... voilà les principes de don Alvar. — Madame, permettez-vous ?

Il baise la main de madame de Coulanges et sort.

MADAME DE COULANGES à sa femme de chambre. Venez me délacer ; j'étouffe. Elles sortent.

## SCÈNE II.

### Le bord de la mer.

DON JUAN, WALLIS, MATELOTS dans le fond occupés à préparer une barque ; UNE SENTINELLE se promène devant l'auberge. Il fait nuit.

WALLIS. Voyez ! le sloop s'est rapproché pour nous. Il élève un fanal à la hune.

DON JUAN. Je vois comme un ver luisant, à une lieue de nous.

WALLIS. Vous n'avez pas encore l'œil d'un marin. Allez, ils sont plus près de nous que vous ne pensez. Dans une heure je vous débarquerai ici, et tout sera fait. — Enfants, vos rames sont-elles bien entortillées de linge ?

UN MATELOT. Tout à l'heure, lieutenant ; elles ne feront pas plus de bruit que la patte d'un canard.

WALLIS. Quand nous passerons devant le môle et la batterie, couchez-vous sur vos rames, et, si l'on nous hèle, que personne ne réponde.

DON JUAN. Soyez sans inquiétude. Toutes les nuits des

contrebandiers passent devant les forts de la côte sans qu'on s'en aperçoive.

Une fenêtre s'ouvre, madame de Coulanges paraît au balcon de l'auberge.

DON JUAN. Ah !

WALLIS bas. Quelqu'un nous observe. Au large !

DON JUAN bas. Ne craignez rien. Qui nous reconnaîtrait ? (A la sentinelle.) Tu seras encore de faction quand je reviendrai ?

LA SENTINELLE. Oui, mon colonel.

MADAME DE COULANGES chantant, sans les voir. « Mais je suis Maure, et vous êtes chrétien. »

DON JUAN bas. Au diable le refrain !

WALLIS bas aux matelots. Dépêchez-vous, au nom du diable ! il ne fait pas bon ici.

MADAME DE COULANGES. La fraîcheur du soir ne peut éteindre le feu qui me brûle. (Apercevant don Juan.) Ah ! qui sont ces hommes ?

WALLIS. Colonel ! million de tonnerres ! que faites-vous sous ce balcon, planté comme une perche ? Par le ciel ! voici venir quelqu'un de ce côté, on peut nous couper la retraite. Ne dites mot.

Madame de Tourville entre avec une femme de chambre.

MADAME DE COULANGES bas à don Juan. Éloignez-vous, qui que vous soyez !  *Elle rentre.*

MADAME DE TOURVILLE. Ah ! mon Dieu ! des hommes de mauvaise mine devant l'hôtel !... Heureusement voici la sentinelle pour nous protéger... et ma fille qui était au balcon.  *Elle s'avance vers la barque.*

WALLIS. Halte-là ! nous sommes des contrebandiers. Ne nous perdez pas, et vous aurez du tabac pour rien.

MADAME DE TOURVILLE s'approchant toujours. En auriez-vous, messieurs ? je voudrais en acheter.

WALLIS. On vous en portera. Mais n'avancez pas. — Au large ! à moi le gouvernail !

*La barque s'éloigne.*

MADAME DE TOURVILLE. Cette voix ne m'est pas inconnue. — Et cet autre enveloppé jusqu'aux yeux dans son manteau ; et la sentinelle qui ne crie pas à la garde... tout cela est fort singulier ; — mais je saurai ce qui en est. — Entrons.  *Elles entrent dans l'auberge.*

## SCÈNE III.

**Appartement de madame de Coulanges.**

MADAME DE COULANGES, MADAME DE TOURVILLE.

MADAME DE TOURVILLE. Tu as beau dire, c'était lui.

MADAME DE COULANGES. Non, te dis-je. N'as-tu pas vu, ainsi que moi, que c'étaient des contrebandiers?

MADAME DE TOURVILLE. A la bonne heure! mais je suis bien aise de les voir revenir. Je ne me coucherai pas.

MADAME DE COULANGES. Mais, maman, tu te feras du mal. Laisse-moi, je veillerai à ta place.

MADAME DE TOURVILLE. Non, non. Couche-toi. Il faut te conserver le teint frais. Moi, qui n'ai plus de fraîcheur à perdre, je veillerai. D'ailleurs, je ne veux m'en rapporter qu'à moi dans ces affaires-là. — Laisse le volet comme je l'ai mis, il ne faut pas qu'on voie de la lumière chez nous.

MADAME DE COULANGES. Ils ne reviendront peut-être que dans deux ou trois jours.

MADAME DE TOURVILLE. Non, non! si ces gens sont ceux que je pense, ils seront ici avant que le soleil se lève. — Le général a l'air soucieux depuis que nous sommes ici... je l'ai entendu toute la nuit dernière se promener dans sa chambre au lieu de dormir. — Va, tout cela n'est pas naturel. Mais laisse-moi faire, ils seront bien fins s'ils m'échappent.

MADAME DE COULANGES. Au lieu de te fatiguer à veiller, ne peux-tu pas demander à l'hôte si quelqu'un est sorti cette nuit?

MADAME DE TOURVILLE. Sotte que tu es! l'hôte est sans doute acheté par eux... et puis ces gens-là sont d'une négligence... — Je viens de jouer à la bouillotte chez le résident français; je les ai tous décavés. — Ah! qu'ils sont encore innocents! — Mais couche-toi donc, tu me fais de la peine. Sais-tu qu'il est près d'une heure?

MADAME DE COULANGES. Je ne puis dormir quand je sais que tu veilles.

MADAME DE TOURVILLE. Comme il te plaira. — Il y a encore de la lumière chez le général. On en voit la réflexion sur l'eau. Si j'osais, j'ouvrirais le balcon.

MADAME DE COULANGES. Ouvre. Je crois que l'air soulagera mon mal de tête.

MADAME DE TOURVILLE. Oui, mais cela donnerait l'alarme au vieux renard. — Écoute, il marche. (Madame de Coulanges fait tomber une chaise.) Que le diable t'emporte! Comment! tu ne peux pas te tenir tranquille?

MADAME DE COULANGES. Oh! que je me suis fait de mal au pied!

MADAME DE TOURVILLE. Tais-toi, douillette!

MADAME DE COULANGES. Oh! je souffre tant!... oh!

MADAME DE TOURVILLE. Quelle est cette lumière, là-bas dans la mer?

MADAME DE COULANGES. Un fanal, peut-être, pour montrer la passe.

MADAME DE TOURVILLE. Je crois plutôt que c'est ce vaisseau sous pavillon hambourgeois qui croise depuis quelques jours à l'entrée du Belt.

MADAME DE COULANGES. Eh bien! qu'est-ce que cela te fait qu'il y ait un vaisseau hambourgeois?

MADAME DE TOURVILLE. Hambourgeois? — Il est de Hambourg comme moi.

MADAME DE COULANGES. Tu fais toujours des suppositions étranges. Moi, je ne voudrais pas me charger ainsi la conscience.

MADAME DE TOURVILLE. La conscience? Tu veux me faire rire, avec ta conscience. Tu parles comme un frocard. — Chut! — Au lieu d'une lumière, il y en a maintenant deux, mais bien faibles. — Ah! ah! voici qui devient intéressant.

MADAME DE COULANGES à part. Hélas! — (Haut.) Tu connais donc les signaux des marins?

MADAME DE TOURVILLE. Et la lumière qui disparaît chez le général... Bravissimo!

MADAME DE COULANGES. Il est allé se coucher, il a plus d'esprit que nous.

MADAME DE TOURVILLE. Oui, oui, innocente, crois qu'il dort. — Voici sa lumière qui reparaît. — C'est peut-être, diras-tu, qu'il a soufflé sa chandelle, et qu'elle s'est rallumée toute seule, comme cela arrive quelquefois. — Trois lumières au vaisseau !... de notre côté, éclipse. — Ah ! la chandelle s'est encore rallumée... Nous vous tenons, monsieur le marquis Romain. — Comme tu es pâle ! Je te disais bien qu'il n'est pas bon pour toi de veiller si tard. Couchetoi, ma bonne Élisa ; la fortune te viendra en dormant, car notre fortune est faite.

MADAME DE COULANGES. Plût au ciel qu'elle fût faite depuis longtemps !

MADAME DE TOURVILLE. C'est bien dit, ma foi ; car, à l'heure qu'il est, nous roulerions carrosse à Paris, au lieu de nous morfondre dans cette île. Mais patience... — Il n'y a plus qu'une lumière.

MADAME DE COULANGES. Allons nous coucher maintenant.

MADAME DE TOURVILLE. Ah ! et ma conscience ? Non, non, il faut que je le voie rentrer. Jusque-là je n'aurai pas la conscience nette. Il me faut des preuves... et elles arrivent en bateau. — Si j'osais, j'irais tout de suite chez le résident... mais cela ne servirait à rien. Il est si bête ! non, j'écrirai moi-même au prince.

MADAME DE COULANGES. Il me semble que ma tête est en feu.

MADAME DE TOURVILLE. Quand nous reviendrons en France, nous pourrons faire une belle affaire sur les percales ; nous en passerons pour de l'argent. En donnant une robe ou deux à la femme du directeur des douanes, on passe tout ce qu'on veut.

MADAME DE COULANGES. Oui, je voudrais que nous n'eussions jamais fait que la contrebande.

MADAME DE TOURVILLE. Il faut prendre des deux mains. — Je voudrais bien savoir ce qu'est devenu ton frère Charles. Il y a plus de deux ans qu'il n'a écrit.

MADAME DE COULANGES. Tu sais comme il est. Tu lui as donné une si bonne éducation !... à peine sait-il écrire.

MADAME DE TOURVILLE. C'est égal ! Charles est un garçon qui ira loin si un boulet ne l'arrête en chemin. Son colonel dit qu'il a du cœur comme un lion. Il est toujours le premier là où il y a des coups à donner et à recevoir.

MADAME DE COULANGES. Oui, et du mal à faire. (A part.) Il devrait être ici.

MADAME DE TOURVILLE. C'est tout le portrait de son père, M. Leblanc. Il était capitaine dans les guides. Il est mort bravement au champ d'honneur. Son lieutenant, qui est le père d'Auguste, m'a dit qu'il avait quinze coups de sabre rien que sur la tête.

MADAME DE COULANGES. Quelle horreur!

MADAME DE TOURVILLE. Moi, j'ai toujours eu du faible pour les gens de cœur. Le premier que j'ai eu, c'était un général qui est parti pour l'Amérique... Les sauvages me l'ont mangé après l'avoir rôti. — Ce que je te dis est exact.

MADAME DE COULANGES. O Dieu!

MADAME DE TOURVILLE. Je me souviendrai toujours d'un gros banquier qui m'entretenait à douze mille francs par an. Un jour il se laissa donner devant moi une paire de soufflets par un petit sous-lieutenant de chasseurs à cheval qui n'avait pas un sou vaillant. Ma foi! je ne pus m'empêcher de quitter le richard, et de prendre le petit chasseur... Mais c'était des bêtises. J'étais jeune alors... et je m'en suis bien repentie, surtout quand il s'est mis à me donner des coups de cravache. — Si j'étais homme, je serais militaire, c'est sûr.

MADAME DE COULANGES. Tu ne vois rien? Je te disais bien...

MADAME DE TOURVILLE. Non, je ne vois rien encore... Ah! chut! je vois quelque chose de noir qui vient sur l'eau; c'est une barque ou une baleine. — Fermons le volet mieux que ça... Élisa!

MADAME DE COULANGES. Ce sont... les contrebandiers?

MADAME DE TOURVILLE. Voici mon homme au manteau... ou plutôt le tien... Il serre la main à un autre, il saute à terre... Entrera-t-il ici?... Bonsoir, Élisa.   Elle sort.

MADAME DE COULANGES seule. Il est perdu!... et c'est moi, misérable que je suis, qui l'ai perdu! Maudit soit le jour où j'ai abordé dans cette île! — Plût au ciel que nous eussions péri avant d'entrer dans le port!... Ainsi le seul homme pour qui j'ai senti de l'amour va périr... et c'est moi, moi qui l'aime, qui lui ai mis la corde au cou! Il va croire que cette femme qui l'aimait a feint une passion généreuse, tandis qu'elle se faisait payer sa tête. — Moi, vendre don Juan pour de l'or! — Comment se peut-il faire que

j'aie jamais consenti à prendre cet épouvantable métier ?
Une fille qui s'abandonne à des portefaix vaut mieux que
moi. Un voleur vaut mieux que moi... Et moi, j'ai pu !...
Il faut que je sois bien changée depuis peu de temps ; car, en
venant ici, lorsque je ne songeais qu'à pénétrer les secrets
de ce jeune homme pour les trahir, je n'avais jamais songé
que ce fût une chose si horrible... Mon amour pour lui
m'a ouvert les yeux. — Ah ! Juan Diaz, toi seul tu pourras
m'arracher de la fange où ils m'ont plongée. Oui, le sort
en est jeté : je m'attache à sa fortune ; je lui dirai tout ; je
renonce à tout pour le suivre... A tout ! comme si je pouvais lui sacrifier quelque chose !... Mon pays... que m'importe mon pays ? — Ma famille... qui s'est étudiée à gâter
mon bon naturel, à me façonner au vice... ma famille
m'est odieuse !... Je ne puis aimer que Juan Diaz. — Mais
voudra-t-il de moi, sachant qui je suis ? — Lui cacher...
non, Juan Diaz n'est pas un amant à qui je pourrais cacher
quelque chose... Et lui dire... à lui qui s'indigne au récit
d'une bassesse !... Il me chasserait loin de lui ; il aimerait
mieux, j'en suis sûre, une fille d'auberge, laide, grossière,
que la belle Élisa qui amorce les gens de son amour pour
les conduire à la mort... Eh bien ! qu'il pense de moi ce
qu'il voudra ; je l'aime trop pour songer à moi. Tôt ou tard
il saura qui je suis... Peut-être m'en voudra-t-il moins s'il
apprend tout de moi-même... Il connaîtra mon amour... Il
faut aimer pour faire un semblable aveu... Je lui dirai
tout... je m'expose à sa colère... n'importe ! je le sauverai.
Dût-il me battre, me souffleter, me cracher au visage, je le
sauverai ! J'aime mieux un soufflet de Juan Diaz que des
billets de banque teints de son sang... Peut-être aura-t-il
quelque pitié d'une malheureuse qui n'était pas née avec
une âme de boue, mais que des méchants ont avilie. Ils
n'ont pu m'ôter un reste de conscience... De conscience ?
Non, elle est morte en moi ; depuis longtemps elle ne parle
plus. Je n'agis ni par vertu, ni par conscience : c'est à l'amour, seulement à l'amour, que je devrai de ne pas mourir
sans avoir fait une bonne action. **Elle sort.**

## SCÈNE IV.

**La chambre à coucher de don Juan Diaz.**

*Madame de Coulanges entrant.*

Il est encore avec le général..... Je tremble en mettant le pied dans cette chambre..... Voilà la première bonne action que je fais, et je tremble !... Il me semble le voir partout... (Elle jette les yeux sur la table.) Une lettre commencée... Il écrit peut-être à une amante qu'il a laissée en Espagne... et, quand il sera de retour auprès d'elle, jamais il n'écrira un mot à la pauvre Élisa !... Voici son cachet ; il est chargé d'armoiries... et mon nom est si obscur !... Un cygne, et pour devise : « Sans tache... » Il ne démentira pas sa devise !..... Un portrait de femme, c'est sans doute sa mère...

*Entre don Juan.*

DON JUAN à part. Quelle agréable surprise ! On a donc juré de m'empêcher de dormir ?

MADAME DE COULANGES sans le voir. Ce sont les mêmes traits, mais sa figure n'a pas l'expression dédaigneuse de cette bouche.

DON JUAN à part. Que diable fait-elle ?

MADAME DE COULANGES l'apercevant. Ah !

DON JUAN à genoux. Vous voyez à vos genoux le plus enflammé de tous les amants, charmante Élisa, laissez-moi vous prouver...

MADAME DE COULANGES à part. Jamais je n'aurai le courage...

DON JUAN. ..... Toute la passion que vous avez allumée dans mon cœur... Fermons cette porte, et...

MADAME DE COULANGES le repoussant. Seigneur don Juan, il est bien temps de parler d'amour quand le couteau est suspendu sur votre tête...

DON JUAN. Mais vous êtes dans mes bras...

MADAME DE COULANGES de même. Laissez-moi, vous dis-je; écoutez-moi.

DON JUAN. Qu'avez-vous, madame ?... Vous semblez bien agitée.

MADAME DE COULANGES. Tous vos projets sont connus. C'en est fait de vous et de votre général.

DON JUAN à part. Ciel ! — (Haut.) Quels projets ?...je ne sais, en vérité, ce que vous voulez dire.

MADAME DE COULANGES. Vous correspondez avec les Anglais ; vous venez vous-même d'avoir une conférence avec eux sur ce vaisseau qui croise en vue de nos fenêtres. Le général a fait des signaux..... ils ont été observés..... on a les yeux sur vous... vos ennemis vous entourent... c'est à vous de faire vos efforts pour leur échapper.

DON JUAN. Mais... en vérité, madame, je suis désespéré de ma méprise... j'ai lieu de rougir...

MADAME DE COULANGES. Vous n'avez pas lieu de rougir devant moi..... Prenez garde à vous, et disposez de moi si je puis vous être utile.

DON JUAN. Vous savez tout... Que nous vous devons de reconnaissance ! Comment pourrons-nous jamais ?...

MADAME DE COULANGES. Parlez, avez-vous besoin de moi ?

DON JUAN. Ah ! faites-nous connaître celui qui nous épie : il ne vivra pas longtemps.

MADAME DE COULANGES. Monsieur !... je ne puis...

DON JUAN. Achevez votre ouvrage : sauvez-nous ; assurez notre juste vengeance. Ah ! madame, daignez parler.

MADAME DE COULANGES. Mais... je n'ose...

DON JUAN. Ne craignez rien, madame. Ne suis-je pas là pour vous défendre ?... O ciel ! si vous consentiez à me confier.....

MADAME DE COULANGES. Je crois... que ce peut être...

DON JUAN. Le résident français ? Je cours lui brûler la cervelle.

MADAME DE COULANGES. Non, non !... Je veillais... j'étais à mon balcon, et...

DON JUAN. Votre mère nous a rencontrés, mais...

MADAME DE COULANGES. Oh ! ce n'est point elle qui vous trahira ; elle vous a pris pour des contrebandiers... Mais il y avait des hommes cachés... ils ont tout vu ; je les ai observés.

DON JUAN. Ils sont donc envoyés par le résident ? Vive Dieu !

madame de coulanges. Il est si bête... que vous n'avez rien à craindre de lui... Enfin, réfléchissez, et arrangez-vous comme vous voudrez... Comptez sur moi, si je puis vous être utile... Adieu. Elle sort.

don juan. Arrêtez, ange sauveur!... Mais elle s'est enfuie... Nous voilà dans une jolie position! Allons avertir le marquis.

# TROISIÈME JOURNÉE.

## SCÈNE PREMIÈRE.

**Un salon de compagnie.**

### DON JUAN, LE MARQUIS.

don juan. J'ai eu beau prier, supplier, il m'a été impossible de la voir. Il paraît qu'elle est malade.

le marquis. Cette diable de femme est sorcière!

don juan. Eh bien! général, vous comprenez maintenant qu'il n'est pas mal de mener de front une intrigue amoureuse et une intrigue politique?

le marquis. Sa mère me donne des soupçons.

don juan. Sa mère? C'est une bonne vieille folle. Elle m'a parlé aujourd'hui deux heures durant de ses chers fils qui sont à l'armée, et elle aime tant sa fille!... Savez-vous qu'elle a sauvé des émigrés dans la révolution? — Allez, c'est une femme qui n'a pas un grain de malice dans le cœur.

le marquis. Mais enfin qu'allait-elle faire sur le bord de la mer, si tard, quand tu es parti?

don juan. Que sais-je? Elle m'a dit qu'elle avait rencontré des contrebandiers hier au soir, et qu'elle l'avait fait dire à monsieur le bourgmestre pour qu'il y mît ordre. Elle ne m'a parlé que de rêves affreux qu'elle avait faits. Elle a vu des poignards, des spectres... Enfin, je lui ai fait trop peur pour qu'elle ait pu voir nettement quelque chose.

## JOURNÉE III, SCÈNE I.

LE MARQUIS. La flotte anglaise sera bientôt dans cette baie, et terminera nos inquiétudes. Dieu veuille que le vent ne change pas ! *Entre madame de Tourville.*

DON JUAN. Ah ! madame, de grâce, comment se porte madame votre fille ?

MADAME DE TOURVILLE. Un peu mieux depuis ce matin, Dieu merci. La pauvre enfant ! c'est qu'elle m'avait effrayée d'abord. Mais j'espère que cela ne sera rien.

LE MARQUIS. Veuillez l'assurer de mes respects.

MADAME DE TOURVILLE. Bien obligée, monsieur le général. Ah ! si vous saviez la peur que j'ai eue hier au soir.

LE MARQUIS. On m'en a dit quelque chose.

MADAME DE TOURVILLE. D'abord, pour commencer par le commencement, j'étais allé chez monsieur le résident français, qui m'avait invitée, moi et ma fille, à venir passer la soirée chez lui. Ma fille était indisposée... Pauvre enfant !... cela ne sera rien... pourtant, ce matin, elle me faisait peine... elle avait les yeux battus, elle qui les a si beaux ordinairement. — Pour en revenir à nos moutons, il y avait bien du monde ; le salon était plein. Le temps passe vite en compagnie ; et puis, quand il était déjà tard, il a fallu jouer à la bouillotte. J'ai refusé ; mais sans moi la partie était manquée, il a bien fallu s'exécuter ; j'ai joué. Mais une fois installée sur mon fauteuil, vous ne le croiriez pas, je gagnais toujours. Impossible de me décaver. Enfin, il était je ne sais quelle heure quand le jeu a fini. Un de vos officiers m'a offert galamment son bras ; mais je l'ai refusé, de crainte que ce pauvre jeune homme ne fût grondé en rentrant à la caserne si tard. — Mon fils quand il était à l'École Militaire...

DON JUAN *à part.* Nous voilà pris... une histoire.

LE MARQUIS. Combien y avait-il de contrebandiers ?

MADAME DE TOURVILLE. J'en ai vu deux devant notre porte ; il y en avait un enveloppé dans un grand manteau noir, avec une mine de sacripant. Sa ceinture était pleine de pistolets. J'ai cru qu'il allait m'assassiner.

LE MARQUIS. Bon ! ils ne font jamais de mal. Est-ce que vous n'êtes pas bien aise de prendre quelquefois du tabac de

Virginie ou de Guatemala, au lieu de celui que vous donne votre régie impériale?

MADAME DE TOURVILLE. Ah ! monsieur le marquis, vous me prenez par mon faible. — Mais cependant..... je vous dirais bien quelque chose... si je ne craignais pas que vous me prissiez pour une rapporteuse.

LE MARQUIS. Dites, madame.

MADAME DE TOURVILLE. La sentinelle devant votre porte a tout vu, et n'a pas soufflé. Ce que j'en dis, ce n'est pas pour que vous la fassiez punir.

LE MARQUIS. Chut! ne me trahissez pas : c'est pour moi que venaient ces contrebandiers : ils m'apportaient des cigares d'Amérique. Nous n'en pouvons fumer d'autres; demandez-lui.

DON JUAN. Assurément.

MADAME DE TOURVILLE. Eh bien! général, voilà qui est joli ; mais soyez bien sûr que je vous dénonce, si vous ne me donnez pas du Virginie ou du Saint-Vincent pour me faire taire.

LE MARQUIS. Eh bien! soit. Je suis heureux d'avoir du tabac de ces deux espèces à vous offrir.

MADAME DE TOURVILLE. Non, non, non. Ce que je vous ai dit, général, c'était en plaisantant. Je ne veux pas vous en priver.

LE MARQUIS. Non ; vous en aurez. C'est pour ma sûreté que je veux vous compromettre aussi en vous mettant de moitié dans la fraude.

MADAME DE TOURVILLE. Eh bien! tenez, voici ma tabatière.

LE MARQUIS. Gardez-la, et laissez-moi le plaisir de vous en donner quelques bouteilles.

DON JUAN. Quand pourrai-je présenter mes hommages à madame votre fille? Ah! madame de Tourville, j'ai bien besoin de la voir.

MADAME DE TOURVILLE. Elle ne veut voir personne. (Bas.) Au reste, elle n'a fait que parler de vous. Savez-vous que cela m'inquiète... mauvais sujet?

DON JUAN. Vraiment? Et que disait-elle?

MADAME DE TOURVILLE. Oh! mille choses. Que sais-je,

moi? Mais il faut que je lui tienne compagnie. Adieu, messieurs. Elle sort.

DON JUAN. Nous vous baisons les mains. — Eh bien! monsieur le marquis, qu'en pensez-vous ?

LE MARQUIS. Elle est rusée si elle nous trompe. En tous cas, nous n'avons pas longtemps à la craindre. Ils sortent.

## SCÈNE II.

#### Le cabinet du Résident français.

LE RÉSIDENT, *seul devant une table à déjeuner.*

Il faudra bien que cela finisse pour moi par un brevet de chevalier de la Légion d'honneur. Ce n'est pas chose facile que de découvrir une conspiration ; et je me flatte d'ailleurs qu'on me saura gré du sang-froid et de l'aplomb que j'ai montrés au milieu des ennemis. Cependant j'espère qu'il nous arrivera bientôt des troupes françaises ; j'ai hâte de me trouver au milieu de mes chers compatriotes. Ma position est affreuse... Avec tout le courage possible... seul contre une division... on est bien aise d'avoir du renfort.

UN DOMESTIQUE *entrant.* Un monsieur demande à vous parler. Entre Charles Leblanc.

LE RÉSIDENT. Monsieur, qu'y a-t-il pour votre service ?

CHARLES LEBLANC. Rien pour mon service, monsieur, mais quelque chose pour celui de l'empereur. Tel que vous me voyez, monsieur, je suis premier lieutenant de grenadiers dans la garde impériale. J'ai coupé mes moustaches et pris un frac pour venir ici. Je suis donc officier dans la garde impériale. Bernadotte... le prince de Ponte-Corvo, veux-je dire, m'envoie ici... voici mon ordre —... pour mettre à la raison certain général espagnol qui veut faire le méchant. Vous savez ce que je veux dire !

LE RÉSIDENT. A merveille, monsieur ; mais vous amenez probablement sept ou huit mille hommes avec vous ?

CHARLES LEBLANC. Oui-da ! Croyez-vous qu'on peut faire voyager une division en ballon ? Monsieur le résident, vous m'avez l'air simple. Je viens seul ; je n'apporte pas même mon sabre avec moi ; mais je suis homme d'exécution, je saurai m'arranger.

LE RÉSIDENT souriant. La chose me paraît tant soit peu difficile. Les Espagnols sont nombreux ; les Danois, les Hanovriens, qui sont avec eux, ne sont pas bien sûrs...

CHARLES LEBLANC. N'importe ! nous nous passerons d'eux. Or çà, écoutez-moi. (Il s'assied.) Aïe ! je suis éreinté, j'ai crevé trois chevaux sur ma route. — Écoutez ! Ce ne sera que dans trois jours que nos têtes de colonnes pourront déboucher ; en attendant, le four chauffe. La flotte d'Héligoland est partie, le vent est bon, les Anglais seront dans le Grand Belt avant que nous ayons vu le Petit, et tout est perdu.

LE RÉSIDENT. Vous avez très-judicieusement mis le doigt sur la plaie.

CHARLES LEBLANC. Je ne sais ce que vous voulez dire. Mais, entre nous, le prince de Ponte-Corvo m'a prévenu qu'attendu que vous étiez un peu dans les ganaches, j'eusse à m'aboucher avec une certaine dame Coulanges et une autre dame Tourville, qui sont toutes les deux ici : deux de vos mouchardes, pas vrai ?

LE RÉSIDENT. Monsieur, vous avez en vérité une manière de vous exprimer que je ne puis excuser... que dans un militaire.

CHARLES LEBLANC. Faites venir vos femelles. Vous voyez bien que je suis harassé. J'ai laissé le fond de ma culotte avec ma peau à la selle de mon cheval, je n'ai pas le temps de faire de longues phrases. Faites venir vos mouchardes. — Nous allons prendre nos mesures. Puis, donnez-moi un lit ou une botte de paille, que je puisse dormir ; car, mille noms d'un diable, j'ai le corps meurtri comme une pomme cuite.

LE RÉSIDENT. Madame de Tourville devait passer à mon cabinet en ce moment, et je m'étonne qu'elle ne soit pas encore venue.

CHARLES LEBLANC. Est-ce là votre déjeuner ? Bon ! demandez un couvert pour vous. — A votre santé, petit papa... Nom d'une pipe ! votre vin est bon. —... Vous êtes un brave homme, ou le diable m'emporte ! — Oh ! j'ai si faim que je mangerais mon père sans sel.

LE RÉSIDENT à part. Quel ton ont ces gens-là! (Haut.) Monsieur, je vous en prie, faites absolument comme chez vous.

CHARLES LEBLANC. Vous avez raison, parbleu! vous avez raison. — Je vois que vous êtes un brave homme. Tenez, moi, j'aime les gens francs. — Comment vous nommez-vous, sans vous commander?

LE RÉSIDENT. Le baron Achille d'Orbassan.

CHARLES LEBLANC. A votre santé, monsieur le baron Achille. Moi, je m'appelle Charles Leblanc, lieutenant en premier dans la garde impériale, troisième bataillon, grenadiers. — Allons! buvez à ma santé, monsieur le baron. — Vous n'avez pas de verre. — Tenez, prenez le mien. — Morbleu! à la guerre comme à la guerre! Vous avez servi?

LE RÉSIDENT. Non pas dans l'armée... Mais j'ai servi d'une autre manière mon empereur et ma patrie.

CHARLES LEBLANC. Dans la di... la diplomatie à coups de plume... ça vaut mieux... on ne risque que d'attraper des taches d'encre. Mais ces damnées femelles ne viennent donc pas?

LE RÉSIDENT. J'attends madame de Tourville à chaque instant. — Il me semble, monsieur, que pour un Français et un chevalier... (Montrant le ruban de Charles Leblanc) car vous êtes chevalier, hé! hé! hé!... vous n'avez guère de respect pour ce sexe charmant, destiné...

CHARLES LEBLANC. Charmant tant qu'il vous plaira. J'aime les femmes qui ne parlent pas, et qui ne se font pas payer trop cher. A votre santé, monsieur Achille.

LE RÉSIDENT. J'entends un pas de femme... La voici.

*Entre madame de Tourville.*

CHARLES LEBLANC. Million de tonnerres! c'est ma mère.

MADAME DE TOURVILLE. Ah! mon ami, embrasse ta maman, mon cher petit Charles!

CHARLES LEBLANC. C'est bon, c'est bon!... Est-ce fini? Ah çà! est-ce bien vous?

MADAME DE TOURVILLE. Mon ami!

CHARLES LEBLANC. Mes compliments; vous faites là un joli métier! Si l'on savait cela au régiment... Le diable m'étrangle si je n'aimerais pas mieux vous savoir enterrée que moucharde.

MADAME DE TOURVILLE. Oh! Charles!

CHARLES LEBLANC. Ma sœur est, je le suppose, enrôlée dans le même régiment?... Qu'elle ne m'approche pas; il n'y a pas de respect filial entre elle et moi. — Chut! — Attention et silence! — Buvons pour digérer cette nouvelle. — Bah! ce n'est rien que cela... — Écoutez, papa Achille, voici ce que j'ai combiné : vous allez inviter le général La Romana à dîner pour demain; entendez-vous?

LE RÉSIDENT. Mais s'il refusait?

CHARLES LEBLANC. Il ne refusera pas. Vous lui direz que j'apporte la nouvelle d'une victoire ; et, pour célébrer des victoires, de bons militaires doivent trinquer ensemble. — Vous avez bien ici cinquante Français?

LE RÉSIDENT. Il y a ici une compagnie de chasseurs en dépôt.

CHARLES LEBLANC. C'est ce qu'il me faut. Ah çà ! vous invitez le général Romana avec tout son état-major et les officiers danois, etc. Vous me mettez à dîner à côté dudit général. Pour lors, entre la poire et le fromage, vous proposez la santé de l'Empereur : c'est le signal dont nous sommes convenus... Mes chasseurs, qui se sont tenus prêts, entrent alors, et couchent en joue tous les Espagnols. Moi, je prends le général au collet d'un côté, vous de l'autre. S'ils font des façons pour se rendre, nous nous jetons tous deux sous la table et nos hommes font un feu de file. — Ensuite nous barricadons les portes; les Danois et les autres canailles auront bon marché des Espagnols, désorganisés et sans chefs. — En tous cas, nous tiendrons tant que nous pourrons, et, si nous sommes forcés, nous tuons nos prisonniers, et nous nous brûlons la cervelle les uns aux autres. Que dites-vous de cela?

LE RÉSIDENT. Monsieur... mais... le moyen est... un peu... violent...

MADAME DE TOURVILLE. Il me semble qu'on pourrait...

CHARLES LEBLANC. Silence! — Monsieur Achille, savez-vous tirer le pistolet?

LE RÉSIDENT *affectant beaucoup de fermeté.* Je ne manque jamais mon homme à trente pas.

CHARLES LEBLANC. Peste! Eh bien! tant mieux. Ainsi vous

vous en servirez si besoin est. Allons, vous vous conduirez en brave, n'est-ce pas?

LE RÉSIDENT. Sans doute, je suis Français. — Mais on serait plus certain de réussir si l'on attendait...

CHARLES LEBLANC. Oui, que les Anglais viennent, n'est-ce pas?

LE RÉSIDENT. Eh! non, les Français.

CHARLES LEBLANC. Hé morbleu! avez-vous oublié qu'ils ne peuvent être ici que dans trois jours?

LE RÉSIDENT. Diable!

MADAME DE TOURVILLE. Il y aurait un moyen de courir moins de risques... avec un peu d'arsenic...

CHARLES LEBLANC. De l'arsenic! mille bombes! de l'arsenic! me prenez-vous pour un empoisonneur? Moi lieutenant de grenadiers dans la garde impériale! moi! souffrir qu'on donne de l'arsenic à de braves militaires, pour les faire crever comme des rats! j'aimerais mieux me brûler la cervelle que de donner d'autres pilules que des pilules de plomb à des militaires. De l'arsenic! sacré nom du diable! de l'arsenic!

MADAME DE TOURVILLE. Mais...

CHARLES LEBLANC. Taisez-vous! Je ne suis pas un mouchard. Ne me parlez pas d'arsenic, ou j'oublierais que vous êtes ma mère. — Et vous, mon petit baron, ayez la bonté d'exécuter les ordres que je porte. Écrivez vos lettres d'invitation; et, s'ils n'acceptent pas, je veux qu'un boulet me serve de pilule si je ne vous fais pas manger la lame de mon sabre.

LE RÉSIDENT. Monsieur... monsieur... c'est pour le service de sa majesté... Si mon devoir...

CHARLES LEBLANC. Allons! vous êtes un brave homme, donnez-moi une poignée de main, et dites qu'on me fasse un lit. *Il boit un coup et sort.*

LE RÉSIDENT. Ma foi, madame, je vous fais mon compliment. Vous avez là un joli garçon.

MADAME DE TOURVILLE. Hélas! c'est tout le portrait de feu son père. Il ne connaissait que son sabre.

LE RÉSIDENT. Me voilà dans une belle position.

madame de tourville. Au surplus, son avis n'est pas à dédaigner ; il faut le suivre.

le résident. Eh bien ! soit ; mais vous dînerez avec nous, madame.

madame de tourville. Mais, monsieur, je vous serai tout à fait inutile.

le résident. Mais peste ! madame, vous dînerez avec nous, ou le diable m'emporte si je ne vous fais arrêter !

madame de tourville. Je veux bien de votre dîner, monsieur. J'y viendrai, et je vous ferai voir que, toute femme que je suis, j'ai plus de courage que toi, mon petit diplomate. Au revoir. *Elle sort.*

le résident seul. Ciel et terre ! mort et furie ! que le diable m'emporte ! s'il veut m'emporter loin d'ici... Malheureux ! que vais-je devenir ?... J'aimerais mieux me trouver sur un champ de bataille qu'à pareille bagarre... au moins on peut gagner le large... Misérable !... Et moi qui croyais qu'il était si facile de faire de la diplomatie !... Et cette maudite île ; tout m'y manque... Enfin, pourquoi ne pas attendre les Français ? Il va tout perdre avec sa précipitation... Ah ! si l'on m'avait laissé faire !... la croix d'honneur était à moi... et c'est maintenant ce grand escogriffe qui aura tous les profits. Un ignorant... qui n'a jamais ouvert un Vatel... et moi !... S'ils allaient se tromper dans le désordre ?... Maudit métier ! chien de métier ! maudite île !... Ah ! voici ces pistolets dont il faut que je me serve... voyons... Je mettrai douze balles dans chacun, au moins je ne manquerai pas celui que j'attraperai... Allons, allons !... on ne meurt qu'une fois !... qu'ils viennent, ces Espagnols !... qu'ils viennent ! tout Français est soldat ! (Il gesticule avec les pistolets.) Mais... doucement... quelle idée admirable !... Non, ces armes ne sont point celles d'un diplomate. (Il pose les pistolets.) A la fin de leur dîner je leur dirai : Permettez que j'aille vous chercher d'un vin excellent, d'une bouteille... je ne confie la clef à personne... C'est cela ! et ils feront leurs affaires sans moi... Parbleu ! vivent les gens d'esprit ! Voilà ce qui s'appelle s'en tirer joliment. Notre lieutenant sera peut-être tué dans la bagarre... je ferai le rapport... et alors... alors, ma foi !

c'est une affaire faite, je deviens ambassadeur !... C'est cela, morbleu ! qu'on est heureux d'avoir de l'esprit ! Un grossier manant comme ce Leblanc peut bien faire le coup de poing dans l'occasion... mais nous autres diplomates nous savons toujours... oui, nous savons faire nos affaires.

Il sort.

## SCÈNE III.

**Un salon aux Trois-Couronnes.**

### DON JUAN, MADAME DE COULANGES.

DON JUAN. Je vous en conjure, excusez mon impertinence. Mais... je vous trouvais seule... dans ma chambre... si tard... Et vous veniez pour nous sauver !

MADAME DE COULANGES. Monsieur, ne parlons plus de cela. Êtes-vous sûr de réussir ? vos mesures sont-elles prises ?

DON JUAN. Oui. Nos régiments se concentrent sur Nyborg. La flotte anglaise sera...

MADAME DE COULANGES. Je ne vous demande rien ; ne me dites rien ; mais êtes-vous bien sûr du succès ?

DON JUAN. Autant qu'on peut l'être.

MADAME DE COULANGES. J'en suis bien aise.

DON JUAN. Dans peu de temps je reverrai l'Espagne.

MADAME DE COULANGES. Quelle joie vous aurez de vous retrouver au milieu de vos amis... après une si longue absence !

DON JUAN. Hélas !... il y a quelque temps je désirais si vivement retourner en Galice !... mais maintenant je suis malheureux de quitter cette île sauvage.

MADAME DE COULANGES. Songez à vos devoirs, monsieur ; vous allez combattre pour votre patrie... vous aurez des distractions de toute espèce. Moi... je... j'espère que vous serez heureux en Espagne... que la paix se fera... et alors... si vous revenez en France... j'aurai bien du plaisir à vous revoir.

DON JUAN. Je ne vois que malheur dans mon avenir... Vous avez été mon bon ange... et maintenant...

MADAME DE COULANGES. Je vous reverrai encore une fois

avant votre départ. Je brode en ce moment une petite bourse que je vous prierai de vouloir bien accepter comme un souvenir de moi.

DON JUAN. Je n'y puis plus résister. Madame, donnez-moi la vie ou la mort. — Dites-moi, voulez-vous ?... j'ose à peine vous le proposer... voulez-vous accepter mon nom, et me suivre dans mon malheureux pays?

MADAME DE COULANGES. Monsieur !... que me proposez-vous ? (A part.) Oh! si je ne l'aimais pas tant!

DON JUAN. Je sais que l'Espagne est un pays bien triste pour une Française, et dans quel état se trouve-t-elle maintenant! Une tente de toile, la paille d'un bivouac... voilà la chambre qu'aura peut-être longtemps l'épouse de Juan Diaz... Je ne vous parle pas de ma fortune, de ma naissance... votre âme est trop élevée pour se laisser toucher par de semblables considérations... mais... si le plus ardent amour, si la plus vive amitié... vous paraissent dignes de votre cœur... Je ne vous aime pas assez, pensez-vous, je ne vous aime que pour moi, je ne vous offre que des maux, des souffrances à partager... mais que puis-je faire ? Mon pays m'appelle... et je sens que je ne puis vivre sans vous!

MADAME DE COULANGES. Monsieur !... se peut-il... vous, me donner votre main ?... Je suis une Française sans fortune... comment pouvez-vous songer à moi... vous renoncez à votre avenir!

DON JUAN. Eh quoi ! vous n'avez pas de répugnance pour moi? Vous m'aimez?

MADAME DE COULANGES. Oui, don Juan, je vous aime, mais je ne puis vous épouser... non, cela ne se peut... Ne m'en demandez pas davantage!

DON JUAN. Je suis le plus heureux des hommes ; ne pensez plus à la différence de fortune... oh! qu'importe! Si vous étiez plus riche que moi, est-ce que vous ne m'aimeriez pas?

MADAME DE COULANGES. Oh! plût au ciel!

DON JUAN. Eh bien! laissez-moi donc être aussi généreux que vous.

MADAME DE COULANGES. Non... Vous m'avez rendue heureuse... je suis contente... Adieu.

## JOURNÉE III, SCÈNE III.

DON JUAN. Que signifie ce mystère? Dites-moi bien vite vos scrupules, mon amour les lèvera.

MADAME DE COULANGES. Je ne puis.

DON JUAN. Vous me désespérez.

MADAME DE COULANGES. Ma famille est si nombreuse!

DON JUAN. Je suis riche.

MADAME DE COULANGES. Ma mère...

DON JUAN. Je la déciderai à nous suivre.

MADAME DE COULANGES. Non, non, elle ne voudra jamais.

DON JUAN. Vous me cachez quelque vain scrupule, doña Élisa; au nom de notre amour, dites-le-moi.

MADAME DE COULANGES. Pourquoi me pressez-vous?... Écoutez, don Juan, vous allez en Espagne. De graves intérêts vont réclamer tout votre temps, tous vos efforts... Au milieu du tumulte et des dangers des camps, que deviendrais-je?... une femme vous embarrasserait; songez aux dangers de la guerre.

DON JUAN se frappant le front. Sans doute!... vous avez raison!... mais je croyais qu'une femme pouvait aimer comme moi! — Adieu, madame, vous m'avez dicté mon devoir. Oui, je vais en Espagne; mais le premier boulet, j'espère, sera pour moi. Au moins vous n'aurez pas la douleur d'être veuve.

MADAME DE COULANGES. Arrêtez, don Juan... ne croyez pas ce que je viens de vous dire... le coup qui vous atteindra me frappera aussi. Mais il est une raison terrible qui m'empêche de vous épouser... je vous aime trop pour vous épouser sans vous la dire... mais ne me la demandez pas si vous voulez m'aimer. Adieu, don Juan, je penserai toujours à vous.

DON JUAN. Élisa, Élisa, je vous jure sur mon honneur que jamais je ne vous demanderai cette raison... jamais je ne vous en parlerai... je n'aurai pas la moindre inquiétude... Rien ne peut altérer mon amour... mais, si vous avez quelque affection pour moi, consentez à me suivre... (Avec une inquiétude mal dissimulée.) Quelque scrupule... quelque enfantillage vous arrête?

MADAME DE COULANGES. Don Juan, en me déclarant votre amour, vous m'avez rendue plus heureuse que je ne l'ai jamais été ; vous me forcez maintenant à perdre tout ce bonheur en un instant... mais vous le voulez.

DON JUAN. Non, je ne le veux pas ! ne me dites rien !... je vous jure d'avance que tout ce que vous pourrez me dire ne m'empêchera pas de vous aimer... Vous êtes ce que j'ai de plus cher au monde ; et si l'honneur et mon pays ne m'obligeaient pas à...

MADAME DE COULANGES. Non, vous ne saurez jamais mon secret. *Elle sort et s'enferme chez elle.*

DON JUAN seul. Qu'a-t-elle ! Quel est ce secret qu'elle n'ose m'avouer ? (Il frappe à la porte.) Élisa ! Élisa ! — Elle ne répond pas !... Élisa ! — Jamais homme fut-il plus malheureux ! Tout m'accable à la fois. Je m'y perds. Je ne sais que penser d'elle ! Mais jamais je ne l'ai tant aimée. Ah ! Dieu soit loué ! voici sa mère. *Entre madame de Tourville.*

Venez, madame, venez me rendre la vie. Je suis un homme mort si vous ne venez à mon secours.

MADAME DE TOURVILLE. Qu'y a-t-il, monsieur ? Qu'avez-vous ? Comment puis-je vous être utile ?

DON JUAN. Ah ! madame, c'est entre vos mains que je remets ma destinée... je suis bien malheureux... je viens de voir madame votre fille, et je lui ai fait l'aveu d'un amour...

MADAME DE TOURVILLE. Comment ! monsieur, à ma fille !

DON JUAN. Oui, je l'adore, je ne puis vivre sans elle. Elle m'a avoué qu'elle n'avait pas de répugnance pour moi... qu'elle m'aimait... et puis... je ne sais quelle idée bizarre s'est emparée d'elle... elle m'a dit qu'elle ne serait jamais ma femme... Ah ! madame, si vous avez quelque empire sur elle !...

MADAME DE TOURVILLE stupéfaite. Vous voulez épouser ma fille ?

DON JUAN. Oh ! si elle consentait, je serais le plus heureux des hommes.

MADAME DE TOURVILLE. Vous !... (A part.) Qu'ai-je fait, malheureuse que je suis ! Moi qui n'y ai pas pensé !

DON JUAN. Mais jamais, malgré mes prières, elle n'a voulu m'avouer le motif ou le scrupule...

MADAME DE TOURVILLE. Mais, monsieur, les convenances de fortune, d'abord, sont-elles ?...

DON JUAN. Ne me parlez pas de cela. J'ai trente mille piastres de revenu... je suis riche, noble... mais qu'importe? Elle a quelque scrupule extravagant; elle me le cache, elle me fait mourir!

MADAME DE TOURVILLE à part. Imbécile que j'étais! A quoi pensais-je donc? Il y avait bien plus à gagner de ce côté-là!

DON JUAN. Au nom du ciel, madame, je vous en conjure! allez la trouver... Soyez dès à présent ma mère... Parlez pour moi... dites-lui combien je serai malheureux si elle n'est pas à moi... — Mais vous-même, madame, vous partagez peut-être les préventions de votre fille?

MADAME DE TOURVILLE. Moi, monsieur le colonel? au contraire, j'ai la plus haute estime pour vous. Je désire même l'honneur de votre alliance. (A part.) Elle a perdu la tête!

DON JUAN. Vous me comblez! Courez, ma chère madame de Tourville! dites-lui que je ne veux pas savoir ses secrets... dites-lui que si elle ne me hait point...

MADAME DE TOURVILLE. Colonel, croyez, je vous prie, que ce n'est qu'un enfantillage au fond... J'ai trop bien élevé ma fille pour qu'elle ait quelque chose de sérieux à cacher à son mari. (A part.) Je serais bien bête si je manquais la balle au bond. La gratification ne vaut pas ce que je puis tirer de celui-là. Je vais tout lui dire.

DON JUAN. Ah! madame, je n'espère qu'en vous!

MADAME DE TOURVILLE. Écoutez-moi, jeune homme, j'ai quelque chose de plus sérieux à vous dire.

DON JUAN. Ma chère madame de Tourville, allez lui parler, ramenez-la, il n'est rien que je puisse entendre.

MADAME DE TOURVILLE. Un peu de patience, étourdi! Je viens de chez monsieur le résident de France. J'avais à lui parler. J'ai attendu quelque temps dans l'antichambre, car il avait quelqu'un avec lui... La curiosité naturelle à mon sexe m'a fait prêter l'oreille, il faut l'avouer, et, la cloison étant fort mince, j'ai tout entendu. Savez-vous ce qu'il disait? Il complotait, monsieur Juan Diaz, avec un jeune homme étourdi comme vous — il complotait d'inviter le général à dîner pour l'assassiner ou se rendre maître de sa personne, en attendant que les régiments français qui sont en marche puissent arriver ici, et vous exterminer tous tant que vous êtes d'Espagnols dans cette île.

DON JUAN. Que dites-vous?... le résident !

MADAME DE TOURVILLE. Le petit jeune homme qui était avec lui avait l'air de ne pas y consentir, il lui a même remontré combien sa conduite était affreuse... mais ce coquin de résident l'a menacé de le faire fusiller, et il a bien été obligé d'y consentir, quoique malgré lui, j'en suis sûre.

DON JUAN. Et vous l'avez entendu?

MADAME DE TOURVILLE. De mes oreilles. Vous ne lui ferez pas de mal, n'est-ce pas, à ce petit jeune homme?... Quant au résident, c'est un vieux scélérat bien taré, et qui est digne de tout votre courroux.

DON JUAN. Je vais chez le marquis de La Romana, veuillez m'y accompagner.

MADAME DE TOURVILLE. Au moins ne manquez pas le résident. Je suis encore tout émue de son infâme trahison... il faut le faire fusiller tout de suite, sans l'écouter... Pour l'autre...

DON JUAN. Son affaire est claire.

MADAME DE TOURVILLE. Vous m'avez promis de lui faire grâce... Mais écoutez, bon jeune homme... écoutez, mon enfant...

DON JUAN. Ah! ma bonne mère !

MADAME DE TOURVILLE. Je vais vous amener ma fille, et, pendant que vous ferez votre paix avec elle, je m'en vais instruire de tout votre général; de cette façon, nous ferons d'une pierre deux coups.

DON JUAN. Allez vite auprès d'elle. Je reviens aussitôt.

MADAME DE TOURVILLE. Non, restez. Je vous l'amène... — Elle est d'une innocence, cette pauvre Élisa... Ma foi, entre nous, je ne sais si son premier mari a été... son mari... c'était un vieux goutteux... Elle est d'une innocence... vous rirez.

DON JUAN. Entrez vite.

MADAME DE TOURVILLE. Une embuscade. Ne dites mot. Rangez-vous du côté de la porte. (Elle frappe.) C'est moi, c'est ta mère; ouvre, Élisa. Elle rentre.

DON JUAN seul. Je ne sais si c'est le bon Dieu ou le diable

## JOURNÉE III, SCÈNE III.

qui mène nos affaires ! ma tête est en feu ! Je n'y puis plus tenir. Jamais je ne fus mis à pareille épreuve. Écoutons... sa mère semble la presser... Elle résiste...

MADAME DE TOURVILLE. Au secours, colonel ! à moi !

*Don Juan entre dans l'appartement, et en sort bientôt entraînant madame de Coulanges; madame de Tourville.*

DON JUAN. Oh ! vous ne m'échapperez plus. Vous êtes à moi pour la vie, votre mère y consent.

MADAME DE TOURVILLE. Ah ! ce tendre spectacle m'arrache des larmes de joie. Allez, mes enfants, aimez-vous, soyez heureux, c'est votre mère qui vous bénit. (Bas à don Juan.) Je vais chez votre général. *Elle sort.*

DON JUAN. Au nom du ciel, regardez-moi, Élisa ! Que vous ai-je fait ? Est-ce que vous ne m'aimez plus ?... Donnez-moi votre main... Ah ! vous avez beau faire, vous prendrez cet anneau. — (Il s'efforce de lui mettre un anneau au doigt.) Maintenant il n'y a plus à s'en dédire, vous avez mon anneau. Hommage à la marquise de ***.

MADAME DE COULANGES. Vous voulez donc tout savoir ? — Laissez-moi ; reprenez cet anneau et gardez-le pour une marquise. Savez-vous, don Juan, ce que je suis venue faire ici ? On me donne six mille francs par an pour surprendre vos secrets. Que vous en semble, don Juan ?

DON JUAN atterré. Ah !

MADAME DE COULANGES. A présent vous savez l'honorable profession que j'exerce... Mon véritable nom est Leblanc... Voulez-vous savoir l'histoire de ma vie ? écoutez un instant... vous n'êtes pas au bout, et vous avez encore besoin de votre courage.

DON JUAN. De grâce !... c'est une plaisanterie.

MADAME DE COULANGES. Silence !... Ma mère m'a élevée dans l'espérance que ma beauté et mon esprit lui rapporteraient de l'argent. Entourée d'une famille accoutumée à l'infamie, faut-il s'étonner que j'aie si bien profité des exemples que j'avais sous les yeux ? — Oui, don Juan, je suis payée par la police ; ils m'ont envoyée ici pour vous séduire, pour tirer de vous les secrets de votre ami, pour vous mener à l'échafaud. *Elle tombe sur un canapé.*

DON JUAN. Élisa !... oh ! j'en mourrai... Élisa !..

MADAME DE COULANGES. Vous ne vous êtes pas enfui?

DON JUAN. Vous êtes malade, Élisa! Vous êtes folle!

MADAME DE COULANGES. Retirez-vous, monsieur, vous vous souillez en touchant une misérable comme moi. — J'aurai bien assez de force pour regagner ma chambre toute seule. *Elle fait un effort pour se lever, et retombe aussitôt.*

DON JUAN. Élisa, tout ce que vous dites est faux... Vous et votre mère, ne venez-vous pas de nous découvrir les piéges que nos ennemis nous préparent?

MADAME DE COULANGES. J'ignore ce que ma mère a pu vous dire; mais moi, don Juan, moi, j'ai été payée, payée pour surprendre vos secrets.

DON JUAN. Je ne veux pas vous croire.

MADAME DE COULANGES. Du moment que je vous ai connu, j'ai en quelque sorte changé d'âme... mes yeux se sont ouverts... Pour la première fois j'ai pensé que je faisais mal... j'ai voulu vous sauver... O don Juan! l'amour que je sens pour vous, souffrez que je parle encore de mon amour... mon amour pour vous m'a rendue tout autre... je commence à voir ce que c'est que la vertu... c'est... c'est l'envie de vous plaire.

DON JUAN. Malheureuse femme! maudits soient les barbares qui ont corrompu ta jeunesse!

MADAME DE COULANGES. O don Juan! vous avez pitié de moi. Mais vous êtes si bon!... vous souffrez quand vous voyez souffrir votre cheval!... Oh! je penserai à vous toute ma vie... Peut-être aussi Dieu aura-t-il pitié de moi; car, oui, il y a un Dieu au ciel.

DON JUAN. Mais maintenant vous aimez la vertu!

MADAME DE COULANGES. Je vous aime de toutes les forces de mon âme... Mais je vous dégoûte... je le vois.

DON JUAN *après un silence*. Écoute, Élisa, sois franche; une seule question... As-tu jamais causé la mort d'un homme?... Mais, non, ne me réponds pas... je ne te demande rien... je n'ai pas le droit, moi, de te demander cela... Moi!... Eh! n'ai-je pas combattu à Trafalgar, à Eylau, à Friedland, pour le despote de l'univers?... N'ai-je pas tué des hommes généreux qui combattaient pour la liberté de leur patrie?... Il y a quelques jours, n'aurais-je pas, au premier coup de

## JOURNÉE III, SCÈNE III.

tambour, sabré un patriote pour le bon plaisir de l'empereur ? et moi ! j'ose te demander !... Tous les hommes sont des loups, des monstres !... Je suis tenté de lui brûler la cervelle et de me tuer ensuite sur son corps.

MADAME DE COULANGES. Je vous répondrai, don Juan, je le puis. Je vous le jure par... mais des serments dans ma bouche, qui pourra les croire ? Non, jamais je n'ai causé la mort d'un homme... Relevez-vous, don Juan, reprenez votre anneau... mais remerciez le hasard qui m'a protégée... Si ces mains que vous baisez ne sont pas teintes d'un sang innocent, j'en remercie le hasard.. Avant de vous connaître, je ne sais ce que j'aurais fait...

DON JUAN. Tu es aussi vertueuse, Élisa... tu es plus vertueuse que toutes ces bégueules qui, parce qu'elles ont passé leur vie dans un couvent, se vantent de leur courage à résister aux tentations ! Élisa, tu es ma femme !... Ta mère restera ici, je lui donnerai autant d'argent qu'elle en voudra... mais toi, tu me suivras, tu seras mon compagnon, tu partageras toutes mes fortunes.

MADAME DE COULANGES. Vous êtes fou. Dans un instant vous changerez d'idée, et alors vous vous étonnerez d'avoir jamais senti de la pitié pour une créature comme moi.

DON JUAN. Jamais, jamais !

MADAME DE COULANGES. Oui, je suis assez heureuse, puisque vous ne m'avez pas déjà repoussée du pied comme un être malfaisant. Je ne veux pas faire le malheur de votre vie en vous prenant au mot dans un moment d'enthousiasme. Il vous faut une femme, don Juan, qui soit digne de vous. Adieu.

DON JUAN. Vous ne me quitterez pas, de par tous les diables ! Je ne puis me passer de vous, je ne pourrai jamais aimer que vous. Venez avec moi. — Eh ! qui jamais saura votre histoire en Espagne ?

MADAME DE COULANGES. Ah ! don Juan !... (Elle lui prend la main.) Soit, je vous suis. Mais je ne serai pas votre femme ; je serai votre maîtresse, votre domestique. Quand vous serez las de moi, vous me chasserez... Si vous me souffrez auprès de vous, ce sera entre nous à la vie et à la mort.

DON JUAN. Tu seras toujours ma maîtresse et ma femme.
Il l'embrasse.

MADAME DE COULANGES. Ma résolution est prise, je n'en changerai pas. Entre madame de Tourville.

MADAME DE TOURVILLE. Dans les bras l'un de l'autre!..... Enfin je suis contente ! Je vous avais bien dit qu'elle ne demandait pas mieux.

DON JUAN. Élisa, laisse-nous un instant. Attends-moi dans mon appartement, je t'y suis. Madame de Coulanges sort.

MADAME DE TOURVILLE. Déjà vous vous tutoyez ? — Le général vous demande.

DON JUAN. Je sais qui vous êtes, madame... si je le voulais, je vous ferais pendre. — Voulez-vous dix mille piastres pour rester ici, ou aller au diable, si vous voulez, à condition de ne jamais revoir votre fille, de ne jamais lui parler, de ne lui écrire jamais ?

MADAME DE TOURVILLE. Monsieur... mais... ma chère fille.

DON JUAN. Dix mille piastres... réfléchissez !

MADAME DE TOURVILLE. Une mère si tendre...

DON JUAN. Oui ou non ?

MADAME DE TOURVILLE. J'accepte les piastres... mais il est pourtant bien dur pour une mère...

DON JUAN. Rentrez chez vous. Ce soir vous les aurez. N'essayez pas de sortir, ou les sentinelles feront feu sur vous.

MADAME DE TOURVILLE. Au moins permettez-moi, pour la dernière fois...

DON JUAN. Sortez ! et ne m'échauffez pas la bile !

MADAME DE TOURVILLE à part. La petite rusée ! Elle sort.

LE MARQUIS entrant. Ma foi ! je me rends. Vivent les jolis garçons ! Madame de Tourville m'a dit la vérité. Voici la lettre du résident qui m'invite à dîner chez lui.

DON JUAN. Douze balles dans la cervelle, voilà ce qu'il lui faut !

LE MARQUIS. Je ne lui en destine pas davantage, je ferai arrêter ses estafiers, et son dîner finira tout autrement qu'il ne l'espère. Ce sera le dernier que nous ferons dans cette île. Le vent est favorable ; demain l'amiral anglais jettera l'ancre devant Nyborg. — Je m'assurerai des officiers allemands et danois de la même manière qu'ils prétendaient le faire à notre égard.

DON JUAN. Fusillez! fusillez! fusillez! tous les hommes sont des faquins qui valent tout au plus la cartouche qui les envoie dans l'autre monde.

LE MARQUIS. Peste! comme tu y vas! Je ne veux faire tuer personne; excepté pourtant monsieur le résident, que je ferai pendre bien et beau pour lui apprendre qu'une salle à manger doit être aussi sacrée que le lieu des séances d'un congrès. Demain il servira d'exemple aux diplomates à venir, et d'enseigne à cette auberge.

DON JUAN. Amen!

LE MARQUIS. Porte ce billet au colonel de Zamora. Que l'on arrête tous les courriers. L'artillerie volante est arrivée. Je vais écrire au commandant. Le fort sera occupé par les grenadiers de Catalogne. Tous les régiments se réuniront à cinq heures sur la place d'armes; et, si le diable ne s'en mêle, le prince de Ponte-Corvo ne trouvera personne ici pour répondre à l'appel.

DON JUAN. Ah! général, je voudrais déjà me voir vis-à-vis des Français.  *Ils sortent.*

## BALLET.

### La place d'armes de Nyborg.

On voit dans le fond un parc d'artillerie. Musique militaire.

#### PREMIÈRE ENTRÉE DE BALLET.

Quatre canonniers et quatre vivandières.

#### SECONDE ENTRÉE DE BALLET.

Un fandango.

#### TROISIÈME ENTRÉE DE BALLET.

Walse. Soldats espagnols et filles de Nyborg.

On joue un rappel, les danses cessent.

## CONCLUSION

### SCÈNE IV.

**Une salle à manger.**

LE MARQUIS, DON JUAN, LE RÉSIDENT, CHARLES LEBLANC, OFFICIERS ESPAGNOLS, DANOIS, ALLEMANDS, assis à table.

CHARLES LEBLANC. Qu'on apporte le dessert.

LE RÉSIDENT. Hé! pas encore, pas encore ; il n'est pas encore temps... on n'a pas encore fini.

LE MARQUIS. Qu'avez-vous, monsieur le baron? vous semblez indisposé.

LE RÉSIDENT. Rien, absolument rien, monsieur le général... au contraire. — Monsieur Leblanc, attendez... je veux dire, ne buvez pas de ce vin-là... je vais en chercher d'excellent que je conserve depuis longtemps. J'y vais moi-même.

CHARLES LEBLANC bas. Envoyez un domestique.

LE RÉSIDENT bas. Non. Je ne confie à personne les clefs de mon caveau... les domestiques ont si peu de soin! Ils pourraient casser les bouteilles.

CHARLES LEBLANC. Il craint les bouteilles cassées. Allez, allez! on vous attendra pour le dessert.

LE RÉSIDENT. Non, non, je vous en supplie, faites toujours.

*Il sort. On apporte le dessert.*

LE MARQUIS à Leblanc. Monsieur, vous avez servi, ce me semble?

CHARLES LEBLANC. La chose n'est pas impossible. Mais pour le présent quart d'heure je suis secrétaire de monsieur le résident, du reste fort à votre service.

LE MARQUIS. Don Juan, te souviens-tu de cet officier que nous ramassâmes à Friedland, couvert de blessures et jeté dans un fossé par les Cosaques?

CHARLES LEBLANC. Que le diable les étrangle! c'était moi. Vous avez bonne mémoire, général. — Or çà, mes bons amis, attention au commandement ! Comme je représente pour le quart d'heure monsieur le résident, attendu qu'il a planté là la guérite, je m'en vais vous proposer la santé de notre caporal à tous. — A la santé de Sa Majesté l'Empereur ! vive l'empereur ! (A part.) Eh bien ! ils ne viennent pas ? Les officiers danois et allemands se lèvent pour répondre au toast.

LE MARQUIS se levant. A mon tour, messieurs, j'ai l'honneur de vous proposer la santé de Sa Majesté Ferdinand VII, roi d'Espagne et des Indes !

LES OFFICIERS ESPAGNOLS. Vive le roi ! (Tumulte.)

CHARLES LEBLANC. Vive l'empereur ! A moi, chasseurs ! Général, je vous arrête. Allons, aidez-nous, canailles de Danois !

Entrent des soldats espagnols; Charles Leblanc est désarmé. Les fenêtres du fond s'ouvrent, et laissent apercevoir la flotte anglaise pavoisée et saluant. On entend les cris de joie des soldats espagnols.

LE MARQUIS. Vos chasseurs sont en prison, monsieur le secrétaire. — Messieurs les officiers danois et allemands, c'est avec regret que je vous demande votre parole de ne pas vous opposer à notre dessein. Toute résistance est inutile, et votre courage est assez connu pour ne pas avoir besoin de nouvelles preuves. Reprenez vos épées, messieurs, vous n'êtes pas nos prisonniers. Autrefois nous avons combattu sous la même bannière, un jour peut-être nous retrouverons-nous combattant ensemble sous le drapeau de la liberté. Nous vous quittons pour voler à la défense de notre patrie ; car, avant de prêter serment de servir l'empereur des Français, nous devions notre sang à la terre d'Espagne. Adieu, messieurs. — Messieurs les officiers espagnols, je connais trop bien le corps que j'ai l'honneur de commander pour douter un instant qu'un seul de vous ne réponde avec allégresse à l'appel de la patrie. Vous allez vous mesurer avec les tyrans et les vainqueurs du monde, avec ce flot d'esclaves étrangers qu'ils poussent sur l'Espagne. Vous allez trouver nos armées désorganisées, détruites ; mais tout Espagnol est devenu soldat, et les montagnes de Baylen attestent déjà que nos paysans peuvent vaincre les vainqueurs d'Austerlitz [15]. La trahison a livré nos places fortes à l'ennemi ; nos arsenaux sont en son pouvoir. — Mais nos villes sans murailles ont des Palafox, et sont devenues des citadelles imprenables comme Sarragosse. — Toutes nos provinces sont envahies, — mais partout le Français est assiégé dans son camp. — Notre roi est captif, mais nous avons des Pélages. En Espagne, messieurs ! et guerre à mort aux Français [16] !

tous. En Espagne !

le marquis. Je vais passer les troupes en revue. Don Juan, assure-toi de ce coquin de résident. Tu connais mes intentions ?    *Il sort avec les officiers espagnols et danois.*

charles leblanc. Ma foi ! monsieur le colonel, votre petite drôlerie est fort plaisante. Mais que je sois pendu si ce n'est pas ma damnée de mère qui vous a tout dit.

don juan. Quel est votre nom ?

charles leblanc. Charles Leblanc, lieutenant aux grenadiers de la garde impériale.

don juan. Se peut-il, monsieur, qu'un militaire appartenant à un corps si justement honoré s'abaisse jusqu'à faire le métier d'assassin ?

charles leblanc. Colonel, ce n'est pas à moi que ce nom appartient. Je ne voulais assassiner personne.

don juan. Et ces chasseurs ?...

charles leblanc. D'abord, ils ne devaient tirer qu'à la dernière extrémité ; mais ensuite il n'y a pas d'assassinat là dedans, mais bien une embuscade, ce qui est tout autre chose. Un assassinat, c'est très-bien pour un coquin de moine [17] ou un mouchard. — Mais une embuscade, c'est très-permis à un brave militaire.

don juan. Monsieur, il me semble que vous entendez mieux les articles du code militaire que les distinctions d'honnête et de criminel. — Me direz-vous ce que mérite un militaire qui vient à une *embuscade* en habit bourgeois?

charles leblanc. Je sens que si vous me faites fusiller, comme vous en avez le droit, je n'aurai pas le mot à dire ; mais, comme je tiens beaucoup à ne pas paraître un mouchard devant un brave officier que j'estime, je vous ferai remarquer, et notez bien que je ne demande pas la vie, remarquer que je n'ai pas cherché le moins du monde à surprendre vos secrets, à voir où étaient campés vos régiments, où était parquée votre artillerie ; rien de tout cela. Je vous ai dressé une embuscade, comme j'ai eu l'honneur de vous le dire... J'avoue que j'ai eu tort de m'habiller comme un pékin... cependant cet habit... Non, jamais il ne pourra passer pour militaire ! Allons, lavez-moi la tête avec du plomb, cela m'apprendra à ne plus quitter l'uniforme.

DON JUAN. Non. Vous avez un nom qui vous sauve, monsieur Leblanc.

CHARLES LEBLANC. Ah ! c'est qu'apparemment vous êtes amoureux de ma mère ou de ma sœur, qui servent dans le régiment des mouchards.

DON JUAN. Taisez-vous !

CHARLES LEBLANC. Au diable les mouchards ! Faites-moi fusiller. Je ne veux pas qu'on puisse dire que pareille canaille a sauvé la vie à un officier de la garde impériale. Faites-moi fusiller ; aussi bien je ne serai plus capitaine.

DON JUAN. Non, vivez. C'est moi qui vous donne la vie en considération de votre courage.

CHARLES LEBLANC. Accepté à ces conditions ! Colonel, vous êtes un bon enfant. Vous avez l'air d'un brave militaire, quoique vous n'ayez pas déchiré autant de cartouches que moi. Moi, je ne suis qu'un pauvre hère de lieutenant, et vous... oh ! le bon service que le service d'Espagne !

DON JUAN. Vous ne voudriez pas une compagnie dans notre division ?

CHARLES LEBLANC. Non, le diable m'emporte ! Sachez que j'aimerais mieux être coupé en quatre que de prendre une autre cocarde que la cocarde de France.

UN SERGENT entrant. Colonel, je ne sais ce qu'est devenu le résident, mais il est impossible de le trouver. Cependant la corde est toute prête à la porte de votre hôtel.

CHARLES LEBLANC. Ha, ha ! En effet, voilà une corde attachée au lieu de l'enseigne des Trois-Couronnes.

Entre madame de Coulanges en uniforme de cadet du régiment de don Juan.

MADAME DE COULANGES. Colonel, votre régiment est en bataille, et l'on vous attend.

DON JUAN. O ma chère Élisa !

CHARLES LEBLANC, à part, se détournant. Ma sœur ! que le diable l'emporte !

DON JUAN. Le canon nous donne le signal du départ. Viens, ma bien-aimée.

MADAME DE COULANGES. Adieu, France, je ne te reverrai jamais!

CHARLES LEBLANC à part. Bon débarras!.(Haut.) Adieu, colonel, je ne vous remercie pas.

Don Juan sort avec madame de Coulanges et les soldats espagnols.

CHARLES LEBLANC à la fenêtre. Ha, ha! Belle ordonnance, ma foi! — Charmant coup d'œil! Que c'est agréable de commander une belle division comme celle-là! Par le flanc droit! marche!... Et les Danois qui regardent cela comme des oies à qui l'on vient d'arracher les plumes!

LE RÉSIDENT entrant. (Il ouvre doucement la porte.) Je n'entends plus rien. Tout est fini. Je n'ai pas voulu me montrer tant que j'ai entendu parler espagnol. Ah! voici notre brave. Eh bien! mon cher lieutenant, nous avons joliment mené nos affaires! Mais, diable! j'étais tout seul en bas contre une douzaine... Que diable! pourquoi ne m'attendiez-vous pas?

CHARLES LEBLANC. Regardez par cette fenêtre.

LE RÉSIDENT. Ciel! La Romana à la tête de ses Espagnols!... Qu'est-ce que cela veut dire?

CHARLES LEBLANC. Cela veut dire qu'on nous a trahis; que j'étais fusillé sans le colonel Juan Diaz, et que l'on vous cherche partout pour vous pendre!

LE RÉSIDENT. Pour me pendre!

CHARLES LEBLANC. On veut vous faire servir d'enseigne à cette auberge. Voyez-vous cette corde? c'est votre cou qu'elle attend.

LE RÉSIDENT. Pour me pendre!

CHARLES LEBLANC. Ma foi! je vous souhaite bien du bonheur, monsieur le résident.

LE RÉSIDENT. O ciel! monsieur, défendez-moi, ils veulent me pendre.

CHARLES LEBLANC. Que puis-je faire? Je n'ai pas d'armes. Vous n'avez qu'un parti à prendre, c'est de demander grâce à ces dames et à ces messieurs.

LE RÉSIDENT. Ainsi finit cette comédie : excusez les fautes de l'auteur.

On entend une musique militaire.

# NOTES

1. Il paraît que Clara Gazul a voulu représenter le célèbre et malheureux Porlier, plus connu en Espagne sous le nom d'*el Marquesito*, le petit marquis, sobriquet que ses soldats lui avaient donné. J'ignore s'il suivit le marquis de La Romana dans l'île de Fionie. Ce qu'il y a de certain, c'est qu'après la rentrée de Ferdinand VII dans ses états, Porlier se prononça ouvertement pour la constitution des cortès, qu'il avait défendue avec éclat dans la guerre de l'indépendance. Une tentative qu'il fit, au mois de septembre 1815, pour proclamer la constitution à la Corogne, n'obtint aucun succès. Trahi par ses indignes compagnons, Porlier fut livré à l'autorité militaire, condamné à mort, et fusillé le 3 octobre 1815. Voici son épitaphe composée par lui-même : « Ici reposent les cendres de don Juan Diaz Por« lier, général des armées espagnoles, qui a été heureux dans ce qu'il a entre« pris contre les ennemis de son pays, mais qui est mort victime des dissen« sions civiles. Ames sensibles, respectez les cendres d'un infortuné ! »

2. La basquina est un jupon étroit et court, et la mantilla un voile noir sans lequel les dames espagnoles sortent rarement.

3. La guerre des partisans.

4. A Espinosa. Le marquis de La Romana était alors en Angleterre.

5. Il faut se rappeler que cette comédie fut composée sous le régime constitutionnel.

6. Soldat d'une compagnie franche.

7. Bernadotte, alors prince de Ponte-Corvo.

8. Bataille de Vimeiro, gagnée le 21 juin 1808 par sir Arthur Wellesley, (le duc de Wellington) sur le général Junot et l'armée française, qui capitula à Cintra et s'embarqua pour la France.

9. Usage allemand.

10. Les Andalouses, et surtout les femmes de Cadiz, sont renommées dans toute l'Espagne pour la petitesse de leurs pieds et la douceur de leur parler.

11. Allusion à la fin tragique du malheureux Porlier.

12. Historique.

13. Gouverneur.

14. Palais.

15. On sait qu'à Baylen l'armée du général Dupont fut obligée de capituler devant les levées en masse de Castaños et du général suisse Reding.

16. En espagnol *guerra à cuchillo*, réponse fameuse du général Palafox, à qui l'on proposait une capitulation honorable au premier siège de Sarragosse.

17. Voir les bulletins et les proclamations de Napoléon et de Murat.

# UNE FEMME EST UN DIABLE

OU

## LA TENTATION DE SAINT ANTOINE

COMÉDIE [1].

> DEMONIO.
> « Yo haré que el estudio olvides,
> « Suspendido en una rara
> « Beldad. »
> CALDERON. — *El Mágico prodigioso.*

# PROLOGUE

### LE PROLOGUE.

MESDAMES ET MESSIEURS,

L'auteur de la comédie que vous allez juger a pris la liberté de sortir de la route battue. Il a mis en scène, pour la première fois, certains personnages que nos nourrices et nos bonnes nous apprennent à révérer. Bien des gens pourront être scandalisés de cette audace, qu'ils appelleront sacrilége ; mais traduire sur le théâtre les ministres cruels d'un Dieu de clémence, ce n'est pas attaquer notre sainte religion. Les fautes de ses interprètes ne peuvent pas plus altérer son éclat, qu'une goutte d'encre le cristal du Guadalquivir.

Les Espagnols émancipés ont appris à distinguer la vraie dévotion de l'hypocrisie. C'est eux que l'auteur prend pour juges, sûr qu'ils ne verront qu'une plaisanterie là où le bon Torrequemada aurait vu la matière d'un auto-da-fé, avec force san-benitos.

# UNE FEMME EST UN DIABLE

### PERSONNAGES DE LA COMÉDIE :

Fray ANTONIO 2,
Fray RAFAEL,        } inquisiteurs.
Fray DOMINGO,
MARIQUITA.
Familiers de l'inquisition.

*La scène est à Grenade, pendant la guerre de la Succession.*

## SCÈNE PREMIÈRE.

#### Une salle de l'Inquisition à Grenade.

A droite, trois siéges (celui du milieu plus élevé) sur une estrade tendue de noir. Dans le fond, on aperçoit très-confusément quelques instruments de torture. Au bas de l'estrade est une table avec une chaise pour le greffier. Le théâtre n'est éclairé que faiblement.

RAFAEL, DOMINGO, en grand costume d'inquisiteurs.

RAFAEL. Seigneur Domingo, je vous le répète, c'est une injustice criante. Il y a dix-sept ans que je suis inquisiteur à Grenade. J'ai fait condamner vingt hérétiques par an, et c'est ainsi que monseigneur le grand-inquisiteur reconnaît mes services ! Me donner pour supérieur un jeune homme imberbe !

DOMINGO. Voilà qui est affreux, et pour ma part j'en aurais autant à vous dire. Savez-vous ce que cela prouve ? c'est que monseigneur le grand-inquisiteur n'est qu'un sot.

RAFAEL. Nous le savions ; mais pour injuste et pour fanatique, je ne le connaissais pas encore.

DOMINGO. Enfin, qu'a-t-il de si grave à nous reprocher ?

RAFAEL. Quant à moi, je sais ce qui m'a fait du tort dans son esprit. Une misère ! L'histoire de cette juive que j'ai convertie, et qui s'est avisée tout d'un coup de devenir mère, a fait du bruit dans le monde. Mais, après tout, y a-t-il là dedans quelque chose de si extraordinaire ?

DOMINGO. De plus, il nous accuse, m'a-t-on dit, de n'être pas chrétiens.

RAFAEL. Est-il donc si nécessaire d'être chrétien pour être inquisiteur ?

DOMINGO. Malgré votre conversion et ses suites, je suis encore plus mal noté que vous sur ses tablettes.

RAFAEL. Vous y figurez donc comme athée ?

DOMINGO. Non, plût au ciel ! mais mon coquin de frère servant, qui fait ma chambre, lui a porté une cuisse de poulet qui s'y trouvait... je ne sais comment, et dans le carême, s'il vous plaît !

RAFAEL. Par le corps du Christ ! voilà une fâcheuse affaire !

DOMINGO. Ce qu'il y a de pis, c'est que ce nouvel inquisiteur qu'il nous a envoyé pour présider ce tribunal est un démon qui doit nous espionner. Ajoutez à cela que le drôle est de bonne foi.

RAFAEL. Bon ! pouvez-vous le croire ?

DOMINGO. Ou je me trompe fort, ou c'est un véritable Loyola. On dit qu'il en est à ne pouvoir distinguer une femme d'un homme ; oh ! c'est un saint.

RAFAEL. Hélas !

DOMINGO. Hélas !

RAFAEL. Sacrebleu ! est-ce ainsi que l'on paye nos services ! Je suis aujourd'hui d'une humeur affreuse ; je voudrais être Turc ! — Malheur à ceux que nous allons juger ! il me faut quelqu'un pour passer ma mauvaise humeur. Au feu ! au feu ! et puis au feu ! voilà mon dernier mot.

DOMINGO. Amen ! c'est aujourd'hui samedi, et c'est mon usage de condamner ce jour-là ; le lundi j'absous. De cette façon, s'il y a des quiproquos, si les innocents tombent le mauvais jour, la faute en est au bon Dieu. — Mais, à propos, dites-moi, qu'est devenue votre juive ?

RAFAEL. Elle est à la Maternité, la petite sotte.

DOMINGO. Sotte en effet ! (A part.) et plus sot qui l'y envoya.

RAFAEL. Que grommelez-vous entre vos dents?

## SCÈNE I.

DOMINGO. Moi, je pestais après cet imbécile de grand-inquisiteur.

RAFAEL. Que le diable l'emporte !

DOMINGO. Chut ! Il y a un écho ici. — Au large ! voici notre saint. Ils se séparent et se mettent à lire leur bréviaire, chacun d'un côté de la scène.

Entre Antonio en grand costume.

ANTONIO. Mes très-révérends pères, nous allons aujourd'hui nous occuper d'une affaire bien importante, et pour laquelle je vois que vous vous préparez. Nous allons procéder contre une sorcière, une femme qui a fait un pacte avec le diable, mes pères ! L'esprit de ténèbres a, dit-on, donné à cette malheureuse un pouvoir surnaturel. Mais rassurons-nous, la croix que nous portons serait une défense contre les griffes du malin, s'il pouvait pénétrer dans les murs bénits du Saint-Office [3].

DOMINGO. Satan perdrait son temps ici.

ANTONIO. Hélas ! mes pères, ne dites pas cela. La chair est faible, le vase est fragile. Pour moi, malheureux pécheur, ma seule force, c'est la connaissance de ma faiblesse. Vous, une longue vie passée dans la sainteté vous a rendus invulnérables aux tentations ; — mais moi, je suis jeune d'années et jeune d'œuvres pies. Ah ! que j'ai besoin de vos sages conseils pour me diriger au milieu des écueils de cette vie !

RAFAEL. Nous avons tous besoin de conseils.

DOMINGO. Avertis l'un par l'autre, nous résisterons mieux aux attaques du démon.

ANTONIO. « Seigneur, ne m'exposez pas aux tentations ! » Voilà ma prière à tous les instants du jour. Il est si facile de succomber ! Quelque vigilance que l'âme mette à se garder, l'ennemi des hommes est un serpent subtil, la plus petite brèche lui suffit, et une seule goutte de son venin peut gangrener une âme à jamais. Sans doute, j'aurais déjà succombé sans l'intercession de mon bienheureux patron, monseigneur saint Antoine.

RAFAEL à part. Il a quelque chose sur la conscience. Cela doit être curieux. (Haut.) A quelle tentation si puissante Dieu a-t-il permis que vous fussiez exposé ?

ANTONIO. Il nous reste encore du temps avant la séance, et, pour nous préparer à la tâche que nous devons remplir, un aveu sincère de nos fautes nous est utile. — Écoutez-moi donc, mes pères. — J'avais toujours pensé que la femme est l'instrument de damnation le plus sûr dont le malin se puisse servir. Vous partagez mon opinion, mes pères? La rencontre d'une femme est plus dangereuse que celle d'un aspic...

DOMINGO avec une surprise affectée. Comment! une femme serait-elle?...

ANTONIO. Dès ma plus tendre enfance je fus élevé dans un couvent, jamais je n'en étais sorti ; je ne connaissais, il y a six mois, d'autre femme que ma mère, et plût au ciel que je n'en eusse jamais vu d'autres!

RAFAEL de même. Sainte Vierge! vous me faites frémir!

ANTONIO. Satan me frappa d'une maladie aiguë, qui mit mes jours en danger... je demandais à Dieu de mourir dans l'innocence..... mais il ne daigna pas exaucer ma prière. — Je revins à la vie. — Les médecins, pour achever mon rétablissement, m'ordonnèrent d'aller respirer un air plus pur dans une petite maison de campagne appartenant à notre couvent. Enhardi par la solitude du lieu, j'osai sortir des murs, et sortir seul... J'avais essayé mes forces dans la campagne, et je rentrais dans notre maison, quand tout à coup... mes yeux rencontrent devant notre porte un être, qu'à ses vêtements, je crois être une femme. Son apparition subite me jeta dans un trouble tel que je n'eus pas même la présence d'esprit de fermer les yeux ; égaré, hors de moi, je restais devant elle, et son image s'enfonçait toujours plus profondément dans mon cœur. En vain je voulus fuir, mes pieds se fixaient à la terre. Semblable à un homme tourmenté du cauchemar, je voyais le danger, mais j'étais sans force, sans voix : j'étais comme le colibri fasciné par l'alligator. Mon sang bouillonnait... j'étais effrayé... je tremblais... et pourtant, si une telle comparaison n'est pas un sacrilége,... j'éprouvais cette espèce d'extase délicieuse que j'ai sentie quelquefois en priant devant notre sainte Madone. Encore quelques moments, et je serais mort à cette place... Mon âme... je la sentais près de m'abandonner... je serais mort... et mort dans le péché, si cette créature n'eût fait un pas vers moi. Ce mouvement subit rompit le charme en redoublant ma frayeur... Je pus m'écrier : Jésus ! Ce saint nom me délia : je courus de toutes mes forces sans regarder derrière moi, jusqu'à ce que, me jetant dans les bras de mon confesseur, je soulageai mon âme oppressée.

RAFAEL avec un grand soupir. Je m'attendais à pis.

ANTONIO. Satan n'abandonna pas sa victime. J'avais fui, mais j'avais emporté le dard empoisonné. Hélas !... il faut l'avouer.. il est encore dans mon sein. Jeûnes, prières, mortifications, rien n'a pu encore arracher de ma pensée l'image de cette femme. Elle me poursuit dans mes rêves ; je la vois partout... ses grands yeux noirs... qui ressemblent aux yeux d'un jeune chat... doux et méchants à la fois... je les vois... toujours... encore maintenant je les vois. (Il cache sa tête dans ses mains.) Le dirai-je? souvent, au milieu de mes lectures pieuses, mon esprit n'est plus aux paroles sublimes de l'Évangile ; mes yeux, ma bouche, ne lisent plus que des mots vides de sens ; — mon âme est tout entière à cette femme. — Sûrement Satan prit cette figure pour tenter mon bienheureux patron. Grand saint Antoine, donnez-moi votre courage !

RAPHAEL et DOMINGO. Le Seigneur vous soit en aide !

ANTONIO. Amen ! — Pourquoi faut-il qu'un malheureux pécheur soit condamné à juger les autres, quand il ne sait pas lui-même si le jugement dernier ne l'enverra pas dans les flammes des prévaricateurs ? (Longue pause.) Remplissons cependant notre tâche, quelque pénible qu'elle soit, et souvenons-nous que c'est le sort de l'homme de passer sa vie dans les tribulations. (Il monte sur l'estrade et se place entre Rafaël et Domingo.) Greffier, appelez la cause, et faites paraître l'accusée.

RAFAEL. Quoi ! vous fermez les yeux ?

ANTONIO. Plût au ciel que je fusse aveugle ! une femme va paraître devant nous.

LE GREFFIER. Maria Valdez, accusée, paraissez devant le tribunal du Saint-Office.

Entre Mariquita voilée entre deux familiers du Saint-Office.

ANTONIO les yeux fermés. Femme, quel est votre nom ?

MARIQUITA. On m'appelle Maria Valdez, plus souvent Mariquita ; on m'a de plus surnommée LA FOLLE. Voilà mes nom, prénom et surnom.

ANTONIO de même. Votre âge ?

MARIQUITA. C'est une question un peu scabreuse à faire à une femme, si l'on veut qu'elle dise la vérité. Cependant je suis franche, j'ai vingt-trois ans. Si vous en doutez, regardez-moi. Ai-je l'air plus vieille ? (Elle ôte son voile.)

RAFAEL et DOMINGO à part. Vive Dieu ! quelle jolie fille !

ANTONIO de même, à demi-voix. Arrière de moi, Satan, démon de la curiosité ! tu ne me vaincras pas ! (Haut.) Quelle est votre profession ?

MARIQUITA hésitant. Diable !... je ne sais trop que vous dire... je chante, je danse, je joue des castagnettes, etc., etc...

ANTONIO de même. Ainsi c'est dans ces jeux, dont, grâce au ciel, les noms mêmes me sont inconnus, que vous dissipez un temps que vous devriez donner aux larmes du repentir ?

MARIQUITA. Eh ! pourquoi donc pleurer et se repentir, seigneur licencié, quand on n'a rien fait de mal ?

ANTONIO de même. Rien fait de mal ! interroge ta conscience !

MARIQUITA. Que voulez-vous qu'elle me reproche ? J'ai bien commis quelques petites fautes, mais j'en ai eu l'absolution dimanche dernier de l'aumônier de Royal-Murcie, infanterie. Laissez-moi aller, et ne m'effrayez pas davantage avec vos robes noires et toute votre...

ANTONIO de même. Maria Valdez, vous dites que votre conscience ne vous reproche rien : réfléchissez, et ne mentez point.

MARIQUITA. Puisque je vous ai dit la vérité, vous allez me laisser sortir, j'espère ?

RAFAEL à Antonio. Mettez-la sur la voie.

ANTONIO de même. Connaissez-vous une femme nommée Juana Mendo ?

MARIQUITA. Si je la connais, une de mes bonnes amies !...

ANTONIO de même. Mais n'avez-vous jamais eu de querelle ?

MARIQUITA. Non... Ah ! cependant, il y a quelques jours, elle m'a cherché noise, prétendant que je lui avais volé un amant ; ce qui n'est pas vrai, monsieur le licencié. Seulement c'est parce que Manuel Torribio lui a dit que mes beaux yeux noirs étaient bien plus beaux que ses vilains yeux roux.

ANTONIO de même. Ses yeux noirs! (Il met brusquement la main devant ses yeux.) Seigneur Rafael, de grâce, continuez un instant l'interrogatoire.

RAFAEL, après avoir parcouru des papiers, d'une voix douce. Mariquita, n'avez-vous pas passé vendredi, 15 août dernier, devant le plant d'oliviers de Juana Mendo, en mangeant une grenade?

MARIQUITA. Comment puis-je m'en souvenir?

RAFAEL. Dites oui ou non.

MARIQUITA. Je crois que oui.

RAFAEL lisant. N'avez-vous pas jeté les pepins dans son plant, en agitant en l'air une baguette de noisetier ou autre bois, ayant deux bouts...

MARIQUITA riant. Voudriez-vous qu'elle n'en eût qu'un?

RAFAEL. Songez devant qui vous êtes. — ... Ayant deux bouts dépouillés de leur écorce? Répondez.

MARIQUITA. Qu'est-ce que j'en sais?

RAFAEL. Oui ou non?

MARIQUITA. Eh bien! oui.

RAFAEL. N'avez-vous pas chanté une chanson impie, où il est souvent parlé d'un certain Grain-d'orge?

MARIQUITA riant. Ah, ah, ah! seigneur licencié, de quoi me parlez-vous? J'ai chanté une ballade anglaise, traduite par votre servante, qui l'a apprise d'un trompette de Mackay, dans l'armée de milord Peterborough. Elle est faite en effet sur la mort de Grain-d'orge.

DOMINGO. Qui, Grain-d'orge? Un esprit des ténèbres?

MARIQUITA. Ah, ah, ah! Grain-d'orge veut dire grain d'orge, et la ballade chante de quelle manière avec des grains d'orge on fait de la bière que boivent les Anglais. Laissez-moi m'en aller, et je vous la chanterai, car vous avez l'air d'un bon enfant, et vous n'êtes pas comme celui-là. (Elle montre Antonio.)

ANTONIO les yeux fermés. Il est difficile de supposer qu'il n'y ait pas un sens caché sous ce mot.

MARIQUITA. Honni soit qui mal y pense, comme il y a écrit sur le bonnet du capitaine O'Trigger.

ANTONIO de même. Mais comment nous expliquerez-vous que le plant de Juana Mendo a été détruit par une inondation ?

MARIQUITA riant L'expliquer ! non, certes. Demandez au Geyar pourquoi il s'est débordé.

ANTONIO de même. Et c'est précisément à vous que je le demande. Pourquoi lui avez-vous dit de se déborder ?

MARIQUITA. Ah çà ! sommes-nous à jeun et dans notre bon sens ? Me prenez-vous pour une sorcière ?

ANTONIO de même. Vous le dites.

MARIQUITA. Merci de moi ! si vous ne me faisiez pas trembler avec votre grosse voix, vous me feriez mourir de rire.

ANTONIO de même. Vos rires pourront se changer en larmes. — Vous niez donc avoir jeté un sort sur les oliviers de Juana Mendo ?

MARIQUITA. Est-ce que je sais jeter des sorts, moi ?

ANTONIO de même. Tous péchés peuvent s'expier. Femme, je t'adjure au nom de ton Créateur ; dis la vérité, si tu ne veux pas la mort de ton âme.

MARIQUITA. Est-ce que, si j'étais sorcière, je ne me serais pas déjà envolée d'ici par la cheminée ?

ANTONIO de même. Réfléchissez et tremblez ; plus tard il ne servira de rien de vous rétracter.

RAFAEL. Seigneur collègue, elle est obstinée, laissez-moi l'entretenir seule un instant.

DOMINGO. Non, moi je m'en charge. Seigneur Rafael, vous oubliez que vous avez un rapport à faire...

ANTONIO de même. Nous ne pouvons manquer aux règlements du Saint-Office. Pour la dernière fois, Maria Valdez, êtes-vous sorcière ?

MARIQUITA. Pour la dernière fois, non. — Est-il entêté !

ANTONIO de même. Malheureuse ! Je m'en lave les mains, et ton sang ne retombera que sur toi. Le XLVIII$^e$ article du règlement des interrogatoires porte que, « si l'accusé, ou
« l'accusée, persiste dans ses dénégations, et que d'ailleurs
« l'accusation ne soit pas dénuée de preuves testimoniales
« ou par écrit, le président doit, en confirmation d'icelles,

« ordonner que l'accusé, ou l'accusée, soit mis, ou mise, à
« la torture. »

MARIQUITA. A la torture! Jésus! Marie! Vous allez donc me déchirer comme de la laine à carder. Seigneurs licenciés, ayez pitié d'une pauvre fille innocente. — Je vous en conjure, ne me faites pas mourir dans les tourments. Enfermez-moi plutôt dans un souterrain, privez-moi de la lumière du soleil; mais ne me tuez pas, ne me torturez pas!

RAFAEL. Seigneur Antonio, ayez pitié de sa jeunesse!

DOMINGO. Elle est innocente, seigneur collègue; un peu de compassion.

ANTONIO de même. La règle parle. — Pedro Gracias, tortionnaire, paraissez. L'exécuteur paraît dans le fond.

MARIQUITA. Ah! ne dites pas cela. Grâce, grâce! regardez-moi au moins. (Elle s'élance sur l'estrade, et embrasse les genoux d'Antonio.)

ANTONIO ouvrant les yeux. Ah!

RAFAEL. Seigneur, ayez pitié... mais,... qu'avez-vous?

ANTONIO d'une voix tremblante. Je te reconnais bien... tu vas donc me mener en enfer... tu dépouilles ta robe nuptiale, et je vois la peau brûlée du diable... Je suis donc en enfer... toutes les messes, saint Antoine lui-même, ne m'en retireraient pas. (Il tombe évanoui.)

RAFAEL. Il est fou!

DOMINGO aux familiers. Emportez-le dans sa cellule. (Bas à Mariquita.) Ne craignez rien, ma belle enfant, on ne vous mettra pas à la torture.

RAFAEL bas à Mariquita. N'ayez pas peur. Ce n'est pas pour des personnes faites comme vous que nous avons des chevalets. (Aux familiers.) Emmenez-la, donnez-lui une bonne chambre, mais ne la laissez parler à personne.

DOMINGO bas à Mariquita. Méfiez-vous de Rafael. Je ferai ce que je pourrai pour vous.

RAFAEL de même. Méfiez-vous de Domingo, c'est un vieil hypocrite. Mais moi, je m'intéresse à vous. Adieu, ma fille. (Il lui donne une tape sur la joue.) C'est moi qui suis votre ami. Adieu. (A part en sortant.) Je t'empêcherai bien de la voir.

DOMINGO à part en sortant. Tu ne la verras pas, vieux satyre, ou j'y perdrai ma soutane. On emmène Mariquita.

## SCÈNE II.

**La cellule d'Antonio. On y voit une Madone peinte.**

ANTONIO seul, se promenant à grands pas.

C'en est fait!... tout est fini... je suis perdu... damné!... J'aurais forniqué avec elle que je ne serais pas plus réprouvé!... Je ne puis plus prier. — D'ailleurs, à quoi bon... maintenant?... Je ne prierai plus! Je suis damné... tant mieux! mais en attendant... Maria, Mariquita! je ne veux plus penser qu'à toi! je veux que nos deux âmes n'en fassent qu'une! (Une pause.) — Eh quoi! je sacrifierais mon salut éternel à une femme, peut-être à un ange déchu, au tentateur?... Trente années de prières, de mortifications seront perdues!... Si j'avais vécu dans le monde... je serais damné de même... j'ai mené une vie misérable... pour être damné!... (Une pause.) Je la vois toujours. (Il met la main devant ses yeux. Une pause. Il s'agenouille devant la Madone.) Sainte mère de Dieu, prends pitié de moi!... je suis... un... C'est elle-même, trait pour trait... ses yeux noirs!... O Mariquita! (Il fait un mouvement pour saisir le tableau. — Reculant avec effroi.) Dieu! tes yeux lancent des éclairs. Tu me reproches mon sacrilége!... irai-je?... Non, tu ne seras point témoin de mon péché. Va! (Il retourne le tableau contre la muraille. Pause.) Si, rendu au monde, abjurant mes vœux... Mais pourquoi entretenir de semblables pensées? Je quitterai cet habit, oui; je le profane! mais c'est à la Trappe que j'irai.... on y meurt vite, dit-on, c'est ce qu'il me faut!... Je mourrai en prononçant son nom. Mais pourquoi mourir?... pourquoi m'imposer une si rude pénitence? Qu'ai-je fait, après tout? Ne sommes-nous pas assez malheureux ici-bas, sans que la haire et la discipline ajoutent encore à nos souffrances?... Ne puis-je donc?... Il y a eu des saints qui avaient des épouses, des enfants... Je veux me marier, avoir des enfants, être un bon père de famille. Tu en as menti, Satan, ce n'est pas pour cela que tu m'emporteras! J'élèverai une famille pieuse, et cela sera aussi agréable à Dieu que la fumée de nos bûchers.... Insensé, n'ai-je pas juré de renoncer au monde? Dieu lui-même n'a-t-il pas reçu mes vœux, et son enfer n'est-il pas brûlant pour les parjures? (Une pause.) Je suis déjà trop coupable!... Plus de salut pour moi... Ma piété, un seul coup d'œil de cette femme l'a déracinée... je n'ai plus la force de me retenir au bord du gouffre.... eh bien! je m'y veux élancer!... Enfer, ouvre-toi!... Il sort en courant.

## SCÈNE III.

#### Une chambre du palais de l'Inquisition.

MARIQUITA seule, assise sur le pied de son lit.

Pauvre Marie, où es-tu? que deviendras-tu? Mariquita la folle à l'inquisition! cela me ferait rire.... La pauvre folle sera pourtant brûlée... Oh! cela fait frissonner!... cela fait tant de mal de se brûler à la chandelle, et tout son corps dans la flamme! (Pleurant.) Là! ils veulent me brûler, moi qui suis si bonne catholique! moi qui n'ai pas voulu épouser le caporal Hardy seulement parce qu'il était hérétique; et c'était un si bel homme! cinq pieds neuf pouces! et puis, si je l'avais suivi en Angleterre, le capitaine O'Trigger l'aurait fait sergent comme il l'avait promis, et moi j'aurais été cantinière... Ah! que j'ai été bête! — Damn their eyes, comme ils disaient, au diable ces cafards! Ce sont tous des libertins. Peut-être que ces deux gros joufflus qui m'ont dit de belles paroles empêcheront le grand maigre de me mettre au feu! Brrrr! ne pensons plus à cela. Le mal vient assez vite. Bah! vive la joie! chantons, pour nous distraire, cette chanson qu'ils prennent pour de l'hébreu. Elle chante 4.

« Ils mirent Grain-d'orge sur le carreau pendant qu'ils lui
« préparaient de nouveaux tourments; et, sitôt qu'il don-
« nait signe de vie, ils le secouaient et le retournaient.

« Puis sur une flamme dévorante ils desséchèrent la
« moelle de ses os... » Hélas! pauvre Grain-d'orge! comme il devait souffrir! et c'est comme cela que je souffrirai, moi. Hélas! faut-il que je sois brûlée!

ANTONIO entrant. En ce monde — et dans l'autre.

MARIQUITA s'éloignant avec effroi. Ha! déjà! quoi, déjà!

ANTONIO. Maria !

MARIQUITA de même. Seulement un quart d'heure encore !

ANTONIO. Maria.... je suis à toi... tout à toi... je ne suis plus l'inquisiteur.... je suis Antonio... je veux être...

MARIQUITA de même. Mon bourreau ! vous êtes mon bourreau !

ANTONIO. Non, non... pas ton bourreau... ton ami... nous ne serons qu'un corps et qu'une âme... Soyons comme Adam et Ève.

MARIQUITA s'approchant. Comment ! mon père, vous mon amant !

ANTONIO. Amant, amant ! oui, ton amant ! aimons-nous toujours.

MARIQUITA. Oui !... mais faites-moi sortir d'ici.

ANTONIO. Oui, mais aime-moi d'abord.

MARIQUITA. Nous aurons le temps ensuite. Sauvons-nous, c'est le plus pressé.

ANTONIO avec délire. Mariquita, vois-tu, j'abjure mes vœux ; je ne suis plus prêtre, je veux être ton amant... ton mari, ton amant... Nous allons nous sauver ensemble dans les déserts.... nous mangerons ensemble des fruits sauvages comme les ermites....

MARIQUITA. Bah ! il vaudrait mieux tâcher d'aller à Cadiz. Il y a toujours des vaisseaux pour l'Angleterre. C'est un bon pays. On dit que les prêtres y sont mariés. Il n'y a pas d'inquisition. Le capitaine O'Trigger....

ANTONIO. Cesse, mon épouse, ne parle pas de ces capitaines anglais... je n'aime pas à t'entendre parler d'eux.

MARIQUITA. Déjà jaloux ? — Partons vite.

ANTONIO. Tout à l'heure. Mais montre-moi que tu m'aimes auparavant.

MARIQUITA. Eh bien ! vite. — Vous êtes bien innocent !...

ANTONIO. Innocent ! innocent ! moi le plus grand pécheur ! un réprouvé ! un damné ! un damné ! mais je t'aime, et je renonce au paradis pour contempler tes yeux.

MARIQUITA. Partons, partons, et puis nous ferons l'amour ensuite comme deux tourtereaux. Tiens. (Elle l'embrasse.)

ANTONIO criant. Qu'est-ce que l'enfer quand on est heureux comme moi !

## SCÈNE III.

RAFAEL entrant et se signant. Vive Jésus! que vois-je?

ANTONIO. Rafael!

RAFAEL. Scélérat! c'est donc ainsi que tu profanes la croix que tu portes?

ANTONIO. Seigneur Rafael, je ne suis plus prêtre, je suis l'époux de Mariquita.... Bénissez notre mariage.... mariez-nous. (Il se met à genoux.)

RAPHAEL. La malédiction de Dieu sur ta tête!

ANTONIO le prenant au collet. Marie-moi, ou je te tue! (Ils luttent quelque temps. Antonio renverse Rafael; celui-ci tire un poignard.)

MARIQUITA. Prends garde à toi, l'innocent!

ANTONIO lui arrache le poignard. Tiens, maudit! (Il le frappe.)

RAFAEL. Ha!... je suis mort! et le diable m'attend!... Antonio, tu es plus fin... que moi... Qui l'eût dit!... Va, je te pardonne pour la ruse, et puis... parce que je ne puis pas... me venger... Adieu.. je vais commander la chaudière... En attendant... jouis de ton reste... Domingo... je l'ai enfermé... j'ai écarté les surveillants... mais tu m'as prévenu... Tu n'es pas si bête... que je l'avais...

ANTONIO atterré. Tu ne dis pas tes prières?

RAFAEL riant. Mes prières!... ha, ha, ha!... m'y voilà.
(Il meurt.)

MARIQUITA. Je vais prendre sa robe, et nous passerons sans être reconnus.

ANTONIO. En une heure je suis devenu fornicateur, parjure, assassin.

MARIQUITA. En voyant cette fin tragique, vous direz, je crois, avec nous qu'UNE FEMME EST UN DIABLE.

ANTONIO. C'est ainsi que finit la première partie de la TENTATION DE SAINT ANTOINE. Excusez les fautes de l'auteur.

# NOTES

1. Clara Gazul affecte de se servir du mot *comédie, comedia*, employé par les anciens poëtes espagnols pour exprimer tout ouvrage dramatique, ou bouffon ou sérieux.

2. Certaines expressions dans le rôle d'Antonio pourront peut-être scandaliser les dames. L'auteur les supplie de songer que ce pauvre jeune homme n'avait jamais vu le monde, et n'avait lu d'autre livre que l'Écriture, où chaque chose est appelée par son nom.

3. Le diable ne peut entrer dans le palais du Saint-Office qu'avec la permission d'un inquisiteur.

4. Un officier du 42me régiment (anglais), qui jouait avec moi, m'apprit cette chanson, que je traduisis en espagnol, et sur laquelle je fis un air de ma façon. J'avais alors 13 ans (1812). C. G.

## JOHN BARLEYCORN,

### A BALLAD.

There was three kings into the east,
    Three kings both great and high,
And they hae sworn a solemn oath
    John Barleycorn should die.

They took a plough, and plough'd him down;
    Put clods upon his head;
And they hae sworn a solemn oath,
    John Barleycorn was dead.

But the cheerful spring came kindly on,
    And show'rs began to fall:
John Barleycorn got up again
    And sore surpris'd them all.

The sultry suns of summer came
    And he grew thick and strong,
His head weel arm'd wi' pointed spears,
    That no one should him wrong.

The sober Autumn enter'd mild,
    When he grew wan and pale;

His bending joints and drooping hea
  Show'd he began to fa'l.

His colour sicken'd more and more :
  He faded into age :
And then his enemies began
  To show their deadly rage.

They 've ta'en a weapon long and sharp
  And cut him by the knee :
Then ty'd him fast upon a cart,
  Like a rogue for forgerie.

They laid him down upon his back
  And cudgell'd him full sore :
They hung him up before the storm,
  And turn'd him o'er and o'er.

They filled up a darksome pit
  With water to the brim,
They heaved in John Barleycorn,
  There let him sink or swim.

« They laid him out upon the floor
« To work his farther woe,
« And still, as signs of life appear'd,
« They toss'd him to and fro. »

« They wasted o'er a scorching flame
« The marrow of his bones : »
But a miller us'd him worst of all,
  For he crush'd him between two stones.

And they hae ta'en his very heart's blood,
  And drank it round and round :
And still the more and more they drank
  Their joy did more abound.

John Barleycorn was a hero bold,
  Of noble enterprise :
For if you do but taste his blood
  'Twill make your courage rise.

'Twill make a man forget his woe :
  'Twill heighten all his joy :
'Twill make the widow's heart to sing
  Tho' the tear were in her eye.

Then let us toast John Barleycorn
  Each man a glass in hand :
And may his great posterity
  Ne'er fail in auld Scotland !

# L'AMOUR AFRICAIN

### COMÉDIE

Amor loco
A dos fidalgos disparó la flecha.
LOPE DE VEGA. *El Guante de dona Blanca.*

---

**PERSONNAGES :**

HADJI[1] NOUMAN.  
ZEIN-BEN-HUMEIDA.  
BABA-MUSTAFA.  
MOJANA.

*La scène est à Cordoue.*

---

**Un kiosque dans les jardins de Hadji Nouman.**

## HADJI NOUMAN, BABA MUSTAFA.

H. NOUMAN. Eh bien! qu'est devenu Zeïn?

B. MUSTAFA. Omar, le garde du kalife, vient à l'instant de m'en donner des nouvelles.

H. NOUMAN. Parle.

B. MUSTAFA. Il l'a vu hier au marché des esclaves. Ton ami a parlé à l'un des marchands; puis, tout à coup, il s'est élancé sur son cheval, et est sorti au galop par la porte de Djem-Djem.

H. NOUMAN. Et ce marchand d'esclaves, quel est-il?

B. MUSTAFA. Seigneur, je crois que c'est le vieux Abou Taher, celui qui t'a vendu hier la belle Mojana.

H. NOUMAN. Tu lui as parlé?

B. MUSTAFA. Je n'ai pu le trouver; il était chez le cadi.

H. NOUMAN. D'où vient cette fuite soudaine? Que peut-il être arrivé à Zeïn?

B. MUSTAFA. Comme il est sorti par la porte de Djem-Djem,

je crois qu'il est allé aux tentes de Sémélalia, à l'armée du vizir.

H. NOUMAN. Eh quoi! aurait-il été combattre les infidèles sans avoir embrassé son ami?

B. MUSTAFA. Si tu le veux, je retournerai chez Abou-Taher.

H. NOUMAN. Tout à l'heure. — Écoute. As-tu porté à Mojana les présents que j'ai achetés pour elle?

B. MUSTAFA. Oui, seigneur, et je l'ai revêtue moi-même de sa nouvelle parure. Allah! qu'elle était belle! Certes j'ai vu dans ma vie beaucoup de belles femmes, mais jamais je n'ai trouvé l'égale de Mojana. Ah! si tu voulais la revendre, bien qu'elle ait perdu hier cette qualité que vous estimez tant, tu en retirerais encore les dix mille dinars [2] qu'elle t'a coûtés.

H. NOUMAN. Jamais je ne la vendrai, Mustafa; et, si le kalife mon seigneur me la faisait demander, je la lui refuserais, dussé-je fuir chez les Bédouins de Zeïn, et vivre en excommunié [3]. — A-t-elle paru satisfaite de mes présents?

B. MUSTAFA. Elle a dit qu'elle se réjouissait de posséder tant de belles choses, si elle en paraissait plus aimable à tes yeux.

H. NOUMAN. Charmante créature!

B. MUSTAFA. Quelle différence entre nos femmes et celles des infidèles! Quand j'étais prisonnier à Léon, j'ai vu leurs femmes et leurs mœurs. Chez nous, toutes sont soumises; elles s'efforcent à l'envi de plaire à leur seigneur; avec deux eunuques on gouverne vingt femmes... mais allez chez les Espagnols, une femme gouverne vingt hommes...

H. NOUMAN. Apporte ici du sorbet et des fruits, je veux que Mojana vienne dans ce pavillon me tenir compagnie.

B. MUSTAFA. Entendre, c'est obéir. *Il sort.*

H. NOUMAN. Zeïn, tu seras toujours un Bédouin. — Toujours occupé de l'idée du moment, il oublie ses amis et leurs invitations pour courir où son caprice l'appelle.... Je pense que la fantaisie l'aura pris d'aller rompre une lance avec quelque chevalier nazaréen. Puisse Allah le protéger!

B. MUSTAFA *rentrant.* Seigneur, seigneur, ton ami Zeïn descend de cheval à ta porte. Par Allah ! je crains bien qu'il ne lui soit arrivé quelque malheur, car Abjer n'a plus sa belle selle brodée... peut-être... Entre Zeïn habillé très-simplement.

H. NOUMAN. Zeïn-ben-Humeïda, que Dieu soit avec toi !

ZEÏN. Hadji-Nouman, que Dieu soit avec toi ! As-tu cinq mille dinars à me donner ?

H. NOUMAN. Oui. Te les faut-il tout de suite ?

ZEÏN. Le plus vite possible.

H. NOUMAN donnant une clef à Mustafa [4]. Mustafa !

B. MUSTAFA. Dans l'instant. Il sort.

H. NOUMAN. Tu as vu les tentes du vizir ? Le Bédouin est déjà las de la vie de Cordoue ?...

ZEÏN. Je suis retourné à l'armée pour affaires pressantes. J'ai trafiqué, Hadji-Nouman : mais peut-être ai-je trafiqué en Bédouin.

H. NOUMAN. Aurais-tu attaqué une caravane ?

ZEÏN. Depuis que je sers Abdérame, j'ai oublié ces exploits du désert. Je suis allé vendre mes chevaux, mes bijoux, pour faire de l'argent.

H. NOUMAN. Eh ! pourquoi ne pas t'adresser à moi ?

ZEÏN. J'y ai bien pensé, mais trop tard.

H. NOUMAN. Si je ne me trompe, tu as vendu jusqu'aux pierreries de ton khandjar [5] ?

ZEÏN. Oui, et tous mes chevaux, excepté Abjer, qui, tant que je vivrai, partagera jusqu'à mon dernier morceau de pain. — Mais dis-moi si l'on m'a trompé. Combien valait la monture de ce poignard que m'a donné notre glorieux kalife ?

H. NOUMAN. Neuf à dix mille dinars. Peut-être plus.

ZEÏN. Dix mille coups de bâton à mon juif ! Puisse Nékir [6] le couper de dix mille coups de faux ! Je fais vœu, par la sainte Caaba [7] la prohibée, par les tombeaux des prophètes, de couper la tête à douze juifs dans la première ville espagnole où j'entrerai...

H. NOUMAN. A cette colère, on voit que tu as fait un mauvais marché.

ZEÏN. Il m'a donné quinze cents dinars.

H. NOUMAN. Es-tu fou, Bédouin, de faire des affaires avec un juif ?

zeïn. Il me fallait à toute force de l'argent. — En passant dans le bezestin [8], j'ai vu ce vieux coquin d'Abou-Taher qui faisait crier des esclaves à vendre. Une d'entre elles m'a frappé, et il en voulait neuf mille dinars... Hadji-Nouman, jusqu'alors j'aurais appelé fou celui qui paye une femme plus qu'un cheval de bataille; mais que la vue de cette femme m'a fait changer d'idée! J'aurais presque troqué Abjer contre cette créature, cette houri échappée du paradis. Mais j'ai mieux aimé courir à Sémélalia; j'ai vendu tout ce que je possédais, excepté mes armes et Abjer, et avec tout cela je n'ai pu faire que quatre mille dinars. Je compte sur toi pour le reste.

h. nouman riant. Ah, ah, ah ! fils du désert, te voilà pris à la fin. — Et que je reconnais bien là mon Bédouin, qui agit avant de penser ! Malheureux, tu vas acheter une esclave, et il ne te reste plus de quoi vivre ! Comment feras-tu pour l'entretenir, elle et Abjer ?

zeïn. N'ai-je pas un ami ?

h. nouman. Oui, qui pensera pour toi. Il te faut dix mille dinars au lieu de cinq mille, tu vas les avoir.

zeïn. Je te remercie, frère. Tu ne te lasseras jamais de me combler de biens.

h. nouman. Ah ! Zeïn, je serai toujours en reste avec toi ! Te rappelles-tu comment nous fîmes connaissance ?

zeïn. Il m'en souvient assez.

h. nouman. Je me trouvais assez embarrassé de poursuivre mon pèlerinage à la Mecque; tu versas sur moi ton outre tout entière [9], sans en garder une goutte pour toi. Combien tu as dû souffrir !

zeïn. Nous autres Arabes, nous savons souffrir mieux que vous autres seigneurs des villes. Et puis tu étais étendu sur le sable, abandonné, noir comme un scorpion desséché..... quel musulman n'aurait fait ce que je fis alors ?

b. mustafa rentrant. Seigneur, les cinq mille dinars sont en sacs sous le vestibule. Si tu veux les compter...

zeïn. Non, non. Prépare-moi un âne pour les porter, et aie soin d'en compter encore autant. Il y aura cent dinars pour toi. *il sort.*

h. nouman. Mustafa !

B. MUSTAFA. Seigneur !

H. NOUMAN. Un autre esclave fera ce que veut Zeïn. Toi, va me chercher Mojana. (Mustafa sort.) Le pauvre Zeïn ! son nouvel amour lui a fait perdre la tête. Il voulait troquer Abjer contre cette femme ! Il faut qu'elle ait fait une grande impression sur lui ! Malheur à qui enchérira sur l'esclave ! Zeïn a vendu les pierreries de son khandjar, mais il lui reste encore la lame.  *Entre Mojana, conduite par B. Mustafa.*

Approche, reine de beauté. Ôte ce voile trop épais. Il n'y a ici que ton seigneur pour contempler tes attraits.

MOJANA après avoir ôté son voile. Que veut mon lion ?

H. NOUMAN. Viens, Mojana, assieds-toi à côté de moi sur ce sofa. — Esclave, apporte la collation. Eh bien ! Mojana, es-tu contente des parures que je t'ai envoyées ?

MOJANA. Seigneur, tu as comblé de tes dons ton humble esclave, qui ne sait comment t'en témoigner sa reconnaissance.

H. NOUMAN. Dans peu tu auras quelque chose de mieux que ces bagatelles.

MOJANA. Ah ! seigneur, tant que j'aurai ton amour, je me croirai assez heureuse.

H. NOUMAN. Aimable enfant, je suis riche et puissant. Ma richesse et ma puissance t'appartiennent. Souhaite, et tes souhaits seront exaucés.

MOJANA. Ah ! mon lion ! oserai-je te demander une grâce avant de l'avoir méritée ?

H. NOUMAN. Demande, et tu auras. Ne me demande pas cependant le cheval Abjer de mon ami Zeïn.

MOJANA. Seigneur, ton esclave est si heureuse avec son lion, qu'elle n'a plus qu'un seul souhait à former. Je suis née dans un pays que je crois fort éloigné d'ici, près d'une ville que l'on nomme Damas. Mon père était un marchand ; mais, parce qu'il avait manqué d'aller à la Mecque, ainsi qu'il en avait fait vœu, Allah lui a retiré sa faveur. En une année il perdit tout son bien. Mon frère fut tué par les Kurds ; ma mère mourut de maladie. Mon père, pour vivre et faire vivre mes trois sœurs, fut obligé de me vendre [10]. O mon seigneur ! permets que je leur envoie une petite partie des dons que tu m'as faits, que je partage avec eux le bonheur que tu me fais goûter auprès de toi.

H. NOUMAN. Bon cœur ! n'est-ce que cela que tu demandes ? Ton père et tes sœurs viendront en cette ville, et je marierai richement tes sœurs, n'eussent-elles qu'une faible partie de ta beauté.

MOJANA. Je me prosterne à tes pieds.

ZEÏN derrière la scène. Esclave, retire-toi, ou je te tue.

H. NOUMAN. Qui ose pénétrer ici ? — Mojana, mets ton voile.

Entre Zeïn le poignard à la main ; Mojana se cache derrière le sofa.

Est-ce Zeïn qui entre ainsi quand son ami est avec son esclave ?

ZEÏN. Nouman, quand je t'ai donné l'hospitalité dans ma tente de feutre, ai-je sauvé un crocodile qui devait un jour me mordre et rire de sa morsure [11] ?

H. NOUMAN. Que veux-tu dire, Zeïn ?

ZEÏN. Qui t'a donné la hardiesse d'insulter Zeïn, le fils d'Amrou, le scheick [12] des Humeïdas ?

H. NOUMAN. Eh ! qui de nous deux est insulté ?

ZEÏN. Maure rusé, pourquoi m'offrais-tu ton argent, quand tu m'avais enlevé celle que j'estimais plus que le trésor du kalife ?

H. NOUMAN. Moi !

ZEÏN. N'as-tu pas acheté l'esclave d'Abou-Taher ?

H. NOUMAN. Eh ! quels droits avais-tu sur elle ?

ZEÏN levant son poignard. Tu vas les voir.

MOJANA se jetant entre eux deux. (Son voile tombe.) Arrête, méchant ! tu me tueras avant lui.

H. NOUMAN. Tu as donc perdu la raison, Zeïn ? toi lever le poignard sur Hadji-Nouman ! Que t'ai-je fait ? N'avais-je pas les mêmes droits que toi sur cette esclave ? Ne l'ai-je pas achetée de mon argent ? Est-ce ma faute, si tu as été si lent à conclure ton marché ?

ZEÏN regardant fixement Mojana, d'un air égaré. Tu as raison.

H. NOUMAN. Voilà donc tes folies. Et si cette femme ne se fût jetée entre nous deux, tu aurais tué ton frère !

ZEÏN. Moi, je ne pourrais jamais te tuer ; Gabriel te couvre de son bouclier. Tu es son favori, et moi je suis voué à Éblis [13].

H. NOUMAN. Je te pardonne, Zeïn, mais...

ZEÏN. Fou que tu es! dis donc à cette femme de remettre son voile, ou je ne réponds pas de moi. Nouman, je te prie de me pardonner. Mais le simoun [14] n'est pas plus brûlant et plus impétueux que l'amour d'un Arabe.

H. NOUMAN. Tu es bien agité...

ZEÏN. Écoute, quand je te sauvai la vie, tu me dis de te demander quelque chose... que tu me l'accorderais! T'ai-je demandé encore quelque chose? dis.

H. NOUMAN. Non.

ZEÏN. Donne-moi cette femme.

H. NOUMAN. Sais-tu combien je l'aime?

ZEÏN. L'aimes-tu comme moi? Ferais-tu cela pour elle?
(Il se perce le bras de son poignard [15].)

H. NOUMAN. Tigre féroce, que feras-tu de cette timide gazelle?

ZEÏN. Allons!

H. NOUMAN. Je ne puis!

ZEÏN. Dans le désert on respecte ses serments.

H. NOUMAN. Prends tous mes biens... Je te donne tout...

ZEÏN. Plaisant échange!... c'est à Zeïn que tu le proposes, à Zeïn qui donna au vieux El-Faradje tout le butin de la tribu des Zinebis pour le seul cheval Abjer! Eh bien! moi, Zeïn, je t'offre Abjer et le khandjar d'Amrou, si tu veux me donner cette esclave.

H. NOUMAN d'un ton suppliant. Zeïn!

ZEÏN. N'as-tu pas juré par la Caaba la prohibée, par les tombeaux des prophètes, par ton sabre, de m'accorder ma première demande?

H. NOUMAN. Que ferais-tu à ma place?

ZEÏN hésitant. Ce que je ferais?...

H. NOUMAN. Oui, toi, Zeïn?

ZEÏN. Je... je te tuerais! tire ton khandjar!

H. NOUMAN. Non, je ne puis me battre contre celui qui m'a sauvé la vie dans le désert. — Écoute, Bédouin. Il est un moyen de nous arranger. Que Mojana choisisse son maître. Si elle te préfère, elle est à toi.

zeïn. Est-ce là remplir ta parole?

h. nouman. Mojana, choisis.

mojana. Hésiterai-je entre mon bien-aimé et ce sauvage farouche! O mon seigneur! ton esclave t'aimera toujours.

(Elle se jette dans les bras de Hadji Nouman.)

h. nouman. O Mojana! — Zeïn, tu m'ôterais une esclave qui m'aime tant!

zeïn accablé. Vous êtes faits l'un pour l'autre... et moi, que je suis malheureux! En naissant j'ai donné la mort à ma mère. A douze ans, j'ai crevé un œil à mon frère d'un coup de flèche... et voilà qu'aujourd'hui j'ai voulu tuer mon ami. Je lui ai reproché un bienfait... Oh! cela est indigne d'un Arabe. — Adieu, Hadji Nouman.

h. nouman. Zeïn, demande-moi quelque chose que je puisse te donner.

zeïn. Je n'ai besoin de rien. Je retourne à mes tentes du désert.

h. nouman. Reste auprès de ton ami.

zeïn. Je ne puis.

h. nouman. Pourquoi me fuis-tu?

zeïn. Un jour peut-être je te tuerais. Je me connais bien.

h. nouman. Tu as le droit de me tuer, je mérite toute ta colère...

zeïn. Quoi! c'est une femme qui t'a rendu parjure, qui m'a presque rendu assassin! Mais moi, pour posséder quelques chameaux, n'ai-je pas rendu plus d'une épouse veuve, et plus d'un enfant orphelin?

h. nouman. Reste avec moi, ou je te suivrai au désert.

zeïn. Et cette esclave, y viendra-t-elle?

h. nouman. J'ai une sœur qui est belle, Zeïn. Je te la donnerai...

zeïn. Frère, dis à ton esclave d'ôter son voile, que je la voie encore une fois avant de partir.

h. nouman. Mojana, fais ce qu'il souhaite. Jette un regard d'amour sur Zeïn, car il est mon ami...

zeïn. Hadji Nouman, qu'Allah!... (Avec fureur.) Tiens battons-nous, et que le sabre en décide!

h. nouman. Voilà ta frénésie qui te reprend. Mojana, retire-toi.

ZEÏN. (Il se met devant la porte.) Non, arrête, Mojana! (A Hadji Nouman.) Parjure! lâche! traître! infâme parjure, tu ne m'échapperas pas!...

H. NOUMAN. Malheureux Zeïn, que fais-tu?

ZEÏN. Cette femme est à moi. Que m'importe qu'elle m'aime ou me déteste? N'ai-je pas dompté plus d'un étalon farouche? je saurai bien réduire cette pouliche. Mojana, suis ton maître, ou je te coupe la tête.

MOJANA se jetant dans les bras de Hadji Nouman. Seigneur, mon lion, défends-moi!

H. NOUMAN. Arrête.

ZEÏN. Tire ton sabre.

H. NOUMAN. Tu ne peux te défendre... ta main tremble...

ZEÏN le blessant. Que dis-tu de ce coup-là?

H. NOUMAN le frappant. Et toi de celui-ci...

ZEÏN renversé. Réjouis-toi, Cordouan, tu as renversé le héros de l'Yémen.

H. NOUMAN. Malheureux! j'ai tué celui qui m'a sauvé la vie!

ZEÏN. Et moi, j'ai combattu contre mon hôte! moi, scheick des Humeïdas les hospitaliers! Allah! Allah! tu es juste!

H. NOUMAN. Et moi, quels tourments ne mérité-je pas! je me suis parjuré par la Caaba la prohibée, et j'ai tué mon ami.

MOJANA. Seigneur!...

H. NOUMAN. Misérable! c'est toi qui l'as tué. Tu n'es pas une femme, tu es quelque Afrite [16]... Éblis lui-même.

ZEÏN. Éblis.... il m'attend!... Adieu, frère... Abjer... ne l'oublie pas... Il y a une négresse de Dongola qui est grosse de moi... (Il meurt.)

H. NOUMAN. Mon frère! Zeïn, Zeïn!

MOJANA. Seigneur, permets à ton esclave...

H. NOUMAN lui donnant un coup de poignard. Tiens, malheureuse! c'est le sang de Zeïn qui se mêle au tien.... Allons, Zeïn, nous restons amis. Cette femme est morte.... Zeïn? Zeïn?... Tu ne réponds pas, frère?

B. MUSTAPHA entrant. Seigneur, le souper est prêt, et la pièce finie.

H. NOUMAN. Ah! cela est différent. (Tous se relèvent.)

MOJANA.

Mesdames et messieurs,

C'est ainsi que finit l'Amour africain, comédie, ou, si vous voulez, tragédie, comme l'on dit maintenant. Vous allez vous écrier que voilà deux cavaliers bien peu galants. J'en conviens, et notre auteur a eu tort de ne pas donner à son Bédouin des sentiments plus espagnols. A cela, il ose répondre en prétendant que les Bédouins ne sont pas dans l'usage d'aller apprendre leur monde à Madrid, et que leur amour se ressent de la chaleur du Sahara. — Que pensez-vous de l'argument? — Pensez-en ce que vous voudrez, vous excusez les fautes de l'auteur.

# NOTES

1. Le mot Hadji, devant un nom propre, désigne un musulman qui a fait le pèlerinage de la Mecque

2. Je laisse aux savants à déterminer la valeur du dinar.

3. Les kalifes réunissaient la puissance temporelle à la spirituelle. Ceux qui leur désobéissaient étaient retranchés du *djemeat*, ou excommuniés.

4. On connaît la confiance que les Orientaux ont en leurs esclaves.

5. Poignard.

6. Un des anges de la mort.

7. Lieu vers lequel les musulmans adressènt leurs prières. C'est une maison carrée qu'ils disent bâtie par Abraham.

8. Marché.

9. On se sert de ce moyen pour rappeler à la vie les voyageurs qui sont étouffés par la chaleur du désert. (Voir *Voyages d'Aly-bey.*)

10. Voir *Voyage au mont Liban* de M. Otter.

11. Allusion à une croyance arabe.

12. Chef d'une tribu.

13. Le diable.

14. Vent du sud dans le désert. (Voir *Voyages d'Aly-bey.*)

15. Voir Lettres de lady Montague.

16. Mauvais génie, espèce de méduse ou de lamie.

# INÈS MENDO

ou

# LE PRÉJUGÉ VAINCU

« Sease ella señoria, y venga lo que viniere.
Don Quijote, iiᵃ parte, cap. v.

## AVERTISSEMENT

Cette comédie étrange fut composée par Clara Gazul à la requête d'une dame de ses amies, passionnée pour les romans larmoyants et improbables.

L'auteur, qui s'est étudié à imiter les anciens comiques espagnols, n'a nullement cherché à éviter leurs défauts ordinaires, tels que le trop de rapidité dans l'action, le manque de développements, etc. Il faut lui savoir gré de n'avoir pas copié aussi le style *culto*, si fatigant pour les lecteurs de ce siècle.

Au reste, l'intention de Clara Gazul, en composant cette comédie, n'a été que d'en faire une espèce de prologue pour la seconde partie, ou LE TRIOMPHE DU PRÉJUGÉ.

# INÈS MENDO

PERSONNAGES :

Le Roi.
Don LUIS DE MENDOZA.
Don ESTEBAN, son fils.
Don CARLOS.
Le curé de MONCLAR.

JUAN MENDO.
Un Notaire.
Un Greffier.
Paysans, Alguazils.
INÈS MENDO [1].

*La scène est à Monclar en Galice* (1640) [2].

## SCÈNE PREMIÈRE.

### MENDO, LE CURÉ.

MENDO. Quand j'entends parler d'un vol ou d'un assassinat, je ne puis m'empêcher de pâlir, comme si j'étais le coupable. Jusqu'ici mes mains sont pures de sang... mais un jour si...

LE CURÉ. Grâce au ciel, ce village est peuplé d'hommes simples et bons. Il y a plus de dix ans que l'on n'a entendu parler d'un crime commis dans Monclar.

MENDO. N'importe; cette horrible idée se présente sans cesse à mon esprit. Toutes les nuits, le même rêve me réveille en sursaut. Je me vois au milieu de la place du marché, à mes pieds est un jeune homme, les yeux bandés, les mains jointes, en prière. L'alcade me présente la hache et me dit : Frappe !...

LE CURÉ. La prière, Mendo, te délivrera de ces visions. Quand j'entrai dans les ordres, je voyais la nuit, dans mes rêves, l'image de ma cousine qui me disait de jeter mon froc et de m'enfuir avec elle en Amérique. Le jeûne et la prière ont éloigné de moi pour toujours ces fantômes incommodes.

MENDO. Ah ! toujours ils m'assiégeront !

LE CURÉ. Pense, Mendo, que tu pourrais encore être plus malheureux. Un inquisiteur qui condamne un homme sur des preuves assez faibles, crois-tu qu'il soit plus tranquille que toi ? Un juge qui vient de signer la sentence de mort, crois-tu que sa conscience le laisse en repos ? Et cependant, ils n'ont rien négligé pour s'instruire. — Mais il est si difficile de reconnaître la vérité !... Quel autre que Dieu peut se vanter de connaître un coupable ? L'opinion des hommes te tourmente... mais, vivant loin des hommes, tu es peu connu d'eux. Pas un habitant de ce village n'est assez vieux pour avoir connu la profession de ton père...

MENDO. Oh ! monsieur le curé ! mon père !

LE CURÉ. L'alcade et moi savons seuls, je pense, qu'une loi injuste te force à prendre le métier de ton père. Mais, quand même on eût imprimé sur ton front le signe d'une profession que les hommes ont déclarée infâme, alors même, Mendo, tu devrais offrir tes souffrances à Dieu, glorifier son nom, et attendre patiemment qu'il daigne te retirer à lui. Excommunié maintenant sur cette terre, un jour tu seras associé aux élus. — Crois-tu qu'il y ait des distinctions de rang dans le ciel ?

MENDO. Mon unique espoir est en Dieu !

LE CURÉ. Tu n'as pas de fils, ainsi tu ne laisseras pas de malheureux après toi. Tu dois encore en remercier le ciel.

MENDO. Mais, ma fille, ma pauvre Inès !... l'ignominie de mon nom la suivra !... Hélas ! elle ne sait pas encore cet affreux secret !... Je ne sais si je pourrai jamais le lui avouer... Je devrais la placer dans un couvent... mais pourrait-elle y trouver un asile ?

LE CURÉ. Je le crois, Mendo. — Elle y trouvera un époux qui fait plus de cas d'un cœur pur que d'armoiries sans barres. Adieu. Il faut que j'aille porter à un pauvre malade des secours que m'a remis le comte de Mendoza.

MENDO. Ah ! c'est le plus noble, le meilleur des hommes. —Vous le savez, tout grand seigneur qu'il est, il daigne me visiter, et il n'accorde pas cette faveur à l'alcade. — Hélas ! s'il venait à connaître !...

LE CURÉ. — Sois sans inquiétude. — Cependant, par prudence, je t'engage à éviter trop de familiarité avec lui. — Adieu. <small>Il sort.</small>

MENDO. Je vous baise les pieds. — (Seul) Honni, chassé de la société des hommes !... Personne ne dira, en voyant mon nom sur ma tombe, un REQUIESCAT IN PACE. Un assassin obtiendrait cette prière !... Et qu'ai-je fait pour mériter mon sort ?... L'Écriture a dit cependant : « Le fils ne portera point l'iniquité du père [3]. »

INÈS entrant. Bonjour, mon papa.

MENDO. Bonjour, ma fille. Tu as l'air embarrassée, comme si tu avais quelque chose à me demander.

INÈS. Mais, mon papa...

MENDO. Allons, parle.

INÈS. C'est... mon papa... que, comme j'ai tout rangé dans la maison... je voudrais bien aller me promener à la butte du Morisque... si vous me le permettez...

MENDO. Est-ce pour t'y promener seule ?

INÈS. Mais, mon papa... Don Esteban...

MENDO. Écoute, Inès. — Vas-y si tu le veux. Je ne te parlerai que comme un ami. — Je pourrais parler en père. Nous sommes pauvres et de bas lieu... Celui que tu vas voir est riche et noble. Rappelle-toi la fable du Pot de terre et du Pot de fer.

INÈS. Mais pourtant, le père d'Esteban... (Se reprenant.) de don Esteban... don Luis, est si bon pour tout le monde !... Il vient vous voir souvent... Vous savez combien il vous aime.

MENDO. Don Luis, établi depuis trois mois dans ce pays, et vivant comme nous éloigné du village, ne trouve près de lui d'autre figure humaine que la mienne. Il est bien obligé de venir nous voir. — Pour don Esteban, tu es la seule femme des environs qui ne soit pas absolument noire, et il n'est pas extraordinaire qu'il montre quelque goût pour toi. Mais, prends-y garde, quand il n'y aurait entre nous que la différence de rang, Inès Mendo ne serait jamais la femme d'Esteban de Mendoza. Tu ne voudrais pas être sa maîtresse... Évite donc toute liaison, autre que de politesse, avec les Mendoza.

INÈS. Cependant don Luis dit toujours comme cela, que,

tout compte qu'il est, il ne tient pas u tout à la noblesse, et qu'il estime autant un paysan, fils d'honnêtes gens, qu'un grand d'Espagne.

MENDO. Tout cela est bon à dire ; mais, quand on en vient à la pratique, on oublie bien vite ces beaux paradoxes.

INÈS. Et don Esteban... il est baron et officier aux gardes... Eh bien ! il dit qu'un noble peut bien épouser une roturière, parce qu'il l'anoblit, et que cela ne fait pas de tort au sang. Il le sait bien, lui. D'ailleurs, nous descendons tous d'Adam, comme dit monsieur le curé. Il n'y a que les professions qui font de la différence. Son grand-père était chevalier, et le mien... qu'est-ce que faisait mon grand-papa ?

MENDO troublé. Mon père !... lui !... il avait la même profession que moi.

INÈS. Vous êtes affligé, je le vois, de ce que je vous ai dit. Si vous le voulez bien fort, je ne verrai plus Esteban... Mais, mon cher petit papa... je vous en prie, laissez-moi vous l'amener aujourd'hui seulement ; il vous dira quelque chose.

MENDO. Moi, c'est pour ton bien que je te parle ; il faut cesser de le voir.

INÈS. Il m'aime tant cependant.

MENDO. Tu le crois, pauvre Inès !

INÈS. J'en suis sûre. Mon papa ?...

MENDO. Quoi ?

INÈS. S'il voulait m'épouser ?

MENDO haussant les épaules. Ah !

INÈS. S'il vous le disait ?

MENDO. Laisse-moi.

INÈS. Voici don Luis.

DON LUIS DE MENDOZA entrant. Bonjour, voisin... bonjour, chère enfant. Laissez-nous seuls un instant, et allez au jardin, vous y trouverez de la compagnie.

MENDO. Inès !

DON LUIS. Taisez-vous ; c'est moi qui lui ordonne de sortir. Vous, restez ; j'ai à vous parler de quelque chose dont vous ne vous doutez sûrement pas. (Inès sort.) Mais, d'abord, que je vous gronde. Vous êtes un singulier homme, Mendo.

J'ai des reproches à vous faire. Vous êtes le seul ami que nous ayons dans ce pays, et vous ne venez jamais nous voir !...

MENDO. Excusez-moi, monseigneur. Un pauvre paysan comme moi ne peut pas faire compagnie à un seigneur de votre qualité.

DON LUIS. Chansons que cela ? Tout comte que je suis, je ne me soucie pas plus de la noblesse que de mes vieilles bottes. Si j'aime mieux votre compagnie que celle d'un grand, qu'avez-vous à dire à cela ? — Et puis, ne vous avons-nous pas une petite obligation ? Quand nos mules allaient nous jeter dans un précipice, n'est-ce pas vous qui leur avez sauté à la bride, et les avez arrêtées ?

MENDO. Tout autre à ma place en eût fait autant.

DON LUIS. A la bonne heure. — Mais écoutez-moi. — Je ne suis pas fier. Je suis philosophe, moi. J'ai lu les anciens. — Tenez, mon ami, les hommes sont bien sots avec leurs préjugés sur la noblesse. La maison des Mendoza est une des plus anciennes des Espagnes ; et je suis de la branche aînée, s'il vous plaît. Eh bien ! cela me serait égal de m'appeler Juan Mendo, au lieu de don Luis de Mendoza.

MENDO *vivement*. Quoi ! d'être Juan Mendo ?

DON LUIS. Dans le fait, Mendo sonne mal à l'oreille, en comparaison de Mendoza. — Mendo... Mendoza... Ah ! ce ZA a bien son mérite. — Mais laissons là nos noms, et parlons d'affaires. Vous connaissez mon fils, c'est un charmant garçon, n'est-ce pas ? plein de courage, d'esprit, de talent. Il est officier aux gardes, et dans la plus belle passe pour avoir un emploi brillant. Dix duchesses lui ont fait des avances... s'il avait voulu, il aurait épousé la fille du duc de Bivar... le duc de Bivar !... entendez-vous bien ? Ce n'est pas une famille d'hier que celle du duc de Bivar.

MENDO. Il faudrait être aveugle pour ne pas admirer le mérite du baron de Mendoza.

DON LUIS. Mais je suis philosophe, moi. Qu'est-ce que la naissance, me suis-je dit ? Qu'ai-je fait à la Providence pour qu'elle me fît comte de Mendoza, grand de première classe, commandeur d'Alcantara ? Je ne m'en estime pas davantage. Et c'est dans les anciens que j'ai pris ces sentiments-là. — ... Ah! Sénèque!

mendo. Je ne vois pas...

don luis. Pour en venir au fait, je vous apprends... Devinez... Mon fils aime et veut épouser... votre fille...

mendo. Ma fille!

don luis. Je m'y suis d'abord opposé... mais il avait perdu la tête... et, comme la mésalliance du côté de l'homme ne tire pas beaucoup à conséquence, et que les Mendoza, grâce à Dieu, ont de la noblesse pour illustrer deux familles... j'ai donné mon consentement, et je viens prendre jour avec vous pour la noce... Hein? qu'en dites-vous?

mendo. Eh quoi! monseigneur... de quelle tache voulez-vous ternir vos armoiries!

don luis. Bagatelles! Le mâle n'anoblit-il pas? et puis, voyez-vous, j'ai du faible pour vous... D'ailleurs, j'ai bien d'autres raisons. D'abord, je suis philosophe... Et puis, le duc de Médina-Sidonia, disputant un jour avec moi, m'a défié de donner mon fils à une roturière... Je veux lui montrer que je suis philosophe pratique... Ensuite le roi a donné tout dernièrement encore un gouvernement à don Rodrigo Pacheco, qui avait fait la même chose que mon fils.

mendo. Monseigneur... cela ne se peut... Savez-vous bien qui je suis?

don luis. L'homme le plus entêté de la terre, vive Dieu!

mendo. Un Mendoza s'allier à...

don luis. Un paysan? C'est nous que cela regarde, n'est-il pas vrai? — Qu'avez-vous à répondre?

mendo. Don Luis, je vous respecte... j'ose même vous aimer... mais nous ne pouvons plus nous voir...

don luis. Il est fou!

mendo. Je ne puis vous dire mes motifs, mais croyez qu'ils sont justes.

don luis. Va-t'en à tous les diables, vilain! Comment! mon fils aime votre fille; votre fille l'aime; Esteban veut bien l'épouser, j'y consens; et vous, au lieu de me remercier de tant d'honneur, vous battez la campagne... Peut-être que monsieur nous trouve trop pauvres ou trop peu nobles pour lui?

MENDO. Inès sent bien elle-même...

DON LUIS. Eh bien! c'est à elle que je m'en rapporte. Si elle dit oui, vous consentez, n'est-ce pas? A-t-on jamais vu un vilain faire tant de difficultés pour se laisser savonner!

MENDO *après un silence*. Oui! je lui dirai ce qu'il faut qu'elle sache. Elle est ma fille, et plus qu'un étranger elle a le droit de connaître mes secrets.

DON LUIS. Ah! vos secrets! Vous avez des secrets? Quelque terrible secret, sans doute? Êtes-vous juif? Combien d'hommes avez-vous assassinés?

MENDO. Moi!

DON LUIS. Pardon, mon cher ami; ne vous fâchez pas. Je sais que vous êtes un brave et digne homme, un bon père de famille. Vous exercez une profession que j'honore : ce sont les laboureurs qui nous font vivre, nous autres gentilshommes... Et puis, ne sommes-nous pas tous enfants d'Adam, comme dit Sénèque?

MENDO. Monseigneur, il est impossible...

DON LUIS. Allons! vous avez mal dormi. Je vous quitte. Je reviendrai bientôt; mais souvenez-vous que vous m'avez promis de laisser votre fille entièrement libre.

MENDO. Elle prononcera elle-même.

DON LUIS. Vous voilà pris. Adieu. (Il fait un mouvement pour s'en aller, et revient.) Ah çà! pas de menaces! n'allez pas lui faire peur, à cette pauvre petite... dites-lui... Au reste, je la préviendrai moi-même. Vous êtes à mettre à l'hôpital des fous, pour vos idées. (Il va pour sortir.)

MENDO. Elle n'hésitera pas.

DON LUIS. Nous verrons. Adieu, Juan Mendo. Je n'ai jamais vu ton pareil!

MENDO. Monseigneur, je vous baise les pieds [4].

DON LUIS *revenant*. Mendo, ne dites pas : Je vous baise les pieds. Cela est trop servile. Dites comme les anciens : Je vous baise les mains. Cela suffit. — Ah! dites donc, peut-être qu'il y aurait moyen, Mendo, de vous faire avoir une savonnette à vilain.

MENDO. Ah! puis-je jamais me laver?...

DON LUIS. Encore? Je me sauve! *Il sort.*

MENDO. Qui jamais l'aurait pu penser? *Il sort.*

## SCÈNE II.

**Un vallon.**

DON ESTEBAN, DON CARLOS, se rencontrant.

DON ESTEBAN. Don Carlos, vous ici, cher capitaine?

DON CARLOS. Me trompé-je? Dans ce désert le baron de Mendoza!

DON ESTEBAN. Que diable faites-vous ici? Je croyais que vous n'auriez jamais pu vous résoudre à quitter les plaisirs de Madrid.

DON CARLOS. Je chasse. Je suis en semestre chez mon père, qui est alcalde de ce vilain trou qu'on appelle Monclar. — Et vous, que faites-vous ici?

DON ESTEBAN. Je vous en présente autant. Mon père vient d'acheter une terre dans ces environs. — Avez-vous tué quelque chose?

DON CARLOS. Non; je n'ai rien tiré. Je viens de renvoyer mon cheval et mes lévriers... (D'un air de mystère.) J'étais bien aise de me promener un peu de ce côté.

DON ESTEBAN avec inquiétude. Ah!... Pourquoi donc?

DON CARLOS de même. Je guette un autre gibier... dont vous êtes grand chasseur, cher baron. Gageons que c'est une petite amourette qui vous conduit dans votre terre nouvellement achetée?

DON ESTEBAN. Non, en vérité... quelle étrange supposition!

DON CARLOS. Écoutez donc. Depuis trois jours que je suis dans ce trou exécrable, j'ai remarqué une charmante petite paysanne, qui demeure dans ces environs. Tenez! voyez-vous cette maison là-bas... c'est là qu'elle demeure.

DON ESTEBAN à part. La maison de Mendo!

DON CARLOS. Une fille délicieuse, cher baron. Quoique fille d'un laboureur, à ce qu'il paraît... elle est faite au tour... des cheveux, des yeux d'un noir!... des mains... passables... cependant c'est là le côté faible. Tout bien considéré, je veux m'en passer la fantaisie.

DON ESTEBAN aigrement. Monsieur le capitaine, la personne dont vous parlez n'est pas du nombre de celles dont vous puissiez vous passer la fantaisie.

DON CARLOS. Une paysanne!

DON ESTEBAN. Paysanne ou autre, je vous prie de diriger votre chasse d'un autre côté.

DON CARLOS. Ah! ah! c'est qu'apparemment vous avez la priorité? Soit! mais deux chasseurs peuvent bien courre le même lièvre.

DON ESTEBAN. Trêve à vos plaisanteries! Sachez, monsieur, que cette paysanne, sur le compte de qui vous vous égayez, sera demain ma femme.

DON CARLOS. A vous?

DON ESTEBAN. Oui, monsieur, à moi.

DON CARLOS. Ah! ah! ah! La plaisanterie est excellente! mais en vérité, j'admire votre sérieux. Ah çà! vous savez qu'entre amis on se passe ses conquêtes après quinze jours de possession?

DON ESTEBAN. Monsieur, encore une fois, je parle très-sérieusement. Je vous prie de regarder dès à présent Inès Mendo comme la baronne de Mendoza.

DON CARLOS. Une paysanne la baronne de Mendoza! fort bien! très-bien joué! Appuyez! voyez un peu cet air hypocrite!

DON ESTEBAN frappant du pied. Vous ne finirez pas!

DON CARLOS. Après la lune de miel, vous serez plus traitable, vous me permettrez de la prendre pour épouse! ah! ah! ah!

DON ESTEBAN lui donnant un soufflet. Voilà qui vous prouvera que je parle sérieusement.

DON CARLOS l'épée à la main. Et voilà pour châtier ton insolence. *Ils se battent. Don Esteban le tue.*

DON ESTEBAN. Tiens, tu ne plaisanteras plus! — Maintenant, songeons à nous... Dans la province on est sévère en diable pour ces sortes d'affaires... Je me sauve à Madrid... mais d'abord il faut dire adieu à Inès; mon père l'amènera à Madrid... et mon mariage ne sera retardé que de quelques jours. *Il sort. Entrent deux paysans.*

PREMIER PAYSAN. C'est comme une vermine dans ce

temps-ci ; tous les soldats licenciés s'en mêlent ; mais moi je ne les crains pas. L'autre jour, j'en ai fait détaler deux que je rencontrai à la brune du côté de Navaja ; j'allais couper du bois, quand voilà qu'un de ces coquins, qui s'était couché à plat ventre... (Il butte contre le cadavre et tombe par terre.) Hai ! messieurs, prenez mon argent, mais ne me tuez pas !

second paysan. Imbécile ! c'est un homme qui n'en tuera pas d'autres. Vive Jésus ! c'est le capitaine, le fils de notre alcalde !

premier paysan. Oh ! quel trou il a au milieu de l'estomac !

second paysan. Tiens, tiens ! vois-tu là-bas un homme qui se sauve ? C'est celui qui l'a assassiné, il n'y a pas de doute. Si nous le ramenons, nous aurons une bonne récompense de l'alcalde.

premier paysan. Je vais chercher main-forte au village.

second paysan. Non, reste auprès du cadavre ; moi, je vais faire poursuivre le meurtrier.

premier paysan. Dépêche-toi, je n'aime pas à rester longtemps auprès d'un mort.


## SCÈNE III.

**La maison de Mendo.**

### MENDO seul.

Cette promenade m'était nécessaire, pour me rafraîchir le sang... et me préparer à ce dernier sacrifice... Il faut parler enfin... Insensé que j'étais !... j'ai cru pouvoir lui cacher sa position... sa tête s'est remplie d'idées chimériques qui la rendront malheureuse à jamais... C'est ma faute... L'éducation que je lui ai donnée a nourri ses illusions... J'aurais dû, dès son enfance, la mettre dans un couvent. Elle ne m'aurait pas connu. Elle aurait embrassé la vie religieuse, sans penser qu'il existât une situation plus douce au monde... Aujourd'hui elle s'est livrée à une passion folle, que je ne pourrai chasser de son cœur sans le déchirer... Ah! j'ai bien des reproches à me faire! — Mais ma fille,... c'était le seul ami que je pouvais avoir au monde... Je n'avais pas le courage de m'en séparer... Pauvre enfant! il faut qu'elle sache enfin la vérité... je vais briser son cœur... mais attendre plus longtemps serait trop dangereux... Elle sentira qu'elle n'a plus d'asile qu'au fond d'un cloître. La voici : rappelons tout notre courage.

INÈS entrant. Mon papa, j'ai été bien désobéissante. J'ai vu tout à l'heure Esteban, et nous avons été nous promener ensemble; et puis, don Luis est venu, et il m'a dit des choses si aimables, que je ne m'en sentais pas de joie. Esteban a dit qu'il voulait que je fusse sa femme, don Luis a dit que vous aviez dit que je ferais ce qui me plairait. Est-ce vrai, mon papa? ou ne l'avez-vous dit que pour rire? Oh! mon papa, je l'aime tant! Vous l'avouerai-je? il m'a forcée d'accepter un anneau de fiancée... Je n'en voulais pas d'abord, parce qu'il est trop beau... mais don Luis l'a voulu absolument... Tenez, le voici... comme il brille!

MENDO. Inès, écoute-moi, c'est peut-être pour la dernière fois que je te parle.

INÈS souriant. Bah!

MENDO. Inès... un homme qui tuerait son prochain serait un être détestable; tous les hommes doivent le haïr.

INÈS. Oui, mon papa.

MENDO. Mais si cet homme était forcé par les autres à tuer son prochain?...

INÈS. Comment pourrait-on l'y forcer? On a toujours la ressource de mourir, au lieu de tuer son prochain. Mais que voulez-vous dire?

MENDO après un silence. Ainsi tu as consenti à épouser don Esteban?... Tu sais que sa famille est une des plus illustres de l'Espagne. L'origine de sa race remonte au temps du saint roi Pélage. Il a pour alliés toute la noblesse de Castille, pour amis tous les grands... Crois-tu qu'il ne souffrira pas quand ses parents et ses amis le railleront d'un mariage si mal assorti? Tu l'aimes... voudrais-tu qu'il eût dans le monde à souffrir des avanies continuelles à cause de sa femme?

INÈS. C'était à lui à y penser d'abord... Je descends d'hon-

## SCÈNE III.

nêtes laboureurs et de vieux chrétiens... Il y a bien des duchesses, m'a dit Esteban, qui, il y a cent ans, étaient de pauvres Morisques... et puis, quand il a commencé à me faire la cour, je lui ai dit qu'il allât en conter aux grandes dames, et qu'il nous laissât en paix, nous autres paysannes... mais il m'a montré tant d'amour... tant d'amour! que je suis persuadée qu'il sera plus heureux avec moi qu'avec une infante d'Aragon.

MENDO. Ce mariage lui fait manquer sa fortune : y as-tu songé, Inès?

INÈS. Il est riche, et puis il pense, comme moi, qu'un peu d'amour vaut beaucoup d'or.

MENDO. Une Inès Mendo épouser un Mendoza! La fille d'un laboureur et un grand d'Espagne!

INÈS. L'infant don Pédro a bien épousé la fille d'un laboureur, qui s'appelait Inès aussi[5]. La romance le dit bien.

MENDO. Et tu sais comme cette union fut heureuse. D'ailleurs, Inès était la fille d'un laboureur... Sais-tu si don Pédro... Sais-tu si je suis même un laboureur?

INÈS souriant. Je vois bien qui vous êtes.

MENDO. Non, Inès, tu ne le sais pas!

INÈS. Qu'avez-vous, mon père? Quels yeux vous me faites!... Je vous afflige. Peut-être voulez-vous dire qu'il y a quelque tache dans notre famille... Peut-être qu'un de nos grands-pères a fait quelque chose de mal.

MENDO. Et si c'était ton père?

INÈS effrayée. Cela n'est pas vrai!

MENDO hors de lui. Je te le dis!

INÈS Jésus, Marie!... Mais cela n'est pas vrai... vous ne dites cela que pour m'effrayer... pour me faire renoncer à ce mariage; et quand même, quel crime si grand avez-vous commis qu'il ne soit expié par la vie de pénitent que vous menez dans cette maison? Vous êtes plus sévère pour vous-même qu'un moine.

MENDO. Pauvre Inès! la souillure qui est en moi ne te quittera qu'à la mort... Pardonne-moi de te l'avoir transmise! Inès... je ne suis coupable d'aucun crime, et cependant pas un homme ne voudrait être mon ami... Ma pauvre

Inès !... ils m'ont imposé l'horrible profession de mon père... Je suis le bourreau de Monclar.

<small>Il sort et ferme la porte sur lui.</small>

INÈS seule. J'ai perdu Esteban ! (Elle reste quelque temps dans l'accablement.) Mais vous, mon pauvre père ! que je vous plains !... Où est-il ? il était ici tout à l'heure... car ce n'est point un rêve... il m'a parlé : comment aurais-je pu imaginer cela ? Mais cette porte est fermée. Ah ! je me souviens... (Courant à la porte.) Mon père ! mon père ! revenez ! je suis toujours votre fille ; venez m'embrasser ! Venez, je veux passer ma vie à vous consoler... Il ne m'entend pas ! (Elle frappe à la porte.) Mon père ! mon père ! vous me mettez au désespoir. Faut-il que vous aussi, vous m'abandonniez !... Ah ! Esteban, Esteban ! je t'ai perdu... Tout à l'heure j'étais si heureuse ! En un instant voilà que je suis devenue la plus malheureuse des femmes ! Hélas ! au lieu de me marier, je n'ai plus qu'à me cacher dans quelque trou !... Il faudra tout lui dire... car ce serait mal de lui cacher une chose comme celle-là... Encore, s'il ne m'avait pas demandée, j'en aurais moins de regret. Il faut tout lui avouer... Mais comment lui dirai-je en face : « Esteban, je suis la fille... » Oh ! jamais je n'oserai. Pourtant il faut bien qu'il le sache... Autrement... il reviendrait ici, et cela me ferait encore plus de peine... Eh bien ! je lui écrirai... Il ne me reverra plus... je me ferai religieuse, et je penserai toujours à lui... je prierai le bon Dieu pour lui... et je ne déshonorerai pas son noble sang : il le faut.

Rappelons tout notre courage... Je crois que mes larmes m'ont soulagée. Oui, je crois que maintenant je pourrai lui écrire cette lettre... Oh ! que n'ai-je su plus tôt de qui j'étais la fille ! <small>Entre Mendo un sac d'argent à la main.</small>

INÈS. Mon père !

MENDO. Inès, voici qui vous appartient. Cet argent est à vous ; il vient de votre mère. — Il servira pour vous établir dans la retraite que vous choisirez.

INÈS. O mon père ! ne me dites pas de m'en aller. J'ai perdu mon Esteban, ne m'ôtez pas mon père. Laissez-moi passer ma vie à vous consoler, à vous tenir lieu d'ami.

## SCÈNE III.

MENDO *pleurant dans les bras d'Inès.* Seigneur! pourquoi ne lui avez-vous pas donné un autre père!

INÈS. Seigneur! fais que je le conserve longtemps!

MENDO. Tu vois qu'il faut renoncer à celui que tu aimes. Auras-tu le courage de lui écrire pour lui rendre sa promesse?

INÈS. Oui, mon père... je sens que je le dois.

MENDO. Tôt ou tard ils sauront la vérité, de l'alcalde ou d'un autre. Don Esteban est un noble jeune homme. — Parle avec franchise, et dis-lui... qui tu es.

INÈS. Que je lui dise!...

MENDO. Dis-lui qu'en t'élevant dans l'ignorance de ta naissance, je fus le seul coupable. Il vaut mieux qu'il l'apprenne de nous que d'un autre.

INÈS. Eh bien! s'il le faut, je le ferai.

MENDO. Écris-lui sur-le-champ. Je te laisse. *Il sort.*

INÈS *seule.* Comment m'y prendre?... Oui, dire la vérité sans préambule... Hélas! c'est encore lui qui m'a donné cet encrier. *(Elle écrit.)* Peut-être aura-t-il quelque pitié de moi... « Adieu, Inès... » Et toi, mon cher anneau, j'espérais te conserver toute ma vie. Et il faut sitôt nous séparer... Je ne suis plus digne de te porter... Adieu! adieu! *(Elle le baise à plusieurs reprises.)*   *Entre don Esteban.*

DON ESTEBAN. Ma chère Inès, laissez-moi vous rendre vos baisers.

INÈS *se sauvant à l'autre bout du théâtre.* Ah!

DON ESTEBAN. Ma chère Inésille, je vous ai fait peur? Rassurez-vous, c'est moi.

INÈS *de même.* Quoi!... c'est vous?...

DON ESTEBAN. Oui, c'est ton amant qui vient...

INÈS. Je n'ai plus d'amant!... Je suis une malheureuse qu'il faut laisser!...

DON ESTEBAN. Te laisser, Inès!... Ne me reconnais-tu pas?

INÈS. Seigneur!... au nom du ciel! laissez-moi! laissez-moi! il le faut.

DON ESTEBAN *s'avançant vers elle.* Qu'avez-vous? vous me désespérez. Pourquoi cette frayeur?

INÈS. Ne me touchez pas! vous allez vous souiller!

DON ESTEBAN. Ce malheureux Mendo lui aura troublé l'esprit ! Il ne me manquait plus que cela. Inès, pas d'enfantillages... est-ce que vous ne m'aimez plus ?

INÈS. Oh si !... c'est plus fort que moi... mais... tenez, prenez ce papier sur cette table, et laissez-moi.

DON ESTEBAN. Allons donc ! pourquoi cette peur de moi !

INÈS. Je ne puis plus vous aimer.

DON ESTEBAN. Encore vos scrupules ! vous vous plaisez à me faire enrager. Voilà pour vous punir. (Il l'embrasse de force.)

INÈS. Ce n'est pas ma faute : vous m'avez embrassée de force ; je n'ai pu vous avertir plus tôt... tenez, voilà qui va vous instruire... (Elle lui donne la lettre. Don Esteban lit ; sa figure s'altère rapidement ; Inès se jette à ses genoux en pleurant. Don Esteban reste quelque temps comme accablé. Tout d'un coup il déchire la lettre, et, se débarrassant avec violence des bras d'Inès, il la fait tomber.)

INÈS. Ah !

DON ESTEBAN la relevant. Inès ! t'ai-je fait mal ?

INÈS. Oh ! vous m'appelez encore Inès ! laissez-moi vous baiser les pieds.

DON ESTEBAN. Malheureuse enfant ! quel crime as-tu donc commis pour te prosterner à mes pieds !

INÈS. Je ne l'ai su que tout à l'heure ; et, si je l'avais su plus tôt... je ne vous aurais pas laissé m'aimer.

DON ESTEBAN. Pauvre Inès ! Et je cesserais de t'aimer ! N'es-tu donc plus la même Inès qui m'a tant charmé ?

INÈS. Je ne pourrai jamais m'empêcher de vous aimer.

DON ESTEBAN. Sots préjugés ! dois-je vous sacrifier mon bonheur ? Ombres de mes ancêtres ! je briserai mes armoiries plutôt que de renoncer à cette fille !

INÈS. Vous ne me méprisez donc pas ! vous me ferez mourir de joie.

DON ESTEBAN. Je t'aime, je t'aime comme auparavant.

INÈS pleurant. Esteban... non, vous ne pouvez m'aimer, vous êtes un Mendoza.

DON ESTEBAN. Je suis ton amant... j'aime mieux être ton amant qu'un gentilhomme.

INÈS. Oh ! je voudrais mourir maintenant ! Je ne déshonorerais pas celui que j'aime.

DON ESTEBAN. Hé ! que m'importe l'opinion des hommes ? vaut-elle ton amour ? (Voyant qu'Inès saigne.) Tu saignes, mon amie, et c'est ma violence qui t'a fait tant de mal. Ma bonne Inès, laisse-moi te guérir à force de baisers.

INÈS. Ah ! je suis trop heureuse ! (Elle se jette dans ses bras.)
Entre le greffier avec les paysans armés.

LE GREFFIER touchant don Esteban avec sa vare [6]. De par le roi, respect à la justice. Seigneur Mendoza, vous êtes mon prisonnier. Rendez-moi votre épée.

DON ESTEBAN. Canaille, attendez-moi.

LE GREFFIER. A moi, mes amis !

INÈS. Au secours ! mon père, au secours !
(Don Esteban est désarmé.)

DON ESTEBAN. Adieu, chère Inès ! n'aie pas peur, cela ne sera rien. On l'emmène.

INÈS. Au secours ! au secours ! (Elle s'évanouit.)

MENDO entrant l'épée à la main. Qu'est-ce ? qu'y a-t-il ?

LE GREFFIER. Rien qu'un homme qui en a tué un autre, et que je fais prendre.

MENDO. Ma fille !

LE GREFFIER. Mademoiselle était sur les genoux de ce monsieur quand je suis entré... il est bien naturel...

MENDO le menaçant. Coquin !

LE GREFFIER. Si vous me frappez, j'en ferai mon rapport à l'alcalde.—A propos, Mendo, vous nous aviez caché que...

MENDO. Sors d'ici !

LE GREFFIER. Vous aurez de l'occupation bientôt, Juan Mendo. Aiguisez vos coutelas ; songez qu'il ne s'agit pas de le manquer, c'est un gentilhomme. Il sort en riant.

MENDO. Holà ! Marie ! (Une femme entre et aide à emporter Inès.)
Ils sortent.

## SCÈNE IV.

**Intérieur de la prison de Monclar.**

### DON ESTEBAN, seul.

Il est assis devant une table, et lit d'un air pensif son arrêt de mort.

Voilà qui est fini ! (Il jette l'arrêt sur la table.) Toute réflexion faite, je suis bien aise de n'avoir pas vu Inès. Ses larmes auraient ébranlé mon courage. Aujourd'hui j'en ai bon besoin. Souvent j'ai entendu les balles ennemies siffler à mes oreilles... et je suis resté calme; mais le billot et la hache ont quelque chose de plus effrayant. — Je voudrais bien dans ce moment trouver la fermeté de ce soldat que j'ai vu marcher à la potence en sifflant. (Il siffle.) Non, point de fanfaronnades. De la fermeté, de la résignation; et puis... pour sa réputation, il serait désagréable de siffler une fausse note dans un pareil moment. — Mon Dieu! accordez-moi de mourir en gentilhomme, en soldat! — Ah! qui entre ici ? *Entrent un notaire et deux témoins.*

LE NOTAIRE. Seigneur baron, je suis le notaire que vous avez demandé, et voici deux témoins possédant les qualités requises.

DON ESTEBAN. Fort bien, je vous remercie. Point de nouvelles de mon père?

LE NOTAIRE. Non, monseigneur. Cependant j'espère qu'il pourra joindre le roi assez à temps. Sa Majesté ne doit pas être loin de Monclar.

DON ESTEBAN. Advienne que pourra! — Préparez-vous, monsieur, à écrire mon testament. Il ne sera pas long.

LE NOTAIRE *écrivant*. J'espère que ce sera une précaution inutile. Votre nom?

DON ESTEBAN. Esteban Sandoval, baron de Mendoza, capitaine aux gardes.

LE NOTAIRE..... Aux gardes, donne et lègue mon âme à Dieu.

DON ESTEBAN. C'est la forme?

LE NOTAIRE. Oui; c'est le protocole voulu par la loi.

DON ESTEBAN. Observez la forme le plus exactement que vous pourrez; je ne voudrais pas qu'un jour ce testament pût être cassé.

LE NOTAIRE. Oh! pour cela, vous n'avez rien à craindre avec un praticien comme moi. Ce n'est pas un homme qui exerce depuis trente ans la profession de notaire, qui laissera des nullités dans un acte authentique.

DON ESTEBAN. Tant mieux, poursuivons; je lègue tous mes biens.....

LE NOTAIRE. Meubles et immeubles?

DON ESTEBAN. Oui;... à Inès Mendoza...

## SCÈNE IV.

LE NOTAIRE écrivant. Pas si vite, laissez-moi détailler un peu quelles sortes de biens.

DON ESTEBAN. Avez-vous mis ?

LE NOTAIRE. Un peu de patience. N'oublions rien. A qui léguez-vous vos biens ?

DON ESTEBAN. A Inès Mendoza, ci-devant Inès Mendo...

LE NOTAIRE. Dites-moi ses qualités.

DON ESTEBAN. Ma femme, fille de Juan Mendo, bourr de Monclar.

LE NOTAIRE. Vive Dieu ! est-ce qu'il faut écrire cela ?

DON ESTEBAN. Je l'exige.

LE NOTAIRE. Légitime épouse ?

DON ESTEBAN. Oui, bien que notre mariage ait été secret. (A part.) Je n'irai pas en enfer pour ce mensonge-là.

LE NOTAIRE. Si, comme vous le dites, ce mariage a été secret, à votre place, et pour éviter les procès, je ferais un acte recognitif d'icelui.

DON ESTEBAN. Faites-le comme vous l'entendrez.

LE NOTAIRE. Je l'insère au testament.

DON ESTEBAN. Avez-vous mis ? Je veux, de plus que l'on fasse graver sur mon tombeau, que l'on élèvera dans le cimetière de ce village, qu'un Mendoza, au mépris des préjugés, a épousé la fille d'un bourreau.

LE NOTAIRE. Diable ! à votre place, je ne me soucierais pas trop de faire graver cela.

DON ESTEBAN. Je le veux.

LE NOTAIRE. A la bonne heure. C'est un legs que les Romains appelaient : POENÆ NOMINE LEGATUM...

DON ESTEBAN. J'institue mon père mon exécuteur testamentaire.

LE NOTAIRE. Il se nomme ?

DON ESTEBAN. Don Luis, comte de Mendoza.

LE NOTAIRE. Rien de plus naturel. Si c'est tout ce que vous avez à me dicter, oyez-en lecture et signez. (Lisant.)

« Je soussigné, don Esteban Sandoval, baron de Mendoza,
« dans la prévoyance de notre décès, voulant faire testament,
« avons appelé le soussigné, Melchior de la Ronda, notaire
« royal à Monclar, et les soussignés, Jayme Ximenez, et Gil
« Boyajal, tous deux habitants dudit Monclar, lesquels se

« sont transportés dans la prison dudit lieu, à l'effet d'ouïr
« et certifier mes dernières volontés. En présence des-
« quels ai déclaré et déclare que je donne et lègue mon
« âme à Dieu.

« Et quant à mes biens, meubles et immeubles, dettes ac-
« tives, titres, loyers, fermages, droits d'usufruit, servitudes
« et autres que j'ai et puis avoir, je les donne et lègue à Inès
« Mendoza, ci-devant Inès Mendo, ma légitime épouse, fille
« de Juan Mendo, bourreau dudit Monclar, laquelle je re-
« connais par ce même acte mon épouse légitime, voulant
« qu'au moyen d'icelui soient déboutés de leurs prétentions
« tous niant le mariage avoir été célébré entre moi soussi-
« gné et ladite Inès Mendo; et je l'institue mon héritière
« universelle, avec les émoluments et charges que d'usage,
« et singulièrement celle de faire graver sur mon tom-
« beau : QU'UN MENDOZA, AU MÉPRIS DES PRÉJUGÉS, A ÉPOUSÉ
« LA FILLE D'UN BOURREAU. Je veux également que monsieur
« mon père, don Luis, comte de Mendoza, soit notre exécu-
« teur testamentaire, et veille à la fidèle exécution de nos
« dernières volontés. Amen. Fait à Monclar, le 25ᵉ de
« mai 1640. En foi de quoi avons signé. » (Don Esteban signe
ainsi que le notaire et les témoins.)

DON ESTEBAN. Monsieur, je vous remercie. Mon père vous
paiera vos honoraires ; mais veuillez cependant prendre cette
bourse que vous distribuerez aux pauvres pour qu'ils me re-
commandent à Dieu dans leurs prières, et cette bague que
je vous prie d'accepter comme un souvenir du malheureux
don Esteban.

LE NOTAIRE. Ah ! monseigneur ! que je voudrais !...

Entrent le greffier et des alguazils.

LE GREFFIER. Monseigneur... c'est avec regret...

DON ESTEBAN. Je vous entends. — Adieu, messieurs, je
me recommande à vos prières.

LE NOTAIRE. Doucement, seigneur greffier. Il est contraire
à tous les usages de faire procéder à l'exécution sitôt après
la sentence rendue. Il n'y a pas urgence, et le père de ce
gentilhomme s'est pourvu en grâce auprès de Sa Majesté.
Le roi sera ici dans quelques heures, attendez sa décision.

LE GREFFIER. L'alcalde a ordonné que l'exécution eût lieu sur-le-champ.

DON ESTEBAN souriant. Il me semble qu'il n'est pas autant que vous, seigneur Melchior, attaché aux formes.

LE NOTAIRE. Cela est illégal. Je proteste.

LE GREFFIER. Monseigneur ?         Tous sortent.

## SCÈNE V.

**La place du marché à Monclar. Un échafaud est dressé au milieu.**

Entrent don Esteban, alguazils, Mendo, un valet portant sa hache, le curé, le greffier, habitants de Monclar.

LE CURÉ à don Esteban. Adieu, mon fils. Dieu aura pitié de vous. Dans peu vous échapperez aux peines de ce monde.
(Il l'embrasse.)

LE GREFFIER. Seigneur, veuillez souffrir qu'on vous bande les yeux.

DON ESTEBAN. Je saurai voir venir la mort. — Et toi, Mendo... fais ton métier... bien si tu peux. (Il s'agenouille.) Suis-je bien comme cela ?

LE VALET. Oui, monseigneur. Dieu vous fasse miséricorde !

TOUS excepté Mendo. Amen.

DON ESTEBAN au curé. Adieu, mon père !

LE VALET à Mendo. Vous prenez la hache de la main gauche ?

MENDO. Je ne suis plus bourreau ! (Il se coupe la main droite. Grand tumulte.)

INÉS entrant. Arrêtez ! (Montant sur l'échafaud.) Nous mourrons ensemble ! Vous tuerez votre fille avec lui !

MENDO lui montrant son bras mutilé. Puis-je lui faire du mal maintenant ?

INÉS. Mon père ! — Esteban !

LE GREFFIER. Qu'est-ce que cela veut dire ?

LE CURÉ. Qu'on attende le roi !

PAYSANS DE MONCLAR. Mendo, tu es un brave homme, et ce gentilhomme aussi. N'ayez pas peur, nous empêcherons que l'alcalde ne vous fasse mourir.

Ils montent sur l'échafaud : les uns en chassent les alguazils, pendant que les autres s'empressent autour de Mendo.

DON LUIS entrant à cheval. Grâce! grâce! arrêtez! Dieu soit loué! il en est temps encore. (Il descend de cheval et embrasse son fils.)

DON ESTEBAN. Embrassez mon sauveur. Il s'est coupé la main plutôt que de me frapper.

DON LUIS embrassant Mendo. Ah! Mendo, que sont mes titres de noblesse devant une action comme la vôtre? Vous êtes un Romain, comme Sénèque.

*Bruit de tambours. Le roi entre avec ses gardes* [7].

TOUS. Vive le roi!

LE ROI. D'où vient ce tumulte? Où est l'alcalde? Don Luis, expliquez-moi cela. Je ne puis rien entendre dans ce bruit confus de voix, qui toutes me disent la même chose.

*Don Luis lui parle bas, tandis que*

LA FOULE crie: Grâce! grâce!

LE ROI. Il est impossible de ne pas admirer tant de générosité. Juan Mendo, mettez-vous à genoux. Relevez-vous, don Juan Mendo. Vous êtes gentilhomme.

MENDO. Sire, je vous baise les pieds... mais...

LE ROI. Don Esteban, je vous pardonne, mais à condition que vous épouserez la fille de Mendo.

DON ESTEBAN. C'est ma plus chère envie!

INÈS à Esteban. Enfin, je puis t'aimer!

LE ROI. Je veux signer le contrat. Qu'on fasse venir un chirurgien. Fasse le ciel qu'ainsi LES PRÉJUGÉS SOIENT VAINCUS dans toute l'Espagne!

INÈS. Ainsi finit la comédie d'INÈS MENDO. Excusez les fautes de l'auteur. Si cette première partie a su vous plaire, l'auteur espère que vous accueillerez avec bienveillance la seconde partie, sous le titre de TRIOMPHE DU PRÉJUGÉ.

# NOTES

1. Clara Gazul a donné un patois galicien à Inès; on sent qu'il est impossible de rendre dans une traduction les légères différences de langage qui distinguent les habitants de plusieurs provinces de l'Espagne. Nous remarquerons seulement que, dans la seconde partie d'*Inès Mendo*, le langage d'Inès est beaucoup plus châtié, et l'on n'y retrouve que de temps en temps des locutions vulgaires et des mots de patois.

2. Quelques mois avant la révolution de Portugal.

3. Ézéchiel, xviii, 20.

4. Façon de parler fort en usage, mais surtout avec les dames.

5. La fameuse Inès de Castro.

6. Bâton des gens de justice. C'est l'insigne de leur profession.

7. La brusque intervention du roi, qui termine la comédie, n'est pas rare dans les anciens drames espagnols. (Voir l'*Alcalde de Zalaméa*, et cent autres pièces.)

# INÈS MENDO

ou

# LE TRIOMPHE DU PRÉJUGÉ

COMÉDIE EN TROIS JOURNÉES

« Que si de los zuecos la sacais à chapines,
« no se ha de ballar la mochacha, y à cada
« paso ha de caer en mil faltas. »

Don Quijote, IIa parte, cap. v.

---

### PERSONNAGES DE LA COMÉDIE :

Don ESTEBAN DE MENDOZA.
JUAN MENDO.
Don CÉSAR BELMONTE, cavalier portugais.
Le corrégidor DE BADAJOZ.
PÉDRO, domestique de don Esteban.
Un Aubergiste portugais.
Doña INÈS DE MENDOZA.
Doña SÉRAPHINE, duchesse de Montalvan.
L'Abbesse des Ursulines de Badajoz.

*La scène est dans le château de Mendoza en Estramadure, — puis à Elvas, — et enfin à Badajoz.*

---

## PREMIÈRE JOURNÉE.

### SCÈNE PREMIÈRE.

**Un appartement du château de Mendoza.**

### DON ESTEBAN, INÈS.

DON ESTEBAN. Hé quoi ! vous ne vous corrigerez jamais ! Me répéterez-vous donc toujours les mots de votre village ?

INÈS. Que veux-tu ? le vin de la Rioja sent toujours la peau de chèvre

## JOURNÉE I, SCÈNE I.

DON ESTEBAN. Pouah ! le joli proverbe dans la bouche de la baronne de Mendoza ! (A part.) J'enrage !

INÈS. Tu ne fais que me tarabuster pour des prunes. On n'a pas un instant de repos avec toi.

DON ESTEBAN se promenant à grands pas. Ah !

INÈS. Est-ce ma faute à moi, si tu es de mauvaise humeur ? Parce que nos voisins nous donnent des tracasseries, c'est moi qui dois en souffrir !

DON ESTEBAN. Les insolents ! oh ! je m'en vengerai !

INÈS. Aussi, pourquoi les aller déterrer dans leurs gentilhommières, les inviter ici ? Gueux comme des rats d'église et vains comme des paons, ils se croiraient déshonorés s'ils nous témoignaient des égards. Et tout cela à cause de mon pauvre père ! Lui, il a acheté sa noblesse assez cher. Tu dois t'en souvenir, Esteban ?

DON ESTEBAN lui serrant la main. Chère Inès, je ne l'oublierai jamais ! Mais, dis-moi, le plus froid des hommes ne se mettrait-il pas en fureur à voir ces petits hidalgos, à mille réaux de rente, arrivant les uns après les autres avec la même histoire ? « Mon épouse, madame la comtesse une telle, est indisposée. — Doña une telle est incommodée... » Et leur insolence méditée pour ton père, et cette affectation de ne jamais t'appeler doña Inès, de ne jamais t'adresser la parole !... Oh ! j'étais hors de moi !...

INÈS. Bon ! il fallait en rire !

DON ESTEBAN. Je ne vois rien de risible là dedans. Et à propos, tu leur donnais de ton côté ample sujet de rire, avec tes naïvetés et tes mots galiciens ! Et puis, pourquoi dire que tu avais préparé toi-même les pois chiches ? Est-ce que tu devrais savoir faire la cuisine ?

INÈS. Dame ! tu disais autrefois que je les accommodais si bien...

DON ESTEBAN. Ils en riront pendant un mois ! Madame la baronne qui épluche des pois chiches !

INÈS. Pois chiches ou autres, ils en ont mangé comme gens qui jeûnent souvent chez eux.

DON ESTEBAN. En outre, malgré mille et mille avertissements, tu n'as jamais manqué de m'appeler mon cœur. Y a-t-il rien de plus ridicule ? Cela sent le village d'une lieue.

INÈS. Méchant! qui croirait qu'autrefois tu me grondais quand je t'appelais monsieur le baron? Dans la lune de miel, tu m'embrassais toujours quand je t'appelais mon cœur.

DON ESTEBAN l'embrassant. Tu ne peux me donner un nom qui me rappelle de plus doux souvenirs. Mais vois-tu, mon Inès, pour le monde, pour ces hidalgos pelés et impertinents, il nous faut prendre nos grands airs.

INÈS. Allons, j'y ferai mon possible, mon... mon ami. Mais ne fronce plus tes sourcils, embrassons-nous encore une fois, et que la paix soit faite!

DON ESTEBAN. Ma chère Inésille, pourrais-je jamais te garder rancune? C'est pour toi, pour toi seule, que j'ai souffert hier. Dieu! quand j'y pense, ma colère se rallume. Ces bégueules, qui ne veulent pas venir dîner chez toi!

INÈS. Moquons-nous de leurs caquets. Leur société est-elle si agréable qu'il faille la regretter? Entre un domestique.

LE DOMESTIQUE. Monseigneur, voici deux lettres. Il sort.

DON ESTEBAN. Quelle est cette écriture? je ne la connais pas. (Lisant.) « Don Gil Lampurdo, y Mello de la Porra, etc., « baise les mains à don Esteban Sandoval, baron de Men- « doza, et l'invite à honorer de sa présence la fête qu'il « donne dans son château de la Porra, mardi prochain, aux « dames et aux seigneurs des environs. » Et il ne t'invite pas! corps du Christ! (Il déchire la lettre.) Il me paiera cher son insolence! Vive Dieu! j'en ferai un exemple qui apprendra la politesse à tous les Porras à venir [2]!

INÈS. La, la! mon cher Esteban, tu me fais tant de peine quand tu te mets en colère. Calme-toi, je t'en prie, pour l'amour de moi.

DON ESTEBAN. Tu ne sais pas ce que souffre un gentilhomme outragé.

INÈS. Mon cœur!

DON ESTEBAN. Don Gil ou don diable, je te ferai bien voir!...

INÈS. Il est trop au-dessous de toi... Mais tiens, lis donc autre lettre. C'est amusant de lire des lettres.

DON ESTEBAN. Je veux que le misérable! (Lisant l'adresse de lettre.) Ah!

INÈS. D'où te vient cette surprise?

DON ESTEBAN. Cette lettre est de la duchesse de Montalvan.

INÈS. Et tu connais si bien son écriture, que rien qu'en lisant l'adresse tu devines de qui est le billet ?

DON ESTEBAN. Oh ! c'est que... oui, je l'ai beaucoup connue... autrefois.

INÈS. Une ancienne passion ?

DON ESTEBAN. Hé ! quelque chose comme cela, avant que je te visse... Mais tiens, lis toi-même (Il lui donne la lettre.)

INÈS. Voilà de la générosité. (Elle ouvre la lettre et la lui rend sans la lire.) Et voici comment j'y réponds.

DON ESTEBAN lisant haut. « Cher baron... »

INÈS riant. « Cher baron... » lis tout bas.

DON ESTEBAN haut. « Cher baron, je quitte Madrid, ou plutôt « je m'enfuis. Je vais passer en Portugal pour des raisons « que je vous détaillerai, si vous ne craignez pas de vous « compromettre en recevant pour quelques heures seule- « ment une proscrite dans votre château de l'Estramadure. « — Vous avez donc fait la folie de vous marier, et si le « bruit public... » (Il lit bas.)

INÈS. Pour le coup, lisez haut, cher baron.

DON ESTEBAN feignant de lire. Brr... brr... « et si le bruit « public est vrai, vous vous êtes marié. Adieu. SÉRAFINE. »

INÈS. Oh ! tu n'es pas encore assez fin, Esteban. « Vous « avez fait la folie de vous marier, et si le bruit public est « vrai, vous vous êtes marié. » Est-ce là du style de duchesse ? Ma foi, il me semble que moi, j'écrirais une lettre mieux que cela.

DON ESTEBAN mettant la lettre dans sa poche. C'est une folle. Mais, Inès, elle arrive aujourd'hui, je le suppose ; peut-être tout à l'heure. Allez vous habiller. Je ne serais pas fâché que vous parussiez dans tout votre éclat devant elle. C'est une vieille coquette, et il faut la faire enrager. Tenez, vous êtes pâle aujourd'hui ; un peu de rouge ne vous irait pas mal.

INÈS. Pourquoi veux-tu me faire mentir ? C'est te tromper toi-même. Si tu m'aimes pâle comme je suis, qu'ai-je besoin de chercher à plaire à d'autres ?

DON ESTEBAN. Chère Inès ! — Mais je serais bien aise qu'elle admirât le choix que j'ai fait.

INÈS. Eh bien ! je mettrai du rouge pour te plaire, mon

cœur. Mais s'il faut me parer... je suis si gauche avec ces affiquets !...

DON ESTEBAN avec impatience. N'allez pas dire affiquets devant la duchesse ! Mon ange, habillez-vous, je vous en prie. Vous ne pourriez avoir l'air gauche, faite comme vous êtes. (Il l'embrasse.)

INÈS. Le moyen de résister à vos compliments ? Adieu, je vais dire à ma caméristre de me faire bien belle. Elle sort.

DON ESTEBAN seul. La duchesse de Montalvan vient ici... — Que je suis bon d'être ému !... Oui, je l'ai aimée... comme tant d'autres... ni plus ni moins. Que m'importe après tout ce qu'elle dira de mon mariage ? J'aime Inès... ses critiques pourront-elles m'empêcher de l'aimer ? Je ne serai pas même sensible à ses railleries, j'en suis sûr... Cette femme est maligne et je m'en suis aperçu déjà... Ce qui me fâche, c'est qu'elle choisisse justement ce moment-ci pour venir... Inès n'est pas bien aujourd'hui... elle est pâle... un peu jaune... elle a les yeux battus... diable ! et l'autre qui va s'en moquer !... Pauvre Inès !... Oui, qu'elle me persifle, si elle l'ose, sur mon mariage !... Ah ! vive Dieu ! elle verra comme je recevrai ses plaisanteries... — Elle était bien belle autrefois... cette duchesse. Autrefois, c'est-à-dire il y a cinq ans. C'est elle qui me mit en réputation parmi le beau sexe... c'est pour elle que j'eus mon premier duel... je fus blessé à ce bras, il m'en souvient, et j'allai chez elle tout fier, et tout saignant, me faire panser. Elle attacha les bandes elle-même... et ne voulut souffrir que personne autre prît soin de moi. En posant l'appareil, elle baisa la plaie à plusieurs reprises... elle suça le sang... J'étais jeune alors, et ces baisers me faisaient l'effet d'un fer chaud... Jamais je ne me rappellerai ce moment sans un serrement de cœur !... Ah ! don Juan Ramirez, que je vous eus d'obligations pour le coup d'épée que vous me donnâtes ! Entre Mendo manchot.

MENDO. Dieu vous garde, don Esteban ! je suis charmé de vous trouver si gai aujourd'hui.

DON ESTEBAN. Appelez-moi votre fils, si vous ne voulez pas me faire de la peine.

MENDO avec embarras. Je suis venu... pour vous faire mes adieux. Je pars...

DON ESTEBAN. Vous partez? où donc allez-vous?

MENDO. En Galice... au Ferrol... chez un de mes parents... un frère, que je n'ai pas vu depuis bien des années.

DON ESTEBAN. Ah! voilà un frère qui vous est venu depuis bien peu de temps. D'où vient que vous ne nous en avez jamais parlé?

MENDO. Mais... je ne sais...

DON ESTEBAN. Quelque chose vous déplaît ici, et vous détermine à nous quitter.

MENDO. Rien, cher don Esteban... mais il faut que je parte... il le faut...

DON ESTEBAN. Mais encore, la raison?

MENDO. J'ai des affaires en Galice...

DON ESTEBAN. Vous êtes l'homme aux secrets. Mais je crois avoir deviné celui-ci. Vous avez été piqué de l'impertinence de nos gentillâtres d'hier... vous voulez quitter un pays où vous êtes exposé à de semblables désagréments. Mais restez, mon père, restez, et vous serez satisfait de la vengeance que je prétends en tirer. Je veux les vexer de toutes les manières. Presque tout le pays m'appartient; je les empêcherai de pêcher, de chasser; je leur ferai des procès. Comme gouverneur d'Avis et commandant militaire de la province, je leur enverrai des soldats en logement, quand nos troupes marcheront vers le Portugal [3]; enfin...

MENDO. Et pourquoi vous rendre ainsi malheureux vous-même pour une pure bagatelle? Laissez ces gens avec leurs préjugés; je les excuse, et je leur cède. Je leur abandonne le champ de bataille; la victoire doit rester au plus grand nombre.

DON ESTEBAN. Non, de par le diable! vous ne nous quitterez pas, maintenant que je sais vos véritables motifs. Jamais on ne dira qu'un Mendoza se soit soumis aux caprices de qui que ce soit. Vous resterez avec moi, dussé-je voir toute l'Estramadure en armes marcher contre ce château pour vous en chasser.

MENDO. Écoutez-moi, don Esteban; vous avez vu combien j'étais d'abord éloigné de ce mariage. Quand bien même je n'aurais pas été souillé de l'horrible tache dont la bonté du roi notre seigneur a daigné me laver, j'aurais pensé, cependant, qu'en fait de mariage il faut toujours chercher l'égalité des conditions ; non que je sois entiché des préjugés, ou plutôt des opinions communes sur la noblesse et la roture ; mais, quand le sort nous a fait naître dans une classe d'hommes, c'est dans cette classe que se trouvent nos liaisons, nos amitiés. Elles se fondent sur mêmes goûts, mêmes mœurs, mêmes idées. Il faut rester là où le bon Dieu nous a placés. Mais, dans notre famille, le ciel en a ordonné autrement. Vous vous êtes allié à un pauvre homme dont le nom, malgré les grâces de Sa Majesté, sonne mal encore à l'oreille d'un gentilhomme. Vous auriez trop à souffrir pour le faire respecter. Un homme... un vieillard qui, par lui-même, n'est pas bien amusant, qui ne vous est utile à rien, et qui n'a rien à faire ici, ne doit pas, de gaieté de cœur, condamner à des avanies perpétuelles un galant homme, à qui il est déjà tellement redevable...

DON ESTEBAN. Et moi ?...

MENDO. Non, Esteban ; laissez-moi partir.…,. Quant à ma fille, en vous épousant elle a perdu mon nom. Elle est devenue une Mendoza, et ce nom peut effacer toutes les taches héréditaires. D'ailleurs, si vous éprouviez quelques insultes à cause d'elle, vous êtes son mari, et vous avez pris l'engagement de la défendre et de la venger, du moment que vous l'avez menée à l'autel. — Mais moi, tant que je resterai auprès de vous, je serai comme un lépreux qui rendra votre maison déserte, et qui vous privera de tous les plaisirs, de toutes les prérogatives auxquelles votre rang dans le monde vous a donné des droits.

DON ESTEBAN. Tout ce beau discours est inutile, Mendo ; vous resterez. Croyez-vous que votre compagnie ne me soit pas mille fois plus agréable que celle de tous les petits hidalgos de l'Estramadure? Et pour satisfaire leur sot orgueil, je me séparerais d'un ami, d'un père ! Qu'ils aillent tous au diable mille fois !

MENDO. Seigneur, vous me confondez. Je suis tellement habitué à recevoir des grâces des Mendozas, que je ne sais comment les refuser. Mais je crains bien que vous n'ayez lieu de vous repentir un jour d'avoir conservé auprès de vous un paysan ignorant, infirme.....

DON ESTEBAN le serrant dans ses bras. Ah ! cette infirmité me rappelle tout ce que vous avez fait pour moi, mon père ! Pourrai-je jamais m'acquitter de ma dette ?

MENDO. Ce que j'ai fait...

DON ESTEBAN. Nous nous vengerons, soyez-en sûr. — A propos, il nous arrive aujourd'hui une belle dame, la duchesse Séraphine de Montalvan. Elle vient de Madrid. Nous nous endimanchons tous pour la recevoir..... C'est une folie de ma part..... mais, de grâce, quittez cet habit brun, et prenez-en un plus galant.

MENDO. Vous avez tort de me retenir. *Il sort.*

DON ESTEBAN seul. Allons, allons ! j'ai fait une bonne action, j'en aurai plus de force pour résister aux séductions de Séraphine... — Séductions ! vive la modestie !..... Que l'on se persuade aisément, quand on a fait une pauvre petite conquête, que toutes les femmes ambitionnent l'honneur de vous subjuguer !..... Mais ne serait-il pas plus convenable que j'allasse au-devant de la duchesse ? Mais peut-être que cela ferait de la peine à Inès. — Après tout, ce n'est qu'une attention due à toute femme... Pourquoi serais-je moins galant pour une duchesse que pour une bourgeoise ? Je cours au-devant d'elle ; mais la porte s'ouvre.

UN DOMESTIQUE entrant. Monseigneur, une dame dans une voiture à six mules entre en ce moment dans la cour.

*Il sort.*

DON ESTEBAN. Je descends la recevoir. — Que je suis bon d'être ému ! comme s'il n'y avait pas cinq ans que je ne l'ai vue, et cinq ans changent bien une jolie femme.

Il sort. Entre Inès avec du rouge très-mal mis et beaucoup de diamants.

INÈS seule. Comme il a couru avec joie au-devant d'elle !... et quand il a reçu sa lettre, il a paru enchanté !... il n'a pas voulu me la lire tout entière... — Je n'ose lui montrer que cela m'afflige, car, bien sûr, il ne le fait pas exprès. Il m'aime, et je serais ingrate si j'étais jalouse. Cependant, je ne suis qu'une villageoise bien simple et sans belles manières ; peut-être se dégoûtera-t-il de moi, quand il me comparera à une dame de Madrid, pleine d'esprit et de grâces. Mais non, Esteban est trop bon pour cesser de m'aimer. (Voyant entrer la duchesse.) Ah !... Dieu! qu'elle est belle!

*Entre don Esteban donnant la main à la duchesse.*

DON ESTEBAN. Chère Inès, la duchesse Séraphine de Montalvan. — Madame, permettez-moi de vous présenter la baronne de Mendoza.

LA DUCHESSE. Je serai charmée de faire sa connaissance.

INÈS balbutiant. Et moi... aussi.

LA DUCHESSE. Quels chemins affreux! Je suis accablée de fatigue. — Ah!

INÈS. Pourtant vous avez été en voiture.

LA DUCHESSE souriant. C'est pour cela même.

DON ESTEBAN à la duchesse. Madame, daignez vous asseoir. (Bas à Inès.) Inès, qu'avez-vous donc? — Asseyez-vous.

LA DUCHESSE. La baronne a l'air souffrante... Seriez-vous incommodée, madame?

INÈS. Moi... madame?

DON ESTEBAN. Elle s'est fatiguée hier. C'est ce qui vous la fait trouver pâle; ordinairement elle a plus de couleurs.

LA DUCHESSE. Avec une aussi belle peau que celle de la baronne, la pâleur n'est pas un défaut.

DON ESTEBAN s'inclinant. Oh!

INÈS. Oh!

LA DUCHESSE. Cela est plus distingué.

INÈS. Madame est bien honnête... mais...

LA DUCHESSE. Madame la baronne est extrêmement jeune. Elle n'a pas plus de vingt-quatre ou vingt-cinq ans?

INÈS. J'aurai cinq ans... qu'est-ce que je dis donc?... j'aurai vingt ans, vienne la Saint-Jean d'été.

LA DUCHESSE. Vous n'êtes que depuis peu de temps dans ce château?

DON ESTEBAN. Depuis fort peu de temps. Je l'ai pris pour ma résidence à cause du voisinage d'Avis, dont je suis gouverneur titulaire. Je m'attendais peu à l'honneur de vous y recevoir. — Mais dites-moi donc, madame, quelle est cette proscription, comme vous l'appelez, qui vous a conduite aussi loin de la cour? J'espère que ce n'est point une cause trop sérieuse qui vous amène en Estramadure?

LA DUCHESSE. Comment, sérieuse! savez-vous bien, don Esteban, que je suis fugitive dans toute l'acception du mot? Voici mon histoire. Vous le savez, j'avais quelque influence à la cour. Le duc de Lerma me consultait quelquefois. Le feu roi m'honorait de ses bontés. Tout à coup, Olivarès tombe comme une bombe je ne sais d'où, supplante Lerma auprès du jeune Philippe, et détruit en un instant presque tout mon crédit. Je ne hais rien tant que les tracasseries de cour. Aussi, j'offris généreusement mon amitié au comte-duc; il la refusa avec dédain. Il fallut bien faire la guerre. J'essayai de culbuter le ministre en donnant au roi un confesseur de ma façon. Olivarès lui donna une maîtresse; la maîtresse réussit. Le roi accorda toute sa confiance au ministre Mercure.

INÈS. Le duc d'Olivarès s'appelle Mercure!... quel drôle de nom!...

LA DUCHESSE. Quoi qu'il en soit, Olivarès voulut se venger: il était tout-puissant. Il m'accuse d'avoir trempé dans je ne sais quelle conspiration portugaise. Cette malheureuse histoire de Joan de Braganza!... cela n'a pas le sens commun! C'est moi, dit-on, qui viens d'enlever le Portugal à Sa Majesté Catholique. On voulait m'envoyer dans quelque couvent, peut-être même à Ségovie [1]. Je l'ai su à temps; et, sans attendre l'ordre, je me suis sauvée; j'ai fait tant de diligence, qu'à peine sait-on maintenant mon départ de Madrid. Je vais passer en Portugal... où je serai conspiratrice... puisqu'on veut absolument que je le sois.

DON ESTEBAN. Quelle lâcheté! envoyer une dame à la tour de Ségovie!

INÈS. Mais... ce confesseur?...

DON ESTEBAN. Inès, la duchesse a besoin de prendre quelques rafraîchissements; va donner un coup d'œil.

*Il lui parle bas. — Inès sort. — Silence.*

DON ESTEBAN. Je ne vous ai pas demandé si vous aviez fait un bon voyage.

LA DUCHESSE. Très-heureux... A propos, le gouverneur d'Avis est votre major?

DON ESTEBAN. Oui, madame. Il tient toujours à ce qu'il m'écrit. Mais il y a si peu de soldats dans la province, que je ne puis lui envoyer de secours. — Pourquoi me demandez-vous cela?

LA DUCHESSE. Pour rien.

DON ESTEBAN après un silence. Le temps a été...

LA DUCHESSE. Pourquoi cet air embarrassé?... Avez-vous quelque chose à me dire?

DON ESTEBAN affectant de l'indifférence. Non. — Trouvez-vous ma femme jolie?

LA DUCHESSE. Très-jolie.

DON ESTEBAN. Elle est malheureusement extrêmement timide, c'est ce qui vous la fait paraître gauche. Vous l'avez déconcertée tout à fait. — C'est à Madrid que vous avez appris mon mariage?

LA DUCHESSE. Oui.

DON ESTEBAN. Et voulez-vous me dire franchement ce que l'on en pense?

LA DUCHESSE. Franchement?

DON ESTEBAN. Oui.

LA DUCHESSE. On le critique généralement, puisque vous voulez savoir la vérité. Cependant nos philosophes de la cour disent que cela est d'un bon exemple. On a fait des chansons, des sonnets, des pointes... que vous dirai-je? Enfin, on pense que vous avez fait une sottise... Mais tout s'oublie si vite à Madrid! Il y a déjà quelques mois qu'on n'en parle plus.

DON ESTEBAN. Et vous, madame?... oserai-je vous demander votre opinion, à vous?

LA DUCHESSE avec dignité. Don Esteban, il est assez singulier que vous vous adressiez à moi... surtout quand mes conseils vous seraient aussi inutiles qu'ils seraient tardifs.

DON ESTEBAN. Madame, pardonnez, je plaisantais. Ce qui est fait est fait. Je ne m'en repens pas.

LA DUCHESSE après un silence. Don Esteban, je n'ai rien perdu de... de l'amitié que j'avais pour vous. Nous avons été longtemps séparés; mais, si l'un de nous a eu des torts, certes ce n'est pas moi. — Depuis votre départ pour l'armée, je n'ai plus entendu parler de vous.

DON ESTEBAN. Ah! madame, vous m'accablez de honte par vos trop justes reproches.

LA DUCHESSE. Moi, don Esteban, j'ai conservé la mémoire de notre ancienne amitié ; et, dans ma disgrâce, c'est à vous que j'ai voulu demander un asile. Peut-être...

DON ESTEBAN. J'apprécie avec orgueil cette flatteuse marque de confiance...

LA DUCHESSE. Comme votre amie, j'ai été affligée de votre mariage. Comme votre... mais je n'ose prononcer maintenant un nom plus doux que vous me donniez autrefois... j'ai souffert, oui, j'ai beaucoup souffert de voir mon Esteban entraîné par sa générosité à une extravagance... — pardonnez ce mot à une amie. Un jour, sûrement, il s'en repentira. Je ne considère pas la mésalliance. Une âme comme la vôtre est au-dessus des préjugés vulgaires. — Je ne parle pas de ce qu'il peut y avoir de repoussant dans le père... c'est au contraire le côté romanesque et séduisant de l'affaire... mais, hélas ! je vous vois appareillé pour la vie avec une paysanne sans éducation. A son premier enfant sa beauté disparaît, et c'est alors que l'on sent le prix de l'éducation dans une femme... Toutefois j'espère encore me tromper. Je n'ai fait qu'entrevoir doña Inès... peut-être avec prévention... avec jalousie... car je parle en femme jalouse, pensez-vous. Oui, je suis jalouse, Esteban, je vous aimais... je vous... Si je vous avais vu uni à une femme pleine de grâces, d'esprit, à une femme, enfin, faite pour vous, — alors, j'aurais souffert sans doute de perdre un cœur que j'ai possédé... mais du moins j'aurais eu quelque consolation à vous savoir heureux, et par votre intérieur et par l'opinion publique. J'aurais dit : Il ne pouvait être à moi, mais il a trouvé une compagne digne de lui.
(Elle se détourne en pleurant.)

DON ESTEBAN. Madame... je sens comme je le dois... tout ce qu'il y a de flatteur...   Entrent Inès et un maître-d'hôtel

LE MAITRE-D'HOTEL. Monseigneur est servi.

INÈS à don Esteban. Il y a un *puchero* [5] comme tu l'aimes.

LA DUCHESSE. Hélas !   Tous sortent.

## DEUXIÈME JOURNÉE[6].

---

### SCÈNE PREMIÈRE.

**Décoration de la scène précédente.**

### DON ESTEBAN, INÈS.

INÈS. Mon ami ?...
DON ESTEBAN avec distraction. Hum ?
INÈS. Tu es bien fâché contre moi ?
DON ESTEBAN. Moi ! pourquoi cela ?
INÈS. J'ai dit tant de bêtises devant cette belle dame; plus je m'appliquais... et plus cela allait mal.
DON ESTEBAN. Baste !... — Elle est toujours dans sa chambre ?
INÈS. Oui. — C'est drôle comme devant certaines personnes on se trouve mal à son aise. Jamais je n'ai vu une femme si imposante.
DON ESTEBAN. Elle fait la sieste longuement.
INÈS. Dis-moi, as-tu remarqué comme elle a de belles mains ? J'ai envie de lui demander avec quoi elle se les lave, pour les avoir si blanches ?
DON ESTEBAN souriant. De blanches mains, Inès, ne sont pas données à tout le monde. Il faut naître duchesse pour avoir de belles mains [7].
INÈS. Cependant...
DON ESTEBAN. Il y a déjà longtemps qu'elle est montée dans sa chambre...
INÈS. Mon père est aujourd'hui tout je ne sais comment. Comme il roulait les yeux à dîner en regardant la duchesse !
DON ESTEBAN. Tu as vu avec quelle grâce, quelle affabilité elle... doña Sérafine, a parlé à ton père ?...
INÈS. Oui, et il avait néanmoins l'air soucieux...

don esteban. C'est sa mine ordinaire. — Mais elle est levée maintenant. Inès, monte chez elle... va... on ne saurait avoir trop d'attentions pour ses hôtes...

inès bas, tristement. Et surtout pour les belles dames.

Elle sort.

don esteban seul. Sottes idées d'enfance ! sots préjugés ! on les chasse, on s'en croit délivré, et voilà qu'ils reviennent aussi forts, aussi dangereux que jamais ! Moi, j'ai secoué leur joug ; je les ai foulés aux pieds... pourtant que ma victoire me coûte !... j'ai presque du repentir... non... mais je souffre, pour avoir dompté ces ennemis que je méprise... Ils m'attaquent encore... Depuis que la duchesse est chez moi, ma femme, ma bonne Inès... me semble avoir perdu de sa beauté... — Sa naïveté a cessé de me plaire... Autrefois !... Je suis tout honteux de n'être pas à la hauteur des modes dans ce manoir éloigné... Le démon musqué voudrait m'enchaîner au char de Sérafine... mais je saurai résister à cette faible épreuve, puisque déjà j'ai reconnu les piéges de l'ennemi. Et d'ailleurs ne suis-je pas sorti vainqueur de plus rudes combats ? On se souviendra longtemps en Espagne de l'exemple que j'ai donné, et je suis en droit après cela, ce me semble, de compter sur ma force.

Elle a pris ses grands airs. Moi aussi, je veux la tourmenter. Après ce qui s'est passé entre nous, je ne m'attendais pas à être traité par elle en étourneau sorti de l'université. Elle a l'air d'avoir pitié de moi !... la coquette !... Elle est encore jolie comme un ange... Ah ! fidélité conjugale !... heureusement tu n'es obligatoire que pour les dames.

un domestique entrant. Monseigneur !...

don esteban. Qu'y a-t-il ? Pourquoi cet air effaré ?

un domestique. Monseigneur... c'est monsieur le corrégidor de Badajoz.

don esteban. Le corrégidor ?...

un domestique. Il a son monde avec lui... Il veut vous parler.

don esteban. Eh bien ! qu'il entre !

le corrégidor entrant. Je baise les mains de Votre Excellence.

don esteban. Qui me procure l'honneur de votre visite ?

LE CORRÉGIDOR. Monseigneur, c'est avec un vif regret que j'exécute un ordre qui vient de m'être transmis de la cour; mais la duchesse de Montalvan est dans ce château, se préparant à passer en Portugal...

DON ESTEBAN. Qui vous a dit que la duchesse fût chez moi?

LE CORRÉGIDOR. Doucement, s'il vous plaît; parlons sans nous fâcher. J'ai reconnu sa voiture sous votre remise.

DON ESTEBAN. Vous êtes bien homme à reconnaître les armoiries d'une voiture?

LE CORRÉGIDOR. Tout comme un autre, monseigneur. Cependant, n'en déplaise à Votre Excellence, la voiture de la duchesse n'a point d'armoiries... mais les domestiques ont tout avoué.

DON ESTEBAN. A voir votre barbe, je vous aurais cru trop de sens pour écouter sérieusement les propos d'un domestique.

LE CORRÉGIDOR. Je sens combien il vous est pénible de livrer votre hôte; mais, avant tout, vous ne voudriez pas donner asile à un ennemi du roi.

DON ESTEBAN. Monsieur, je ne loge ni duchesse ni ennemi de Sa Majesté. Allez-vous-en au diable et laissez-nous en paix, ou je vous ferai punir pour votre impertinence.

LE CORRÉGIDOR. Pas d'injures, monseigneur, s'il vous plaît. Vous ne me ferez pas punir, car vous n'êtes plus gouverneur de la province, et cependant...

DON ESTEBAN. Que dit cet insolent?...

LE CORRÉGIDOR. Je serais au désespoir de faire à Votre Excellence l'affront d'une visite judiciaire dans sa maison.

DON ESTEBAN. Si vous aviez cette insolence, vive Dieu! vous verriez ce que gagne un vilain anobli depuis quelques jours à insulter un grand d'Espagne.

LE CORRÉGIDOR. Et vous, monseigneur, vous pourriez apprendre à traiter la justice avec plus de respect. Encore une fois, pour la dernière, dites-moi où est la duchesse.

DON ESTEBAN. Sortez, ou mes gens vont vous mettre à la porte à coups de bâton.

LE CORRÉGIDOR. Vous m'y forcez. Entrez, vous autres.

*Entrent des alguazils armés.*

DON ESTEBAN sonnant. Ah ! canaille ! c'est ainsi que vous traitez un Mendoza ! Toi, coquin, tu paieras cher ton audace !  *Entrent des domestiques.*

LE CORRÉGIDOR. De par le roi ! don Esteban de Mendoza, je vous arrête. (Il le touche de sa vare.)

DON ESTEBAN. Qu'on me chasse ces gredins ! Eh quoi ! la vare de ce maroufle vous a tous pétrifiés. Tenez, je vais vous apprendre votre devoir. (Il tire son épée.) Ah ! faquins, c'est donc ainsi qu'il faut vous parler ! Hors d'ici, canaille ! (Il les chasse.)  *Entrent Inès et la duchesse.*

INÈS. Ah ! ils vont le tuer ! Au secours ! au secours !

(Rentre don Esteban, remettant son épée dans le fourreau.)

LA DUCHESSE. A merveille, seigneur baron. On ne peut mieux donner des coups de plat d'épée [8].

INÈS. Dis-moi, mon cœur, n'es-tu pas blessé ?

DON ESTEBAN. Non.

LA DUCHESSE. Peut-on demander à Votre Seigneurie quel grave sujet la porte à exercer son bras sur le dos de ces pauvres diables en robe noire ?

DON ESTEBAN. Madame, j'aurais quelque chose à vous dire en particulier... Inès, laisse-nous un instant.

INÈS. Moi... mon cœur ?

DON ESTEBAN. Oui.

INÈS. Est-ce pour longtemps ?

DON ESTEBAN. Non, non ; mais laisse-nous.  *Inès sort.*

LA DUCHESSE. Voilà bien du mystère. Si vous n'étiez pas marié, savez-vous que cela m'effraierait ?

DON ESTEBAN. Madame, il m'est pénible de vous ôter cette humeur charmante. Apprenez que le corrégidor de Badajoz venait en ce moment même pour vous arrêter.

LA DUCHESSE. En vérité ?

DON ESTEBAN avec fatuité. Oui, doña Sérafine. Je n'ai pas craint le courroux de la justice pour défendre des attraits que l'on veut cacher au monde dans la tour de Ségovie.

LA DUCHESSE. O le modèle des chevaliers errants ! Tristan, Lancelot, Amadis... recevez les remerciements d'une infante malheureuse et persécutée. Ah, ah, ah !

DON ESTEBAN avec un rire forcé. Vous êtes toujours la même !

LA DUCHESSE. Hélas ! il faut bien quitter cette gaieté qui ne me convient plus. Cher don Esteban, achevez votre ouvrage. Donnez-moi quatre chevaux vigoureux. Il faut que cette nuit je sois en Portugal.

DON ESTEBAN. Commandez ; tout ici vous appartient.

LA DUCHESSE. Hélas ! faut-il que je vous quitte, à peine arrivée !... Je n'espère plus vous revoir... Mais il le faut !...

DON ESTEBAN. Madame, je...

LA DUCHESSE. Ne perdons point de temps... Avez-vous un homme sûr, brave, déterminé, qui m'accompagne ? Mon écuyer s'est cassé le bras à Caceres.

DON ESTEBAN. Doña Séraphine, n'en connaissez-vous point un ici qui se ferait gloire de vous servir ?

LA DUCHESSE. Que voulez-vous dire ?

DON ESTEBAN. Séraphine !... autrefois vous m'auriez dit de vous accompagner... de protéger votre fuite ! — Pourquoi maintenant ne voulez-vous plus de moi ?

LA DUCHESSE. O mon cher Esteban !

DON ESTEBAN. Séraphine !... dites !... dites que vous me choisissez pour votre chevalier.

LA DUCHESSE. Non, Esteban, je ne le puis. C'est déjà trop que, pour moi, vous vous soyez exposé au ressentiment d'un ministre cruel. M'accompagner dans le Portugal insurgé, ce serait vous déclarer mon complice, vous fermer à jamais le chemin de l'Espagne... Non, cher Esteban, je ne puis vous perdre ainsi de gaieté de cœur. Songez que, comme gouverneur de cette province, vos démarches, même les plus indifférentes...

DON ESTEBAN. Que m'importe la colère d'Olivarès ! Je voudrais avoir d'autres dangers à braver pour vous. D'ailleurs, en vous accompagnant, je me dérobe aux poursuites de la justice de Badajoz, que j'ai rudement malmenée... Doña Séraphine, ne me refusez pas, je vous en conjure. (Il lui prend la main.)

LA DUCHESSE. Impossible !... vous ne pouvez abandonner votre famille... votre chère Inès... Ah ! ce nom doit vous faire oublier la pauvre Séraphine, et les dangers qu'elle va courir. — Adieu, Esteban, pensez quelquefois à votre ancienne amie.

DON ESTEBAN. Non, madame, non ! je ne vous quitterai pas !

## JOURNÉE II, SCÈNE I.

Votre liberté, votre vie peut-être, sont menacées ; comment pourrais-je vivre, vous sachant exposée à mille périls ? Eh quoi ! moi, cavalier, tranquille dans ma maison, je me bornerais à faire de stériles vœux pour mon... hôte... ma chère Séraphine ! (Il tombe à ses genoux.)

LA DUCHESSE. Ah ! ciel ! ne suis-je pas assez malheureuse ! faut-il encore entraîner mon seul ami dans ma ruine !

DON ESTEBAN. Séraphine, dis oui, je t'en conjure par la blessure que j'ai reçue pour toi !

LA DUCHESSE. Cruel, quel temps me rappelez-vous ?

DON ESTEBAN. Tu as consenti ! vive Dieu ! je te suivrai jusque dans les cachots de Ségovie.

LA DUCHESSE faiblement. Et... votre Inès ?

DON ESTEBAN. Je ne pense qu'à toi... qu'aux dangers qui vous environnent... Inès... elle restera pour conjurer l'orage... si toutefois...

LA DUCHESSE. Ah ! si elle savait votre dessein !...

DON ESTEBAN. Je trouverai un prétexte...

LA DUCHESSE. Eh bien ! j'y consens. Conduisez-moi seulement jusqu'à...

DON ESTEBAN. Ne dites pas le lieu où nous nous séparerons.

LA DUCHESSE. Cruel Olivarès ! auras-tu assez de victimes ?

DON ESTEBAN. Ne craignez rien pour moi, j'ai des amis puissants à la cour ; mais votre générosité vous exagère le faible service que je vous rends.

LA DUCHESSE. Mon Dieu ! faites que je sois la seule victime !

DON ESTEBAN. Je connais les chemins de traverse. Ils seront bien fins s'ils nous rattrapent. Vous ne pouviez prendre un meilleur guide.

LA DUCHESSE. Hélas ! pourquoi suis-je venue ici ?

DON ESTEBAN. Grâces en soient rendues au ciel !

UN DOMESTIQUE entrant. Deux lettres pour monseigneur.
                                                    Il sort.

LA DUCHESSE regardant une des lettres. Le cachet du ministre !

DON ESTEBAN. Que me veut-il ? (Il donne la lettre à la duchesse après l'avoir lue.) Vous le voyez, et moi aussi je suis mal noté à la cour. Ils me rappellent, ils veulent que je parte sur-le-champ.

LA DUCHESSE. Obéissez, Esteban, ou vous vous perdez. Vous voyez que vous vous êtes déjà trop compromis.

DON ESTEBAN. Raison de plus pour ne pas aller me jeter dans les griffes du tigre. Je suis proscrit, quel bonheur !

LA DUCHESSE. Hélas !

DON ESTEBAN après avoir lu l'autre lettre. Cette lettre est de mon ami et du vôtre, don Rodrigo de Yriarte. Il me mande que l'on me regarde comme non étranger aux troubles du Portugal. On dit que ce n'est pas sans dessein que je suis allé m'établir si près du foyer de la révolte... Ah, ah, ah ! fort plaisant, en vérité ! Et c'est eux-mêmes qui m'y ont envoyé !

LA DUCHESSE. Que je suis malheureuse ! Je ne sais quel conseil vous donner...

DON ESTEBAN. Nous y réfléchirons ensemble quand nous serons en sûreté. — Mais, chut ! voici Inès.

INÈS entr'ouvrant la porte. Peut-on entrer ?

LA DUCHESSE. Mon Dieu, baronne, que je suis fâchée contre le seigneur don Esteban ! Les nouvelles de Madrid, qu'il m'a communiquées avec tant de secret, ne valaient pas la peine de vous en faire un mystère... et surtout à vous, madame.

DON ESTEBAN. Ma chère Inès, madame la duchesse veut absolument nous quitter. Je vais faire atteler à l'instant. (Bas à Inès.) Je l'accompagnerai jusqu'au petit bois d'orangers.

INÈS bas. Dis-moi, veux-tu que j'aille avec toi ?

DON ESTEBAN. Non ; le serein tombe, tu t'enrhumerais.

INÈS. Quoi ! vous voyagez la nuit, madame ? vous n'avez pas peur ?

LA DUCHESSE. Les malheurs qui m'ont accablée sans relâche m'ont un peu aguerrie.

INÈS bas à Esteban. Dis-moi, pourquoi battais-tu ces alguazils ?

DON ESTEBAN. Des faquins... qui osent... une sotte affaire de chasse... des braconniers, vois-tu... mais tu n'y comprendrais rien.

INÈS. Cependant, les domestiques disent...

DON ESTEBAN. Ce sont des bavards qui ne savent ce qu'ils

disent, et tu es une folle de les écouter. Mais il faut que je donne des ordres. — Montre à doña Sérafine les fleurs que tu cultives toi-même.

INÈS. Oh! madame la duchesse, venez voir mes jasmins d'Arabie.

LA DUCHESSE à Esteban. Le plus tôt possible, n'est-ce pas?

*Ils sortent.*

## SCÈNE II.

**Une salle basse du château.**

### MENDO seul.

Il y a toujours quelque chose d'impertinent même dans la politesse des riches. Cette duchesse s'est moquée de nous, et don Esteban la regardait plus souvent que sa femme. Ah! je le crains, Inès se repentira d'avoir épousé un grand seigneur.

INÈS entrant. Enfin elle est partie, et, à dire le vrai, je ne la regrette pas.

MENDO. Ton mari l'accompagne?

INÈS. Oui, jusqu'au bois d'orangers. Il n'a pas voulu me laisser venir avec lui, sur ma petite jument blanche. — Savez-vous que je suis bien inquiète?

MENDO. Pourquoi?

INÈS. Il a pris ses pistolets... cependant il n'y a pas de voleurs de ces côtés.

MENDO. Peut-être... est-ce pour rassurer la duchesse

INÈS. Quels dangers y a-t-il sur la route?

MENDO. Aucun, je l'espère.

INÈS. Si la justice rattrapait doña Sérafine?...

MENDO. Il faut du temps pour venir de Badajoz ici.

INÈS. Elle lui attirera malheur, cette femme qui veut donner son confesseur au roi. Oui, mon papa, elle voulait que Sa Majesté prît son confesseur. Elle l'a dit elle-même, dans une histoire où je n'ai rien compris du tout. — Mon Dieu! pourquoi mon mari l'a-t-il reçue?

MENDO. Il ne pouvait faire autrement. N'a-t-elle pas été son amie?

INÈS. Hélas! (On frappe à la porte.) — Mais j'entends du bruit à la grand'porte. Serait-il déjà de retour?

Entrent le corrégidor et beaucoup d'alguazils armés.

LE CORRÉGIDOR. SALUTEM OMNIBUS. Nous voici, mais en force cette fois. On ne se rira plus de la justice. Rira bien qui rira le dernier, et nous verrons qui paiera les pots cassés.

INÈS. Que voulez-vous, monsieur?... Que venez-vous faire ici?

LE CORRÉGIDOR. Rien, que prendre et appréhender au corps un don Esteban, seigneur de Mendoza, et une doña Sérafine, duchesse de Montalvan. Pas davantage!

MENDO. Que dites-vous, monsieur? cela ne se peut pas.

LE CORRÉGIDOR. Laissez-moi instrumenter. Je sais mon métier, et surtout pas de rébellion, ou je fais tout mettre à feu et à sang.

INÈS. Monsieur... la duchesse... est partie... et mon mari... est parti aussi...

LE CORRÉGIDOR. Bah! bah! on ne nous en donne pas à garder. Personne n'est sorti par la grand'porte. Ainsi la pie est encore au nid. (A deux alguazils.) Vous, empêchez que personne ne sorte. (Aux autres). Suivez-moi, vous autres.

Ils entrent dans les appartements intérieurs.

INÈS. Hélas! je l'avais bien dit! c'est cette duchesse qui l'a perdu! la sainte Mère de Dieu ait pitié de lui!

MENDO. Rassure-toi. Un homme riche se tire toujours d'affaire.

INÈS. Mais où est-il? quand me le rendra-t-on?

MENDO. Ah!... fasse le ciel qu'il soit bientôt de retour!

INÈS. Vous dites cela comme si vous ne l'espériez pas!

MENDO. Moi!... je l'espère... Il reviendra bientôt.

INÈS. Vous avez dans l'esprit quelque chose que vous n'osez me dire. Oui, vous savez ou vous soupçonnez quelque grand malheur.

MENDO. Tu te trompes, mon enfant. Rentre, ma fille. Nous ne pouvons faire autre chose que prier le bon Dieu qu'il te conserve ton mari.

INÈS. Hélas! vous m'effrayez horriblement! voilà que mille affreux pressentiments me viennent dans l'esprit.

MENDO. Rentrons. Que faisons-nous ici? *Ils sortent.*

# TROISIÈME JOURNÉE.

## SCÈNE PREMIÈRE.

**Elvas. — Une auberge.**

L'HOTE, SOLDATS ET BOURGEOIS PORTUGAIS, assis à boire autour d'une table.

L'HÔTE *se levant un verre à la main.* A Joan de Braganza, roi de Portugal !

TOUS. A Joan de Braganza !

L'HÔTE. Vive Dieu ! c'est un véritable Portugais ; un bon roi, d'une bonne pâte, tel qu'il nous le faut ; et non pas un Espagnol à face de carême qui nous pompe nos doublons.

UI SOLDAT. S'ils y reviennent, nous sommes là pour les recevoir.

L'HÔTE. Vous ne savez pas la nouvelle, messieurs ? Quand don Rodrigo de Saa et Fernand Menezes ont jeté Vasconcelhos par la fenêtre du palais, que pensez-vous qu'il soit arrivé ?

UN BOURGEOIS. Il s'est cassé les reins sur le pavé.

L'HÔTE. Un grand fantôme est apparu à tout le peuple, et a crié d'une voix de tonnerre : « Aux armes, Portugais ! le joug de l'Espagne est brisé ! » Qui pensez-vous que ce fût ?

UN SOLDAT. Belle demande ! qui pouvait-ce être, sinon le roi don Sébastien [9] ?

L'HÔTE. Justement... Après avoir dit ces paroles, le fantôme se fondit dans l'air avec un bruit... comme si l'on avait tiré plus de dix mille coups de canon à la fois. Et c'est sûr, car je le tiens de ma sœur qui était à l'église quand Vasconcelhos a sauté par la fenêtre.

UN SOLDAT. Qu'y a-t-il de si extraordinaire là dedans ? On sait bien que le roi don Sébastien n'est pas mort. Tenez, un jour que j'étais de faction, il faisait noir comme dans un four ; il pleuvait un peu ; je soufflais sur la mèche de mon arquebuse, quand voilà une grande figure blanche, armée de pied en cap, la couronne sur la tête, qui passe tout contre moi, en poussant un grand soupir. Moi, qui ne crains aucun homme en chair et en os, quand je vois un esprit, je perds tout mon courage. Je tombai par terre, et je récitai une litanie que je sais pour les esprits...

L'HÔTE. J'en sais une aussi qui m'a souvent été utile.

UN BOURGEOIS. Hé! qui nous arrive ici?

L'HÔTE. Messieurs, c'est un brave jeune homme, un galant Portugais, don César de Belmonte, qui commande le siége d'Avis. *Entre don César. Tous se lèvent.*

DON CÉSAR. Bonjour, mes amis, bonjour.

L'HÔTE. Il est bien glorieux pour cette auberge...

DON CÉSAR. Elle va bientôt recevoir un honneur plus grand. J'attends ici une dame qui se sauve de Castille, où elle est persécutée comme amie du Portugal.

L'HÔTE. Ce que nous avons de meilleur lui appartient.

DON CÉSAR. Elle ne doit pas tarder.

L'HÔTE. Seigneur, je prendrai la liberté de demander à Votre Excellence comment vont nos affaires.

DON CÉSAR. A merveille, maître Boniface. Les garnisons espagnoles se retirent en toute hâte. Joan de Braganza est partout reconnu aux acclamations de ses sujets.

L'HÔTE. Je m'en réjouis fort.

DON CÉSAR. Ce n'est que sur les tours d'Avis que flotte encore le drapeau espagnol. Mais, avant peu, nous y planterons les quines [10] portugaises.

L'HÔTE. J'irai, s'il le faut, y donner l'assaut ma broche à la main. Si j'embrochais seulement autant d'Espagnols que j'ai embroché de dindons!...

*Entrent la duchesse avec une écharpe aux couleurs de Braganza et don Esteban.*

LA DUCHESSE. Salut, terre d'asile! salut, Portugal! et vive Joan de Braganza! — Ah! don César...

DON CÉSAR. Que je suis heureux, doña Séraphine, de vous voir en sûreté sur le sol portugais!

LA DUCHESSE. Enfin je suis sauvée. (Elle lui parle bas. Don Esteban reste dans le fond de la scène, montrant de l'embarras.) (Haut.) Don César, je vous présente mon libérateur, don Esteban de

Mendoza. Baron, je vous présente don César de Belmonte. (Don Esteban et don César se saluent d'un air froid.)

DON ESTEBAN. Vous avez besoin de repos, doña Sérafine; je ne sais si cette auberge...

LA DUCHESSE. Non. Tout à l'heure j'étais accablée; maintenant la joie de me voir entourée d'amis... (Don César s'incline. — Don Esteban fronce le sourcil.) délivrée des griffes d'Olivarès, m'a délassée tout d'un coup. Je crois que je pourrais danser maintenant.

DON CÉSAR bas. Sa Majesté vous prépare à Lisbonne l'accueil le plus flatteur.

LA DUCHESSE. Vous croyez? (Elle parle tout à fait bas.) (Haut.) Savez-vous, don César, que je l'ai échappé belle? Sans le courage du seigneur de Mendoza, j'étais reprise et encagée à Ségovie.

DON CÉSAR. Dieu! que n'étais-je là!

DON ESTEBAN. L'affaire, monsieur, ne méritait pas votre présence. (Bas à la duchesse.) Faites-moi donc sortir cet homme-là.

LA DUCHESSE. Notre voiture s'est brisée sur la route. Pendant qu'on la raccommodait, arrive monsieur le corrégidor et son monde; pif! paf! des coups de pistolet... des coups d'épée... j'étais presque morte de peur, et je n'ai ouvert les yeux que lorsque don Esteban est venu m'annoncer que l'ennemi était en pleine déroute.

DON CÉSAR bas. Est-ce qu'il reste ici?

LA DUCHESSE bas. Oui, il faut le ménager, jusqu'à ce que nous en ayons ce que vous savez, pour l'affaire d'Avis.

DON CÉSAR. Dona Sérafine, vous devez avoir besoin de repos après un voyage aussi pénible; je me retire. — (A don Esteban.) Seigneur de Mendoza, si je puis vous être utile en ce pays, veuillez disposer de moi.

DON ESTEBAN. Je vous baise les mains.

DON CÉSAR bas à la duchesse. Le major veut une lettre... mais vous m'entendez... Il sort. — Silence.

LA DUCHESSE gaiement. Eh bien! don Esteban, qu'avez-vous? vous me boudez?

DON ESTEBAN. Moi?

LA DUCHESSE le contrefaisant. Moi? Vous, monsieur, qu'avez-vous? Qu'ai-je fait pour mériter cette mauvaise humeur?

DON ESTEBAN froidement. Madame, vous plaisantez avec tant de grâce... vous avez toujours une gaieté si... (La duchesse le regarde tendrement.) Ah! tenez, Séraphine, ne me regardez pas comme cela, ou je ne pourrai plus vous gronder.

LA DUCHESSE. Mon cher Esteban, qu'ai-je donc fait pour être grondée? (Tendrement.) Ne dois-je pas plutôt, moi, vous gronder de m'avoir suivie jusqu'en Portugal? Mais comment oserais-je vous reprocher une désobéissance qui m'a sauvée? ·

DON ESTEBAN. Vous faites mon supplice, Séraphine, avec vos éternelles connaissances. Je reprends mes transports de Madrid... mais, Dieu me sauve! vous avez partout des bons amis. Comment! même en Portugal!

LA DUCHESSE. Hé bien, qu'y a-t-il d'étonnant? Don César était comme moi de la conjuration. — Hélas! je n'ai qu'un regret! c'est de vous y avoir engagé trop avant.

DON ESTEBAN. Ah! Séraphine, vous savez le moyen de m'ôter mes regrets!

LA DUCHESSE affectant de l'étonnement. Monseigneur de Mendoza! — Au fait, qu'allez-vous devenir? A votre place, me voyant compromis, presque proscrit dans mon pays, j'accepterais une place en Portugal.

DON ESTEBAN. Que voulez-vous qu'on fasse de moi? et d'ailleurs, ne suis-je pas Castillan?

LA DUCHESSE. Eh! ne suis-je pas Espagnole, moi? mais on m'a proscrite, et je suis du pays qui me donne un asile.

DON ESTEBAN. Laissons cela.

LA DUCHESSE. Non, il faut en parler... autrement vous augmenterez mes regrets de vous avoir fait quitter votre pays... de vous avoir exposé au ressentiment de votre cour, sans vous offrir des dédommagements près de celle de Portugal.

DON ESTEBAN. Est-ce donc pour le Portugal que je me suis battu? Les dédommagements qui me seraient...

LA DUCHESSE. Vous ne voudriez pas vous trouver dans les rangs portugais, au moment où la guerre va commencer... mais il est tel poste...

DON ESTEBAN. Encore une fois, laissons cela.

LA DUCHESSE. Mais qu'allez-vous devenir ? Vous ne pouvez sans danger rentrer maintenant en Espagne...

DON ESTEBAN. Vous voulez donc sitôt me chasser de votre présence ?

LA DUCHESSE. Vous me désespérez !

DON ESTEBAN. Est-ce à Joan de Braganza à me récompenser des faibles services que je vous ai rendus ? — Non, doña Séraphine, je suis assez payé par la joie que j'éprouve en vous voyant hors de danger.

LA DUCHESSE. Vous n'êtes plus Espagnol ; — pourquoi ne voulez-vous pas devenir Portugais ? Écoutez, je puis vous promettre tel emploi qui, sans vous obliger à porter les armes contre l'Espagne, vous donnera la faveur de Joan de Braganza.

DON ESTEBAN. Étrange obstination !

LA DUCHESSE. Vous pourrez même rendre service à vos compatriotes. Tenez, par exemple, le château d'Avis est serré de près. Demain don César y donne l'assaut. Mais à ma considération, il permettra à la garnison de se retirer. Écrivez au commandant, vous êtes gouverneur titulaire d'Avis, il est votre major... vous devez avoir quelque influence sur lui. Dites-lui qu'il cesse une défense inutile, que vous l'autorisez à rendre la place...

DON ESTEBAN *sévèrement*. Savez-vous ce que vous voulez que je fasse ?

LA DUCHESSE. Rien que de très-simple. Vous êtes persuadé, m'avez-vous dit, que le château n'est pas tenable. Épargnez le sang espagnol, voilà tout.

DON ESTEBAN. Mais l'honneur espagnol !...

LA DUCHESSE. Oh ! l'honneur ! l'honneur ! voilà votre mot ; avec ce mot on fait couler bien du sang. Mais après tout, que don César donne l'assaut ou non, qu'est-ce que cela me fait, à moi ? Je promets de donner une écharpe à celui qui plantera le premier les quines portugaises sur les tours d'Avis. Je serai ravie que don César la gagne !

DON ESTEBAN. Don César ! toujours don César ! voilà aussi votre mot. Séraphine, depuis que nous sommes en Portugal vous ne me parlez que de don César !

LA DUCHESSE. Et pourquoi n'en parlerais-je point ?

DON ESTEBAN. Je ne veux pas vanter les services que j'ai pu vous rendre; mais, dites-moi, où trouverez-vous un cœur qui vous aime comme le mien?

LA DUCHESSE. Oubliez-vous?...

DON ESTEBAN. Laissez-moi tout oublier à vos pieds. Sérafine, je vous adore; pourquoi voulez-vous me désespérer par votre légèreté?

LA DUCHESSE à demi-voix. Le devoir doit l'emporter sur l'amour! (Haut.) Seigneur, vous oubliez que votre foi est engagée.

DON ESTEBAN avec fureur. Non, je ne l'oublie pas, cruelle! Mais ce n'était pas assez de ma conscience, il fallait encore vos reproches, vos sarcasmes pour m'achever. — Oui, j'ai tout quitté pour vous; j'ai voulu sacrifier patrie, épouse, honneur... mais vous... vous qui m'avez rendu le plus indigne des hommes, vous, Sérafine, vous me repoussez avec dédain, et l'amour de don César, plus que le mien, vous semble mériter votre cœur!

LA DUCHESSE. Homme injuste! est-ce moi qu'il faut accuser? Ai-je manqué, moi, à la foi jurée? Rappelez-vous les orangers d'Aranjuez? Ne m'avez-vous pas cent fois juré un amour éternel? Vous me quittez... quelques lettres froides et polies sont les seules consolations que vous m'envoyez. Bientôt elles cessent. Enfin le dernier coup m'est porté, vous vous mariez, Esteban... et à qui? Quelle rivale! juste ciel!... Voilà votre fidélité, Esteban! voilà comme vous gardez vos serments! Allez, parjure, laissez-moi pleurer mes faiblesses passées.

DON ESTEBAN. Sérafine!... je n'ai pas cessé de t'aimer... Oui... je te le jure... j'ai quitté Inès... pour ne plus me séparer de toi... pour vivre ton esclave... Veux-tu donc m'abandonner?... Non! je te vois sourire, tu veux bien encore ouvrir tes bras à celui que jadis tu aimas.

LA DUCHESSE. O mon Esteban!

DON ESTEBAN. Je suis à toi pour la vie!

LA DUCHESSE. Si tu sais braver l'opinion des hommes, je saurai vivre pour toi, comme tu vivras pour moi.

DON ESTEBAN. Toujours!

LA DUCHESSE. Toujours! O mon bien-aimé, nous vivrons

heureux loin des tyrans espagnols, auprès d'un prince adoré. Vive Joan de Braganza !

DON ESTEBAN. Vive Joan de Braganza !

LA DUCHESSE. Nous sommes Portugais ! (Elle lui attache son écharpe aux couleurs de Braganza.)

DON ESTEBAN. Je veux répandre le bruit de ma mort... Je changerai de nom... et alors, dans la retraite, loin du tumulte des cours, nous vivrons heureux dans les bras l'un de l'autre... Mais si la pauvre...

LA DUCHESSE l'embrassant. Idole de mon cœur !... dis-moi, veux-tu écrire au gouverneur d'Avis ?...

DON ESTEBAN. Je t'en conjure, Sérafine, ne l'exige pas de moi !

LA DUCHESSE. Non, mais je t'en supplie.

DON ESTEBAN. Tu le veux... Oui, je te sacrifierai tout...

LA DUCHESSE. Un baiser pour la peine.

DON ESTEBAN. Mais que dire ?... Je ne puis écrire...

LA DUCHESSE. Dis-lui qu'il n'a pas de secours à attendre de l'Espagne... Est-ce vrai, oui ou non ?

DON ESTEBAN. Oui... mais...

LA DUCHESSE. Tu ne veux pas que je t'embrasse ?

DON ESTEBAN. Tiens, écris toi-même... je signerai. Es-tu contente ?

LA DUCHESSE après avoir écrit. O mon unique bien ! (Elle l'embrasse.) Oui, maintenant je crois à ton amour !

Elle sonne. — Entre Pedro.

LA DUCHESSE. Que cette lettre soit promptement remise au gouverneur d'Avis. Vous trouverez en bas un cornette des volontaires du Beira qui se chargera de la porter.

PEDRO. Monseigneur, est-ce que vous êtes pour la mode nouvelle de porter une écharpe aux couleurs du duc de Braganza ?

DON ESTEBAN. Hé bien ?

PEDRO. C'est qu'alors je vous demanderais mon congé. Je n'ai pas envie, moi, de prendre l'écharpe portugaise. Espagnol je suis né, Espagnol je mourrai.

DON ESTEBAN. Ah ! ma chère Sérafine, quel sacrifice je t'ai fait !

LA DUCHESSE. Hé bien, vous êtes tout troublé, parce qu'un

valet vous demande son congé? (A Pedro.) Bonhomme, tenez cette bourse, voilà pour boire à ma santé. Retournez chez vous, et que Notre-Dame del Pilar vous soit en aide! (Plus bas.) Si l'on vous demandait ce qu'est devenu le seigneur de Mendoza, vous direz qu'il est mort... qu'il a été tué en duel... entendez-vous ?

PEDRO. Faudra-t-il dire cela à tout le monde, même à madame ?

LA DUCHESSE. A tout le monde. Prenez encore cette bague, vous la donnerez à votre femme, si vous en avez une. Mais d'abord donnez la lettre au cavalier d'en bas. (Pedro sort.) Esteban, mon seul bien, vois-tu le soleil qui se couche dans cette forêt d'orangers? La voici revenue, cette douce soirée d'Aranjuez!

DON ESTEBAN. Ah! pourquoi t'ai-je quittée ?   Ils sortent.


## SCÈNE II.

**Le château de Mendoza.**

### INÈS, MENDO.

MENDO. Il est obligé de se cacher à cause de cette mauvaise affaire... mais dans quelque temps, lorsque la justice sera apaisée, il reviendra.

INÈS. Mais pourquoi ne pas écrire ? J'aurais déjà pu recevoir trois fois de ses nouvelles.

MENDO. Hum!

INÈS. Je ne le vois que trop, vous ne me dites pas ce que vous pensez. Esteban est mort ou infidèle. Plût à Dieu qu'il fût infidèle!

MENDO à part. Oui, car je pourrais te venger.

INÈS. Que dites-vous ?

MENDO. J'espère qu'il est vivant et qu'il t'aime toujours... mais plus d'une raison...

INÈS. Sainte Vierge ! n'est-ce pas Pedro que j'aperçois?

PEDRO entrant. Madame, je vous baise les pieds.

INÈS. Pedro... qu'as-tu fait de mon mari?... Parle...

PEDRO. Hélas! madame...

INÈS. Il est mort !

PEDRO. Le Seigneur ait pitié de lui, et lui remette ses péchés !...

INÈS. Elle me l'a tué ! (Elle s'évanouit.)

MENDO. Coquin, tu as tué ma fille !

PEDRO. Madame... madame... revenez à vous ! ne croyez pas un mot de tout ce que j'ai dit... le seigneur de Mendoza n'est pas mort...

INÈS. Mendoza ?

PEDRO. Il vit et se porte bien, mais...

INÈS. Grâce à Dieu, je le reverrai donc !

PEDRO. Je ne sais si vous le reverrez...

INÈS. Pedro, dis-moi tout, ne me cache rien.

PEDRO. Vous voulez savoir la vérité ?... Eh bien ! il est à Elvas, avec cette duchesse qu'il appelle sa chère Sérafine. Je l'ai vu avec l'écharpe portugaise, et l'on en dit bien d'autres sur son compte. Moi, quand j'ai vu cela, j'ai demandé mon congé. La duchesse m'a donné de l'argent pour dire qu'il était mort, et votre mari avait l'air d'y consentir. Mais plût au ciel que ses ducats se fussent fondus dans ma main et m'eussent brûlé jusqu'aux os !... J'ai manqué par mon mensonge faire mourir ma bonne maîtresse. (Silence.)

INÈS sanglotant. Je n'en reviendrai pas !

MENDO à part. Ce que j'avais prévu est arrivé. —(Haut.) Inès !

INÈS. Mon père !

MENDO. As-tu encore les habits que tu portais à Monclar ?

INÈS. Oui, mon père.

MENDO. Va les reprendre. — Quitte tout ce que ce parjure t'a donné. Ne garde rien à lui. — Nous ne devons pas rester plus longtemps sous son toit. Tu m'accompagneras à Badajoz. — L'abbesse des Ursulines te donnera un asile.

INÈS. Donnez-moi votre bras... je suis bien faible...

MENDO. Viens... appuie-toi sur mon bras..... moi, je suis ferme... allons !

Ils sortent.

## SCÈNE III.

**L'auberge d'Elvas.**

### DON ESTEBAN, LA DUCHESSE.

LA DUCHESSE. Cher ami, pourquoi cette tristesse? Ta Sérafine ne peut-elle te distraire de ta mélancolie?

DON ESTEBAN. Avec une conscience comme la mienne... on ne peut être gai.

LA DUCHESSE. Tu devrais aller à la chasse, te distraire un peu.

DON ESTEBAN. Le gouverneur d'Avis est-il rentré en Espagne?

LA DUCHESSE. Je l'imagine.

DON ESTEBAN. Sais-tu si la capitulation a été religieusement observée?

LA DUCHESSE. Sans doute.

DON ESTEBAN. J'en suis bien aise. — Sérafine, quittons Elvas. Les souvenirs de cette auberge me tuent. Plût au ciel que nous fussions ensemble dans les déserts de l'Amérique!

LA DUCHESSE. Elvas ne me rappelle que des souvenirs d'amour. Mais au lieu des déserts de l'Amérique, avec votre permission nous ferons mieux d'aller à Lisbonne.

DON ESTEBAN. Nous verrons. — Je vais faire une promenade à cheval. — Tu viendras avec moi?

LA DUCHESSE. Non, je suis fatiguée..... je vais faire la sieste.

DON ESTEBAN. Don César... où est-il?

LA DUCHESSE. Jaloux incorrigible!... à Avis sans doute.

DON ESTEBAN. Moi, te soupçonner, Sérafine!... toi qui m'as donné tant de marques d'amour! — Je vais galoper un peu. C'est quand le vent siffle à mes oreilles, et m'étourdit en tourbillonnant autour de moi, que je suis le plus tranquille. — Adieu. *Il sort.*

LA DUCHESSE seule. Adieu, mon âme. — Pauvre benêt! Qu'un homme sans caractère est méprisable! J'ai cru d'abord qu'on en pourrait faire quelque chose ; mais il a les idées trop étroites pour devenir jamais le compagnon de Séraline. — Parfois il me fait pitié... mais, si l'on faisait attention à ces êtres faibles, on manquerait ses nobles projets.

Olivarès ! tu m'as chassée de Madrid. Je vais entrer dans Lisbonne en triomphe ! Oh ! maintenant je puis m'abandonner à toute mon ambition. Je ne vois pas encore les bornes de mon pouvoir naissant. — (L'horloge sonne.) Si tard !... il devrait être ici !

DON CÉSAR entrant. Le voici.

LA DUCHESSE. Entrez, César, Pompée est éloigné.

DON CÉSAR. Ma reine admire ma ponctualité. J'arrive d'Avis au galop ; et, sans me donner le temps de respirer, j'accours vous enlever.

LA DUCHESSE. Notre homme s'inquiète beaucoup de la garnison espagnole d'Avis.

DON CÉSAR. Il a raison, vive Dieu ! Que je ne sois pas chevalier si les paysans de l'Alentejo et du Beira en laissent rentrer un seul en Espagne !

LA DUCHESSE. Voilà qui est affreux, don César ! — Prenez-moi ce voile. — Les chevaux sont-ils à la voiture ?

DON CÉSAR. Oui, ma toute charmante.

LA DUCHESSE. Eh bien ! partons. Donnez-moi la main.

Ils sortent.

## SCÈNE IV.

#### La chambre de Séraline à Elvas.

### Entre DON ESTEBAN seul.

La fatigue du corps ne repose pas la tête... — Toujours elle est devant mes yeux... Ah ! qu'elle doit souffrir en ce moment !... Pauvre malheureuse !... qu'avait-elle fait ?... Séraphine ! (Il appelle.) Séraphine ! doña Séraphine ! (Il sort et rentre d'un air agité.) Que veut dire ceci ? où peut-elle être allée ?

— Ah ! qu'est-ce que cela ? (Il prend une lettre et lit l'adresse.) « AUX MAINS DU BARON DE MENDOZA. » C'est son écriture,

lisons : « Cher don Esteban, je suis au désespoir de vous
« quitter... mais il faut absolument que je me rende à Lis-
« bonne. Comme il me semble que vous ne vous plaisez
« pas beaucoup en Portugal... je vous engage à retourner
« auprès de votre excellente femme... qui doit être bien
« en peine de vous. Adieu, vivez heureux auprès d'elle...
« ne soyez pas en peine de moi... Don César... » Oh !...
(Il jette la lettre. — Silence.) Je le mérite... (Il reprend la lettre et
la relit.) Oui, je le mérite... J'ai quitté un ange pour me jeter dans les griffes d'un démon... Me venger ?... non, je
n'ai plus de courage... Que vais-je devenir ?... Comment
oserai-je me présenter devant le vieux Mendo ?... car
Inès... j'en suis sûr, elle me tendra les bras la première...
mais Mendo !... Si ce valet ?... Il a dû lui dire... O monstre
que je suis !... Je l'ai peut-être tuée ! Inès, Inès ! est-ce toi
ou ton cadavre qui m'attend à Mendoza ?... Non, je ne puis
plus longtemps supporter cette incertitude ! Il faut en sortir !... Je vais à Mendoza, dussé-je porter ma tête à mes
ennemis ! Entre Pedro.

Ah ! Pedro, quelles nouvelles ?

PEDRO. Monseigneur, je suis revenu à vous... je n'ai pu
mentir... En voyant la douleur de madame... j'ai tout
avoué.

DON ESTEBAN. Hé bien ?

PEDRO. Ils ont quitté Mendoza. Monsieur Mendo la mène
aux Ursulines de Badajoz.

DON ESTEBAN. J'y cours. Pedro, t'ont-ils envoyé vers moi ?

PEDRO. Monseigneur... madame m'a donné ce billet pour
vous... sans que monsieur Mendo la vît...

DON ESTEBAN après avoir lu. Pas un reproche !... Ange du
ciel !... comment ai-je pu te tromper ? — Pedro, viens ;
crevons des chevaux... il faut être aujourd'hui à Badajoz.

PEDRO. Je ne sais si nous le pourrons. Il faudra prendre
des chemins détournés, monseigneur.

DON ESTEBAN. Pourquoi ?

PEDRO. Tout l'Alentejo est en armes. La garnison d'Avis
vient d'être massacrée par les paysans insurgés... tout Espagnol qui tombe entre leurs mains est mis à mort sur-le-
champ.

DON ESTEBAN. Et cela encore ! — N'importe, Pedro ! si je meurs, tu diras que je suis mort repentant.

PEDRO. Ah ! monseigneur, c'est un ange. Elle ne cessait de vous justifier auprès de monsieur Mendo.

DON ESTEBAN. Courons, Pedro... — Le major don Gregorio ne s'est point sauvé ?

PEDRO. Non, monseigneur, ils l'ont pendu.

DON ESTEBAN. Encore un meurtre à me reprocher !

Ils sortent.

## SCÈNE V.

**Un parloir d'Ursulines à Badajoz.**

### MENDO, INÈS, LA SUPÉRIEURE.

MENDO. Adieu, Inès. Nous nous reverrons un jour.

INÈS. Adieu, mon père, je n'ai que peu de temps à vivre. Le coup a été trop fort. Si jamais il oubliait cette belle Sérafine... s'il revenait à son Inès... hélas ! je n'aurai pas le temps de l'attendre... dites-lui que je lui ai pardonné... et que je suis morte en priant le ciel de lui pardonner. Adieu, mon père ! (Elle l'embrasse.)

MENDO. Adieu, ma fille !

Inès entre dans le cloître, soutenue par la supérieure.

MENDO seul. Maintenant je puis être tout entier à la vengeance. Grâce au ciel, il me reste encore ma main gauche.

Entre don Esteban pâle et en désordre.

DON ESTEBAN. Inès ! Inès ma bien-aimée !

MENDO. Respecte celle...

DON ESTEBAN. Inès ! Inès !

INÈS derrière la scène. C'est lui ! il revient à moi ! (Elle rentre et va tomber dans les bras d'Esteban.) Tu m'aimes donc encore !... oh ! je suis heureuse enfin ! (Elle s'évanouit.)

LA SUPÉRIEURE. Asseyez-la sur cette chaise, et faites-lui respirer des sels. Qu'on apporte de l'eau.

DON ESTEBAN. Ma chère Inès !... si mon amour peut réparer mon crime !... Oh ! réponds-moi, de grâce !

LA SUPÉRIEURE. Buvez cette eau, madame.

INÈS. Esteban!... mon père !... donnez-moi votre main chacun. (Elle essaie de joindre leurs mains, Mendo retire la sienne.) Esteban, embrasse-moi... adieu. (Elle se laisse aller dans ses bras et meurt.)

LA SUPÉRIEURE. Elle est morte !

MENDO. Monseigneur de Mendoza, que dites-vous de ce spectacle? voilà votre ouvrage... Voyez ce bras mutilé... quels souvenirs vous rappelle-t-il?... Et vous, qu'avez-vous fait à ma fille pour lui témoigner votre reconnaissance?... Jusqu'ici je n'ai donné la mort à personne... aujourd'hui je me fais votre juge et votre bourreau... Que le Seigneur vous absolve ! (Il lui tire un coup de pistolet.)

LA SUPÉRIEURE. Au secours ! au meurtre ! fermez les portes !

DON ESTEBAN. Laissez-le s'échapper. (Il pose sa tête sur le sein d'Inès.)

MENDO. Je ne bougerai pas, attendu que la comédie est finie. Oui, mesdames et messieurs, c'est ainsi que finit la seconde partie d'INÈS MENDO, OU LE TRIOMPHE DU PRÉJUGÉ.

INÈS. L'auteur m'a dit de ressusciter pour solliciter votre indulgence ; et vous pouvez vous en aller avec la satisfaction de penser que vous n'aurez pas de troisième partie.

# NOTES

1. Allusion à l'usage espagnol de renfermer le vin dans des outres. Ce proverbe répond au nôtre : « *La caque sent toujours le hareng.* »

2. Ici est un jeu de mots intraduisible. *Porra* signifie en espagnol orgueil ridicule.

3. Il faut se rappeler que l'action se passe fort peu de temps après la révolution qui plaça Joan de Braganza sur le trône de Portugal.

4. Prison d'État. (Voir *Gil Blas*.)

5. Pot au feu avec des pois chiches. Ce mets est un peu vulgaire.

6. J'ai traduit par *journée* le mot espagnol *jornada*, Clara Gazul se servant par préférence de ce terme déjà ancien, auquel les classiques espagnols ont substitué depuis longtemps la dénomination d'*acte*. Au reste, *journée* n'indique pas ici, comme on le voit, le temps qui s'écoule entre le lever et le coucher du soleil. (Voir l'*Alcáde de Zalaméa*, et *Dar Tiempo al Tiempo* de Calderon.)

7. Cette idée me semble empruntée à lord Byron. (Voir *Don Juan*.)

8. En espagnol *cuchilládas*. (Voir pour la signification de ce mot la nouvelle de *Rinconete et Cortadillo* de Michel Cervantès.)

9. Allusion à une croyance populaire répandue en Portugal. Bien des gens croient que le roi don Sébastien (qui fut tué en Afrique) n'est pas mort, et qu'il apparaît à ses sujets dans les circonstances extraordinaires. Sa dernière apparition eut lieu, je crois, lors de l'occupation de Lisbonne par les Français en 1808-1809.

10. Armes de Portugal.

# LE CIEL ET L'ENFER

## COMÉDIE

> Sin zelos amor,
> Es estar sin alma un cuerpo.
> CALDERON.
>
> Almas atravesadas!

---

**PERSONNAGES :**

Don PABLO ROMERO.
Fray BARTOLOMÉ, inquisiteur.
Doña URRACA DE PIMENTEL.

*La scène est à Valence.*

---

## SCÈNE PREMIÈRE.

**Un boudoir.**

### DONA URRACA, DON PABLO.

DOÑA URRACA. Non ! encore une fois. Vous aurez beau prier. C'est aujourd'hui le mercredi des Cendres.

DON PABLO. Rappelez-vous que le mardi gras nous ne pûmes profiter du carnaval.

DOÑA URRACA. Je suis une grande pécheresse, Dieu m'absolve ! mais il y a tel péché que je ne ferai jamais.

DON PABLO. Au moins un seul petit baiser.

DOÑA URRACA. Je ne le dois pas.

DON PABLO. Le péché, si c'en est un, n'est pas bien gros, et je prends tout sur moi.

DOÑA URRACA. Un mercredi des Cendres !

DON PABLO. Au diable le carême ! Allons, un seul petit baiser.

doña urraca. Mais... Que vous êtes insupportable!... Voyons, fermez la fenêtre.

don pablo. Encore un, vous n'en pécherez pas davantage.

doña urraca. Non, laissez-moi, de grâce.

don pablo. Qu'avez-vous là au cou?

doña urraca. C'est un chapelet avec des Agnus Dei, bénits par notre Saint-Père le pape.

don pablo. Mais mon portrait? ma chaîne? qu'en avez-vous fait? Ah! Urraca, vous avez donné la chaîne, j'en suis sûr, à ce père Bartolomé du diable, pour orner le col de quelque madone.

doña urraca. Non, tout est dans ma cassette, mais j'ai pensé que dans un jour comme celui-ci...

don pablo. Un jour comme celui-ci devrait être rayé du calendrier!

doña urraca. Y pensez-vous, don Pablo? N'est-ce pas aujourd'hui?...

don pablo. Tenez, parlons d'autre chose. — Vous devriez bien prendre un confesseur plus vieux. On en jase, et moi j'en suis inquiet.

doña urraca. Épargnez au moins une sainte personne, si vous n'avez pas plus d'égards pour moi.

don pablo. Parbleu! je le traite comme il le mérite, car je suppose qu'il vous dit bien du mal de moi.

doña urraca. Au contraire, Pablo. Ce pauvre homme! il espère que vous vous convertirez un jour, par... Il y a longtemps que je pèche pour vous sauver, ingrat.

don pablo. Oui, vous savez combien je suis reconnaissant de toutes vos bontés, mais faites-moi encore un dernier sacrifice. Congédiez honnêtement Fray Bartolomé.

doña urraca. Non, il était le confesseur de mon mari, avant qu'il ne partît pour le Nouveau-Monde, et don José s'est toujours bien trouvé de ses conseils.

don pablo. Eh! par cent charretées de diables! c'est précisément pour cela qu'il faut lui fermer la porte. Comment! vous avez quitté votre mari pour moi, et vous ne quitteriez pas votre diable de confesseur?

doña urraca. Oh! ne jurez pas, je vous en supplie, Pablo... un mercredi des Cendres!

DON PABLO. Avec vos folies, vous feriez jurer les saints de pierre de vos églises. Voyons, pour la dernière fois, laissez-moi vous dire comment je vous aime.

DOÑA URRACA. Non, revenez demain.

DON PABLO. Et demain je suis de garde, Dieu me damne!

DOÑA URRACA. Mon cher Pablo, si vous ne pouvez vous empêcher de jurer, jurez au moins d'une autre manière. Qu'est-ce que cela vous coûterait de dire : « Maudit soit Satan! » par exemple, ou bien : « Nom d'une pipe! » comme beaucoup de militaires le disent quand ils sont en colère?

DON PABLO. Adieu!

DOÑA URRACA. Adieu, mon âme!

DON PABLO. Urraca?

DOÑA URRACA. Qu'est-ce? qu'avez-vous à rire?

DON PABLO. Ne venez-vous pas de m'appeler votre âme?

DOÑA URRACA. Oui, pourquoi, cher?...

DON PABLO. C'est aujourd'hui le mercredi des Cendres.

DOÑA URRACA. Méchant! pouvez-vous plaisanter sur des choses pareilles! — Je ne vous parlais pas avec une affection mondaine.

DON PABLO. Eh bien! pour adieu donnez-moi un baiser tout céleste, et tel que les chérubins...

DOÑA URRACA l'embrassant. Ne blasphème pas!

DON PABLO. Adieu, ma belle amie. A vendredi matin.

DOÑA URRACA. Vendredi?... mais c'est...

DON PABLO. Eh! corps du Christ [1]! c'est le jour de Vénus. A vendredi. Adieu. *Il sort.*

DOÑA URRACA seule. Quel dommage qu'un si bel homme, et un si bon cœur, soit athée comme un païen! Pourtant, il faudra bien qu'il se convertisse un jour ou l'autre. Ce serait conscience de laisser au diable une âme comme celle-là. (Une pendule sonne.) Quatre heures. Ah! c'est le moment que Fray Bartolomé va venir me faire sa visite et me donner ses saints conseils. Il faut que je lui prépare les conserves de roses et le marasquin. (Elle ouvre une armoire et en tire des confitures.) Et puis je m'en vais lire un chapitre du Kempis qu'il m'a donné... J'en ai besoin... ce Pablo m'a toute troublée... Où est-il?... Ah! par quel hasard a-t-on laissé

## SCÈNE I.

aujourd'hui cette guitare dans ma chambre ? Il faut la reporter de l'autre côté... elle ne peut rester ici... (Elle prend la guitare et en tire quelques sons.) Comme elle a conservé l'accord !... la, la, la, la... Je n'en ai jamais vu de meilleure... Ce Pablo a un goût pour ces sortes de cadeaux !... (Elle chante.) la, la, la, la... « Mon confesseur... » Je ne puis avoir autre chose au bout des doigts que l'air de cette chanson mondaine qu'il m'a forcée d'apprendre... Ah! il n'y a pas de péché dans l'air... Le mi est baissé... (Elle chante.) la, la, la, la, la... « Mon confesseur, mon confesseur... mon con- « fesseur... »

« Mon confesseur me dit : Mon frère, pour mortifier vos « appétits charnels, trois jours vous jeûnerez au pain et à « l'eau. Mais Mariquita me dit : Viens souper avec moi. — « Au diable mon confesseur ! »   Entre Fray Bartolomé

DOÑA URRACA. Ah !

F. BARTOLOMÉ. Jésus Maria ! qu'entends-je ?

DOÑA URRACA. Quoi... je... c'est vous ?... vous m'auriez entendue ?... J'ai chanté ?

F. BARTOLOMÉ. Puis-je en croire mes oreilles et mes yeux ! Comment ! ma fille, c'est bien vous ! Je m'attendais à vous trouver en prière, ou tout au moins méditant quelque livre de piété, et je vous trouve la guitare à la main, chantant des blasphèmes !

DOÑA URRACA. Ah ! mon père ! si vous saviez !...

F. BARTOLOMÉ. Dites-moi quel malin démon...

DOÑA URRACA. Oui, mon père, c'est le Malin qui en est cause. J'ai voulu ôter cette guitare de cette chambre... J'ai pincé par distraction deux ou trois cordes : le Malin a pris son temps... Par distraction, j'ai joué un air que j'ai en horreur, et que j'ai retenu malgré moi... et puis...

F. BARTOLOMÉ. Et puis ?...

DOÑA URRACA. Et puis... je ne sais comment il s'est fait que j'ai chanté tout haut.

F. BARTOLOMÉ. Oui, mon enfant, c'est bien le Malin qui vous a soufflé cette horrible chanson. Mais aussi, remerciez votre bon ange, qui m'a amené justement à point pour vous empêcher de commettre un autre péché.

DOÑA URRACA. Hélas ! loué soit le ciel !... Mais asseyez-vous donc, mon père; à votre âge il est fatigant de venir à pied de Saint-Dominique à la rue de la Mer.

F. BARTOLOMÉ. Grâce à notre divin Sauveur, mon enfant, je ne suis pas encore si faible que je ne puisse me tenir sur mes jambes. A quarante-neuf ans, on n'est pas encore bon à enterrer.

DOÑA URRACA. Ce que j'en ai dit... c'est que vous m'avez paru avoir mauvaise mine aujourd'hui.

F. BARTOLOMÉ. Mauvaise mine?... Il ne me semble pas à moi... (Se regardant dans le miroir.) D'abord votre glace verdit... mais je me porte parfaitement bien... et j'ai mis ma soutane neuve pour venir vous voir, mon enfant.

DOÑA URRACA. Asseyez-vous, ne fût-ce que pour goûter de ces confitures que j'ai faites pour vous.

F. BARTOLOMÉ. Hélas! bien volontiers, ma fille, car à peine ai-je pris une nourriture charnelle d'aujourd'hui.

DOÑA URRACA. Vous vous ferez mal par trop jeûner.

F. BARTOLOMÉ. Que voulez-vous?... Donnez-moi encore un verre de votre marasquin. — Il est meilleur que celui que doña Maria de Jésus m'a donné.

DOÑA URRACA. Je le crois bien. Elle est si avare, qu'elle ne voudrait jamais mettre quarante réaux pour faire un cadeau à ses amis.

F. BARTOLOMÉ. Doucement! ma fille. Il ne faut pas médire de son prochain. — Bien est-il vrai que, depuis une année, elle ne m'a donné qu'un petit crucifix d'ivoire tout jaune et du marasquin fort ordinaire. Cependant, elle sait bien qu'il vaut mieux ne pas faire de cadeaux que d'en faire de mesquins.

DOÑA URRACA. Oh! c'est bien vrai. — A propos, vous a-t-on remis un panier de vin de Bordeaux?

F. BARTOLOMÉ. Oui, mon enfant. Je vous en remercie; mais, si une autre fois vous m'envoyiez du vin au couvent, ne le faites pas porter dans un panier à vin, mais bien dans une caisse à livres, par exemple... ou de toute autre manière enfin.

DOÑA URRACA. Comment?

F. BARTOLOMÉ. Oui... le prieur a vu le panier... et il a bien fallu lui faire goûter de ce vin, que je réservais pour me soutenir dans mes oraisons de nuit. Les pères en ont voulu goûter aussi... de telle sorte qu'il ne m'en reste plus une goutte maintenant.

DOÑA URRACA. Ne vous mettez pas en peine, mon révérend père. Je vous en ferai porter d'autre. Je suis charmée que les pères l'aient trouvé bon.

F. BARTOLOMÉ. Hélas! ne vous en privez pas pour moi... — C'est de tous les vins celui qui convient le mieux à ma pauvre santé. — Vous confesserai-je aujourd'hui?

DOÑA URRACA. Mais si vous le voulez bien. Je désirerais avoir l'absolution avant vendredi.

F. BARTOLOMÉ. Eh bien! recueillez-vous pendant que j'achève ma collation, et puis, vous me ferez l'aveu de vos fautes de cette semaine. (Un silence.) Allons, ma fille, êtes-vous prête?

DOÑA URRACA. Oui, mon père.

F. BARTOLOMÉ. En ce cas, commençons. Agenouillez-vous sur ce coussin-là. Comme cela. Plus près de moi... encore plus près. — Bon!... Ce coussin est-il assez doux pour vos petits genoux, mon enfant? Êtes-vous bien à votre aise?

DOÑA URRACA. Hélas! oui. Nous commencerons quand vous voudrez.

F. BARTOLOMÉ. Mettez votre petite main dans la mienne. — Combien y a-t-il que je ne vous ai confessée?

DOÑA URRACA. Mon père, c'était, je pense... il y a eu mardi quinze jours.

F. BARTOLOMÉ. Bon!

DOÑA URRACA. Je me suis impatientée contre ma femme de chambre, qui ne me laçait pas assez serré.

F. BARTOLOMÉ. Bon!

DOÑA URRACA. En voyant à l'église un officier avec un uniforme bleu et rouge, j'ai eu des distractions, et je n'ai pas écouté le divin mystère avec le recueillement convenable.

F. BARTOLOMÉ. Bon!

DOÑA URRACA. J'ai médit de plusieurs dames de mes amies.

F. BARTOLOMÉ. Bon!

DOÑA URRACA. J'ai peut-être, pour mon chien bichon, une amitié offensante pour les bons chrétiens.

F. BARTOLOMÉ. Ah! pour cela vous avez grand tort, mon

enfant. Votre chien est si mal élevé, qu'avant-hier même il m'a mordu aux jambes, et je m'en sens encore. Vous lui donnerez cent coups de fouet vous-même, pour vous mortifier.

doña urraca. Hélas ! mon père, cette pauvre bête!

f. bartolomé. Eh bien! vous lui en donnerez cinquante.

doña urraca. Mais, ce pauvre petit, il ne vous aura pas reconnu.

f. bartolomé. Mais il me déchire toujours mes soutanes... Cependant, puisque c'est un animal privé de raison... vous ne lui donnerez pas de sucre pendant trois jours.

doña urraca. Pauvre chien!

f. bartolomé. Et puis?

doña urraca. Et puis... Ah! mon père... une mouche... est-ce maigre?

f. bartolomé. Une mouche? Comment?

doña urraca. Oui; je crains d'en avoir, par mégarde, avalé une aujourd'hui dans mon chocolat. Je m'en suis aperçue, mais trop tard.

f. bartolomé. Était-ce une petite ou une grosse mouche?

doña urraca. Une très-petite.

f. bartolomé. Alors, c'était maigre. Les petites, qui s'engendrent dans l'eau, sont maigre; mais les grosses, qui s'engendrent dans l'air, sont gras... — Avec cela, je crains bien, mon enfant, que vous n'oubliiez quelque péché pire que tous les autres.

doña urraca. Moi, mon révérend père?... mais...

f. bartolomé. Oui; vous ne me parlez pas?... Hein?...

doña urraca. De quoi?..,

f. bartolomé. De don Pablo?

doña urraca. Don Pablo... je...

f. bartolomé. Oui; auriez-vous recommencé avec don Pablo ce péché... dont?

doña urraca. Mais... je...

f. bartolomé. Ah! mon enfant, je vois clairement que tout cela est arrivé!

doña urraca. Je... n'ai pu l'en empêcher... C'est que... il se serait porté sans doute à quelque acte de désespoir... Comment faire? il est si violent!...

F. BARTOLOMÉ. C'est mal! bien mal! Au moins espérez-vous le convertir?

DOÑA URRACA. Je n'en désespère pas encore.

F. BARTOLOMÉ. Il faut vous mortifier, ma fille, il faut vous mortifier!...

DOÑA URRACA. Hélas! je suis prête à me soumettre à toutes les pénitences que vous voudrez bien m'imposer.

F. BARTOLOMÉ. Avant tout, il faudrait fermer votre porte à don Pablo.

DOÑA URRACA. Hélas! mon père... Est-ce qu'il n'y aurait pas d'autre moyen?... Je crois bien qu'il sera touché un jour... — Depuis longtemps je me proposais de faire cadeau à votre église de ces candélabres d'argent que vous avez admirés l'autre jour.

F. BARTOLOMÉ. La sainte mère de Dieu vous en récompense! CENTUPLUM ACCIPIES... Il est vrai que l'aumône est un moyen puissant de faire pénitence... mais... cependant.....

DOÑA URRACA. Je les ferai porter au couvent dès demain matin.

F. BARTOLOMÉ. Allons..... vous serez raisonnable..... nous patienterons encore... mais vous direz tous les jours dix *pater* et dix *ave* en vous levant, et sept... non... dix en vous couchant et sept en vous levant.

DOÑA URRACA. Oui, mon père, je les dirai tous les jours bien régulièrement.

F. BARTOLOMÉ. Ah çà! mon enfant, j'avais quelque chose à vous demander. Cela intéresse fortement l'Église et l'État, et vous pouvez les sauver, je pense, d'un grand péril.

DOÑA URRACA. Moi! Jésus Maria! Je suis toute prête.

F. BARTOLOMÉ. Il court un pamphlet imprimé clandestinement...

DOÑA URRACA. Je puis me relever?... vous avez fini de me confesser?

F. BARTOLOMÉ. Oui, mon enfant. (Dona Urraca se relève.) — Il court un pamphlet intitulé : « *Ouvrez les yeux...* » Qu'avez-vous à rougir?

DOÑA URRACA. Moi, je rougis!... c'est le reflet du rideau.

F. BARTOLOMÉ. Il serait essentiel d'en connaître l'auteur, et nous en soupçonnons... Vous êtes troublée?...

DOÑA URRACA. En aucune façon.

F. BARTOLOMÉ. Nous en soupçonnons don... don Pablo.

DOÑA URRACA. Don Pablo! lui, écrire des pamphlets! Vous le connaissez bien peu! Un pamphlet écrit par don Pablo! Je vous jure bien que d'ici à longtemps don Pablo n'écrira de pamphlets. — D'ailleurs, il est trop fidèle vassal de Sa Majesté pour écrire quelque chose contre son gouvernement.

F. BARTOLOMÉ. Comment savez-vous que l'on y parle contre le gouvernement du roi notre seigneur?

DOÑA URRACA. Vous venez de me le dire.

F. BARTOLOMÉ. Je ne vous en ai pas dit un mot.

DOÑA URRACA. Je me suis donc trompée.

F. BARTOLOMÉ. S'il en était l'auteur, assurément vous en seriez instruite.?

DOÑA URRACA. Sans doute.

F. BARTOLOMÉ. Et vous êtes trop sincère pour ne pas me découvrir...

DOÑA URRACA. Oui; s'il y avait quelque chose de vrai là dedans, vous le sauriez déjà.

F. BARTOLOMÉ. La faveur dont sa famille jouit auprès de Sa Majesté nous empêche de le faire arrêter avant d'être plus amplement instruits, comme nous le ferions pour un autre.

DOÑA URRACA. Quelles raisons avez-vous pour lui attribuer ce pamphlet?

F. BARTOLOMÉ. Je ne sais : quelque rapport entre ce que vous m'avez dit de ses opinions religieuses et certaines phrases que j'ai retrouvées dans ce petit ouvrage.

DOÑA URRACA. En vérité! vous n'avez pas d'autres preuves?

F. BARTOLOMÉ. Aucune autre.

DOÑA URRACA. Don Pablo aime trop son roi pour rien écrire de séditieux. Je sais qu'il n'est pas trop dévot, mais il accomplit publiquement les devoirs de sa religion. Il communie avec les officiers de son régiment régulièrement une fois l'année, et jamais il ne fait parade de ses opinions philosophiques.

F. BARTOLOMÉ. Alors je me suis trompé. Je suis bien aise que vous me rendiez ce témoignage de lui. Cependant, si vous appreniez quelque chose sur ce que je viens de vous dire, n'oubliez pas de m'en informer. En attendant, continuez à l'exhorter au repentir.

doña urraca. J'y ferai tous mes efforts, je vous le jure.

f. bartolomé. Mais parlons d'autres choses. Si vous aviez encore quelques-uns de ces cigares parfumés dont vous m'avez donné plusieurs paquets, j'en fumerais un volontiers.

doña urraca. Est-ce que vous n'en avez plus?

f. bartolomé. Hélas! mon enfant, depuis le premier jusqu'au dernier, ils sont devenus fumée.

doña urraca. Que ne me disiez-vous cela plus tôt? Je vous en aurais envoyé une caisse. Tenez, cependant, prenez ce qu'il y a dans ma *petaca*.

f. bartolomé. Vous êtes bien bonne, ma fille, je n'accepte que parce que je sais que vous avez plus qu'un pauvre moine le moyen de vous en procurer. (Il allume un cigare et fume.) — Quelles sont vos lectures dans ce moment?

doña urraca. Mais... je lis d'abord les offices, et puis le Kempis, et puis la Fleur des Saints... quelquefois l'Araucana.

f. bartolomé. La Fleur des Saints... quel dommage que, dans ce temps d'abomination, l'on n'ajoute plus de nouveaux noms à ce livre!

doña urraca. J'en sais bien un qui devrait trouver place sur le catalogue.

f. bartolomé. N'achevez pas, ce que j'ai fait de bien dans ce monde me sera payé dans l'autre au centuple.

doña urraca. Amen!

f. bartolomé. Il faut que je vous quitte, ma fille. Dieu vous garde, mon enfant!

doña urraca. Et vous aussi, mon père!

f. bartolomé. Ah! j'oubliais. J'ai là un chapelet bénit par notre Saint-Père le Pape, et je veux vous le donner. (Il tire quelques objets de ses poches.) Voyons, ceci est mon cigarero... ceci ma bouteille d'eau bénite... cela...

doña urraca. Qu'est-ce que cela?

f. bartolomé. C'est doña Bel... mais j'allais dire son nom; c'est une dame qui m'a remis ce portrait pour le jeter à la mer.

DOÑA URRACA. A la mer ?

F. BARTOLOMÉ. Oui. Le repentir l'a touchée ; elle renonce à celui qui lui a donné ce portrait il y a quelques jours. Mais rendez-le-moi.

DOÑA URRACA. Je voudrais bien ouvrir la boîte.

F. BARTOLOMÉ. Je m'en garderais bien ! donnez. Haï ! le voilà brisé.

*Il ouvre la boîte comme par mégarde et la laisse tomber.*

DOÑA URRACA *ramassant le portrait.* Ah ! Jésus Maria !

F. BARTOLOMÉ. Qu'avez-vous, ma chère enfant ?

DOÑA URRACA. Le perfide ! il lui a donné son portrait.

F. BARTOLOMÉ. De grâce, laissez-moi le reprendre.

DOÑA URRACA *retenant le portrait.* Non, laissez-moi. — Double scélérat, c'est ainsi que tu m'as trompée !

F. BARTOLOMÉ. Comment ?...

DOÑA URRACA *de même.* Et j'ai pu me fier à ce traître !

F. BARTOLOMÉ. Comment serait-il fidèle à une femme, celui qui n'est pas fidèle à son Dieu ?

DOÑA URRACA. A doña Bélisa !

F. BARTOLOMÉ. Je n'ai pas dit cela.

DOÑA URRACA. Me sacrifier à une doña Bélisa !

F. BARTOLOMÉ. Et c'est pour ce perfide que vous compromettez votre salut éternel !

DOÑA URRACA. Ah ! que n'es-tu devant moi en ce moment ? je te ferais payer cher...

F. BARTOLOMÉ. Son unique plaisir est de mettre à mal toutes les femmes de bien.

DOÑA URRACA. Pablo ! traître Pablo ! quand pourrai-je me venger de toi ?

F. BARTOLOMÉ. Voyez ! et pourtant vous le défendiez tantôt avec tant de chaleur !

DOÑA URRACA. Moi ! ce scélérat est capable de tous les crimes.

F. BARTOLOMÉ. C'est ce qui tout à l'heure me le faisait soupçonner d'être l'auteur du pamphlet.

DOÑA URRACA. Ah !

F. BARTOLOMÉ. Mais puisque ce n'est pas lui...

DOÑA URRACA *à part.* Je puis me venger !

F. BARTOLOMÉ. Ah ! si c'était lui !

## SCÈNE I.

DOÑA URRACA à part. J'en mourrai...

F. BARTOLOMÉ. Vous seriez bientôt...

DOÑA URRACA. Oui, mon père, c'est lui.

F. BARTOLOMÉ. Don Pablo?

DOÑA URRACA. Oui, le perfide Pablo.

F. BARTOLOMÉ. La colère, mon enfant, vous fait déraisonner. Vous m'avez dit tout à l'heure...

DOÑA URRACA. Je suis prête à jurer sur l'Évangile que don Pablo est l'auteur de ce livre abominable.

F. BARTOLOMÉ. Vous le savez?

DOÑA URRACA. Je le jure. Il veut bouleverser l'Espagne, assassiner le roi, et forcer tous les Espagnols à se faire huguenots.

F. BARTOLOMÉ. C'est ce qu'ils veulent tous... Mais vous dites la vérité?

DOÑA URRACA. Je renonce à ma part du paradis, s'il n'est pas vrai que don Pablo, le traître don Pablo, est l'auteur de l'affreux pamphlet.

F. BARTOLOMÉ. Je vous crois. Adieu, mon enfant; remerciez Dieu de vous avoir montré l'horreur du vice. Vous êtes sauvée. N'est-ce pas que vous ne donnerez plus votre confiance à ces militaires qui vous quittent pour la première venue?... qui...

DOÑA URRACA. Adieu, mon père.

F. BARTOLOMÉ. Le Seigneur et la sainte Vierge vous aient en garde! *Il sort.*

DOÑA URRACA seule. Le monstre! me trahir pour doña Bélisa! doña Bélisa! la vieille sotte! des yeux éraillés! une peau noire! Me préférer cette laideron! cette bohémienne tannée! Oh! don Pablo! tu te repentiras de m'avoir trahie! Quel plaisir j'aurai à te voir passer un san-benito sur la tête... marcher à l'auto-da-fé... Imbécile! pourtant cela me fait pleurer.. Non, je ne désire pas ta mort.... mais je voudrais te voir dans un cachot profond... humide... Non encore... je ne le voudrais pas... mais je voudrais tenir doña Bélisa sous ma main et la percer à tes yeux de cent coups de poignard. Alors j'aurais du plaisir à contempler ta douleur!... Quel désespoir quand tu verrais le bel objet de tes feux déchiré par mes mains! Oh! cela me vengerait mieux que la flamme d'un auto-da-fé... car je ne veux pas ta mort... Mais qu'ai-je fait?... Peut-être me suis-je déjà trop vengée... j'ai trahi son secret. — Et n'a-t-il pas trahi l'amour le plus tendre? — Mais Fray Bartolomé est affilié à la sainte inquisition... son zèle est trop ardent... il va le dénoncer sans doute... On le mettra à la torture, on le fera brûler. — J'en serai cause... On dira que je l'ai fait mourir parce que je ne suis pas assez belle pour le retenir... Oh! Bélisa! Bélisa! tu es ma seule ennemie! tu dois payer pour lui!... Pablo, je ne veux pas ta mort!... non, je ne veux pas ta mort!... Je te sauverai. Il fuira loin de ce pays... il quittera Bélisa... son amour... il sera bien malheureux... il verra ce qu'on gagne à... Et Bélisa... Oh! je me vengerai... Lauretta, du papier, de l'encre, et que mon écuyer se tienne prêt ! *Elle sort.*

## SCÈNE II.

**Prison de l'inquisition.**

DON PABLO seul, assis devant une petite table.

Les gredins, parce que nous sommes en carême, veulent que je fasse maigre à mon dernier dîner ! Et leur merluche est dure comme cinq cents diables !

*Entre doña Urraca.*

Oh! oh! corps du Christ! Urraca en personne. Les femmes et l'argent entrent partout. — Eh! bonjour donc, mon aimable amie. Quel dieu, ou quel diable, t'amène dans mes bras?

DOÑA URRACA froidement. Don Pablo, on dit que vous êtes condamné à mort?

DON PABLO. Nonobstant le carême.

DOÑA URRACA. Mais vous pouvez encore vous sauver.

DON PABLO. En dénonçant l'ami avec qui j'ai travaillé? — Jamais!

DOÑA URRACA. Non. Si vous vouliez vous séparer de l'impiété, faire pénitence publique... et entrer dans un couvent... à cette condition, j'obtiendrais votre grâce.

DON PABLO. Faire pénitence publique?... entrer au couvent?... Peste! rien que cela? Je baise très-humblement les mains de mon infante, mais j'aime encore mieux être pendu que moine.

DOÑA URRACA. Impie jusqu'à la fin! Et tu ne penses pas à l'enfer qui t'attend?

DON PABLO. Trêve de sermons. Écoutez, on me pend demain, ma belle amie. Aujourd'hui est à moi. Profitons de l'occasion, et faites-moi passer encore quelques bons moments.

DOÑA URRACA. J'aimerais mieux, païen. mettre moi-même le feu à ton bûcher.

DON PABLO. Oh! oh! quel joli petit langage! N'êtes-vous point folle, Urraca, ou bien ne peut-on entrer dans ces murs sans devenir dur et méchant comme un inquisiteur?

DOÑA URRACA. Choisissez, monsieur; je vous le répète, la mort, ou la vie aux conditions que je vous ai dites?

DON PABLO. Monsieur! de plus fort en plus fort! De grâce, qu'avez-vous?

DOÑA URRACA. Je sais que vous n'avez plus qu'un jour à vivre... Comme votre ancienne amie,... comme ayant été votre amie, j'aurais de la joie à voir votre repentir.

DON PABLO. Je suis donc bien enlaidi dans la prison, pour que vous me traitiez de la sorte?

DOÑA URRACA. Je vous en conjure, monsieur, laissons ces idées d'un autre temps. Je vous en supplie, faites pénitence.

DON PABLO. Eh! mille diables! ne finirez-vous pas? Ce langage m'ennuie à la fin. Urraca, si vous êtes dans un accès de dévotion, moi, j'ai une rage d'amour. Ainsi laissez là votre pénitence et votre couvent...

DOÑA URRACA. Don Pablo, je te déteste! mais repens-toi, je t'en conjure!

DON PABLO. Toi, me détester!

DOÑA URRACA. Oui, traître! mais tes perfidies, tout atroces qu'elles sont, ne me font pas désirer ta mort.

DON PABLO. Traître! perfidies! Passe encore pour impie, mais je n'ai de ma vie trahi personne.

DOÑA URRACA. Tu n'as trahi personne!

DON PABLO. Non, je n'ai trahi personne. Je soupçonne don

Agustin de m'avoir vendu, car il savait que j'étais l'auteur du pamphlet. Il a eu peur et s'est hâté de dénoncer son complice, pour que le soupçon ne tombât pas sur lui. Mais cependant je ne dirai jamais ce que je sais sur son compte.

DOÑA URRACA. Oui, vous avez de l'honneur avec les hommes ; mais avec les femmes ?

DON PABLO. Depuis le temps que je vous connais, vous ai-je fait une infidélité ?

DOÑA URRACA ironiquement. Non, pas une !

DON PABLO. D'honneur, pas une.

DOÑA URRACA de même. Courage !

DON PABLO. Qu'avez-vous donc à sourire ?

DOÑA URRACA. Je ris en pensant à tous les tourments que tu vas souffrir en enfer pour tes parjures.

DON PABLO. Étrange jalousie ! Je vous jure sur mon honneur...

DOÑA URRACA. Tais-toi, misérable ! regarde ce portrait ; à qui l'as-tu donné ?

DON PABLO. Urraca, combien y a-t-il que je vous connais ?...

DOÑA URRACA. Tu te vois confondu, homme d'honneur !

DON PABLO. Il y a deux ans. La première fois que je vous vis, je venais de passer de l'école de Ségovie dans les carabiniers ; vous rappelez-vous mon uniforme tout neuf qui m'attira des compliments de votre part ? — Or, je vous prie, regardez ce portrait ; quel en est l'uniforme ?

DOÑA URRACA. Dieu ! celui de Ségovie !... Don Pablo ! (Elle se jette dans ses bras.)

DON PABLO. Ah, ah, ah ! la vieille Bélisa, que j'ai quittée pour toi, aura voulu te jouer un tour. Elle est méchante comme toutes les vieilles ! Il y a plus de trois ans que ce portrait est fait.

DOÑA URRACA. Pardonne-moi... cher ami ! Je suis une misérable... je mérite la mort... tue-moi !

DON PABLO. Comment ! nous sommes meilleurs amis que devant. Qui n'est pas jaloux, n'aime point.

DOÑA URRACA. Malheureux ! si tu savais qui t'a dénoncé ! — C'est moi.

DON PABLO. Toi !

## SCÈNE II.

DOÑA URRACA. Oui, moi! La jalousie, la fureur... m'ont égarée...

DON PABLO. Ton amour était fort! je n'aurais pas cru qu'il allât si loin. — Mais relève-toi, et embrasse-moi.

DOÑA URRACA. Tu me pardonnes?

DON PABLO. Je ne pense qu'à ton amour. Peste! il était fort!

DOÑA URRACA. Pablo, je suis grande, tu vas prendre mes habits et te sauver.

DON PABLO. Doucement. Ils seraient capables de te pendre à ma place.

DOÑA URRACA. Jésus Maria! que devenir?

DON PABLO. Il faut se résigner, ma reine, et passer nos derniers moments à faire toutes les folies possibles.

DOÑA URRACA. Écoute. Fray Bartolomé, qui m'a fait entrer ici, doit venir dans un instant. C'est lui qui m'a arraché ton secret.

DON PABLO avec inquiétude. Diable! et par quel moyen?

DOÑA URRACA. En me montrant ce malheureux portrait. Il va venir. J'ai un poignard dans ma jarretière; tu le tueras, et tu prendras sa robe.

DON PABLO. Moi!

DOÑA URRACA. Après moi ce traître est cause de ta mort.

DON PABLO. Il a fait son métier d'inquisiteur.

DOÑA URRACA défaisant sa jarretière. Tiens ce poignard.

DON PABLO. La jolie jambe! laisse-moi la baiser.

DOÑA URRACA. Prends ce poignard, te dis-je.

DON PABLO. Fi donc! nous autres militaires, nous ne savons pas nous servir de ces outils-là. Pour me sauver je ne veux pas tuer un homme.

DOÑA URRACA. Rends-moi mon poignard.

DON PABLO. Laisse-moi le remettre où il était.

DOÑA URRACA. Donne. Voici Fray Bartolomé.

DON PABLO à Fray Bartolomé. Eh bien! mon révérend, on dit que vous voulez absolument me causer certaine suffocation...

F. BARTOLOMÉ. J'en ai bien du regret, mais...

DON PABLO. Oh! vous êtes trop honnête, en vérité; mais, est-ce qu'il n'y aurait pas moyen de s'arranger à l'amiable?

F. BARTOLOMÉ. Doña Urraca a dû vous dire...

doña urraca. Mon père, exhortez-le vous-même avec votre éloquence ordinaire. Asseyez-vous. (Au geôlier dans la coulisse.) Laissez votre lanterne à la porte, le révérend père va sortir dans un moment.

f. bartolomé. Mon très-cher frère, si vous songiez aux tourments qui vous attendent dans l'autre monde, vous n'hésiteriez pas à remercier le tribunal de l'indulgence dont il veut bien user à votre égard ; il vous offre une retraite dans un couvent. Vous y ferez le salut de votre âme, au lieu que, si vous persistiez....

doña urraca le frappant. C'est là qu'on frappe le taureau [2].

f. bartolomé. Ah! (Il meurt.)

don pablo. Grand Dieu!

doña urraca. Arrachons-lui sa robe avant que le sang ne la tache. Prends son chapeau, sa lanterne... suis-moi. Dis-moi, n'ai-je pas de tache de sang? —... Tu ne réponds pas. Viens donc, Pablo ; nous allons quitter ce pays, et nous ne nous brouillerons plus jamais... Viens.

don pablo. Ainsi finit cette comédie ; excusez les fautes de l'auteur.

# NOTES

1. Cuerpo de Cristo.

2. L'adresse du matador consiste à percer le taureau à l'épaule droite, de manière à faire pénétrer la pointe de l'épée dans la moelle allongée. Si le matador réussit, le taureau est tué sur le coup, et la lame de l'épée est à peine ensanglantée.

# L'OCCASION

## COMÉDIE

> Que esa pena, ese dolor
> Mas que tristeza, es furor,
> Y mas que furor, es muerte.
>
> CALDERON, *El Mayor Monstruo, los zelos.*

---

### PERSONNAGES :

DOÑA MARIA ou MARIQUITA,
DOÑA FRANCISCA ou PAQUITA,
DOÑA IRENE,
DOÑA XIMENA,
} Pensionnaires dans un couvent de religieuses.

RITA, servante.
FRAY EUGENIO, directeur du couvent.

*La scène est à la Havane.*

---

## SCÈNE PREMIÈRE.

*Un jardin dans un couvent. A droite, un petit bâtiment dont la porte fait face au spectateur. Au-dessus est écrit en gros caractères :* PHARMACIE. *Une fenêtre au rez-de-chaussée donne sur le jardin. — Au fond du théâtre est un gros oranger; sur le devant, un berceau de lianes avec un banc de bois.*

DOÑA MARIA *seule, assise sur le banc. Un livre est ouvert devant elle. Elle est dans une attitude pensive, et médite au lieu de lire.*

Il m'a donné ce livre en me disant de le lire... Suivant lui, j'y dois trouver des consolations pour toutes les afflictions humaines... Je l'ai lu et relu, et je n'y trouve rien contre l'amour... Kempis était un grand docteur, un homme doux, vertueux, compatissant... un saint... comme lui; mais il n'a jamais connu l'amour... Que je suis malheureuse!... (Lisant ce qui est écrit sur la première page du livre.) Prix de bonne conduite donné a doña Maria Colmenares... Bonne conduite! Je suis pour lui une petite fille bien sage, c'est-à-dire bien ennuyeuse... une petite fille, c'est-à-dire un être insignifiant que l'on ne peut aimer... ou que l'on aime comme une tourterelle apprivoisée.... Mais, petites filles ou femmes, qu'importe? il n'en peut aimer aucune. Il est prêtre, il n'est plus de ce monde. — Pourtant... Il n'est point comme les autres prêtres, il cause, il rit; souvent il me parle... Mais de quoi me parle-t-il, grand Dieu! — des oiseaux que je nourris, des fleurs que je cultive. — Hier, comme il s'animait en décrivant les palais de l'Alhambra! (Avec tristesse.) Il en parlait à doña Francisca... et moi qui ai vu l'Alhambra, quand j'ai voulu en dire un mot, il s'est tû, et la conversation s'est arrêtée là. Doña Francisca a trois ans de plus que moi; mais que sait-elle que je ne sache? que fait-elle que je ne puisse faire? — Je chante mieux qu'elle, — je joue du piano et de la guitare mieux qu'elle. — A peine danse-t-elle en mesure!... Hier j'ai remarqué que Fray Eugénio me regardait avec plaisir quand je dansais avec elle; ses yeux brillaient... ce n'était plus un austère ecclésiastique, il avait l'air d'un jeune cavalier amoureux... C'était alors qu'il fallait lui donner cette fatale lettre que j'écris et que je déchire tous les jours. (Elle tire une lettre de son sein, et la parcourt des yeux.) Telle qu'elle est maintenant, elle n'est ni bien ni mal. — Chaque fois que je l'ai refaite, elle est devenue plus froide; — mais aussi la première fois elle était trop inconvenante... Et puis ce qui touche quand on l'entend dire tout bas, fait rire de pitié quand on le lit... Que pensera-t-il de la fin?— J'ai eu tort de mettre : *Je saurai mourir pour ne plus vous importuner.* Je saurai mourir... Jamais il ne croira que la petite Mariquita *sache mourir.* Cela a l'air d'une menace, d'une bravade. *Je saurai mourir,* c'est une phrase de théâtre, et que l'on dit quand on va se frapper avec un poignard de bois... Cependant j'étais bien sérieuse en écrivant cela; — je pensais à mourir. — Le médecin dit que cela est si facile; une seule cuillerée du poison dont t... une convulsion d'une minute... et alors on ne souffre plus... Mais voilà de ces choses qu'il faut faire et dont on ne doit pas parler... Je supprimerai cette phrase en recopiant ma lettre, et alors... (avec dépit) oui, alors elle sera plus plate et plus froide qu'auparavant. Ah! que ne lit-il dans mon âme?... La lui donnerai-je?... Si je lui parlais?... mais il m'interromprait aussitôt... (Elle arrache une petite branche.) Si cette branche a des feuilles en nombre impair, je la lui remettrai... onze, douze, treize, quatorze... pair... Mais lui parler, cela est impossible; — il faut la remettre absolument... Voyons; ouvrons ce livre. La première page à gauche : *J'aime mieux souffrir, et souffrir toutes sortes de tourments, que de consentir à ce que tu veux.* Folle que je suis! il faut que je sois bien sotte pour avoir recours au sort dans une affaire où il y va de ma vie... Oui, je la lui donnerai, cette lettre; au moins elle dit : *Je vous aime*, et ma bouche ne pourrait pas dire ce mot-là.

RITA chantant dans la coulisse. « Le Français amoureux « pleure comme un enfant; l'Andaloux, plus philosophe, « dit : Je t'aime; veux-tu de moi? sinon, bonjour! »

## SCÈNE II.

### DOÑA MARIA, RITA.

DOÑA MARIA. Voilà l'oracle qui me dicte ce que j'ai à faire. Oui, je lui donnerai ma lettre. (A Rita, qui entre.) Tu vas balayer là dedans?

RITA. Oui, mademoiselle. Je vais un peu épousseter toutes ces fioles, et ouvrir les fenêtres pour donner de l'air.

Elle entre, et doña Maria s'approche de la fenêtre, que Rita ouvre.

DOÑA MARIA avec un sourire forcé. Prends garde de casser cette bouteille dont tu m'as parlé?

RITA. Jésus Marie! Je n'ose même pas en approcher. Quoique pour mourir on dise qu'il faut en avaler, je ne serais pas tranquille, si j'avais tant seulement touché le verre.

DOÑA MARIA. Je ne puis croire que ce poison soit aussi violent que tu le dis.

## SCÈNE II.

RITA. Ah! je vous en réponds! Puisque le médecin m'a dit lui-même : Rita, prenez bien garde de toucher à cette bouteille-là ; deux ou trois cuillerées dans une carafe d'eau suffiraient pour faire mourir toutes ces demoiselles en moins d'un quart d'heure. Cela vous prend à la gorge, on étouffe d'abord, et crac ! c'est fini.

DOÑA MARIA indiquant du doigt une fiole de la pharmacie. N'est-ce pas cette bouteille-là ?

RITA. Non, mademoiselle : c'est ce petit flacon sur la planche d'en haut. C'est gros comme rien, et il y a là dedans de quoi empoisonner plus de mille personnes.

DOÑA MARIA. Celui-là qui contient quelque chose de blanc ?.....

RITA. Celui-là même.

DOÑA MARIA. Bon.

RITA. Bon ? dites bien plutôt mauvais. Que le grand diable torde le cou au païen qui a imaginé d'aussi vilaines drogues ! Moi, c'est mon étonnement que chez les apothicaires, où il ne devrait y avoir que des remèdes pour guérir, on trouve des drogues comme celles-là, qui vous expédient un homme avant qu'il ait eu le temps de dire un *in manus*.

DOÑA MARIA gravement. Il y a de certaines maladies où de telles drogues sont utiles.

RITA. Le bon Dieu et saint Jacques nous préservent de ces maladies-là ! Mais je crois que cela n'est bon que pour les enragés que l'on fait mourir ainsi pour qu'ils ne mordent pas les autres.

DOÑA MARIA à part et rêvant. Seulement un instant de souffrance !

*Rita sort de la pharmacie ; elle ferme la porte, et laisse la fenêtre ouverte.*

RITA. A la place de madame la supérieure, je ferais jeter dans quelque trou ce vilain flacon ; car, plutôt que d'être utile, cela peut faire bien du mal.

DOÑA MARIA. Comment ?

RITA. Oui... Quelqu'un, par exemple, qui aurait envie de se débarrasser de quelqu'un... Ou bien, une supposition, une mauvaise tête qui voudrait se détruire comme il y en a...

DOÑA MARIA. Allons donc ! qui peut penser à se tuer ?

RITA. Je sais bien que ce n'est pas vous, mademoiselle, qui êtes si sage et si instruite, que vous faites honte à toutes vos aînées ; mais j'en connais, de ces cerveaux brûlés... Tenez, je sais bien que vous ne le lui redirez pas ; mais je n'oserais pas montrer cette bouteille-là à doña Francisca, votre amie.

DOÑA MARIA. Francisca !

RITA. Elle lit toujours des romans anglais ; elle se monte la tête. Une fois, le croiriez-vous ? elle m'a dit que, si elle aimait quelqu'un, et si son amoureux mourait malheureusement, elle se tuerait.

DOÑA MARIA, avec un sourire amer. Tu peux être tranquille.

RITA. Moi, je lui ai dit : Mademoiselle, ne dites pas de ces choses-là ; je ne suis qu'une pauvre servante, et je ne puis parler comme un curé ; mais je sais bien que se détruire, c'est offenser le bon Dieu. N'est-ce pas, mademoiselle ?

DOÑA MARIA. « Homicide point ne seras. » (Plus bas.) Mais il n'est pas dit...

RITA. C'est le diable qui donne de ces idées-là. J'ai connu une fille de Guatémala, qui, lorsqu'elle eut ses dix-sept à dix-huit ans, l'envie de se tuer lui vint, mais bien forte ; et elle m'a dit que, quand elle regardait dans la rue par une fenêtre élevée, le diable lui disait de se précipiter. Pourtant, avec le temps, elle s'est guérie.

DOÑA MARIA vivement. Par quel moyen ? Comment a-t-elle fait ?

RITA. Dame ! elle priait le bon Dieu bien souvent de la délivrer, et elle s'en est allée en pèlerinage ; et puis est venu un garçon muletier, un beau brun, qui lui a fait la cour : elle s'est mariée, et maintenant elle pense à se tuer comme moi à me faire pendre.

DOÑA MARIA à part. Hélas !

RITA. Au moins, mademoiselle, ne dites pas à doña Francisca ce que je vous ai dit d'elle.

DOÑA MARIA. N'aie pas peur... Rita, tu vas faire ma chambre ; tu verras au chevet de mon lit un petit chapelet en grenats et en or de Mexique ; prends-le, je te le donne.

RITA. A moi, mademoiselle?

DOÑA MARIA. Oui : il y a longtemps que je te dois un cadeau. Tu es si bonne pour moi ; et puis, quand je quitterai ce couvent, tu diras quelquefois ce chapelet à mon intention.

RITA. Ah ! ma bonne demoiselle !... laissez-moi vous baiser les mains ; vous êtes trop généreuse... Je serai bien fâchée quand vous quitterez cette maison. Cependant ce sera pour votre bien, car sans doute ce sera pour vous marier.

DOÑA MARIA soupirant. Qui sait ?              Silence.

RITA. Faut-il mettre des fleurs nouvelles dans vos vases de porcelaine?

DOÑA MARIA. Oui.

RITA. Adieu, mademoiselle ; je vous remercie bien.
                                                Elle sort.

## SCÈNE III.

### DOÑA MARIA seule.

Des prières !... Moi aussi, j'ai prié ; mais je n'ai pu chasser ces idées qui m'obsèdent... S'il voulait fuir avec moi ?... mais cela est impossible... Alors il le faudra bien, je fuirai seule... oui, je fuirai de ce monde. (Regardant par la fenêtre de la pharmacie.) Un instant de souffrance !... une souffrance... peut-être moins vive que celle que j'endure jour et nuit depuis deux mois. — Je pourrais maintenant, si je le voulais, m'emparer de ce trésor qui donne l'oubli... Il est bien facile d'entrer par cette fenêtre, et cette pierre semble placée pour me servir de marchepied.

Elle pose les pieds sur une saillie de la muraille, de manière à s'appuyer sur la fenêtre.

## SCÈNE IV.

### DOÑA MARIA, FRAY EUGENIO.

FRAY EUGENIO sans voir doña Maria. (Il s'approche de l'oranger, retire une lettre du creux de l'arbre, et en remet une autre en place.) Bel oranger, je te remercie; tu es fidèle à ton ordinaire. (Lisant.) Des inquiétudes ! des reproches !... Ah ! tu es injuste. — Des baisers à la fin ! — Nos deux lettres se ressemblent beaucoup.

DOÑA MARIA sautant en arrière, et à part. Arrière de moi, Satan !

FRAY EUGENIO à part. Qui est cette jolie fille ? comme elle saute ! — Eh ! c'est la petite Mariquita, l'amie de Francisca. — Elle est très-bien pour son âge. Que vient-elle de faire dans la pharmacie du couvent ?

DOÑA MARIA apercevant Fray Eugenio. Ah !

FRAY EUGENIO. Il fallait m'appeler pour vous donner la main, mademoiselle.

DOÑA MARIA. Quoi ! monsieur, vous ?...

FRAY EUGENIO. Je vous ai fait peur, je le vois.

DOÑA MARIA. Non, monsieur... mais c'est que... (A part.) Jésus ! Maria !

FRAY EUGENIO. Je ne vous connaissais pas tant d'agilité, doña Maria. Et peut-on savoir ce qui vous fait entrer dans la pharmacie par une issue si extraordinaire ?

DOÑA MARIA. Je n'y suis pas entrée, je vous jure.

FRAY EUGENIO. A la bonne heure, mais vous en êtes sortie. — Gageons que je devine ?

DOÑA MARIA. Ah ! monsieur, gardez-vous de croire...

FRAY EUGENIO. Avouez-le, vous venez d'escamoter là dedans du sucre candi. Ah ! doña Mariquita, vous aurez affaire à moi pour ce péché-là. Gare à vous quand je vous tiendrai dans mon confessionnal !

DOÑA MARIA à part. Il me traite comme une enfant.

Elle met la main devant ses yeux.

FRAY EUGENIO. Mais, vraiment, je crois que je vous fais peur.... Rassurez-vous, mon enfant, je ne suis pas si méchant que vous le croyez. Allons ! faut-il vous donner l'absolution ? *Absolvo te.* Pour la peine, donnez-moi un peu de votre butin ; à cette condition, je ne vous dénoncerai pas. (Doña Maria tient ses yeux attachés sur lui avec une expression profonde de tristesse.) Mais... comme vous me regardez !... Vraiment, vous m'étonnez. Je remarque depuis quelques jours que vous êtes toute triste... vous avez perdu vos belles couleurs... Qu'avez-vous ? N'êtes-vous point malade ?

doña maria. Malade ! non... Je suis bien malheureuse.

fray eugenio. Est-ce que Loretto, votre perroquet, serait mort ?

doña maria. Ah ! que vous me connaissez mal, Fray Eugenio ! vous me croyez une enfant !

fray eugenio. Une enfant ! Dieu m'en garde ! une grande demoiselle qui va bientôt avoir quinze ans.

doña maria gravement. Et à quinze ans ne peut-on pas souffrir comme à trente?

fray eugenio. Pardon de ma méchante plaisanterie, mademoiselle ! votre sérieux m'effraye à la fin. Je crains que vous n'ayez reçu de mauvaises nouvelles d'Espagne; j'espère que monsieur votre oncle, le général, est toujours en bonne santé ?

doña maria. Je le crois. — Tout le mal que je souffre vient de moi. Ah ! Fray Eugenio, que je voudrais être un homme ! — Je voudrais être morte.

fray eugenio. Allons donc ! c'est pour le coup que je vais vous croire une enfant. Guérissez-vous donc de ces idées ridicules ; vous les avez prises, je le gage, dans des livres que vous n'auriez pas dû lire. — Quel est ce livre-là ?

doña maria. Vous le voyez, c'est l'*Imitation de Jésus-Christ* que vous m'avez donnée. Je n'ai pas passé un jour sans la lire ; j'y cherche de la force, et je n'en trouve pas. — Je n'ai jamais lu de romans, Fray Eugenio, mais j'ai une âme, un cœur... je vis... je pense... et... Oh ! c'est pour cela que je voudrais mourir.

fray eugenio à part. La petite personne a quelque amourette en tête ; elles sont terribles pour cela dans ce couvent. (Haut.) Eh bien ! mon enfant, vous me conterez cela un de ces jours ; je n'ai pas le temps de vous exhorter et de vous gronder d'importance, comme vous le méritez. — Oui, vous méritez bien que l'on vous gronde pour toutes ces folies. Vous que je croyais plus raisonnable que la plupart de vos compagnes... fi donc ! doña Maria. Maintenant il paraît que c'est une espèce de mode que de vouloir mourir. Je n'entends que des plaintes de la vie que font des enfants de votre âge.

doña maria. Des enfants ! Des enfants peuvent désirer la

mort quand ils sont malheureux; moi, j'ai voulu mourir, mais la mort n'a pas voulu de moi.

FRAY EUGENIO. Que dites-vous?

DOÑA MARIA. Vous avez entendu dire peut-être qu'il y a quinze jours j'ai manqué d'être tuée par un taureau furieux; eh bien! c'est volontairement que je me suis placée devant ce taureau; il est venu à moi... si près, que j'ai senti sur ma joue le souffle de ses naseaux... et je ne sais pourquoi il ne m'a point fait de mal.

FRAY EUGENIO. Si ce que vous dites est vrai...

DOÑA MARIA, fièrement. Vrai! Croyez-vous que je sache mentir?

FRAY EUGENIO. Vous auriez fait une grande folie et un grand péché. Vous êtes à l'âge le plus heureux de la vie; vous surtout, doña Maria, vous avez tout ce que vous pouvez désirer; vous êtes orpheline, mais vous avez un oncle puissant et riche; vous possédez en propre une fortune considérable. Dans un an d'ici, votre oncle viendra vous chercher pour vous mener en Espagne; vous serez présentée à la cour; vous ferez un beau mariage.

DOÑA MARIA. Me marier! ô ciel!

FRAY EUGENIO. Au lieu de vous abandonner à cette mélancolie ridicule, vous devriez remercier Dieu des faveurs dont il vous a comblée. (A part.) J'en parlerai au médecin.

DOÑA MARIA, avec force. Encore une fois, Fray Eugenio, vous ne me connaissez pas.

(Ils se regardent fixement tous deux pendant un instant, puis baissent les yeux aussitôt.)

FRAY EUGENIO, tirant sa montre. Je suppose, doña Maria, que vous avez quelque confidence à me faire. Si mes conseils peuvent vous être utiles, je serai heureux de vous les donner. Demain je serai dans mon confessionnal depuis midi jusqu'à deux heures; préparez-vous, dans l'intervalle, par des exercices de piété. Il faut que je vous quitte; madame la supérieure m'attend pour prendre le chocolat.

DOÑA MARIA. Vous me mépriserez, je le crains, car vous êtes homme et prêtre.

FRAY EUGENIO. Doña Mariquita, ou je me trompe fort, ou quelque amourette a tourné cette petite tête-là.

## SCÈNE IV.

DOÑA MARIA. Vous êtes prêtre ;..... mais si vous pouviez comprendre...

FRAY EUGENIO. Je comprends fort bien que le bataillon des volontaires de Girone est arrivé le mois dernier à la Havane ; que les officiers ont des uniformes tout neufs ; qu'ils vont le dimanche à la messe dans l'église de Saint-Jacques, où vous allez... Nous parlerons de cela demain.

DOÑA MARIA. Je ne vous dirai rien, vous ne m'entendriez pas. Malheureuse que je suis !

FRAY EUGENIO. Il y a remède à tout, mon enfant, hormis à la mort. Adieu, le chocolat m'oblige à vous quitter.

(Il fait un pas pour s'en aller.)

DOÑA MARIA, le retenant. Il faut que je vive ou que je meure !... Fray Eugenio, écoutez-moi. Nous sommes seuls... Écoutez-moi, de grâce... Vous devez m'écouter... Vous pouvez me donner la vie ou la mort... et, si vous dites un mot... je jure... (Fray Eugenio redouble de gravité.) Ah ! Fray Eugenio... vous êtes prêtre... je ne puis parler.

FRAY EUGENIO. Doña Maria, je ne sais si je dois rire de votre conduite ou m'en fâcher... Mais non, je vous plains : vous me faites pitié. Allez vous mettre en prière, et dans une heure d'ici, venez à l'église du couvent. Je vous écouterai ; maintenant je ne puis.

DOÑA MARIA, tirant une lettre de son sein. Ce que je n'ose vous dire... cette lettre...

FRAY EUGENIO, tendant la main. Que contient cette lettre ? Donnez.

DOÑA MARIA, retenant la lettre. Au moins promettez-moi de ne pas la lire tant que vous serez dans cette maison. Lisez-la ce soir, ce soir seulement. Vous me le promettez? Et demain... Non, ne m'en parlez jamais... Si vous me la rendez... ne me faites pas de reproches... ils seraient inutiles.. Rendez-la-moi seulement... Je me punirai moi-même de ma folie... Mais, au nom de Dieu, vous ne me ferez pas de reproches ?

FRAY EUGENIO, prenant la lettre. Donnez.

DOÑA MARIA. Ayez pitié de moi, je vous en supplie... J'ai résisté tant que j'ai pu... Surtout ne l'ouvrez pas ici ! (Fray Eugenio brise le cachet.) Ah ! Dieu ! que faites-vous ! Fray Eugenio... Je vous en conjure... par pitié... rendez-la-moi, Fray Eugenio... Vous me tuez... Ah! ne la lisez pas ici.

FRAY EUGENIO. Que faites-vous? remettez-vous, quelqu'un vient.

DOÑA MARIA. Ne la lisez pas ici... ou rendez-la-moi.

RITA entrant. Monsieur l'abbé, madame la supérieure vous attend pour prendre le chocolat.

FRAY EUGENIO. Je viens. (A doña Maria.) Je lirai cela tantôt.

(Il sort avec Rita.)

## SCÈNE V.

### DOÑA MARIA, seule.

J'ai donc livré mon secret... je l'ai livré sans espoir que Fray Eugenio réponde à mon amour... au moment où je venais de voir clairement son indifférence pour moi. — Qu'ai-je dit?... son indifférence!... il est prêtre, il est dévot, il est honnête homme; ainsi plus d'espérance pour moi. Je devrais, plutôt que d'attendre ses reproches... — Pourtant... s'il m'aimait... s'il pouvait m'aimer... mais non; il n'aime que Dieu. Quelquefois sa voix est si douce... si tendre même... Tout à l'heure, j'ai cru un moment que ce n'était plus un prêtre... mais, lorsque j'allais parler, son expression est devenue si sévère, que mon courage s'est glacé... Cette soirée... quand je dansais avec Francisca, lorsqu'il était comme enivré par le spectacle de nos plaisirs, alors, j'aurais dû lui avouer mon amour. — Francisca!... elle dansait avec moi... Oh! non, elle ne l'aime pas. Si elle aime, elle a donné son cœur à quelque officier... — Il lui parle souvent... mais... non, il ne lui parle pas d'amour... Francisca ne pourrait pas... Un prêtre! Moi seule... Quel péché, mon Dieu! aimer un prêtre! Il n'y a que moi au monde qui puisse éprouver un amour si affreux, si criminel... et cela me rassure; misérable que je suis... mon crime me rassure! Au moins je n'aurai pas de rivale... — Il a peut-être ouvert ma lettre... S'il la lisait maintenant!... Sans doute elle excite sa colère, son indignation... Une femme s'abaisser à ce point!... Peut-être il rit de moi, et il dit, en haussant les épaules:

*La folle, l'enfant!...* Grand Dieu ! je leur prouverai que je ne suis pas une enfant... Ils verront que j'ai du courage plus qu'un soldat... que j'aime comme elles ne peuvent pas aimer. Je mourrai, si je ne puis être à lui... Mais cette lettre, s'il va la montrer ! elle est si étrange... et la fin... comment donc disais-je à la fin ? Je ne puis me rappeler un seul mot ; ma pauvre tête est toute troublée... *Je... si vous ne m'aimez pas... je...* Ah ! pourquoi l'ai-je donnée, cette lettre ? Imbécile ! Pourquoi ne pas lui parler ? Il aurait vu mes larmes, mon trouble... Et ce papier froid et compassé, cette écriture soignée... avec des points et des virgules ! Il croira que je feins une passion que je n'éprouve pas... que je copie des phrases de roman... Il m'appellera encore enfant... — Mon Dieu, tuez-moi ; car ils me forceront à me tuer moi-même... — Si je lui écrivais un mot, pour excuser, pour expliquer ma lettre... Non ; cela serait encore plus absurde... Peut-être ne l'a-t-il pas encore lue... S'il l'avait lue, il reviendrait, ou bien il m'enverrait chercher... S'il faut rester longtemps avec mon inquiétude... je sens que je deviendrai folle... Je lui ai dit de n'ouvrir ma lettre que ce soir ; maintenant je crains qu'il ne m'obéisse trop bien... Oh ! la mort vaut mieux que les tourments de l'attente... et passer toute la nuit à se tordre et s'agiter dans son lit ! Oh ! Fray Eugenio, donne-moi la mort tout de suite. (On entend rire et parler derrière la scène.) Ah ! j'entends venir celles que j'appelle mes amies. Voici leurs rires et leurs bavardages. Maintenant plus que jamais leur présence m'est odieuse. Elle va pour sortir.

## SCÈNE VI.

### DOÑA MARIA, DOÑA IRÈNE, DOÑA XIMENA, DOÑA FRANCISCA.

DOÑA IRÈNE. Maria, Mariquita, où vas-tu donc ? Pourquoi nous fuis-tu ?

DOÑA XIMENA. Qu'as-tu donc, Mariquita ? tu as les yeux rouges ; on dirait que tu viens de pleurer. Ah ! je devine, tu lisais un roman qui finit mal.

DOÑA MARIA. J'ai mal à la tête.

DOÑA FRANCISCA. Pauvre amie! Oui, ton front est brûlant. Reste ici, à l'ombre, crois-moi. On étouffe dans nos chambres. Asseyons-nous sur ce banc ; tu appuieras ta tête sur mon épaule, et moi... (bas) j'ai tant de choses à te dire, chère Mariquita ! Il faut absolument que tu restes et que tu m'écoutes.

DOÑA IRÈNE. Mariquita, sois juge entre Ximena et moi.

DOÑA XIMENA. Un beau juge que tu prends ! Comme si elle se connaissait à ces sortes de choses. Passe encore pour Francisca.

DOÑA IRÈNE. Il n'est pas besoin de tant de connaissances, puisqu'il s'agit seulement de dire son goût.

DOÑA FRANCISCA. Ne la tourmentez pas avec vos questions ridicules. Pauvre enfant! vous voyez bien qu'elle est malade.

DOÑA IRÈNE. Oui, c'est qu'apparemment tu veux l'ennuyer à toi toute seule. Vous êtes insupportables toutes deux avec vos éternelles amitiés.

DOÑA MARIA bâillant [1]. De quoi s'agit-il, Irène?

DOÑA IRÈNE. Fi ! que cela est vilain de bâiller ainsi au nez des gens !

DOÑA MARIA. J'ai un grand mal d'estomac.

DOÑA IRÈNE. Tu as vu ces officiers de marine qui sont venus avec l'Esmeralda et qui ont entendu la messe hier à notre église? Eh bien ! Ximena, qui est déjà éprise de l'un d'eux, s'en vient nous dire que leur uniforme est plus beau que celui des dragons d'Amérique. Comment la trouves-tu ? Les officiers de marine qui sont habillés si simplement, tandis que les dragons d'Amérique, avec leur uniforme vert et jaune, les galons d'argent, le pantalon gris avec le passe-poil orange, le casque noir et le plumet...

DOÑA XIMENA. Oui, avec ce costume-là, ils ont l'air de canaris, tandis que les marins avec leur habit bleu et rouge, le pantalon blanc... C'est une tenue sévère qui sied bien à des militaires. Et puis j'aime beaucoup leur chapeau bordé d'or, et je suis folle de leur poignard.

DOÑA IRÈNE. Les conducteurs de mules et les ouvriers du port ont aussi des poignards ; mais un grand sabre traînant qui résonne sur le pavé, y a-t-il quelque chose de plus joli ? Et les éperons, parlez-moi de cela ! Quand ils entrent dans l'église, ils font tant de bruit que tout le monde les regarde. Les marins n'en pourraient pas faire autant.

doña ximena. C'est qu'ils ne veulent pas faire les capitans matamores comme les dragons. Mais les officiers de l'Esmeralda sont des braves *à trois poils,* tout le monde le sait. D'abord il faut tant de courage pour être marin.

doña irène. Comme s'il n'en fallait pas pour être dragon ? Quant à moi, je serais tout aussi effrayée de monter sur un cheval que de naviguer sur un vaisseau en pleine mer.

doña ximena. Et les tempêtes, les naufrages et les combats ! c'est là qu'il faut avoir du cœur ! Tous ces canons que tu vois aux sabords tirent avec des boulets ramés qui tuent vingt hommes à la fois...

doña irène. Mesdemoiselles, remarquez-vous que Ximena sait déjà tous les termes de marine, depuis qu'elle a donné son cœur à un capitaine de frégate ?

doña ximena. Je ne lui ai rien donné du tout, et je ne lui ai pas encore parlé ; mais il a une lettre de recommandation pour ma tante. Je le verrai chez elle dimanche, et je sais seulement que c'est un jeune homme très comme il faut. D'abord il faut être gentilhomme pour entrer dans la marine.

doña irène. Si tu ne lui as pas encore parlé avec la bouche, tu lui as assez parlé, Dieu merci, avec ton éventail.

doña ximena. Mon Dieu ! toi qui parles, tu n'as pas cessé de faire des signes, et d'envoyer des œillades à ton grand capitaine, don Rafaël Samaniego. Un joli nom ! au lieu que le capitaine de l'Esmeralda s'appelle don Juan de Garibay, ce qui est un nom basque, pour que vous le sachiez, et il a une croix d'Alcantara, et il a soutenu un très-beau combat naval, et il s'est battu au pistolet à Carthagène avec un Anglais à qui il a cassé le bras, et... .

doña francisca. Comme tu sais bien son histoire !

doña irène. Je n'aime pas le pistolet, c'est bête ; au lieu que l'épée, c'est bien plus gracieux. Le mois dernier, don Rafaël s'est battu à l'épée. Il est d'une adresse surprenante.

doña francisca. Il paraît que l'habit militaire a des attraits tout-puissants à vos yeux.

DOÑA IRÈNE. Ma foi, cela sied bien à un homme. Si j'étais homme, je voudrais être colonel de dragons.

DOÑA XIMENA. Moi, si j'étais homme, je serais capitaine de vaisseau. As-tu remarqué les enfants qu'ils appellent les cadets de marine? Comme ils sont gentils avec leur petite veste bleue et leur pantalon blanc!

DOÑA FRANCISCA. Et vous seriez filles à ne trouver bien un homme que s'il a des galons sur la manche, et sur la tête un chapeau à trois cornes ou bien un casque?

DOÑA IRÈNE. Pour cela, non. Tiens, sans aller bien loin, nous voyons tous les jours un bien bel homme qui n'a pourtant pas d'uniforme.

DOÑA XIMENA. Je sais qui tu veux dire, et cela est bien vrai.

DOÑA FRANCISCA. Qui donc?
DOÑA IRÈNE. Belle demande! Fray Eugenio.
DOÑA FRANCISCA. Fray Eugenio!
DOÑA MARIA. Fray Eugenio!

DOÑA XIMENA. Il est certain qu'il n'est pas possible d'avoir de plus belles mains que les siennes.

DOÑA IRÈNE. Et, dans ses yeux, quelle noblesse et quelle douceur tout à la fois!

DOÑA XIMENA. C'est dommage qu'il ne porte pas de moustaches; il a la bouche un peu grande.

DOÑA IRÈNE. Pas trop pour un homme, et il a des dents superbes. Aussi faut-il voir comme il en prend soin. C'est pour cela, je crois, que, depuis quelque temps, il ne fume plus. — Pourquoi ris-tu, Paquita?

DOÑA FRANCISCA. Je ris de la profondeur de vos observations.

DOÑA XIMENA. Ce que j'aime le plus en lui, c'est qu'il est toujours de bonne humeur. Il est facile, jovial; c'est tout l'opposé de son prédécesseur, feu l'abbé Domingo Ojeda, qui nous tracassait à tout propos. Fray Eugenio nous permet de danser entre nous, de chanter et de rire, et il nous répète à chaque instant : Amusez-vous pendant que vous êtes jeunes. Il prend toujours notre parti auprès de notre vieille supérieure, qui est d'humeur si acariâtre: en vérité, c'est un galant homme.

## SCÈNE VI.

DOÑA IRÈNE. Vous savez ce qu'il a fait pour doña Lucia d'Olmedo ?

DOÑA FRANCISCA. Non, vraiment.

DOÑA IRÈNE. Toute la ville en parle : je l'ai entendu conter hier chez ma mère.

DOÑA FRANCISCA. Doña Lucia, la fille de l'auditeur don Pedro ? celle qui s'est fait enlever par un officier des dragons d'Amérique ?

DOÑA IRÈNE. Précisément. — D'abord son père jetait feu et flammes ; il ne parlait de rien moins que de mettre doña Lucia aux Filles repenties, et il avait obtenu du corrégidor un ordre pour faire arrêter l'officier de dragons... un lieutenant, un Fadrique Romero, quelque chose comme cela. On dit que c'est un assez beau militaire, des moustaches noires, pinçant assez bien de la guitare : c'est même avec sa guitare qu'il a séduit cette folle de doña Lucia, car c'est un cadet de famille qui n'a pas un sou vaillant. Il faut qu'il vive avec sa paie. Vous savez ce que c'est. — Bref, il faisait une excellente affaire en adressant ses hommages à doña Lucia, dont le père est si riche.

DOÑA FRANCISCA. Et Fray Eugenio ?

DOÑA IRÈNE. Fray Eugenio est allé trouver le père, qui était furieux ; il lui a fait sans doute un sermon bien éloquent, bien touchant, comme ses sermons de carême. Il lui a dit : Vous voyez bien que vous allez faire votre propre malheur en faisant celui de votre fille ; vous voulez punir un scandale, et vous causez un scandale plus grand, *et cœtera, et cœtera*. Enfin, il a tant prêché, tant prêché, que le père a pleuré quelque peu. Fray Eugenio tenait tout prêts, dans un cabinet, le ravisseur et la fille séduite. Il ouvre la porte, crac ! les voilà tous deux aux pieds du vieillard, qui lui baisent les mains, qui versent des torrents de larmes. Mon père par ci, mon père par là... Conclusion : le cœur de bronze de monsieur l'auditeur est devenu comme une cire molle ; il les relève, embrasse sa fille, et tend la main à Fadrique, en lui disant : « Mon cher fils ! » Le meilleur de l'affaire, c'est que ce don Pedro, qui est plus ladre qu'un juif, a été si bien retourné par Fray Eugenio, qu'il a donné une dot superbe à sa fille. Et savez-vous pourquoi ? Il est vaniteux ; Fray Eugenio lui a persuadé que toute la ville se moquerait de lui s'il ne faisait pas les choses grandement. — Eh ! Paquita ! qu'as-tu donc ? tu pleures ?

DOÑA FRANCISCA. Oui, ce trait de sa générosité m'a émue.

DOÑA XIMENA. Grand pouvoir de l'éloquence !

DOÑA IRÈNE. Oh ! le cœur sensible ! Ah ! ah ! ah !

DOÑA XIMENA. Voilà Paquita qui pleure. — Mariquita a l'air d'être près d'en faire autant. Pour le coup, cela est par trop romanesque. Irène, crois-moi, laissons ces demoiselles pleurer ensemble ; aussi bien j'ai quelque chose à te conter qui te fera bien rire. Adieu, mesdemoiselles : si vous avez vos secrets, nous avons les nôtres. Elle sort avec doña Irène.

## SCÈNE VII.

### DOÑA MARIA, DOÑA FRANCISCA.

DOÑA FRANCISCA serrant dans ses bras doña Maria. Chère Maria ! ma seule amie !

DOÑA MARIA l'examinant. Je ne te croyais pas sensible à ce point.

DOÑA FRANCISCA. Ah ! tu ne peux comprendre encore ce que j'éprouve. (Une horloge sonne, et doña Maria tressaille.) Comme tu es nerveuse aujourd'hui ! Va, si ton cœur était occupé comme le mien, l'horloge ne te rappellerait que des idées de bonheur. — Personne ne nous observe ? Regarde, Mariquita ; tu ne me trahiras pas ? Une lettre... (Elle s'approche de l'oranger, et prend la lettre de Fray Eugenio. — Doña Maria la voit faire d'un air distrait. Doña Francisca lit rapidement la lettre et la baise ensuite.) Chère enfant ! que je t'embrasse aussi. (Elle l'embrasse.) Mais, dis-moi, pourquoi faut-il que tu sois malade aujourd'hui ? Quand je suis heureuse et gaie, je voudrais que tout ce que j'aime fût heureux et gai comme moi.

DOÑA MARIA. Je souffre.

DOÑA FRANCISCA. En effet, depuis quelque temps nous remarquons que tu es changée ; mais tu as grandi, tu t'es formée si vite !... Laisse faire le temps ; un jour tu seras heureuse comme moi, et alors tu te porteras bien.

DOÑA MARIA. Tu es donc bien heureuse ?

## SCÈNE VII.

doña francisca. Oh! oui; je n'ai plus de vœux à former, sinon pour rester longtemps comme je suis maintenant. — Mais, Mariquita, mon bonheur m'étouffe, et il faut que je t'en fasse la confidence, quoique à ta petite mine refrognée je juge que tu n'es guère en humeur de m'écouter. Tu es ma meilleure amie, et c'est une des charges de l'amitié d'écouter les récits des plaisirs et des peines de son amie. — On te croit ici une enfant, parce que tu es la plus jeune de nous autres *grandes*; mais tu es si sage, si raisonnable, si... (Elle l'embrasse.) Tiens, je t'aime tant que je ne veux m'ouvrir qu'à toi seule.

doña maria soupirant. Je t'écoute, puisque tu le veux. (A part.) Peut-être ainsi contrainte, le temps s'écoulera-t-il plus vite pour moi.

doña francisca. Eh bien! (S'interrompant.) Sais-tu que tu es si grave que tu m'intimides?... Ne me regarde pas avec ces yeux-là... Et... tu ne me gronderas pas, petite fille. Respect à ses aînées!... Mariquita, j'aime, et je suis aimée. (Doña Maria lui serre la main.) Eh quoi! à ton tour, voilà que tu as des larmes dans les yeux. Ah! mademoiselle, je vous y prends! Quoi! vous aussi! Qui l'aurait pu penser? « Il n'y a plus d'enfants, » comme dit la supérieure. Ces larmes me prouvent que ce petit cœur a déjà parlé. Allons, est-ce un capitaine de dragons? un officier de marine?

doña maria. Personne, je t'assure. Souffrante comme je le suis, mes yeux sont disposés à pleurer facilement, et ce n'est pas une raison... (Doña Francisca la menace du doigt.) Non, je te jure... Mais on dit que l'amour rend si malheureux... et je crains pour toi, Paquita.

doña francisca souriant. Et qui t'a dit cela, petite?

doña maria. Qui? tout le monde... madame la supérieure... notre confesseur.

doña francisca. Fray Eugenio! Et tu crois qu'il dit vrai?

doña maria. Ils me parlent de ce que je ne connais pas... et je les crois.

doña francisca. Enfant! Apprends, ma chère, qu'on te trompe; que l'amour, c'est le premier de tous les biens; que sans amour la vie n'est qu'un enfer. Mademoiselle Mariquita, vous m'avez l'air d'une petite hypocrite. Mais c'est à moi de parler la première; nous vous confesserons ensuite.

doña maria. Et qui aimes-tu?

doña francisca. Oh! Mariquita, si tu étais amoureuse, tu choisirais sans doute un enfant de ton âge, un jeune officier sortant d'une école militaire; tu ne penserais qu'au bonheur d'être mariée, et de te promener sur le port en donnant le bras à ton mari... Oui, cela doit être un grand plaisir. Mais il y a tel amour..... aussi fort, plus fort même que le mariage... et où le mariage... (baissant la voix) est impossible.

doña maria. Comment?

doña francisca. Oui, Mariquita. Par exemple, on peut aimer un homme... marié. Si un homme s'est marié par des circonstances... n'importe lesquelles... suffit qu'il n'a jamais aimé sa femme... Elle est vieille, laide et méchante... Ou bien, supposons une femme toute jeune, sans expérience, mariée à un vieillard... Ou bien... Mais ta vertu, à toi, te dit que cela est mal.

doña maria vivement. Moi!... Ah! Paquita, je crois que l'amour est quelquefois plus fort que toutes les lois divines et humaines... L'amour vient, dit-on, on ne sait comment; et quand on s'aperçoit qu'on aime, il n'est déjà plus temps de réfléchir si cela est bien ou mal.

doña francisca. Tu dis cela, petit ange! Que je t'embrasse encore pour ta gentillesse. Mais dis-moi, qui t'a enseigné cela?

doña maria. Mais... je l'ai entendu dire... Ainsi, tu aimes un homme marié?

doña francisca. Tu sais que je ne suis pas trop dévote; et les deux années que j'ai passées en Angleterre m'ont appris qu'il ne faut pas prendre au pied de la lettre tout ce que les cagots nous content ici des hérétiques. — J'ai vu en Angleterre des prêtres qui ont des femmes et des enfants, et ce sont de très-bons prêtres.

doña maria. Eh bien?

doña francisca. Eh bien! tu n'es pas encore sur la voie?... Mais toutes ces routes détournées sont inutiles avec toi. Tu m'as dit que l'amour est au-dessus de toutes les conventions divines et humaines. Tu me comprendras et tu m'excuseras. — Enfin, chère amie, j'aime un prêtre, et ce prêtre, c'est Fray Eugenio.

DOÑA MARIA. Fray Eugenio ! Grand Dieu !

DOÑA FRANCISCA. Lui-même. J'ai combattu quelque temps ; mais maintenant, quand je réfléchis au temps que j'ai perdu sans l'aimer, je suis tentée de pleurer ces jours sacrifiés à la vertu, ou plutôt au préjugé. O ma chère ! tu ne connais guère que l'amitié, ou peut-être quelque fièvre de tête que tu prends pour de l'amour... Mais l'amour véritable, l'amour défendu... O Mariquita, je t'aime plus qu'aucune femme au monde... Je ne sais ce que je ne ferais pas pour toi. Eh bien ! si, pour sauver Fray Eugenio, il fallait... Mais quelle folie de penser à ce qui n'est pas possible. Non, mon ange, un amant ne m'empêche pas d'avoir une amie, et je serai la plus heureuse des femmes, parce que j'aurai tout à la fois le plus tendre des amants et la plus fidèle des amies.

DOÑA MARIA atterrée. Fray Eugenio !... Il t'aime !

DOÑA FRANCISCA. Je le vois, ta philosophie est un peu ébranlée, et tes scrupules ou tes préjugés sont trop enracinés dans ton cœur, pour qu'il puisse me trouver une excuse. Un prêtre, pour toi, n'est pas un homme : Tu penses à un sacrilége, une profanation. J'avais tes idées avant d'avoir cédé à ma passion ; et maintenant que je ne vis que pour elle, je me réjouis d'avoir eu quelques sacrifices à faire à mon Eugenio. Oui, je voudrais avoir été bien plus dévote que je ne l'étais, pour avoir pu lui sacrifier la crainte de l'enfer, pour avoir pu renoncer pour lui à mon âme ; car il y a une jouissance divine à renoncer à tout, à souffrir tout pour celui que l'on aime.

DOÑA MARIA. Et il t'aime ?

DOÑA FRANCISCA. S'il m'aime ! s'il m'aime ! C'est toi qui peux me faire cette question ! S'il m'aime ! Il n'y a pas une goutte de sang dans son cœur qui ne soit à moi, pas un instant de sa vie où mon image ne l'occupe... Et cependant, chère amie, je lui dis du matin au soir qu'il ne m'aime pas, et lui, de son côté... Ah ! nous nous faisons enrager à qui mieux mieux... Mais ces querelles sont délicieuses ; c'est là ce qui fait vivre. — Tu ne sais pas, ma chère ; il a refusé, à cause de moi, d'aller en Espagne, où il avait la chance de devenir évêque au premier jour.

DOÑA MARIA. Et vous vous aimez depuis longtemps ?

DOÑA FRANCISCA. Mais, en vérité, je ne sais. Maintenant il me semble que la première fois que je l'ai vu je l'ai aimé ; pourtant il n'y a guère que six semaines que nous nous sommes dit que nous nous aimions. D'abord je le trouvai l'homme le plus spirituel que j'eusse encore vu. Chacune de ses paroles me semblait bien dite. Je retenais les phrases les plus insignifiantes que je lui entendais prononcer. Aucun autre homme ne me paraissait avoir de l'esprit, et je ne pouvais m'amuser dans un lieu où Fray Eugenio n'était pas. Bientôt je m'aperçus qu'il m'avait remarquée parmi nos compagnes. Il me parlait plus souvent qu'aux autres ; il me faisait cent questions, et moi, j'étais si troublée toutes les fois qu'il m'adressait la parole, que je lui répondais tout de travers. Quand, le soir, la supérieure nous faisait venir dans sa chambre pour faire de la musique, il était toujours derrière ma chaise ; et quand j'étais assise devant le piano, je voyais toujours sa tête dans la glace qui est au-dessus du piano. Que de fois, au milieu d'un morceau, il m'est arrivé d'oublier à quelle ligne j'en étais ! Fascinée, interdite, près de me trouver mal, je croyais voir le cahier et la glace onduler devant moi. Alors souvent, ma bonne Mariquita, tu venais ; du doigt tu me montrais où j'en étais ; tu m'encourageais ; tu appuyais ta main sur ma chaise, et dans la glace je voyais ta tête à côté de celle de Fray Eugenio. Tous deux vous aviez l'air de m'aimer, vos regards étaient si doux quand ils se tournaient vers moi !

— Et toi, quand tu chantais, pauvre Maria, toi qui as dix fois plus de talent que moi, Fray Eugenio ne t'écoutait pas, et il attendait avec impatience le moment où la musique cesserait, et lui permettrait de se rapprocher de moi pour causer. — Voilà que je m'aperçus que je l'aimais, et d'abord j'en fus toute troublée. Aimer un prêtre ! un homme qui ne peut se marier ! Mais je me souvenais des femmes de prêtres que j'avais vues à Londres ; puis ma mémoire me rappelait toutes les personnes qui étaient malheureuses en ménage... Je n'en voyais pas une qui eût trouvé le bonheur en se mariant... Cependant j'évitais de me trouver seule avec Fray Eugenio ; je ne lui parlais plus ; je ne le regardais qu'à la dérobée, et je voyais qu'il devenait triste, ses yeux étaient humides et suppliants quand il me regardait... Nous étions bien à plaindre tous deux. Alors j'entendis conter que Fray Eugenio n'avait pas eu de vocation pour entrer dans les ordres, et que des circonstances malheureuses l'avaient obligé à prendre ce parti. Tu ne saurais croire, chère amie, quelle fut ma douleur quand l'idée me vint qu'un désespoir amoureux l'avait fait renoncer au monde. Je ne pouvais supporter l'idée que Fray Eugenio aimât une autre femme. J'étais à peine sûre que je l'aimais, et déjà j'étais jalouse... O Mariquita, que la jalousie est une cruelle chose !... Puisses-tu ne jamais l'éprouver, cette vilaine passion ! Que de nuits j'ai passées sans dormir, baignant mon oreiller de mes larmes et mordant mes draps avec rage !... Enfin je sus la véritable cause qui l'a déterminé à prendre ce vilain habit.

doña maria. C'est encore l'amour?

doña francisca. Sa mère était très-malade... les médecins l'avaient condamnée... C'était une femme très-dévote... Eugenio avait alors dix-sept ans au plus. Sa mère mourante lui dit : « Si tu consentais à te vouer à Dieu, je suis sûre que tu obtiendrais du ciel la guérison de ta mère. » Il n'hésita pas, et, bien qu'il étudiât pour être médecin, il abandonna tout, se fit prêtre, et sa mère guérit.

doña maria à demi-voix. C'est une âme généreuse, après tout.

doña francisca. Tout ce que j'apprenais de lui me le faisait aimer chaque jour davantage. J'étais sûre qu'il m'aimait ; toutefois il se faisait un scrupule de m'avouer sa passion, à cause de son âge et de sa profession. Je résolus donc de lui parler la première, et de l'obliger à se déclarer. Souvent alors j'entamais une conversation détournée, afin d'amener de bien loin le mot d'*amour* ; et quand venait le moment de prononcer ce mot magique, je manquais de courage, et je n'osais. Enfin, un soir, par un beau clair de lune, nous dansions toutes dans ce jardin, et lui, debout, adossé à cet oranger, nous regardait. En tournant devant lui, une fleur qui était dans mes cheveux tomba à ses pieds. D'abord il ne fit pas semblant de s'en apercevoir, mais il laissa tomber son mouchoir négligemment sur la fleur, puis il se baissa pour le ramasser, et il ramassa la fleur en même temps. Quand on se reposa, je m'approchai de lui, et je lui dis tout bas et en riant, et cependant je tremblais, et j'entendais distinctement battre mon cœur : « Fray Eugenio, vous m'avez pris cette fleur ; rendez-la-moi... » Il me parut tout interdit. Il tira la fleur de son sein, et me la rendit. La lune était alors voilée par un petit nuage blanc. « Pourquoi m'ôtez-vous, dit-il, ce que vous avez jeté comme une bagatelle, et ce que j'ai ramassé comme un trésor? » Il souriait et s'efforçait d'avoir l'air de plaisanter ; mais nous étions bien sérieux l'un et l'autre. « Prenez, lui dis-je : je vous la rends, puisque vous y tenez. » Et j'étendis la main : la fleur tomba, et ma main se trouva dans celle d'Eugenio. Alors un tel tremblement me saisit, que, si je n'avais pas été soutenue par lui, je serais tombée à terre. Je ne sais ce qu'il me dit, ni ce que je dis, ni combien de temps nous restâmes sous cet oranger ; mais, en nous séparant, nous savions que nous nous aimions, et nous avions trouvé un moyen de nous revoir. — Te le dirai-je, chère amie, ce moyen? Tu vas me gronder. Je feignis de vouloir me confesser ; j'allai à l'église, je me mis à genoux devant lui, et, dans ce confessionnal, Dieu entendit des serments d'amour, au lieu d'aveux et de remontrances. Nous ne pouvions nous toucher que le bout des doigts ; mais je sentais son haleine brûlante qui caressait ma bouche... et nous baisions les grillages avec des transports frénétiques... Oh! si j'avais pu alors me jeter dans ses bras, j'aurais consenti à être anéantie après une heure de bonheur.

DOÑA MARIA. Et vous êtes heureux !... Si vous étiez découverts?

DOÑA FRANCISCA. Oh! cela est impossible. Eugenio est si prudent! Il n'entre que la nuit dans ce jardin, et une fois seulement il a consenti, à grand'peine, à monter dans ma chambre. C'était une grande folie de ma part; car tu sais que ma cellule touche à celle de la supérieure, et l'on entend chaque mot qui s'y dit. Heureusement que la señora Monique dormait assez bruyamment pour nous rassurer. — Mais, d'ordinaire, voici le lieu de nos rendez-vous. Vois-tu cette petite bruyère parfumée, ma chère Mariquita [2].... Cette nuit, nous étions là tous deux ; je tenais sa main dans la mienne ; sa tête était appuyée sur mon sein ; je sentais battre l'artère sur sa tempe ; nous étions si fatigués tous deux, tellement accablés de bonheur, que nous ne pouvions parler ; seulement nous soupirions de temps en temps, en regardant le ciel étoilé. Nous voyions la croix du sud[3] s'incliner lentement là devant nous, et de temps en temps une légère brise de la mer faisait tomber sur nos têtes des fleurs d'oranger... O Mariquita, que nous étions bien ! Si tu savais quels plaisirs nous donne l'amour ! Je ne conçois pas comment on n'en meurt pas... (Elle cache sa tête sur le cou de doña Maria.) Ah ! Maria, Maria... mais, mademoiselle, vous ne devez pas connaître encore tous ces mystères-là... — Tu es trop jeune encore, petite amie. J'ai trois ans de plus que toi, et je ne suis si savante que depuis quelques semaines ; ainsi, tu peux attendre encore : ton temps viendra. — Une seule chose m'inquiète. Nous n'avons pas d'asile ; nous bivouaquons. Comment ferons-nous dans la saison des pluies ? Le jardin ne sera pas tenable. Peut-être la cabane du jardinier pourrait-elle nous servir.

DOÑA MARIA avec un sourire amer. Voilà jusqu'où va ta prévoyance... imprudente que tu es ! Il est impossible qu'avant un mois tout ne soit découvert. On verra Fray Eugenio escalader les murs du couvent. — On l'arrêtera ; votre intrigue sera connue ; il sera renfermé dans quelque couvent de la Trappe ; toi, on te mettra aux Filles repenties. — Pourquoi ne te sauves-tu pas avec lui ? c'est, crois-moi, le parti le plus prudent... c'est la seule chance de salut qui vous reste.

DOÑA FRANCISCA. Hélas ! ma bonne, tu m'effraies ; mais que faire ? Tu oublies que Fray Eugenio n'a presque rien, et que moi je n'ai que ce que je tiens des bontés de mon grand-père. Pour un enlèvement il faut autre chose que de l'amour ; il faut ce dont les romanciers ne parlent pas, de l'argent, et beaucoup d'argent. Je te l'avouerai à ma honte, chère Mariquita, quelquefois dans notre chapelle, en regardant cette petite statue de la Vierge ornée de tant de pierreries, une envie violente m'est venue de m'emparer de toutes ces richesses, et de me sauver avec Eugenio en les emportant. Cette idée-là m'a valu de belles morales d'Eugenio.

DOÑA MARIA. Il fallait t'adresser à moi ; tu sais que je suis riche : je puis disposer d'une somme considérable en dépôt chez mon banquier, et j'ai en ma possession des bijoux qui sont, m'a-t-on dit, d'un prix fort élevé.

DOÑA FRANCISCA. Généreuse amie, comme je reconnais là ma bonne Maria ! mais je ne pourrais pas accepter de toi un sacrifice si considérable.

DOÑA MARIA. Un sacrifice ! de l'argent !

DOÑA FRANCISCA. Eugenio ne voudrait jamais accepter de l'argent d'une femme ; je le connais trop bien : il est fier et même un peu hautain ; mais voici notre plan. Eugenio travaille avec ardeur à son ouvrage sur les Pères de l'Église, et du produit qu'il en retirera...

DOÑA MARIA. Folie ! mes seules boucles d'oreilles en diamants se vendront plus cher que tous les ouvrages qu'il pourra faire.

DOÑA FRANCISCA *un peu piquée*. Je ne doute pas que tes boucles d'oreilles en diamants ne vaillent beaucoup d'argent ; mais le livre d'Eugenio est rempli de mérite, c'est un ouvrage qui manquait à la science. Il le vendra ce qu'il voudra... — au moins assez cher pour nous mener jusqu'à la Jamaïque, où nous pourrions nous établir. Lui, donnerait des leçons d'espagnol et de latin ; et moi, je broderais et je ferais la cuisine. Oh ! comme cela sera amusant !

DOÑA MARIA. Oui ; mais, avant que cet ouvrage sublime soit terminé, si vous étiez découverts... Accepte mes diamants et pars ; vivez heureux ensuite... si vous pouvez.

DOÑA FRANCISCA. Nous ne pouvons recevoir un présent d'une telle valeur, mon amie ; mais, si tu l'exiges, je demanderai à Eugenio la permission de t'emprunter assez d'argent pour fréter un petit bâtiment jusqu'à la Jamaïque.

DOÑA MARIA. Je n'ai pas besoin de mes diamants, je ne

## SCÈNE VII.

m'en parerai jamais ; accepte-les, je le veux. Tiens, voici la clef de ma cassette, prends mon écrin, et pars cette nuit même.

DOÑA FRANCISCA. Mais...

DOÑA MARIA se levant. Prends, te dis-je, et laisse-moi.

DOÑA FRANCISCA. Je le vois, Maria, je t'ai scandalisée, tu me méprises et tu veux te débarrasser de moi. Ta vertu sévère ou ta dévotion me condamne : cependant, par un reste d'amitié, tu ne veux pas me perdre ; mais, si tu ne m'aimes plus comme auparavant, je n'accepte pas tes dons.

DOÑA MARIA. Si tu me crois de la dévotion ou des scrupules, tu te trompes fort. Si tu aimes véritablement Fray Eugenio, si tu es véritablement heureuse avec lui... tu as bien fait.

DOÑA FRANCISCA. Ta voix est tremblante, et tu caches mal ta colère. Mariquita, dis-moi, qu'as-tu ? Est-ce contre moi que tu es en colère ? réponds-moi.

DOÑA MARIA. Je t'ai dit que j'étais malade... j'ai une migraine horrible, et depuis une heure tu me parles de ton Fray Eugenio, de... Tiens, laisse-moi seule ici, et prends ma clef.

DOÑA FRANCISCA. Non, je ne veux pas avant d'avoir consulté Eugenio.

DOÑA MARIA. Eh bien ! comme tu voudras ; mais, pour Dieu, laisse-moi ! chaque mot que tu dis me casse la tête.

DOÑA FRANCISCA. Maria, tu ne m'aimes plus, je le vois bien.

DOÑA MARIA. Va, je t'aime plus que je ne le croyais moi-même.

DOÑA FRANCISCA. Je te laisse, puisque tu veux être seule, Mariquita ; mais au moins embrasse-moi pour me montrer que tu m'aimes toujours.

DOÑA MARIA lui tendant la joue. Es-tu contente ?

DOÑA FRANCISCA. Je t'embrasse comme j'embrasse Eugenio. Il a l'haleine aussi douce que toi. Mais tu te fâches ; adieu.                                               Elle sort.

## SCÈNE VIII.

### DOÑA MARIA seule.

Qui l'aurait pu penser?... je n'avais pas d'espoir, mais je ne m'attendais pas à ce dernier coup... Fray Eugenio aime une autre femme!... il aime Francisca. Au fait, elle est jolie; et pour les hommes, que faut-il de plus?... Doña Francisca ma rivale! ma rivale préférée! l'aurais-je pu soupçonner? — Ils veulent ma mort, ils seront satisfaits. Grâce au ciel, cette fenêtre est encore ouverte, et cette précieuse fiole va bientôt être à moi. Que mon destin s'accomplisse! (Elle entre par la fenêtre dans la pharmacie, et en sort un instant après. Considérant la fiole :) C'est peu de chose, et la mort sous cette forme n'a pas un aspect bien effrayant. On ne souffre pas longtemps. — Je suis fâchée de n'avoir pas attendu pour remettre cette lettre; je serais morte avec mon secret. Comme ils se seraient tourmentés pour deviner le motif de ma mort! — On dit qu'il est honteux pour une femme de faire des avances à un homme. (Avec dégoût.) C'est ce qu'a fait Francisca... Il lui montrera ma lettre, et la commentera avec elle. Ma lettre est sotte et ridicule, mais ma mort raccommodera tout. Qu'en diront-ils? — Francisca se serait-elle tuée à ma place? Elle? Pauvre esprit! elle aurait pleuré, et, son mouchoir mouillé, elle aurait été consolée, tandis que moi... Ils seront forcés d'admirer mon courage; ils diront : « Cette petite Maria, que nous croyions une enfant, elle est morte avec le courage d'un soldat, avec le courage d'un Romain. » Ils seront forcés de pleurer sur moi, et j'aurai la gloire d'avoir fait leur bonheur. Le bonheur de Francisca, de Francisca que je déteste, que tout à l'heure j'aurais poignardée avec plaisir, tandis qu'elle s'amusait lentement à me déchirer le cœur!... Oui, devoir son bonheur à sa rivale, c'est un supplice assez cruel; et peut-être un jour Eugenio fera-t-il une comparaison entre nous deux... Non, personne ne t'aurait aimé comme moi. Et toi, quand je serai morte ⁴... N'importe! Que le sacrifice soit complet, qu'il me connaisse enfin. (Écrivant sur un portefeuille.) « Je lègue à mon amie... (avec un rire amer) mon amie! Francisca Gomez, tous mes diamants, et l'argent placé... chez MM. Arias et Candado, dont mon oncle m'a permis de disposer. » (On entend du bruit.) Ah! c'est Rita. Viens fermer cette fenêtre, il est temps. La mort s'en est envolée, et je la tiens prisonnière.  *Rita entre.*

## SCÈNE IX.

### DOÑA MARIA, RITA.

RITA. C'est encore moi. Je viens fermer cette fenêtre. (Elle la ferme.) Mais qu'avez-vous donc, mademoiselle? vous avez l'air bien triste.

DOÑA MARIA. Je n'ai qu'un grand mal de tête.

RITA. Si vous vous couchiez sur votre lit? Voulez-vous prendre quelque chose?

DOÑA MARIA. Rien, je te remercie. Ah! Rita, apporte-moi un verre de limonade.

RITA. Je vais vous en faire sur-le-champ.

DOÑA MARIA. Ce n'est pas la peine, donne-moi un verre d'eau.

RITA. Ce sera l'affaire d'un moment.  *Elle sort.*

## SCÈNE X.

### DONA MARIA seule.

De toutes les choses de ce monde, ce petit jardin si frais, voilà tout ce que je regrette. Encore, puisque Fray Eugenio et Francisca en font le théâtre de leurs amours, je ne le regrette plus. (Regardant ses mains.) Je tremble... pourtant je n'ai pas peur. Une femme n'a pas la force d'un homme. Un brave général castillan tremblait aussi au moment du combat. Ah! que vois-je? Fray Eugenio!

## SCÈNE XI.

### DOÑA MARIA, FRAY EUGENIO.

FRAY EUGENIO, à part. La pauvre enfant est toute tremblante, elle me fait peine.

DOÑA MARIA à part. Il hésite à me parler.

FRAY EUGENIO lui rendant sa lettre ouverte. Doña Maria, voici votre lettre, je l'ai lue.

DOÑA MARIA. Vos reproches sont inutiles, Fray Eugenio; vous pouvez me les épargner.

FRAY EUGENIO. Non, doña Maria, je ne vous ferai pas de reproches, car je suppose que votre conscience a déjà parlé, et que vous vous repentez au fond de votre âme de m'avoir écrit cet étrange billet. La confusion que je lis sur votre visage me prouve que le cœur n'est point corrompu chez vous, et que la tête seule, qui est folle par trop de jeunesse, vous a conseillé cette étourderie. Je pourrais vous faire sentir combien il est mal, je dirais presque impie, de tenir un langage aussi... mondain à un ministre du Seigneur, qui est lié par des vœux solennels. Il faut que ma conduite ait été bien légère et bien répréhensible pour que vous ayez pu douter à ce point de ma piété. Je suis sans doute aussi coupable que vous, et je n'ai pas le droit de me plaindre. Mais, ma pauvre enfant, je ne veux que vous montrer quelle était votre folie. Je suppose, pour un instant, que j'eusse pu oublier les serments que j'ai prononcés à la face des autels, que je me fusse rendu coupable d'une action criminelle pour tout homme, sacrilége et abominable pour un prêtre ; à quelle suite de malheurs ne vous seriez-vous pas condamnée ! Un homme du monde qui séduit une jeune fille peut toujours réparer sa faute : un prêtre ne le peut. Le mystère et la prudence cachent un temps le crime aux yeux du monde, mais tôt ou tard le secret est connu, et le scandale est énorme. Votre réputation, le bien le plus précieux d'une femme, serait perdue à jamais ; et, pour quelques jours passés au milieu de faux

## SCÈNE XI.

plaisirs, vous vous seriez préparé des années de regrets et de remords.

DOÑA MARIA. Fray Eugenio, pourquoi ne vous êtes-vous pas souvenu de toutes ces belles réflexions quand vous avez parlé d'amour à Francisca?

FRAY EUGENIO. Francisca! que voulez-vous dire?

DOÑA MARIA. Francisca m'a tout dit, Fray Eugenio. J'ai à me plaindre de vous : j'ai été franche, trop franche avec vous, et vous êtes hypocrite avec moi.

FRAY EUGENIO. Ah! gardez-vous de croire...

DOÑA MARIA. Et c'est dans ce jardin, sous cet oranger, que vous parlez en prêtre! pourquoi ne me dites-vous pas : « J'aime Francisca? » Cela aurait été d'un galant homme.

FRAY EUGENIO. Je suis confondu! Oui, mademoiselle, vous êtes maîtresse de notre secret, et vous pouvez nous perdre si vous le voulez.

DOÑA MARIA. Ah! Fray Eugenio, qu'ai-je donc fait pour que vous me soupçonniez d'une telle bassesse?

FRAY EUGENIO. J'ai tort, je l'avoue, mademoiselle; mais je dois vous paraître si coupable... je le suis tant en effet!... Je savais à quels dangers j'exposais votre amie ; mais, croyez-moi, j'ai combattu longtemps cette passion funeste, et si j'ai cédé...

DOÑA MARIA. Vous n'avez pas besoin de vous justifier auprès de moi; je vous comprends et je vous approuve. Il est un moyen de vous soustraire à ces dangers : j'en parlais tout à l'heure à Francisca... Il faut fuir dans un pays où vous pourrez vous marier.

FRAY EUGENIO. Ah! je le désire, mais...

DOÑA MARIA. Tout cela est facile avec de l'argent. Je puis en prêter à doña Francisca ; vivez heureux avec elle.

FRAY EUGENIO. Tant de générosité m'accable et m'humilie...

DOÑA MARIA. Adieu, Fray Eugenio. (Souriant.) Vous concevez que maintenant votre conversation n'a plus tant de charmes pour moi ; ainsi, séparons-nous.

FRAY EUGENIO. Croyez que ma reconnaissance...

DOÑA MARIA. Adieu.

FRAY EUGENIO. Permettez-moi... (Il veut lui baiser la main.)

DOÑA MARIA. Je ne suis plus une femme pour vous, Fray Eugenio ; je suis tout au plus… une *amie*.

FRAY EUGENIO. Puissiez-vous trouver un cœur digne du vôtre ! Il sort.

## SCÈNE XII.

### DOÑA MARIA seule.

L'instant approche. Je vois Rita s'avancer lentement avec cette limonade qui doit me délivrer de tous les ennuis de ce monde. — Elle craint d'en répandre une goutte. — Elle a l'air de suivre un convoi. Le mien sera étrange. Sans doute, celle qui cause ma mort tiendra un des coins du drap qui couvrira ma bière... Et *lui* chantera la messe des funérailles... Ah ! ah ! ah !... Mais non ; en ma qualité de suicide, de damnée, on ne me portera pas à l'église, on m'enterrera dans quelque lieu écarté. Qu'importe, pourvu que, dans mon trou, je ne pense plus aux idées qui me tourmentent !

## SCÈNE XIII.

### DOÑA MARIA, RITA.

RITA. Voilà un grand verre de limonade ; je l'ai faite avec de la neige. Buvez, avant qu'elle ne s'échauffe.

DOÑA MARIA. Ma bonne Rita, je suis fâchée de te déranger toujours ; mais fais-moi le plaisir d'aller reporter ce livre dans ma chambre.

RITA. Oui, mademoiselle.

DOÑA MARIA. Je m'en vais bientôt quitter ce couvent, Rita. Je n'emmènerai pas mes oiseaux avec moi, et je te les donne pour en prendre soin.

RITA. Vous allez quitter le couvent ?

DOÑA MARIA après avoir écrit quelque chose sur une page de son portefeuille, qu'elle déchire. Oui. Tiens ; avec ce papier-là, tu recevras trois cents piastres de MM. Arias et Candado, ces banquiers qui demeurent sur la place de la Mer.

RITA stupéfaite. Mademoiselle...

## SCÈNE XV.

DOÑA MARIA. C'est pour acheter du grain à mes oiseaux. Tu en prendras bien soin, n'est-ce pas?

RITA. Mon Dieu, mademoiselle, il n'est pas besoin d'argent; suffit qu'ils viennent de vous.

DOÑA MARIA. Non, prends, et reporte ce livre.

RITA. Vous pleurez, mademoiselle...

DOÑA MARIA. Ce n'est rien, va.

RITA. J'attendais que vous eussiez bu...

DOÑA MARIA. Je reporterai le verre et la soucoupe : laisse-moi...

RITA. Ma bonne demoiselle, comme vous êtes singulière aujourd'hui!... (Doña Maria lui fait signe de la main de s'en aller.) Vous me comblez de présents, et vous pleurez...

DOÑA MARIA. Adieu, Rita. (Rita veut lui baiser la main, doña Maria l'embrasse.) Laisse-moi ; va, je t'en prie.

RITA à part, en s'en allant. Elle pleure en quittant le couvent, tandis que les autres se réjouissent.

## SCÈNE XIV.

### DOÑA MARIA seule.

Cette fille est ici le seul être qui me soit attaché. En lui disant adieu, j'ai senti que ma force allait m'abandonner... — Du courage! dans quelques moments tout sera fini. (Elle met une partie du contenu de la fiole dans le verre de limonade.) La couleur de cette limonade n'est pas changée. Je ne sais, mais j'aurais plus d'horreur d'un poison noir que d'une eau transparente comme celle-ci... (Elle prend le verre, et le repose sur le banc.) Il faut du courage pour mourir... En renversant ce verre, je retiens la vie près de m'échapper... Fi donc! je me mépriserais moi-même. Allons! (Elle va prendre le verre ; entre doña Francisca.)

## SCÈNE XV.

### DOÑA MARIA, DOÑA FRANCISCA.

DOÑA FRANCISCA. Mariquita, je viens encore te tourmenter. Eh bien! comment cela va-t-il?

doña maria. Bien ; et tout à l'heure je serai encore mieux.

doña francisca. Chère amie, rends-moi encore un service, un service bien grand. Si tu m'accordes ce que je vais te demander, j'accepterai l'argent que tu m'offres.

doña maria. Parle.

doña francisca. Le jardinier vient d'acheter un gros chien, pour garder ses oranges, à ce qu'il dit. Cela contrarie fort nos rendez-vous. Prête-moi ta chambre pour cette nuit ; elle donne sur la petite cour ; le mur est bas, facile à escalader. Nous avons une échelle de corde. Toi, tu occuperas ma chambre, et tu auras mes livres pour te tenir compagnie.

doña maria. C'est ma chambre qu'il te faut ?

doña francisca. Oui, chère amie.

doña maria. Elle sera ce soir à ton service.

doña francisca. Que tu es bonne, chère Mariquita ! Nous qui bivouaquons toutes les nuits, comme nous allons être bien dans ta belle chambre à alcôve !

doña maria. Est-ce là tout ce que tu veux ?

doña francisca. Tu es un ange ! — Ah ! ce verre de limonade, le bois-tu en entier ?

doña maria. Le veux-tu aussi ?

doña francisca. Il est si grand. Laisse-m'en boire la moitié ; je meurs de chaud.

doña maria. Bois, et grand bien te fasse !

doña francisca. Je bois la première, tu vas savoir ma pensée. (Elle boit.)

doña maria à part. Tu sauras la mienne aussi.

doña francisca jetant ce qui reste dans le verre. Ah ! quel goût affreux !... Qu'y a-t-il donc dans cette limonade ?... Ah ! quelle horreur ! J'en ai la gorge brûlée... Mais qu'as-tu donc ! pourquoi pleures-tu en me regardant ?..... tu trembles..... O ciel ! je brûle... Mon Dieu !... que m'as-tu fait boire !... Réponds-moi donc !... Maria... Ah !... j'étouffe, je brûle... De l'eau ! donne-moi de l'eau !

doña maria. Malheureuse ! qu'ai-je fait ? Au secours ! au secours !

doña francisca. Ah ! je me meurs !

DOÑA MARIA. Paquita ! Paquita, ne meurs pas !... Au secours !... Pardonne-moi ! pardonne-moi !

## SCÈNE XVI.

LES PRÉCÉDENTS, FRAY EUGENIO, DOÑA IRÈNE, DOÑA XIMENA, RITA.

DOÑA MARIA. Secourez-la ! Elle est empoisonnée, empoisonnée par moi. Je vais me faire justice, et le puits du couvent n'est pas bien loin. Elle sort en courant.

FRAY EUGENIO au public. Ne m'en voulez pas trop pour avoir causé la mort de ces deux aimables demoiselles, et daignez excuser les fautes de l'auteur.

# NOTES

1. Effet assez ordinaire de l'inquiétude. On a remarqué que Ali-Pacha, après s'être rendu entre les mains des Turcs, bâilla continuellement pendant l'heure qui précéda sa mort.

2. *Mirad estas yerbas...*
*Que aun estan holladas...*

3. Constellation qui fait connaître les heures de la nuit par son inclinaison sur l'horizon.

4. *Tu te holgarás con ella en la cama comprada de mi dinero.* Je ne sais comment traduire.

# LE CARROSSE
## DU SAINT-SACREMENT

SAYNÈTE

> Tu verás que mis finezas
> Te desenojan.
>
> CALDÉRON, *Cual es la mayor perfeccion.*

---

PERSONNAGES :

Don ANDRES DE RIBERA, vice-roi du Pérou.
L'ÉVÊQUE DE LIMA.
LE LICENCIÉ TOMAS D'ESQUIVEL.
MARTINEZ, secrétaire intime du vice-roi.
BALTHASAR, valet de chambre du vice-roi.
CAMILA PERICHOLE, comédienne.

*La scène est à Lima, en 17......*

---

**Le cabinet du Vice-Roi.**

*Le Vice-Roi, en robe de chambre, assis dans un grand fauteuil, auprès d'une table couverte de papiers. Une de ses jambes enveloppée de flanelle repose sur un coussin. Martinez, debout auprès de la table, une plume à la main.*

MARTINEZ. Messieurs les Auditeurs attendent la réponse de Votre Altesse.

LE VICE-ROI *d'un ton chagrin.* Quelle heure est-il ?

MARTINEZ. Bientôt dix heures. Votre Altesse a justement le temps de s'habiller pour la cérémonie.

LE VICE-ROI. Le temps est beau, dis-tu ?

MARTINEZ. Oui, monseigneur. Il souffle un vent frais de la mer, et il n'y a pas un nuage dans le ciel.

LE VICE-ROI. Je donnerais mille piastres fortes pour qu'il

plût à verse. Alors je resterais volontiers dans mon fauteuil à me dorloter ; mais par un temps comme celui-ci... quand toute la ville sera dans l'église... renoncer à se montrer, et céder le premier rang aux Auditeurs !...

MARTINEZ. Ainsi Votre Altesse se décide...

LE VICE-ROI. Les mules sont attelées ?...

MARTINEZ. Oui, monseigneur, elles sont attelées à ce beau carrosse qui vous est arrivé d'Espagne.

LE VICE-ROI. Les habitants de Lima n'en ont jamais vu un semblable... Quel effet cela va produire !... et je renoncerais à ce plaisir-là ! Non, ma foi !... Mes deux gardes¹ sont habillés de neuf, et je ne me suis pas encore montré au peuple avec mon habit de gala et la plaque dont je viens d'être décoré... On ne peut perdre une si belle occasion... Martinez, j'irai ; oui, vive Dieu ! et je marcherai. Une fois au bas du grand escalier, le plus fort sera fait. Qu'en dis-tu, Martinez ?

MARTINEZ. Le peuple sera enchanté de voir Son Altesse.

LE VICE-ROI. J'irai, morbleu ! et les Auditeurs, qui s'attendaient à jouer le premier rôle, en crèveront de dépit... D'ailleurs, je ne puis me dispenser d'y aller... L'évêque doit faire allusion, en chaire, à l'ordre dont je viens d'être décoré... Il est agréable de s'entendre dire ces choses-là... Allons, un effort... (Il sonne. Entre Balthasar.) Qu'on m'apporte mon habit de gala... Toi, réponds aux Auditeurs qu'ils aient à prendre place derrière moi pour la cérémonie... Balthasar, donne-moi des souliers et des bas de soie... Je veux aller à l'église.

BALTHASAR. A l'église, monseigneur ! et le docteur Pineda qui a défendu que Votre Altesse sortît !

LE VICE-ROI. Le docteur Pineda ne sait ce qu'il dit... Je sais bien si je suis malade ou si je ne le suis pas... Je n'ai pas la goutte... Mon père ni mon grand-père ne l'ont jamais eue... Il voudrait me faire croire qu'on a la goutte à mon âge !... Martinez, quel âge me donnes-tu ?

MARTINEZ embarrassé. Monseigneur... Votre Altesse a si bon visage... à coup sûr...

LE VICE-ROI. Je gage que tu ne devines pas... eh ?

MARTINEZ. Quarante... Hein ?...

LE VICE-ROI. Va, va, tu n'y es pas... Allons, Balthasar... habillons-nous... (Il fait des efforts pour se lever.) Aidez-moi donc, vous autres... plus doucement... Aïe... Plus doucement, morbleu... Je ne sais ce que c'est, mais il me semble que j'ai dix mille aiguilles dans ma pantoufle.

BALTHASAR. Ne vous exposez pas à l'air, monseigneur; cela serait dangereux.

LE VICE-ROI essayant de marcher. Oh! vive Dieu! quelle douleur!.... Jamais je ne pourrai mettre des souliers... ma foi!... Oh! corps du Christ!... Parbleu! va-t'en au diable avec tes bas de soie et tes souliers... J'aimerais autant être mis à la torture. (On l'assied.) Avance ce tabouret... Ouf! Je ne sais, mais je ne souffrais pas comme cela tout à l'heure.

BALTHASAR. Que Votre Altesse songe aux recommandations du docteur Pineda... Il dit que vous devez éviter le grand air... Et puis la cérémonie sera fatigante... Il faut rester longtemps debout...

LE VICE-ROI. Oui, c'est la fatigue que je crains... car je ne suis pas malade... Même, je suis assez bien, maintenant... et je pourrais sortir si je voulais... Mais je ne veux pas me rendre malade pour le sot plaisir de tenir un cacique indien sur les fonts de baptême... Baste! Martinez, écris à l'Auditeur don Pedro de Hinoyosa qu'il tienne l'enfant... c'est-à-dire le cacique, à ma place... Voici les douze noms qu'il doit porter... Je lui souhaite bien du plaisir... Balthasar, ôte-moi ces habits de devant les yeux... je ne veux pas avoir de regrets. Sotte chose que la gloire de montrer des galons, des rubans et des broderies!... Qu'on m'envoie aussi Pineda, s'il n'est pas à ce baptême du diable... Donne-moi un cigare et du *maté* [2]. Allons, puisque je suis obligé de garder la chambre et que je n'ai rien à faire, je vais m'occuper des affaires de ce gouvernement... Balthasar, je n'y suis pour personne, personne absolument. (A Martinez.) As-tu fini, voyons? (Il lit la lettre que Martinez vient d'écrire.) Bon... vive Dieu! tu oublies de mettre avec mes titres... chevalier de Saint-Jacques... Parbleu! je le suis depuis six mois en Espagne, et depuis trois jours au Pérou.

MARTINEZ. Je demande pardon de ma négligence à Votre Altesse. (Il ajoute ce titre à la lettre.)

LE VICE-ROI. Balthasar, envoie un écuyer avec cette lettre... Allons, Martinez, travaillons. Il y a bien des dépêches dans le portefeuille, n'est-ce pas?

MARTINEZ. Oui, monseigneur, j'allais en entretenir Votre Altesse. Pour commencer par le plus pressé, voici une lettre du colonel Garci Vasquez, lequel annonce qu'il règne une grande fermentation dans la province de Chuquisaca; que les Indiens font des assemblées fréquentes, et que, s'il ne reçoit pas de prompts secours, avant un mois ils seront en pleine révolte.

LE VICE-ROI. Martinez? mais il me semble que tu m'as déjà parlé de quelque chose de semblable. Le colonel Garci Vasquez, et la province de... de... diables de noms indiens! Pourquoi tous les Indiens ne parlent-ils pas espagnol?

MARTINEZ. Chuquisaca, monseigneur. J'ai eu l'honneur de faire à ce sujet un rapport à Votre Altesse, il y a deux mois, la dernière fois qu'elle a éprouvé une attaque de goutte... je veux dire, la dernière fois qu'elle a été indisposée.

LE VICE-ROI. Eh bien, qu'ai-je répondu?

MARTINEZ. Vous avez dit que vous y songeriez.

LE VICE-ROI. Ah! Eh bien!... Nous n'avons guère de troupes... A combien de lieues de Lima se trouve cette province de... tu sais bien?

MARTINEZ. A près de trois cents lieues d'Espagne.

LE VICE-ROI. Vraiment..... je croyais que c'était bien plus près... Eh bien! le cas est difficile, et il ne faut pas prendre de résolutions à l'étourdie. — J'y songerai. — Quel autre papier tiens-tu là à ta main?

MARTINEZ. C'est une supplique de Francisco Huayna Tupac, soi-disant descendant de la main gauche de l'inca Huayna Capac, lequel demande à joindre à son nom le titre d'inca, à en porter les armes et à jouir des priviléges dont jouissent les autres incas.

LE VICE-ROI. Et, est-ce qu'il n'y a rien pour accompagner cette demande?

MARTINEZ. Pardonnez-moi, monseigneur. Environ une aune et demie de satin de la Chine sur laquelle est peinte la généalogie du postulant, depuis Manco Capac, Titu Capac, Lloque Yupanqui... des noms à faire dresser les cheveux sur la tête...

LE VICE-ROI. Ce n'est pas là ce que je demande... Mais, quand on veut obtenir quelque chose de ce genre-là, on s'y prend d'une autre manière... Ce n'est pas une petite affaire que celle de vérifier une généalogie comme celle-là. C'est ordinairement l'affaire de mon secrétaire... et je ne suis pas fâché qu'il tire quelque profit de son travail... Après cela, si ce secrétaire est homme d'esprit... Tenez, informez-vous auprès de votre prédécesseur de ce que vous avez à faire.

MARTINEZ. Je comprends. Cet inca est fort riche...

LE VICE-ROI. Passons à une autre affaire. Pourquoi riez-vous?

MARTINEZ. C'est une plainte portée par la marquise d'Altamirano contre le perroquet de la señora Camila Perichole et la señora Perichole elle-même.

LE VICE-ROI. Autre folie de cette méchante fille!

MARTINEZ. « Attendu que le perroquet susdit, à l'instigation de la défenderesse, toutes les fois que la marquise passe dans la grand'rue, l'appelle en des termes que la pudeur de la demanderesse lui défend de répéter, « elle conclut à ce que la señora Perichole soit étranglée... Non, je me trompe, à ce que le perroquet soit étranglé et la señora, sa maîtresse réprimandée et mulctée.

LE VICE-ROI. Que dit donc ce perroquet?

MARTINEZ. Monseigneur, voici le fait. Il ne s'agit que d'une aimable espièglerie de la señora Camila. Le perroquet, quand la marquise passe, s'écrie : *A combien l'aune de drap?* Or, comme la marquise, avant d'épouser le marquis, était fille d'un riche marchand de drap, elle est grièvement offensée de l'allusion.

LE VICE-ROI. Cette fille-là me brouillera avec toutes les dames de Lima.

MARTINEZ. Voici une lettre de la comtesse de Montemayor qui se plaint d'une tentative de la señora Perichole pour la tourner en ridicule au théâtre, dans le saynète de *la Vieille coquette.*

LE VICE-ROI. Encore!

MARTINEZ. Votre Altesse sait avec quelle perfection cette inimitable actrice saisit et rend tous les ridicules.

LE VICE-ROI. Oui, mais elle passe les bornes et ne respecte rien. Je la tancerai vertement. Vive Dieu ! je me suis intéressé toute ma vie à l'art dramatique, mais je n'entends pas qu'on se permette des personnalités injurieuses pour des femmes dont les familles pourraient me faire le plus grand tort à Madrid.

MARTINEZ. Voici la pétition d'un capitaine invalide...

LE VICE-ROI. C'en est assez. Je commence à me fatiguer. Nous lirons le reste une autre fois ; mais, pendant que nous en sommes sur le sujet de la Perichole, je veux mon cher Martinez, que tu me parles d'elle à cœur ouvert.

MARTINEZ. Moi, monseigneur ? Eh ! que pourrais-je dire à Votre Altesse ?

LE VICE-ROI. Oui, je veux que tu me dises franchement ce qu'on en dit dans la ville, dans les sociétés que tu fréquentes.

MARTINEZ. On en parle partout comme d'un talent du premier ordre.

LE VICE-ROI. Bon ! ce n'est pas cela que je te demande. Je veux savoir ce que l'on dit de ma liaison avec cette fille ; car, au point où nous en sommes, le mystère serait inutile. Bien que tu sois depuis peu à mon service, tu as sans doute deviné... Que diable ! on est homme ; — et pour être un vice-roi, on n'est pas obligé de vivre comme un saint.

MARTINEZ. Monseigneur, Votre Altesse fait beaucoup d'envieux, et s'il faut tout dire, elle fait aussi des envieuses.

LE VICE-ROI. Flatteur ! mais il y a du vrai dans ce que tu dis... peut-être plus que tu ne le crois.

MARTINEZ. Ah ! monseigneur, je ne dis que la vérité.

LE VICE-ROI. Comme je sais que tu m'es entièrement dévoué, je veux bien te faire une confidence ; mais c'est à condition que tu paieras ma franchise par une franchise semblable. Tu sais que je ne suis pas de ceux à qui on fait voir des étoiles en plein midi... ainsi, fais bien attention à ce que tu vas dire.

MARTINEZ. Monseigneur, je parlerai à Votre Altesse comme si j'étais devant mon confesseur.

LE VICE-ROI. Eh bien! Martinez, apprends ce qui me tracasse. — La Perichole est au fond une bonne fille, mais fort évaporée. Elle fait sans cesse des imprudences qui peuvent la compromettre, et moi aussi. Tu sens bien que je ne crains pas qu'elle me trompe. Non, non, il ne s'agit pas de cela, et la pauvre fille est loin d'y penser; mais j'ai peur qu'à la ville on ne s'imagine qu'elle me trompe.

MARTINEZ. Ah! monseigneur...

LE VICE-ROI. Le monde est méchant et ne respecte pas les personnes d'un rang élevé. D'ailleurs, les apparences sont quelquefois trompeuses... Toi-même, Martinez, est-ce que tu n'as rien observé dans sa conduite qui t'ait donné des inquiétudes?

MARTINEZ. Comment Votre Altesse peut-elle croire...

LE VICE-ROI. Tiens, pour te mettre à ton aise, je veux bien te dire que tu ne plais guère à la Perichole. Elle m'a demandé ta place; tu ne devinerais jamais pour qui?... pour le neveu de son cordonnier. — Il est vrai que ce cordonnier lui fait des souliers admirables. Dieu! lorsqu'elle danse dans *la Gitanilla* avec des bas de soie roses et des souliers couverts de paillettes... ah! Martinez, Martinez, qu'elle est jolie!

MARTINEZ à part. La traîtresse!

LE VICE-ROI. Comme je te suis attaché, je l'ai renvoyée bien loin. Mais tu vois par ce trait que la Perichole ne t'aime point. Ainsi tu n'es pas tenu de la ménager. C'est pourquoi, je te le répète encore une fois, parle avec toute franchise.

MARTINEZ. Ah! mon bon maître!

LE VICE-ROI. Je t'écoute; mais prends bien garde de mentir avec moi.

MARTINEZ. Comblé comme je le suis des bontés de Votre Altesse, je ne sais pas en vérité comment je pourrais jamais les reconnaître... Mais surtout la confidence que Votre Altesse a daigné me faire me met dans un grand embarras... car maintenant je n'ose dire... Ce n'est pas que j'aie à dire quelque chose... qui puisse porter préjudice à la señora Perichole... Mais peut-être Votre Altesse pensera-t-elle, au premier abord, que c'est... en quelque sorte... un motif de vengeance... s'il est permis d'appeler vengeance... ce qui ne peut nuire... car Votre Altesse sans doute ne lui en voudra point... puisque après tout... il ne s'agit que de bagatelles.

LE VICE-ROI. Quelles bagatelles ? Explique-toi.

MARTINEZ. Oh ! rien de sérieux. Il est certain que la señora Perichole vous aime... Votre Altesse est si bonne ! qui pourrait ne pas l'aimer ?... Peut-être était-ce par pure méchanceté qu'on me le disait... car, comme l'observait fort bien Votre Altesse tout à l'heure, le monde est méchant.

LE VICE-ROI. Qu'est-ce qu'on te disait ?

MARTINEZ. Il ne faut pas que Votre Altesse attache de l'importance à ce qu'il me disait, car ce n'est que le premier garçon du marchand de soieries de la rue du Callao... Et je ne devrais peut-être pas redire à Votre Altesse les propos que tiennent les personnes de cette classe... Votre Altesse ne daignera peut-être pas les entendre, mais enfin Votre Altesse m'a commandé de dire ce que je sais, et je ne puis dire que ce qu'on m'a dit.

LE VICE-ROI. Corps du Christ ! dis donc ce qu'on t'a dit.

MARTINEZ. Ce jeune homme, qu'on appelle Luis Lopez, et qui appartient d'ailleurs à une honnête famille, m'a dit, comme nous parlions de soieries, qu'il avait vendu l'autre jour huit aunes de satin cramoisi au capitaine Hernan Aguirre, qui l'avait payé, sans marchander, dix ducats l'aune.

LE VICE-ROI. Au fait !

MARTINEZ. Eh bien ! monseigneur, Luis Lopez prétendait avoir vu ce même satin cramoisi façonné en robe, et porté par la señora Perichole. Vous souvenez-vous de la robe qu'elle avait dimanche soir ? C'est celle-là même. — Mais rien de plus probable que Luis Lopez se sera trompé... d'autant plus que le capitaine en payant, disait : « Je ne « marchande pas, car c'est pour ma maîtresse. »

LE VICE-ROI. Pour sa maîtresse !

MARTINEZ. Preuve, selon moi, qu'il se trompait... Moi, je lui ai parlé vertement, et je lui ai dit ce que je pensais de sa belle histoire... Mais, si je l'avais cru, il m'en aurait conté bien d'autres.

LE VICE-ROI. Quoi donc encore ?

MARTINEZ. Oh! de ces histoires qu'il a ramassées je ne sais où... Par exemple, qu'un soir un sergent de ronde attrapa dans la rue du Palais un homme qui n'avait qu'un manteau par-dessus sa chemise : à la vérité, il tenait ses chausses à la main. D'abord on le prit pour un voleur ; mais arrivé au corps de garde, le lieutenant de service vit que ce prétendu voleur était le capitaine Aguirre. — Mais qu'est-ce que cela prouve ?

LE VICE-ROI. Quelle nuit ?

MARTINEZ. Il disait la nuit du vendredi au samedi... Cette nuit que nous avons attendu si longtemps... Mais, dans la rue du Palais, il y a quelques dames qui ne sont pas des plus farouches... Je présume que le capitaine courtise la señora Beatriz.... Ah ! mais je me trompe ; car il y a près de quinze jours qu'elle est partie pour Quito... Si ce n'est elle, ce sera une autre.

LE VICE-ROI. Est-ce là tout ce que tu sais ?

MARTINEZ. Hélas! monseigneur ! Votre Altesse sait bien que les médisances ne s'arrêtent jamais en beau chemin, et qu'une fois que les mauvaises langues ont commencé à s'exercer sur quelqu'un, elles trouvent bientôt qui leur fait chorus... Mais ce qui me reste à dire est si extravagant, que je crains d'ennuyer Votre Altesse en le lui répétant.

LE VICE-ROI. Point. Cela ne m'ennuie pas. Continuez.

MARTINEZ. Au dernier combat de taureaux... en vérité la médisance est assez bien arrangée pour les détails, mais pour le fond elle est d'une absurdité criante. Au dernier combat de taureaux, Votre Altesse a peut-être remarqué un grand gaillard bien fait, léger comme une panthère, courageux comme un lion, un *cholo* [3] nommé Ramon, et qui est un des habiles matadors de Lima ?

LE VICE-ROI. Eh bien ?

MARTINEZ. On dit... vous savez que les faiseurs de médisances disent tout ce qui leur vient à l'esprit... on dit qu'il n'est pas sans exemple que quelques-uns de ces messieurs aient osé prétendre aux bonnes grâces de certaines dames de haut parage... et, ce qui est bien plus extraordinaire, que l'on a vu des dames, distinguées par leur naissance ou autrement, s'abaisser jusqu'à favoriser les prétentions de ces misérables. — Je crains de fatiguer Votre Altesse qui me semble souffrir dans ce moment.

LE VICE-ROI. Oui, mon pied me fait grand mal.

MARTINEZ. Or donc, quelques gens oisifs et méchants, comme, Dieu merci, il n'en manque pas à Lima, ont prétendu surprendre des œillades fort enflammées que le matador lançait à la belle comédienne. N'a-t-on pas remarqué encore que cet homme, qui est consommé dans son art, au lieu d'attirer le taureau sous la loge de Votre Altesse, pour le tuer là, comme tout matador bien appris a coutume de le faire... eh bien! ce Ramon, au contraire, se postait sous la loge de la señora Perichole, lui faisant ainsi tous les honneurs de la fête. Il faut avouer qu'il y a des gens qui trouvent du mal partout, même dans ce qu'il y a de plus innocent! Par exemple, à cette même course, la señora a fait quelque chose qu'ils ont bien mal interprété, et qui au fond n'a rien que de naturel. Au moment où le taureau noir et blanc, le plus terrible de tous, a été abattu par Ramon, le collier de perles de la señora Perichole est tombé dans l'arène. Ramon l'a ramassé et l'a passé à son cou, après l'avoir baisé avec respect. Mais moi, je suis convaincu que ce collier est tombé par accident, puis par générosité la señora l'a abandonné au matador, lequel, au reste, ne l'a pas vendu, comme bien des gens de sa profession l'auraient fait à sa place, pour aller en dépenser le prix au cabaret. Lui, au contraire, le porte à son cou par la ville, fier comme un paon, et bravant encore plus qu'à l'ordinaire. Que Votre Altesse imagine quelle bonne fortune que cet accident pour la médisance! Aussi Dieu sait comment les gens travestissent l'affaire. Suivant eux, la señora Perichole se serait élancée hors de sa loge, elle aurait arraché elle-même son collier exprès, et l'aurait jeté au matador en criant : Bravo, Ramon! — La señora Romer, du grand théâtre, et qui se trouvait dans la même loge... (mais c'est la jalousie qui la fait parler) a dit que la señora Perichole s'était écriée : Bravo, *mon* Ramon! J'étais trop loin pour entendre, mais je gage qu'elle a menti; car elle est si méchante, tenez, qu'elle ose dire qu'à la dernière représentation de « *la Fille de l'Air,* » la couronne qui est tombée aux pieds de la señora Perichole avait été lancée par Ramon *le cholo.* Enfin elle va jusqu'à conter que Ramon est entré quelquefois dans sa loge au théâtre, et que même il va chez elle. Ce n'est pas que le drôle ne soit assez hardi pour tout oser. Il se croit un Adonis malgré sa peau tannée ; il joue de la guitare, il jouerait des couteaux au besoin... Personne auprès de lui n'oserait tousser ou se moucher quand la Perichole chante... C'est un homme précieux pour une actrice. — La Romer ajoute que la señora Perichole s'enferme quelquefois des heures entières avec lui, surtout quand Votre Altesse va à la chasse, ou lorsqu'elle est malheureusement indisposée.

LE VICE-ROI. Est-ce là tout ce que vous savez?

MARTINEZ. De semblables propos la kyrielle ne finirait jamais; mais, comme j'y attachais peu d'importance, et que je présume que Votre Altesse...

LE VICE-ROI. Monsieur Martinez, vous êtes un faquin.

MARTINEZ. Monseigneur !

LE VICE-ROI. Un insolent, un effronté menteur.

MARTINEZ. Monseigneur, je n'ai rien dit à Votre Altesse que ce que j'avais entendu dire.

LE VICE-ROI. Et voilà, monsieur, ce qui prouve votre impertinence. Comment! vous osez me débiter insolemment comme parole d'Évangile tous les sots bavardages que vous entendez dans les coulisses! Qu'allez-vous faire dans les coulisses, monsieur ? Est-ce là votre place ? Vous donné-je des appointements pour cabaler avec les acteurs? Vous ne faites rien ; vous êtes un paresseux... et un menteur. Il n'y a pas un mot de vrai dans ce que vous avez eu la hardiesse de me soutenir en face. Comment! misérable, vous osez me dire que je suis le rival d'un matador ! d'un cholo !

MARTINEZ. Non, monseigneur... Je ne dis pas...

LE VICE-ROI. Je connais la Perichole. C'est une excellente fille, qui n'aime que moi. Vous êtes un menteur, un impudent menteur, et il n'y a pas une syllabe de vrai dans tout ce que vous avez dit.

MARTINEZ. Que Votre Altesse daigne se souvenir...

LE VICE-ROI. Taisez-vous. — Je vous ai tiré de la boue

pour vous prendre à mon service. Je voulais faire votre fortune. Vous êtes indigne de mes bontés. Je devrais vous chasser ignominieusement; mais, par une extrême faiblesse de ma part, je veux bien vous donner une place. Je vous fais receveur des contributions dans la province de... auprès du colonel Garci Vasquez. Partez vite; si vous êtes demain à Lima, je vous fais conduire au Callao entre quatre dragons, et vous n'en sortirez qu'à ma mort.

MARTINEZ. Hélas!... miséricorde! monseigneur, c'est pire que la prison. Que Votre Altesse daigne se rappeler que je n'ai parlé que par son ordre.

LE VICE-ROI. Ah! vous raisonnez encore. Qui donc est le maître ici? Vive Dieu! si je pouvais marcher, je vous assommerais à coups de canne! Hors d'ici, faquin, ou je vous fais jeter par la fenêtre. Ah! je ne vaux pas un cholo? un cholo! Impudent! hors d'ici!

On entend un grand bruit à la porte du cabinet : entrent Balthasar, ensuite la Perichole. Sort Martinez.

BALTHASAR. Monseigneur, c'est mademoiselle qui veut absolument entrer, quoique je lui dise que Votre Altesse est en affaires.

LE VICE-ROI. Qu'elle entre; et vous, sortez.

LA PERICHOLE. Il est assez étrange qu'on ne puisse vous voir qu'en emportant d'assaut la porte de votre cabinet. J'espère qu'il n'y a là dedans qu'une méprise de votre butor d'huissier.

LE VICE-ROI d'un ton chagrin. Je vous croyais à la cérémonie.

LA PERICHOLE. Je ne sais encore si l'on m'y verra. Cela dépend un peu de vous. — Mais, avant tout, comment va votre goutte?

LE VICE-ROI avec une humeur croissante. Je n'ai pas la goutte.

LA PERICHOLE. Ah! ce n'est, à ce que je vois, qu'un accès de mauvaise humeur rentrée. Tant pis; j'avais quelque chose à vous demander, et j'espérais vous trouver en de meilleures dispositions. Puisqu'il en est ainsi, je vous baise les mains. Adieu; nous reparlerons de cela une autre fois.

LE VICE-ROI. Camila, ne vous en allez pas si vite. J'ai à vous parler, moi. Vive Dieu! on croirait que vous avez peur d'un tête-à-tête avec moi.

LA PERICHOLE. Oh ! Votre Altesse me fait rarement peur.

LE VICE-ROI. Restez. Tenez-moi compagnie quand je suis malade... — Je sais bien que vous aimeriez mieux causer avec le capitaine Aguirre... mais il faut savoir se résigner quelquefois.

LA PERICHOLE. Aguirre ? Je le quitte à l'instant.

LE VICE-ROI. Vous le quittez à l'instant... Fort bien, madame ! vous m'épargnez une préface, et je puis entrer en matière sur-le-champ.

LA PERICHOLE. Monseigneur, je soupçonne que vous voulez me régaler d'une petite scène de jalousie ; car il y a près de deux mois que vous n'avez donné carrière à vos humeurs jalouses. Je crains que cette scène ne dure un peu de temps, et, si vous l'aviez pour agréable, je vous ferais ma demande tout de suite. Vous me l'accorderiez, et nous remettrions à demain les reproches et les fureurs.

LE VICE-ROI. Je ne suis guère d'humeur à vous accorder des grâces ; vous abusez de celles que vous avez obtenues de moi.

LA PERICHOLE. Beau début ! mais c'est à mon tour de parler... Toutes les bégueules de Lima se sont liguées pour me mortifier de toutes les manières, et le tout, parce que je suis plus jolie qu'elles. — N'est-ce pas que je suis jolie aujourd'hui ? — Il y a entre nous une petite guerre bien active de petites calomnies et de petites noirceurs. Si je n'étais pas si pressée, je vous en conterais quelques-unes. En outre, nous faisons tous nos efforts de part et d'autre pour nous surpasser par la magnificence de nos parures, le goût de nos toilettes, etc. Aussi nous sommes une providence pour les bijoutiers et les marchandes de chiffons.

LE VICE-ROI. Qu'ai-je affaire, morbleu ! de toutes ces balivernes ? Si vous ne surpassez ces dames par le luxe de vos parures, en fait d'amants...

LA PERICHOLE avec une grande révérence. En fait d'amants, je fais tout au contraire de ces dames. Je préfère la qualité à la quantité.

LE VICE-ROI. Perichole, laissez-moi parler ; je suis très-sérieux en ce moment.

LA PERICHOLE parlant en même temps. Écoutez-moi, je n'ai que deux mots à vous dire...

LE VICE-ROI. Je suis très-mécontent de vous. De tous côtés on parle de votre coquetterie, et, s'il faut parler net, je crains que vous ne me fassiez jouer un sot rôle.

LA PERICHOLE parlant en même temps. Je me suis avisée, aujourd'hui même, d'une invention sublime qui fera crever de dépit toutes ces dames, pourvu toutefois que vous soyez aimable comme vous l'êtes quelquefois.

LE VICE-ROI. Mais, vive Dieu! écoutez-moi donc!

LA PERICHOLE. Mais, morbleu! écoutez-moi donc! Je suis femme, vous êtes Castillan, vous me devez du respect; ainsi, taisez-vous quand je parle.

LE VICE-ROI. Eh bien, parlez! vous ne perdrez rien pour attendre.

LA PERICHOLE. Aujourd'hui, comme vous le savez, toutes les femmes de Lima se font voir dans leurs parures les plus élégantes, étalant à l'envi tout le luxe qu'elles peuvent. — Toutes les voitures qui sont à Lima sont au nombre de cinq : les deux vôtres, celle de l'évêque, celle de l'Auditeur Pedro de Hinoyosa, enfin le carrosse de la marquise Altamirano, mon ennemie capitale, presque aussi vieux que sa maîtresse, mais enfin c'est un carrosse. Or donc, ce matin, apprenant que vous gardiez la chambre aujourd'hui, je me suis mis en tête que vous pourriez assurer mon triomphe sur ma rivale, en me faisant don de ce beau carrosse qui vous est arrivé de Madrid.

LE VICE-ROI. Est-ce là ce que vous vouliez me demander?

LA PERICHOLE. Vous me ferez plus de plaisir en me donnant ce carrosse que si vous me donniez une mine ou un département d'Indiens.

LE VICE-ROI. Certes, la demande est modeste. Elle ne veut qu'un carrosse pour se faire traîner à l'église comme une marquise. Je n'en reviens pas.

LA PERICHOLE. Vous savez, don Andres, que je fais peu de cas de l'argent. Je ne sais ce que vous coûte cette voiture, mais vous êtes riche. S'il ne s'agissait pas d'humilier des ennemies mortelles, vous sentez bien que je ne vous aurais pas demandé un cadeau d'une aussi grande valeur. Au surplus, si ma demande vous choque, oubliez-la. Si j'ai eu tort de vous la faire, je vous en demande pardon. J'ai le défaut d'agir d'abord, et de réfléchir ensuite.

LE VICE-ROI. Un carrosse ! il ferait beau voir une comédienne en carrosse ! Êtes-vous un évêque, madame, un Auditeur ou une marquise, pour aller en carrosse?

LA PERICHOLE. Eh! ne suis-je pas tout à la fois l'infante d'Irlande, la reine de Saba, la reine Thomyris, Vénus et sainte Justine, vierge et martyre?

LE VICE-ROI. Folle!

LA PERICHOLE. Toutes ces dames-là valent bien une vieille marquise dont le père vendait du drap à Cordoue pour habiller les muletiers. — Allons, mon petit papa, mon cher Andresillo, vous avez ri; vous n'êtes plus de mauvaise humeur, vous êtes charmant à votre ordinaire, et vous me donnerez votre carrosse, n'est-ce pas ?

LE VICE-ROI. Camila, d'abord vous demandez des choses extravagantes, ensuite vous prenez mal votre temps, car j'ai maintenant à me plaindre de vous.

LA PERICHOLE. Et si je voulais user de représailles !

LE VICE-ROI. Écoutez, vous avez tort de tourner tout en plaisanterie. Je vous assure que votre conduite m'est connue maintenant, et que je ne veux plus être votre dupe.

LA PERICHOLE. Si je n'obtiens pas de vous ce carrosse, il faudra que je m'en retourne chez moi bien tristement; car le moyen d'aller à cette cérémonie à pied comme une fille du peuple, ou en chaise à porteurs comme une bourgeoise! et surtout après les espérances que j'avais conçues... Ah! monseigneur le vice-roi du Pérou, vous êtes un cruel homme !... Combien vous coûte ce carrosse?

LE VICE-ROI. Laissez votre carrosse, mademoiselle, et répondez-moi. Je suis parfaitement au fait de toutes vos actions, et vous saurez que je ne suis plus aveuglé sur votre compte, comme je l'étais quand je vous aimais. Maintenant, je ne vous aime plus, entendez-vous ? Je suis détrompé, je vous connais... Cependant, je serais bien aise de voir de quel air vous pourriez vous y prendre pour vous justifier... Voyons, essayez... parlez, que diantre ! parlez... Eh bien, à quoi pense-t-elle ainsi, les yeux levés au ciel?

LA PERICHOLE. Ce beau carrosse!

LE VICE-ROI. Vous feriez perdre patience à un saint! Que le diable emporte le carrosse! — Je sais que le capitaine Aguirre vous aime.

LA PERICHOLE. Je le crois sans peine. — Donnez-moi un de ces cigares.

LE VICE-ROI. ...Et que vous l'aimez... oui, vous l'aimez... je le sais, j'en suis sûr... Mais soutenez donc le contraire... du courage! Niez, par exemple, qu'il vous ait donné une robe de satin cramoisi... Niez, niez-le! je ne vous en empêche pas.

LA PERICHOLE. Il aurait dû me donner aussi une mantille de dentelle. J'ai déchiré la mienne.

LE VICE-ROI. Et on l'a surpris à demi vêtu sous vos fenêtres..... Je le sais bien, je l'ai vu... Mais, vive Dieu! dites donc que cela est faux... Vous qui êtes si bonne comédienne, vous devez mentir de l'air dont les autres disent la vérité.

LA PERICHOLE. Merci du compliment.

LE VICE-ROI. Vous sentez bien, ma mie, que cela ne peut durer. Aussi nos relations vont cesser... Et cela devrait être fait depuis longtemps... car je ne suis pas homme à entretenir les maîtresses du capitaine Aguirre... — Vous êtes bien tranquille... Vous croyez peut-être que je prends votre flegme pour le calme de l'innocence?

LA PERICHOLE d'un ton tragique. C'est le calme du désespoir. Je ne vois là dedans que l'occasion perdue d'aller à l'église en carrosse. L'heure va se passer, et, quand vous me demanderez pardon, il sera trop tard.

LE VICE-ROI. Ah! vous demander pardon, ma mignonne? Ah! vous ne prétendez à rien moins? Eh bien! je vous demande pardon d'avoir découvert une autre intrigue avec un personnage bien illustre.

LA PERICHOLE. Et de deux. Quand nous serons à trois, nous ferons une croix.

LE VICE-ROI. Ce n'est rien moins que le vaillant Ramon, cholo de nation et matador de son métier. — Vous choisissez bien vos amants, madame. C'est un homme célèbre, et tout Lima est rempli de son nom.

LA PERICHOLE. Il est vrai, et sa réputation n'est pas usurpée comme tant d'autres. C'est le plus brave toréador du Pérou, et peut-être le plus beau et le plus robuste.

LE VICE-ROI. Parbleu! il est clair que vous n'êtes pas femme à quitter un vice-roi pour le premier venu. D'ailleurs, en personne habile, vous quittez un amant pour en prendre deux. Vous donnez un ducat, mais vous en prenez la monnaie.

LA PERICHOLE. Si bien qu'à votre compte un capitaine et un matador seraient la monnaie d'un vice-roi? Votre Altesse se trompe dans son calcul. Il faudrait, suivant moi, trois vice-rois pour faire la monnaie d'un capitaine, et six vice-rois au moins pour la monnaie d'un matador.

LE VICE-ROI. Vous êtes une impudente...

LA PERICHOLE. Courage!

LE VICE-ROI. Une effrontée, qui ne prend pas même le soin de cacher ses débordements par un peu de respect humain.

LA PERICHOLE. Ferme! (Déclamant.) « Cruelle imagination! « pourquoi, par tes doux prestiges, affliges-tu mon cœur[4]? »

LE VICE-ROI. Prendre un matador et un cholo pour amants!... Vous êtes une Messaline!

LA PERICHOLE. Qu'est-ce que cela veut dire?

LE VICE-ROI. Vous êtes...

LA PERICHOLE. Que Votre Altesse ne se contraigne point. J'imagine qu'elle se livre à ces accès de fureur par ordonnance du médecin. En effet, vous vous échauffez, et cela doit être bon pour la goutte.

LE VICE-ROI. Taisez-vous, infâme! Prendre un cholo pour amant! Vive Dieu! — Je vous ai comblée de mes faveurs... Pour vous, je me suis presque compromis aux yeux du public... car il est scandaleux que le représentant du roi d'Espagne aille chercher sa maîtresse sur les planches d'un théâtre!... Je ne sais qui me retient... Mais, si je n'étais mille fois trop bon, je vous ferais fourrer dans une maison de correction.

LA PERICHOLE. Vous n'oseriez pas!

LE VICE-ROI. Je n'oserais pas!... Vite une plume et de l'encre, et je signe l'ordre.

LA PERICHOLE. Il y aurait une révolte à Lima, si la Perichole était en prison.

LE VICE-ROI. Une révolte ! ta, ta, ta!

LA PERICHOLE. Oui, une révolte. Faites décapiter, pendre tous vos nobles marquis, comtes et chevaliers de Lima, pas une voix ne criera, pas un bras ne se lèvera pour eux. Faites égorger douze mille pauvres Indiens, envoyez-en vingt mille dans vos mines, on vous applaudira, on vous donnera du Trajan par le nez... Mais empêchez les Liméniens de voir leur actrice favorite, et ils vous assommeront à coups de pierres.

LE VICE-ROI. Oui, oui !... Et, si je défends au directeur de renouveler votre engagement qui va finir ?

LA PERICHOLE. Eh bien! je prendrai ma guitare, et j'irai chanter dans la rue, sous vos fenêtres ; et dans mes chansons je ferai rire aux dépens de votre vice-royauté et de votre goutte.

LE VICE-ROI. Fort bien. Et que feriez-vous, si je vous envoyais en Espagne par le premier galion?

LA PERICHOLE. Vous ne pourriez me faire un plus grand plaisir... Je meurs d'envie de voir la vieille Europe, et d'ailleurs, en Espagne, j'ai la chance de devenir la maîtresse du premier ministre ou du roi, et, le cas échéant, je me venge de vous. Je vous fais accuser, ramener prisonnier en Espagne, les fers aux pieds, comme Christophe Colomb, et ensuite vous serez bien heureux si je vous fais grâce de la potence et si je vous envoie seulement pourrir dans la tour de Ségovie.

LE VICE-ROI. En attendant que cela arrive, ne remettez plus les pieds dans ce palais.

LA PERICHOLE. Certes, jamais je n'obéirai plus volontiers à Votre Altesse.

LE VICE-ROI. Encore un instant. Comme c'est la dernière fois que nous nous voyons, il faut terminer nos comptes... Je vous méprise trop pour vous accabler. Andres de Ribera ne daigne pas punir une offense quand elle part de trop bas. — Je vous ai donné des sommes considérables, des cadeaux précieux... gardez-les. On vous paiera trois mois de votre pension, et j'espère qu'avec cela vous entrerez à l'hôpital quelques semaines plus tard.

LA PERICHOLE. J'ai écouté patiemment vos injures et les

calomnies atroces que vous venez de me faire entendre ; je les attribuais à l'état de souffrance où je vous vois ; mais ce dernier outrage ne peut se pardonner. Je descends de vieux chrétiens et de Castillans, monseigneur, et j'ai le cœur trop haut pour accepter les présents d'un homme que je n'aime pas. Tous vos cadeaux vous seront rendus. Je vendrai ma maison et mes meubles pour payer le reste. En attendant, voici un collier de diamants et des bagues que vous m'avez donnés... Ce soir, je n'aurai rien à vous.

<small>Elle ôte ses bijoux et se dispose à sortir.</small>

LE VICE-ROI ému. Perichole!... Perichole! La... ne vous en allez pas... Écoutez... écoutez donc... Faut-il que je me lève?... Aïe! aïe!

LA PERICHOLE s'arrêtant. Vous vous êtes fait mal?

LE VICE-ROI. Vous parliez de calomnies ?

LA PERICHOLE. Je ne me souviens plus de ce que j'ai dit.

LE VICE-ROI. Dis seulement que cela n'est pas vrai, et j'oublie tout.

LA PERICHOLE. Croyez-en ce qu'il vous plaira. Je baise les mains de Votre Altesse.

LE VICE-ROI. Non, ne t'en va pas encore... Perichole... J'étais en colère... j'ai été trop vif... Mais maintenant expliquons-nous tranquillement. — Ainsi, tout ce qu'on m'a dit de toi était faux!

LA PERICHOLE. Laissez-moi m'en aller. Je tiens peu à votre opinion.

LE VICE-ROI. Voyons donc, Camila. Eh bien! je crois que j'ai eu tort. Es-tu satisfaite?

LA PERICHOLE. Non, non, vous avez raison.

LE VICE-ROI. Entêtée! méchante!... Je te déteste; mais va, tu es charmante toujours... Je t'aime trop... Je sais bien que tout ce que l'on m'a dit est faux... Mais dis-moi que cela est faux... rien que...

LA PERICHOLE. Non : vous m'avez trop offensée pour que je tienne beaucoup à votre estime.

LE VICE-ROI. Allons, Camila! Eh bien! n'en parlons plus... Je te demande pardon... J'ai eu tort... C'est que j'étais si souffrant que je ne savais ce que je disais. Tout est fini... Donne-moi la main... Mais dis-moi...

LA PERICHOLE. Que je vous dise?...

LE VICE-ROI. Que tu n'es plus fâchée, et que tu me pardonnes mon emportement.

LA PERICHOLE lui donnant la main. Oui, je vous pardonne; car je crois que vous m'aimez véritablement.

LE VICE-ROI. Au moins, par générosité... Je suis bien sûr de toi... Je ne suis plus jaloux... Mais est-ce que cela te coûterait beaucoup de dire qu'on t'a calomniée?

LA PERICHOLE. Quoi! toujours vous en revenez là?

LE VICE-ROI. Allons! voilà qui est dit... n'en parlons plus... Je te crois sans que tu te défendes... Pourtant... Vois comme je suis faible!

LA PERICHOLE. En vérité, monseigneur, faut-il vous montrer à quel point la jalousie vous a troublé la raison? Voyons: cherchons à nous rappeler vos reproches. Ah! la robe de satin cramoisi?... Bon Dieu, quelle idée!

LE VICE-ROI. Oui, cela était ridicule; mais...

LA PERICHOLE. Il est parfaitement vrai que je possède une robe de satin cramoisi, et il est non moins vrai que je l'ai achetée d'une fille de couleur, ma voisine, qui est entretenue par le capitaine Aguirre. Avait-elle reçu cette robe de son amant ou d'un autre, c'est ce que j'ignore... C'est ma femme de chambre qui a fait le marché, et vous pouvez l'interroger là-dessus.

LE VICE-ROI. Je m'en garderai bien, mon enfant!... Je te crois. (A part.) Ah! coquin de Martinez, tu me paieras l'imposture.

LA PERICHOLE. Quant à l'autre histoire du capitaine Aguirre, je n'ai rien à vous dire, sinon que les accidents de cette espèce sont communs à Lima, et que je ne puis les empêcher. D'ailleurs, je crois me souvenir que ce jour-là même vous êtes resté fort tard à souper chez moi.

LE VICE-ROI. Perichole ma mignonne, je ne veux plus entendre un mot là-dessus. Cela me rend trop honteux... Dieu merci, je ne suis plus jaloux... Tu disais donc que ce cholo...

LA PERICHOLE. Vos espions vous ont aussi bien instruit relativement au cholo Ramon. Il est vrai qu'aux dernières coursés je fus transportée d'admiration en voyant son adresse et son courage, car aussitôt qu'il eut enfoncé son épée dans l'épaule du taureau, sûr de son coup, sans daigner regarder si l'animal conservait encore quelque reste de vie, il fit une pirouette, et, tournant le dos au taureau, il me fit un salut fort gracieux pour un homme de sa profession. Je compris ce que cela voulait dire, et je cherchai ma bourse pour la lui jeter ; mais je l'avais oubliée. Je pris donc le premier objet de prix qui me tomba sous la main. Mais jamais je ne me serais avisée de croire que dans une semblable action on pût voir de l'amour. Un cholo ! un matador ! un homme qui boit de l'eau-de-vie et qui mange des oignons crus ! Ah ! monseigneur !

LE VICE-ROI. Oui, oui, j'avais tort, ma toute belle... Cependant, si j'avais été ce taureau, j'aurais rassemblé le reste de mes forces, et j'aurais rudement secoué monsieur Ramon.

LA PERICHOLE. Alors j'aurais crié : « *Vive le taureau !* »

LE VICE-ROI. Tu es charmante ! demande-moi ce que tu voudras... Car je ne crois pas du tout que tu fasses venir chez toi ce Ramon qui mange des oignons crus.

LA PERICHOLE. Pardonnez-moi. Votre Altesse n'ignore pas que je dois jouer bientôt le principal rôle dans la comédie du poëte Peransurez. J'y dois chanter un air avec des paroles dans le patois de ces gens-là ; et pour bien saisir leur accent et leur prononciation, je fais venir Ramon qui a une assez belle basse-taille, et qui chanterait toute une journée, pourvu qu'on lui donnât suffisamment à boire. — Je n'ajouterai plus qu'un mot. Pour peu que Votre Altesse conserve des doutes, elle peut envoyer le capitaine à Panama, et le matador à Cuzco ; mais je crains que, si la chose a fait du bruit, leur exil ne donne lieu aux mauvais plaisants de s'égayer à vos dépens et aux miens.

LE VICE-ROI. Ah ! ma bonne Perichole, comment te faire oublier.....

LA PERICHOLE. L'amour fait excuser bien des choses ; mais j'engage Votre Altesse à se tenir en garde à l'avenir contre ces domestiques qui affectent beaucoup de dévouement, tandis qu'ils sont tout disposés à trahir leurs maîtres.

LE VICE-ROI. Comment?

LA PERICHOLE. Je ne nomme personne, et le métier de dénonciateur ne sera jamais le mien. Jeune, assez jolie, comédienne, je suis exposée à recevoir bien des propositions impertinentes, et j'imagine que certain petit présomptueux que vous honorez de votre confiance, et que j'ai fait chasser de nos coulisses, vous aura régalé de toutes ces belles histoires.

LE VICE-ROI. Oh! le scélérat! Je m'en étais toujours douté. Oh! le monstre! comment! il a osé te faire des propositions! Tu parles de Martinez, n'est-ce pas?

LA PERICHOLE. Je ne veux nuire à personne.

LE VICE-ROI. Ah! coquin! ce n'est pas avec Garci Vasquez que tu iras. C'est au fort de Callao, et le diable m'emporte si tu en sors de sitôt!

LA PERICHOLE. Je n'ai rien dit contre ce jeune homme. Qui vous prouve que j'ai voulu le désigner?

LE VICE-ROI. Laisse-moi faire. Je sais ce que je sais... — Mais, mon enfant, tu m'avais demandé, je crois, mon carrosse?... Diable! c'est...

LA PERICHOLE. Ne parlons plus de cela; je suis assez heureuse maintenant, puisque je n'ai pas perdu votre amitié.

LE VICE-ROI. Mais cela te ferait donc beaucoup de plaisir?... C'est que, vois-tu, ma petite...

LA PERICHOLE. Oui, j'y tenais beaucoup... Mais depuis cette cruelle discussion j'ai changé d'idée.

LE VICE-ROI. Tu comptais que je te l'aurais donné... C'est que, diable... ce carrosse... non pas que j'y tienne... mais que diantre dira-t-on si...

LA PERICHOLE. Laissons cela. D'ailleurs, il est bien tard pour aller à la cérémonie. Je n'arriverais pas à temps.

LE VICE-ROI. Quant à cela, mes mules trottent vite... Je ne crains que ces maudits Auditeurs... Ce Pedro de Hinoyosa... il va travestir l'affaire à sa guise...

LA PERICHOLE. Il vous déteste parce que le peuple vous aime... Mais je serais désolée de vous compromettre avec lui. Il paraît que c'est un monsieur qu'il faut ménager.

LE VICE-ROI *après un instant de réflexion*. Parbleu! qu'il dise ce qu'il voudra... Ne suis-je pas le maître de donner ce qui m'appartient, et à qui bon me semble?

LA PERICHOLE. Non, de grâce. J'ai fait réflexion à l'extravagance de ma demande, et je rougis maintenant de vous en avoir importuné. — Et puis... je me suis tellement fait violence tout à l'heure pour ne pas pleurer... que j'ai plus d'envie de me jeter sur mon lit pour reposer mes nerfs, que d'aller me promener.

LE VICE-ROI. Pauvre enfant, comme elle m'aime !... Non, ma fille, il faut que tu prennes l'air, cela te fera du bien. Pineda m'ordonne de monter en voiture, quand je viens de me mettre en colère... Va, mignonne, mon carrosse est à toi. Sonne, pour que l'on attelle sur-le-champ.

LA PERICHOLE. Monseigneur, de grâce, réfléchissez ; vous êtes maintenant trop bon, comme avez été trop injuste tout à l'heure.

LE VICE-ROI. Sonne, te dis-je. Je veux que tes ennemies en meurent de jalousie.

LA PERICHOLE. Mais...

LE VICE-ROI. Enfin, si tu n'acceptes pas ce présent, je croirai que tu es encore fâchée contre moi.

LA PERICHOLE. De cette manière, je ne puis vous refuser... Mais je suis véritablement confuse. (Elle sonne. Balthasar entre.)

LE VICE-ROI. Qu'on attelle sur-le-champ les mules blanches à mon nouveau carrosse, et dites au cocher que les mules, le carrosse et lui appartiennent à mademoiselle. (Balthasar sort.) Pauvre petite ! comme ton pouls est agité ! Allons, m'en veux-tu encore?

LA PERICHOLE. Comment ne serais-je pas pénétrée des bontés de Votre Altesse ?

LE VICE-ROI. Laisse là ton *Altesse*, et appelle-moi comme tu m'appelles quelquefois.

LA PERICHOLE. Eh bien ! Andres, tu m'as rendue bien malheureuse et bien heureuse aujourd'hui.

LE VICE-ROI. Embrasse-moi, mon ange. Je t'aime comme cela. Vois-tu, je ne veux pas être le vice-roi auprès de ma Perichole ! — Méchante ! souviens-toi de ce que tu as dit du mérite des vice-rois en amour !

LA PERICHOLE. Va, tu sais bien que tu es Andres pour moi, et non le vice-roi du Pérou. — Vois donc les jolis souliers brodés que m'a faits Marino, ce cordonnier pour le neveu duquel je t'ai parlé il y a longtemps.

LE VICE-ROI. Quel joli petit pied ! Je le cache tout entier dans ma main. A propos, tu dis que son neveu est un gaillard qui a de l'intelligence ? Je le prends à mon service à la place de Martinez.

LA PERICHOLE. Non, je ne veux déplacer personne. D'ailleurs, Martinez vous est utile. Il fait de bons rapports.

LE VICE-ROI. Rancunière ! — Va ! il couchera ce soir au Callao.

BALTHASAR rentrant. La voiture est attelée.

LE VICE-ROI. Allons, ma toute belle, amuse-toi bien et reviens tout de suite après la cérémonie. Si quelqu'un te faisait quelque affront, ne manque pas de m'en prévenir. Vive Dieu ! les mauvais plaisants ne riraient plus... Et ton collier et tes bagues que tu oubliais. Approche, que je te rattache ton collier... Va, tu es divine aujourd'hui.

LA PERICHOLE. J'emporte d'ici quelque chose de plus précieux que ces diamants : ta confiance et ton amour.

*Elle sort.*

LE VICE-ROI. Tu es un ange. Cette fille-là fait de moi ce qu'elle veut. Il est vrai qu'elle m'aime tant... Je ne puis rien lui refuser... Cependant... lui donner mon carrosse !... Je ne sais ce que le monde en pensera !.. Une actrice en carrosse doré, tandis que tant de marquises et tant de comtesses sont trop heureuses d'aller en litière !... J'imagine que la cérémonie doit être terminée... Elle n'arrivera que pour l'exhortation de l'évêque... Tant mieux... Ah ! j'entends le bruit des roues dans ma cour. Elle n'a pas perdu de temps... Balthasar, roulez mon fauteuil auprès de la fenêtre, et donnez-moi ma longue-vue. Je veux voir quel air a ce carrosse.... Parbleu ! je la verrai jusqu'à la porte de l'église... Peste ! comme elle va !... Jamais mon cocher ne me mène de ce train-là.... Tout le monde s'arrête pour la regarder... En voilà qui ôtent leur chapeau, comme si c'était moi qui passais... Quelle folie !... La voilà déjà près de la grande place... Bon Dieu ! elle va accrocher... Ah ! Jésus ! heureusement que c'est l'autre carrosse qui est renversé... Et tout le monde qui s'attroupe... Que va-t-on faire ?... On va peut-être l'insulter... Balthasar, allez donc...

BALTHASAR. Oui, monseigneur...

LE VICE-ROI. Vive Dieu! on se bat là-bas... Courez tous, vous autres... Allez, prenez les armes... Assommez-moi cette canaille... Perichole! Ah! heureusement... elle poursuit sa route, grâce à cet homme qui fait si bien le moulinet de son bâton... Il lui ouvre un passage.

BALTHASAR. Dois-je courir après le carrosse de madame?

LE VICE-ROI. Non, demeure. Cela est inutile maintenant... Cependant à son retour... Dis à Sébastien et à Dominique de monter à cheval. Qu'ils prennent des mousquetons et qu'ils la suivent de loin... et qu'ils ôtent ma livrée... S'il arrivait quelque malheur, je m'en prendrais à vous. — Ce peuple de Lima est si grossier! je crains qu'il ne lui fasse quelque avanie... Après tout, il semble qu'il ne soit pas arrivé d'accident; car voici l'autre carrosse relevé et qui continue sa marche... et la foule entre dans l'église. Fasse le ciel qu'elle s'en tire sans malencontre! On aura beau dire, il n'est pas défendu aux comédiennes d'aller en carrosse si elles en ont... Tant pis pour les marquises, si, moins jeunes et moins jolies que les actrices, elles ne trouvent personne pour leur en donner... (Il fume un cigare.) Ce baptême n'en finit pas!... Il me tarde de la voir revenir pour apprendre d'elle les détails de l'aventure... Oh! maudite jambe!... Je souffre davantage, je crois, quand je suis inquiet... Voyons : la dernière fois que j'ai été malade, cela m'a duré cinq... six jours... bon! Cette fois-ci, je l'espère, j'en serai débarrassé plus tôt. Ainsi je pourrai assister à la première représentation de la comédie où elle doit jouer un rôle... Et si je ne pouvais sortir... Ma foi! je ferais retarder la représentation.

BALTHASAR. Monseigneur, monsieur le licencié Thomas d'Esquivel demande la faveur d'entretenir Votre Altesse.

LE VICE-ROI. Fais entrer. — Il vient sans doute me régaler d'une petite morale, afin de tirer de moi quelque cadeau. Au fait, il y a bien un mois que je ne l'ai vu.

LE LICENCIÉ entrant. Je baise les mains de Votre Altesse.

LE VICE-ROI. Ah! monsieur le licencié, vous voyez un homme bien malade!

LE LICENCIÉ. Je suis désolé de l'apprendre. C'est donc cet

accès de goutte qui a empêché Votre Altesse d'assister à la cérémonie de ce jour ?

LE VICE-ROI. Je n'ai pas la goutte... C'est un bruit que répand Pineda ; ce n'est qu'une enflure au pied. Je le sais mieux que lui.

LE LICENCIÉ. Au surplus, Votre Altesse ne doit pas regretter de n'avoir pas assisté à ce baptême. Elle a eu le bonheur de n'être pas témoin d'un grand scandale.

LE VICE-ROI. Un scandale ?... (A part.) Diable ! la Pericholo doit y être pour quelque chose.

LE LICENCIÉ. Oui, un scandale énorme et dont Votre Altesse aurait été profondément affligée, j'en suis sûr... d'autant plus que, suivant les apparences, elle en est la cause involontaire.

LE VICE-ROI. Expliquez-vous.

LE LICENCIÉ. Un jour comme celui-ci, une cérémonie aussi touchante !... En vérité, je suis désolé d'affliger Votre Altesse... mais il faut que je parle, et que je parle franchement, même au risque de lui déplaire. — Mon devoir et l'intérêt de Votre Altesse le commandent impérieusement.

LE VICE-ROI. Je ne devine point...

LE LICENCIÉ. Cette comédienne fameuse...

LE VICE-ROI à part. Nous y voilà !

LE LICENCIÉ. .... A qui Votre Altesse porte, dit-on, tant d'intérêt, vient de causer un désordre bien grand aujourd'hui même. La protection que Votre Altesse lui accorde l'enhardit au point, permettez-moi de vous le dire, qu'elle se croit tout permis.

LE VICE-ROI. Je vous assure que je ne la protége point... seulement j'estime son talent... qui est fort estimable, monsieur le licencié. Mais, je vous en supplie, contez-moi l'affaire.

LE LICENCIÉ. Voici le fait. Il paraît qu'elle a un carrosse ; et ce carrosse, dit-on, vous le lui avez donné.

LE VICE-ROI. C'est un carrosse qui m'était inutile.

LE LICENCIÉ. Ah ! monseigneur, ce carrosse eût été mieux employé... mais ce qui est fait est fait, et Votre Altesse avait sans doute ses raisons pour le donner. Dieu veuille !... suffit. Je vais raconter ce dont j'ai été témoin. Elle a donc un carrosse, et c'est en carrosse qu'elle se rend à l'église... De mon côté, ayant été retardé par quelques accidents, j'avais accepté une place dans la voiture de la marquise Altamirano. Nous allions au pas, comme il convient en approchant d'une église ; tout à coup la señora Perichole arrive au grand trot de ses mules, ébranlant le pavé à vingt toises à la ronde. Nous allions déboucher sur la place ; elle veut prendre le pas sur nous... sur la marquise !... bref, elle nous a serrés de si près, qu'elle nous a accrochés avec la plus grande violence...

LE VICE-ROI. C'est son cocher qui est un maladroit...

LE LICENCIÉ. Votre Altesse m'excusera ; mais je ne puis croire que son cocher ait agi sans ordre, d'autant plus qu'elle a mis la tête à la portière en voyant notre voiture, et qu'elle a parlé à cet homme, sans doute pour lui commander cette mauvaise action.

LE VICE-ROI. Et j'espère qu'il n'est pas arrivé d'accident.

LE LICENCIÉ. Comment ! c'est un miracle que nous soyons encore en vie ! La secousse a été épouvantable ; la marquise est tombée sur moi, et moi sur le chien de la marquise que j'ai écrasé involontairement... Ma perruque est tombée dans le ruisseau... et la marquise a reçu à la hanche une contusion très-forte.

LE VICE-ROI. Loué soit Dieu ! Je craignais qu'il ne fût arrivé un plus grand malheur.

LE LICENCIÉ. Il me semble qu'en voilà bien assez comme cela. Le carrosse de plus est fort endommagé ; un carrosse superbe, qui depuis plus de vingt ans faisait l'admiration de cette ville.

LE VICE-ROI. Je payerai... c'est-à-dire je ferai payer le dommage à la Perichole.

LE LICENCIÉ. Mais, monseigneur, le scandale, comment le réparer ? Pour moi, je n'y vois qu'un seul moyen, c'est de défendre à cette dame de sortir en carrosse ; car non-seulement il est de mauvais exemple de voir une comédienne en carrosse, tandis que tant de dignes ecclésiastiques vont à pied, mais encore la vie des paisibles habitants de Lima serait compromise par son imprudence... Je n'ai pas tout dit, et j'ai le regret d'être dans la nécessité d'affliger Votre

Altesse. — Les domestiques de la marquise, indignés de l'insulte faite à leur maîtresse, ont adressé quelques vives remontrances manuelles au cocher et au laquais de la dame. Là-dessus la canaille qui la suivait avec des cris de joie a pris parti pour elle. Surtout un certain mauvais sujet, un cholo, un toréador, nommé Ramon, a fait rage. Il a roué de coups de bâton le cocher de la marquise, cassé l'épée de son écuyer et brisé la mâchoire de l'un de ses laquais.

LE VICE-ROI. Le scélérat! je le ferai punir exemplairement.

LE LICENCIÉ. Ce n'est pas tout. Sans faire attention à nous, sans demander excuse, elle poursuit sa route, et peu s'en est fallu qu'elle n'entrât dans l'église tout en carrosse. La tête de ses mules était sous le portail quand elle s'est arrêtée. Elle descend, traverse la foule des fidèles à grand bruit... Tout le monde se retourne pour la regarder... On oublie la cérémonie commencée ; et, je frémis en le disant, monseigneur l'évêque lui-même a partagé la distraction générale. Il a oublié de demander au parrain la promesse d'élever chrétiennement le nouveau converti, son filleul. Pour moi, indigné et scandalisé au dernier point, j'ai quitté l'église pour vous raconter cette aventure, et vous prier de mettre un terme aux impertinences d'une fille qui, permettez-moi de vous le dire, fait le plus grand tort à Votre Altesse.

LE VICE-ROI. Elle va venir dans un instant, et je la tancerai d'importance.

LE LICENCIÉ. Je vous préviens que la marquise portera plainte jusqu'à Madrid, s'il le faut.

LE VICE-ROI. Monsieur le licencié, il faudrait empêcher cela. Vous sentez bien que ces plaintes-là me nuisent beaucoup.

LE LICENCIÉ. Monseigneur...

LE VICE-ROI. Vous avez du crédit auprès de la marquise. Engagez-la à se contenter des dommages qu'on lui donnera. Pour moi, je me charge de faire une semonce à la Perichole.

LE LICENCIÉ. Monseigneur... je ne sais...

LE VICE-ROI. Votre église a besoin d'un tableau pour le maître-autel... Je veux que la Perichole vous en fasse cadeau pour expier sa faute... Aussi bien, je lui ai donné une madone de Murillo, qu'elle veut changer contre mon saint Christophe... Au surplus, vous pouvez compter sur la madone... Mais rendez-moi le service d'apaiser la marquise... N'est-ce pas ? vous me le promettez ?

LE LICENCIÉ. Monseigneur, je ferai mon possible, mais...

LE VICE-ROI. Amenez-moi votre neveu un de ces matins. Nous tâcherons de faire quelque chose pour lui.

LE LICENCIÉ. Il est tout à fait digne des bontés de Votre Altesse. Mais, monseigneur...

LE VICE-ROI. J'entends un carrosse qui entre dans la cour. La voici sans doute. Vous allez voir comment je vais lui parler.

BALTHASAR annonçant. Monseigneur l'évêque de Lima.

LE VICE-ROI. L'évêque !

LE LICENCIÉ. Il vient sans doute porter plainte aussi.

*L'évêque et la Perichole paraissent à la porte, et font des façons pour entrer.*

L'ÉVÊQUE. Passez, mademoiselle.

LA PERICHOLE. Monseigneur, je vous en supplie...

L'ÉVÊQUE lui prenant la main. Eh bien ! entrons ensemble.

LE LICENCIÉ à part. Que vois-je ? l'évêque donne la main à la comédienne !

LE VICE-ROI. Monseigneur, je vous baise les mains..... Je suis confus de ne pouvoir me lever pour vous recevoir, mais un pauvre malade...

L'ÉVÊQUE. Mademoiselle m'a parlé de votre indisposition, et je n'ai pas voulu rentrer chez moi sans m'informer de votre santé. Cela m'a procuré le plaisir de conduire mademoiselle dans ma voiture.

LA PERICHOLE. C'est une grâce que je n'oublierai jamais.

LE VICE-ROI. Comment ! ma voiture... ta... votre voiture... s'est-elle brisée ?

LA PERICHOLE. Non, monseigneur, mais je ne l'ai plus et je ne la regrette pas, car j'en ai fait, je l'espère, un bon usage.

L'ÉVÊQUE. Un bon, un saint usage.

LE LICENCIÉ à part. Je m'y perds.

L'ÉVÊQUE. Vous avez donné un exemple de piété bien rare dans ce siècle.

LE VICE-ROI. Expliquez-moi de grâce...

LA PÉRICHOLE. Pardonnez-moi, monseigneur, si j'ai sitôt abandonné un présent qui venait de vous ; mais, lorsque vous apprendrez en quelles mains je m'en suis départie, vous m'excuserez et vous me féliciterez. — Tandis que j'allais par les rues mollement bercée sur ces coussins élastiques, une idée m'est venue à l'esprit, qui a dissipé en un moment le plaisir que je goûtais. Comment ! me suis-je dit, une pécheresse... une misérable créature comme moi... une femme exerçant une profession presque coupable...

L'ÉVÊQUE. Ma fille, vous êtes trop humble... et quoique je ne vous aie jamais vue sur la scène... je sais que vous honorez singulièrement votre profession. Saint Genest était acteur.

LA PÉRICHOLE. Eh quoi ! je suis portée d'un bout à l'autre de la ville, mollement et avec la rapidité de l'éclair ; je suis à l'abri du soleil, de la pluie, tandis que des personnes qui valent mille fois mieux que moi, tandis que des serviteurs de Dieu, portant des secours spirituels aux malades, sont exposés à toutes les intempéries de l'air, à la chaleur, à la poussière, à la fatigue ? Alors je me suis souvenue que j'avais vu souvent de dignes prêtres accablés par l'âge, marcher à pas précipités dans les rues de Lima, portant le saint viatique à des malades, et ne craignant qu'une chose, c'est d'arriver trop tard auprès du lit de l'agonisant. J'ai pleuré sur moi-même, et la sainte Vierge m'a inspiré, comme expiation de mes péchés, de faire hommage à Dieu de ce carrosse qui avait flatté mon orgueil, et que j'étais indigne de posséder [5].

L'ÉVÊQUE. Mademoiselle a eu la générosité d'en faire don à notre église, et d'y ajouter une fondation pieuse pour son entretien à perpétuité. A l'avenir, lorsqu'un malade réclamera les consolations que la religion donne aux mourants, cette voiture servira à porter le saint-sacrement, et de la sorte bien des âmes seront sauvées ; car il est trop commun que des pécheurs endurcis ne demandent leur Créateur que lorsque la mort va les saisir, et trop tard pour qu'un pauvre ecclésiastique à pied puisse arriver à leur chevet, tandis qu'ils respirent encore.

LE LICENCIÉ. Mademoiselle, en effet, a cédé à une bonne et sainte inspiration.

LE VICE-ROI. Je vous admire, Perichole, et je voudrais m'associer à votre bonne action, en prenant à mon compte...

LA PERICHOLE. Ah ! monseigneur, laissez-moi la gloire de l'avoir faite... J'en suis assez récompensée par ce précieux don que je tiens de monseigneur. Ce chapelet a été enfermé pendant neuf jours dans la châsse de la bienheureuse image de Notre-Dame de Chimpaquirà [6]. (Elle fait baiser le chapelet au vice-roi et au licencié.)

L'ÉVÊQUE. De grandes indulgences y sont attachées.

LE VICE-ROI. Je suis si joyeux, que je ne sens plus du tout ma jambe. Pineda est un sot, et je n'ai pas la goutte.

LA PERICHOLE. C'est ce chapelet que vous venez de toucher qui vous a soulagé, monseigneur.

L'ÉVÊQUE. Il n'est rien de plus probable, et j'en ai vu souvent des effets merveilleux.

LE VICE-ROI. Je le crois, mais je continuerai encore deux jours mon régime ; ensuite, monseigneur, je voudrais faire une bonne folie, et vous faire souper chez mademoiselle, pour que vous puissiez faire plus ample connaissance.

LA PERICHOLE. Je n'ose espérer que monseigneur daigne me faire tant d'honneur. Cependant notre divin Sauveur mangeait avec les Samaritains... et si le secret le plus profond....

L'ÉVÊQUE. Nous verrons. Attendons que Son Altesse soit guérie.

LE VICE-ROI. Cela veut dire qu'il accepte.

L'ÉVÊQUE. Je crains bien de ne pas avoir la force de refuser.

LA PERICHOLE. Si monsieur le licencié voulait faire le quatrième ?

LE LICENCIÉ. C'est trop d'honneur que vous me faites.

L'ÉVÊQUE. Monsieur le licencié, nous n'en parlerons pas.

LE LICENCIÉ. Monseigneur !

LE VICE-ROI. Et vous entendrez chanter la Perichole...des airs pieux, s'entend. Sa voix est capable de convertir un infidèle.

L'ÉVÊQUE saluant la Perichole et souriant. Je crains seulement qu'elle ne fasse renier un fidèle.

LE CHANOINE. Mademoiselle, ce carrosse sera pour vous le chariot d'Élie ; il vous mènera droit au ciel.

# NOTES

1. Les vices-rois du Pérou et du Mexique ont le privilége d'avoir *deux* gardes.

2. Espèce de boisson en usage dans le Nouveau-Monde. C'est une espèce de thé.

3. Un *cholo* est le fils d'un *mulâtre*. On appelle *mulâtres* ceux qui sont nés d'une Indienne et d'un nègre, ou d'une négresse et d'un Indien.

4. Vers d'*El magico prodigioso*, comédie de Caldéron.

> ¡ Pesada imaginacion
> Al parecer lisonjera,
> Cuando te he dado ocasion
> Para que desta manera
> Aflijas mi corazon !

5. Une comédienne fameuse de Lima, nommée la Perichole, eut un jour la fantaisie d'aller à l'église en carrosse. Il y avait alors peu de voitures à Lima, et elles appartenaient toutes à des personnes de la plus haute distinction. La Perichole, qui était entretenue par le vice-roi du Pérou, obtint, non sans quelque peine, que son amant lui fit don d'un carrosse magnifique, dans lequel elle se montra par la ville, au grand étonnement des Liméniens.

Après avoir joui de son carrosse pendant une heure à peu près, saisie tout à coup d'un accès de dévotion, elle en fit don à l'église cathédrale, voulant qu'il servît à transporter rapidement les prêtres qui iraient administrer les secours spirituels aux malades. Elle fit, de plus, une fondation pour l'entretien de cette voiture. Depuis ce temps, le Saint-Sacrement est porté en carrosse, à Lima, et le nom de la comédienne est en grand honneur

6. Image très-révérée du nouveau monde.

# LA JAQUERIE

## SCÈNES FÉODALES

« C'est mon talent particulier, et je travaille à
mettre en madrigaux toute l'histoire romaine. »
*Les Précieuses ridicules.*

When Adam delv'd and Eve spar,
Where was then the gentleman?
*Old Ballad.*

# PRÉFACE

Il n'existe presque aucun renseignement historique sur la Jaquerie. — Dans Froissard, on ne trouve que peu de détails et beaucoup de partialité. — Une révolte de paysans semble inspirer un profond dégoût à cet historien, qui se complaît à célébrer les beaux coups de lance et les prouesses de nobles chevaliers.

Quant aux causes qui produisirent la Jaquerie, il n'est pas difficile de les deviner. Les excès de la féodalité durent amener d'autres excès. Il est à remarquer que, presque dans le même temps, de semblables insurrections éclatèrent en Flandre, en Angleterre et dans le nord de l'Allemagne.

En supposant qu'un moine fut le chef des révoltés, je ne crois pas avoir péché contre la vraisemblance historique. De fréquentes querelles divisaient alors le clergé et la noblesse. — L'insurrection d'Angleterre fut dirigée par un prêtre nommé John Ball.

J'ai tâché de donner une idée des mœurs atroces du quatorzième siècle, et je crois avoir plutôt adouci que rembruni les couleurs de mon tableau.

**PERSONNAGES :**

GILBERT, baron d'APREMONT,
Le baron de MONTREUIL,
Le sénéchal du VEXIN,
FLORIMONT DE COURSY,           } seigneurs de Beauvoisis.
ENGUERRAND DE BOUSSIES,
GAUTIER DE SAINTE-CROIX,
PERCEVAL DE LA LOGE,
Le sénéchal du baron d'Apremont.
Le sire DE BELLISLE, chevalier de l'hôtel du roi.
SIWARD, capitaine d'aventuriers anglais.
BROWN, capitaine d'archers anglais.
PERDUCAS D'ACUÑA, chevalier navarrois,   } capitaines d'aventuriers.
EUSTACHE DE LANCIGNAC, chevalier gascon,
Maitre YVAIN LANGOYRANT, docteur en droit.
L'abbé HONORÉ D'APREMONT,
F. JEAN,
F. IGNACE,                      } moines de l'abbaye de Saint-Leufroy
F. SULPICE,                        en Beauvoisis.
F. GODERAN,
BOURRÉ,
COUPELAUD,                      } bourgeois de Beauvais.
LAGUYART,
MAILLY,
PIERRE, homme d'armes du baron d'Apremont.
LE LOUP-GAROU, chef de voleurs.
RENAUD,
SIMON,
MANCEL,
MORAND,                         } paysans de Beauvoisis.
BARTHÉLEMY,
THOMAS,
GAILLON,
CONRAD, âgé de dix ans, fils du baron d'Apremont.
Maitre BONNIN, son gouverneur.
ISABELLE, fille du baron d'Apremont.
MARION, sa sœur de lait.
JEANNETTE, paysanne, sœur de Renaud.
Gens de toute condition.

*La scène est principalement dans les environs de Beauv*

# LA JAQUERIE

### SCÈNES FÉODALES

## SCÈNE PREMIERE.

Une ravine profonde dans une forêt. Le soleil couchant éclaire à peine la cime des arbres.

Des brigands, couverts de peaux d'animaux sauvages, paraissent de tous les côtés, descendent dans la ravine, et s'assoient en cercle.

Le Loup-Garou, une peau de loup sur les épaules et un arc à la main, reste debout au milieu d'eux.

### LE LOUP-GAROU, LE LIEUTENANT, LE RÉCIPIENDAIRE, BRIGANDS, etc.

LE LOUP-GAROU. Les loups se sont-ils réunis ?

LE LIEUTENANT se levant. Tous, excepté Bordier qui fait sentinelle, et Wilfrid le roux qui est allé battre l'estrade.

LE LOUP-GAROU. Loups, mes compagnons, Étienne Durer que voici (un brigand se lève) demande à devenir loup. Depuis six mois qu'il est avec nous, il s'est comporté bravement. Il a des griffes et des dents ; il est fidèle ; il lèche qui lui donne du pain, il mord qui lui jette des pierres. Voulez-vous de lui pour votre camarade ?

BRIGANDS. Oui, qu'il soit loup comme nous !

LE LOUP-GAROU. Préparez-vous donc à le recevoir. Faites le signe de la croix, et tirez vos coutelas. — Toi, Godefroid le louche, tu lui serviras de parrain. Avancez tous deux dans le cercle. (Au récipiendaire.) — Qui es-tu ?

LE RÉCIPIENDAIRE. Je ne suis ni mouton ni loup, mais je voudrais devenir loup.

LE LOUP-GAROU. Sais-tu les devoirs d'un loup ?

LE RÉCIPIENDAIRE. Chasser aux moutons, mordre les chiens manger les bergers.

LE LOUP-GAROU. Qui sont les moutons ?

LE RÉCIPIENDAIRE. Les serfs qui travaillent pour leurs seigneurs.

LE LOUP-GAROU. Et les chiens ?

LE RÉCIPIENDAIRE. Les garde-chasses, les sénéchaux, les hommes d'armes, et les moines, excepté un seul.

LE LOUP-GAROU. Nomme-le.

LE RÉCIPIENDAIRE. Frère Jean de Saint-Leufroy. Il a guéri le Loup-Garou du mal Saint-Quenet [1], et le Loup-Garou a dit : « Jamais la flèche d'un loup ne percera son froc, ja-
« mais le couteau d'un loup ne fendra sa tonsure. »

LE LOUP-GAROU. Qui sont les bergers ?

LE RÉCIPIENDAIRE. Les seigneurs.

LE LOUP-GAROU. De ces bergers quel est le pire ?

LE RÉCIPIENDAIRE. Gilbert d'Apremont, trois fois maudit, qui se dit le maître de cette terre.

LE LOUP-GAROU. Qui sont les loups ?

LE RÉCIPIENDAIRE. Les plus libres des habitants de la forêt, n'obéissant qu'au chef qu'ils se choisissent librement, ne travaillant que pour eux, vivant en bons frères ; aussi tout ce pays leur appartient.

LE LOUP-GAROU. Qu'as-tu fait pour être loup ?

LE RÉCIPIENDAIRE. J'ai pris aux bergers tout ce que j'ai pu, et j'ai tué un chien.

LE PARRAIN. Oui, il a bravement décousu le vieux garde Mathieu, sur qui nous avions déjà fait la croix [2] pour la pendaison de Petit-Jean l'écorcheur.

LE LOUP-GAROU. Puisqu'il en est ainsi, nous te recevons dans notre compagnie. Tu es loup, si tu jures d'observer nos lois. Jure de faire une guerre mortelle aux bergers, aux moutons, aux chiens, c'est-à-dire aux seigneurs, aux serfs, aux garde-chasses.

LE RÉCIPIENDAIRE. Je le jure.

LE LOUP-GAROU. Jure d'aider, de secourir les loups, c'est-à-dire les hommes libres de la forêt, de ton arc, de ton couteau, de ta main droite, de ton œil droit.

LE RÉCIPIENDAIRE. Je le jure.

LE LOUP-GAROU. Tu ne mangeras jamais de la chair de loup ni d'ours, car ils font comme toi la guerre aux bergers et aux moutons. De plus, tu jeûneras le samedi jusqu'à midi, car c'est un samedi que le premier loup a cherché la liberté dans les bois.

LE RÉCIPIENDAIRE. Je jure d'observer ces commandements.

LE LOUP-GAROU. Donc, de par saint Ferréol d'Abbeville, de par Golfarin, neveu de Mahom ³, saint Nicolas et sainte Marie la gente, je te fais loup, et je te donne ces bois avec cet arc et cette hache pour les défendre. Frappe un coup sur ce pieu, et dis : Ainsi saint Ferréol puisse-t-il faire à Gilbert d'Apremont !

LE RÉCIPIENDAIRE. Ainsi saint Ferréol puisse-t-il faire à Gilbert d'Apremont !

LE LOUP-GAROU. Godefroid le louche, quel nom portera-t-il parmi les loups ?

LE PARRAIN. Étienne à la longue dent.

LE LOUP-GAROU. Étienne à la longue dent, soit ! Godefroid, dis-lui tout bas la parole. — Mes frères, nous avons un frère de plus !

BRIGANDS. Noël ! Noël ⁴ !

LE LOUP-GAROU. Allons boire au nouveau frère. — Silence ! quelqu'un marche dans les feuilles sèches. Que personne ne bouge : mon chien remue la queue ; c'est un ami.

LE LIEUTENANT. C'est Wilfrid qui revient.

LE LOUP-GAROU. Quelles nouvelles de la plaine ?

WILFRID. Ni bonnes ni mauvaises. Je viens de la Saullaie ; le capitaine Siward, le plus grand routier ⁵ du pays, s'y préparait à une expédition.

LE LOUP-GAROU. As-tu vu quels hommes étaient avec lui ?

WILFRID. Il a renforcé sa compagnie d'aventure. J'ai compté quarante armures de fer ⁶, et quatre-vingts archers. J'ai causé avec eux au cabaret, déguisé en tailleur de tourbe. Il y a parmi eux de grands coquins tout nouvellement arrivés d'Angleterre, ne sachant pas un mot de français, mais forts, bien bâtis, toujours altérés, désirant beaucoup s'enrichir en ce pays, comme ont fait avant eux leurs camarades.

LE LOUP-GAROU. C'est sans doute Apremont qu'ils veulent *courrir* ⁷. Qu'en penses-tu lieutenant ?

LE LIEUTENANT. Je pense comme toi. C'est demain la Saint-Leufroy ; tous les serfs à cause de la fête se gorgeront de bierre et de vin, et, quand ils en seront soûls comme des cochons de glands, le capitaine Siward en aura bon marché.

WILFRID. Cet Anglais en veut à Gilbert, et je sais que ses archers convoitent fort ses belles vaches.

LE LOUP-GAROU. Par les cornes du diable ! ses vaches sont belles, et ce serait péché de les laisser prendre par ces voleurs anglais. Mettons-nous de la partie, ventre Saint-Quenet ! C'est en eau trouble qu'on attrape du poisson !

LE LIEUTENANT. Parbleu ! le capitaine a raison. Pendant que les Anglais et les chiens d'Apremont joueront des couteaux, nous pourrons, nous, faire un bon coup.

WILFRID. Ah ! si nous pouvions enlever quelque gros moine de l'abbaye de Saint-Leufroy, nous en tirerions une fameuse rançon, en envoyant aux autres seulement une oreille du prisonnier.

LE LOUP-GAROU. Nous prendrons ce que saint Nicolas ⁸ nous enverra. Laisse-moi faire, tu verras si je m'y épargne. — Enfants, hier nous avons campé dans cette ravine, et vous savez nos usages. Nous coucherons cette nuit dans la grande caverne auprès du torrent. Là nous pourrons rire et boire à notre aise sans crainte d'être surpris par les gardes. Allons, partons ! En avant les éclaireurs ! emportez les chaudrons et le gibier ; vite, vite !

*Tous les brigands se chargent de leurs différents ustensiles et se mettent en marchent. Restent* LE LOUP-GAROU, WILFRID et LE LIEUTENANT.

WILFRID. Un mot, Loup-Garou.

LE LOUP-GAROU. Que me veux-tu ?

WILFRID. Je ne t'ai pas dit toutes les nouvelles que je sais. J'attendais qu'ils fussent partis.

LE LOUP-GAROU. Parle.

LE LIEUTENANT. Il est arrivé quelque malheur ?

WILFRID. Girart le charron a été découvert. Les gendarmes d'Apremont sont à ses trousses.

LE LIEUTENANT. Notre espion ? tant pis ! Où s'est-il réfugié ?

WILFRID. A l'abbaye de Saint-Leufroy.

LE LOUP-GAROU. L'imbécile! au lieu de venir à la forêt.

LE LIEUTENANT. Les moines le livreront, ou Gilbert ne respectera pas la franchise⁹. Girart est un homme mort. Il sera pendu. Qu'en dis-tu, Loup-Garou?

LE LOUP-GAROU. C'est une mort comme une autre.

LE LIEUTENANT. Il faudra garder quelque chose sur la première prise que nous ferons, afin de faire dire une messe pour le repos de son âme.

LE LOUP-GAROU après un moment de silence. Je lui dirai une messe de sang, moi. Je serai le prêtre, et voici l'instrument avec lequel j'officierai. (Il montre sa masse d'armes.) Sus à la caverne! J'ai le gosier aussi brûlant que l'était ma forge autrefois. Allons boire un coup.   Il sort en chantant.

WILFRID. Mauvaise nouvelle, lieutenant.

LE LIEUTENANT. Il ne faut pas s'attrister. Aujourd'hui l'un, demain l'autre. Allons souper.   Ils sortent.

## SCÈNE II.

Une salle gothique dans l'abbaye de Saint-Leufroy; elle est éclairée par un grand nombre de flambeaux, et magnifiquement décorée.

Chapitre de moines assemblés pour l'élection d'un abbé.

Sur le devant de la scène :

### FRÈRE IGNACE, F. GODERAN, F. SULPICE.

F. IGNACE une lettre à la main. Il s'explique clairement : « *Choisissez pour abbé mon cousin,* » nous dit-il. La lettre est pressante, elle est scellée de ses armes, et voici sa croix pour signature¹⁰. Que devons-nous faire?

F. GODERAN. Ce que fait le roseau quand le vent souffle; nous sommes un faible roseau, et Gilbert d'Apremont est plus impétueux que l'aquilon.

F. IGNACE. Oui, Goderan, vous n'êtes pas pour les partis extrêmes; cependant, il doit vous en souvenir, nous avons juré à feu l'abbé Boniface, à son lit de mort, d'élire frère Jean, son protégé, et depuis n'avons-nous pas confirmé ce serment à frère Jean lui-même?

F. SULPICE. Voilà de beaux scrupules, ma foi! Quant à

moi, j'ai dit tout bas, *en front*[11], en parlant à feu l'abbé ; et puis, d'ailleurs, ce frère Jean n'est qu'un vilain, et ce n'est point un vilain qu'il nous faut pour abbé.

F. IGNACE. Doucement; il est fort utile à la communauté.

F. GODERAN. Et Gilbert d'Apremont nous est encore plus utile. C'est notre chien de garde, notre homme d'armes. Croyez-moi, si nous sommes sages, nous nommerons pour abbé frère Honoré, son cousin, comme il le souhaite.

F. SULPICE. Après tout, ne saurait-on se passer de frère Jean ? Est-il donc si utile à cette abbaye ?

F. IGNACE. Sans doute ; sa science nous vaut de bons écus au soleil.

F. SULPICE. A la bonne heure ; mais il veut tout gouverner, tout faire aller à sa tête. Il faisait faire tout ce qu'il voulait à feu l'abbé Boniface (Dieu veuille avoir son âme!). Il est temps que les autres aient leur tour. Enfin, je le répète, nous autres, il nous faudrait obéir à un homme de si bas lieu !

F. GODERAN. Où est-il maintenant?

F. SULPICE. Dans son laboratoire, entouré de ses cornues. (Ironiquement.) Sa modestie l'empêche d'assister au chapitre où il croit qu'on va le nommer.

F. IGNACE. Et frère Honoré?

F. GODERAN. Belle demande ! Il est dans sa cellule à prier. Il ne fait pas autre chose tant que le jour dure.

F. IGNACE. Oui ; et j'ai peur, s'il devient jamais notre abbé, qu'il ne rende notre règle bien sévère. Frère Jean du moins nous laisserait du bon temps.

F. SULPICE. Qui sait? peut-être serait-il pire que l'autre.

F. GODERAN. Voyez-vous, Ignace, nous avons une ressource avec frère Honoré. Il ne s'occupera que de son salut, et cependant vous, Sulpice et moi, nous le mènerons par le nez.

F. SULPICE. Ce qui serait impossible avec frère Jean.

F. GODERAN. Le voici. Je pensais bien qu'il s'impatienterait à nous attendre.

F. JEAN entrant. Eh bien! mes révérends pères, il y a bien longtemps que vous êtes ici. N'avez-vous encore rien décidé ?

F. IGNACE à F. Jean. Voici une lettre de messire d'Apremont qui nous a arrêtés tout court. (Il lui donne la lettre.)

F. JEAN après avoir lu. Quoi! ne savez-vous que lui répondre?

F. GODERAN. Mais c'est là ce qui est difficile.

F JEAN. Comment! difficile? Qu'il se mêle de ses affaires. Sommes-nous donc ses vassaux pour lui obéir? et qu'y a-t-il de commun entre l'illustre abbaye de Saint-Leufroy et un Gilbert d'Apremont?

F. SULPICE. Si nous nous faisons un ennemi de ce Gilbert d'Apremont, qui nous protégera contre les Anglais, les Navarrois [12], les Tard-Venus [13], et tous les malandrins [14] qui courent la campagne?

F. GODERAN. Sans parler du Loup-Garou notre voisin.

F. JEAN. Et, de par saint Leufroy, quel besoin avons-nous de sa protection? N'avons-nous pas de hautes murailles? Ne sommes-nous pas ici quatre-vingts en état de faire le coup de flèche avec la plus rude compagnie franche [15]?

F. SULPICE. Vous dites cela, frère Jean, parce que vous avez été soldat; mais nous autres, nous savons prier, et nous n'aimons pas à faire le coup de flèche. On peut être bon religieux et ne pas savoir faire le coup de flèche.

F. JEAN. Eh bien! si vous craignez les flèches, vous avez *Jacques Bonhomme* [16] qui se battra pour vous : traitez bien vos serfs, et vous en ferez des soldats dévoués. Mais laissons cela. Je devine ce qui vous fait manquer à votre parole; Honoré, que vous voulez élire à ma place, est fils d'un gentilhomme.

F. IGNACE. En vérité, frère Jean, ce n'est pas là notre motif.

F. GODERAN. Ne sommes-nous pas tous frères ici-bas, et surtout dans l'abbaye de Saint-Leufroy?

F. JEAN. Allez, quittez ces feintises avec moi, je vous connais trop bien. Vous, Goderan, vous êtes fils d'un hobereau de l'Artois, et vous, Ignace, et vous, Sulpice, vous êtes bâtards de quelque baron, comme vous osez vous en vanter. Vous ne voudriez pas obéir à un fils de vilain comme moi. Je suis fils de vilain, mais je puis parler de ma mère sans rougir. Il se promène à grands pas, donnant des signes de colère.

F. GODERAN bas à Ignace. Voyez quel caractère violent ! Il en vient tout de suite aux injures. (A Sulpice.) Recueillez les votes, il faut en finir.

F. JEAN. Honoré !... frère Honoré, abbé de Saint-Leufroy ! Et croyez-vous qu'il puisse seulement lire sa messe ?

F. IGNACE. Ah ! si l'on choisissait un abbé pour la science, sans doute que l'on vous élirait.

F. GODERAN. Mais il faut vivre en bonne intelligence avec ses voisins. La paix avant tout.

F. JEAN. Honoré ! en vérité, cela me fait rire ! Dites-moi, de grâce, est-ce lui qui vous gagnera de l'argent en éblouissant nobles et vilains ? Franchement, qui de vous sait faire des miracles ? Quel autre que moi aurait pu faire la châsse de saint Leufroy qui sue tous les ans le jour de sa fête ? Et la couronne d'épines, qui sait la faire fleurir à Pâques ? Ne vous rapporte-t-elle pas cinq cents bons florins par an ? Seul j'ai le secret des miracles : sans miracles point de religion dans ce temps-ci, point d'offrandes au tronc de Saint-Leufroy. Tenez, les dames de Sainte-Radegonde, à dix lieues d'ici, ont une couronne d'épines. Eh bien ! comme elles ne savent pas l'alchimie, elle ne leur rapporte pas un sou.

F. IGNACE. Nous espérons que vous voudrez bien nous continuer vos bons offices, dans l'intérêt de la religion et de la communauté.

F. JEAN. Vous avez compté sans votre hôte ! Suis-je donc un serf pour travailler pour mes seigneurs ?

F. SULPICE qui a recueilli les votes. Toutes les voix sont pour le frère Honoré ; vos trois votes seuls manquent encore.

F. IGNACE à F. Jean. Vous le voyez, je n'y puis rien. Je vote donc pour le frère Honoré.

F. GODERAN. Et moi de même.

F. SULPICE. Très-révérends pères en Dieu, par l'inspiration du Saint-Esprit, nous avons nommé à l'unanimité frère Honoré d'Apremont abbé de cette abbaye. Que Notre-Dame et saint Leufroy le prennent en leur garde !

TOUS excepté F. Jean. Amen !

F. JEAN avec un sourire amer. A l'unanimité ! je n'ai pas donné mon vote. (A F. Sulpice.) Pourquoi ne me l'avez-vous pas demandé ?

F. SULPICE. Ah ! pardon, c'est un oubli.

F. JEAN. Je donne ma voix au révérend père Sulpice.

F. SULPICE. Grand merci ! mais elle m'est inutile, et frère Honoré n'en est pas moins notre abbé. Allons lui porter les insignes en cérémonie. Mais le voici lui-même. (Entre F. Honoré.) Très-révérend père, le chapitre assemblé vous supplie humblement de vouloir bien être notre abbé, et d'accepter les insignes de cette illustre charge.

F. HONORÉ. Votre choix aurait pu tomber sur un plus digne ; mais je m'efforcerai de mériter l'honneur que le chapitre veut bien me conférer.

F. JEAN à F. Ignace. Voilà donc celui qui représentera l'ordre dans un concile [17] !

F. HONORÉ. Avec l'aide du Saint-Esprit, les bègues deviennent éloquents.

F. JEAN ironiquement. Oui, nous verrons des miracles au prochain concile !

F. HONORÉ. Suivez-moi à l'église, mes pères ; j'ai besoin d'élever au Seigneur une courte prière d'actions de grâces, et d'ailleurs nous devons nous préparer à la fête de demain.

F. IGNACE à F. Honoré. Mais, sire abbé, il est temps de souper.

F. HONORÉ. Mon père, il en sera toujours temps.

UN MOINE entrant. Ah ! mes pères, vit-on jamais rien de pareil ? Bien heureux l'abbé Boniface, qui est mort avant un tel sacrilége !

F. HONORÉ. Qu'est-ce ? quel sacrilége ? C'est à moi qu'il faut porter plainte pour obtenir redressement : je suis l'abbé.

LE MOINE. Hélas ! sire abbé, je suis encore tout tremblant ; les gendarmes du seigneur d'Apremont viennent d'enfoncer la porte de la chapelle, pour en arracher Girart le charron qui s'y était réfugié.

F. JEAN. Violer notre franchise !

F. HONORÉ. Que m'avez-vous dit ? votre voix est tellement tremblante, que je vous ai à peine entendu.

LE MOINE. Les gendarmes du sire d'Apremont ont saisi Girart dans la franchise, aux pieds mêmes de la statue de monsieur saint Leufroy !

F. IGNACE. Après avoir enfoncé la porte!

F. JEAN aux moines. Vous n'avez que ce que vous méritez. Vous avez recherché bassement la protection du sire d'Apremont; voilà comment il vous l'accorde. Adieu les priviléges de notre abbaye! ah, ah, ah!  *Il sort en riant. Silence.*

F. IGNACE à F. Honoré. Mais, sire abbé, c'est un excès épouvantable et qui mériterait une excommunication! Si les franchises de la chapelle ne sont pas respectées, tous les serfs poursuivis par leurs seigneurs iront se joindre au Loup-Garou.

F. GODERAN. Et d'ailleurs, cela nous ferait perdre le revenu de la franchise, qui n'est pas à dédaigner.

F. HONORÉ *après avoir réfléchi.* J'en écrirai au sire d'Apremont.

LE MOINE. Mais, sire abbé, il sera trop tard. Le coupe-tête était avec les gendarmes, et Girart est peut-être mort à l'heure qu'il est.

F. HONORÉ. Alors nous dirons une messe pour le repos de son âme. Allons à l'église.

*Il sort; tous les moines le suivent; F. Ignace, F. Sulpice, F. Goderan restent les derniers.*

F. IGNACE. Voilà un mauvais commencement.

F. SULPICE. Nous y mettrons bon ordre.

F. GODERAN. Nous avons été un peu vite en besogne, Sulpice; je commence à le craindre.

F. SULPICE. Vous vous effrayez trop vite. Mais la cloche sonne : nous devrions déjà être au chœur.

F. GODERAN. Pourvu que les actions de grâces ne durent pas trop longtemps; car mon estomac m'avertit qu'il est déjà bien tard. *Ils sortent.*

## SCÈNE III.

**Une salle gothique du château d'Apremont.**

CONRAD, MAITRE BONNIN, son précepteur.

CONRAD. Conte-moi encore quelque belle histoire du temps des preux.

LE PRÉCEPTEUR. Monseigneur, voulez-vous entendre l'histoire du grand chevalier Hector le Troyen ou du noble baron Thémistoclès [18] ?

CONRAD. Je sais tout cela. C'est celui-là qui s'empoisonna parce que le roi de Perse voulait qu'il se fît Turc.

LE PRÉCEPTEUR. Précisément ; et voulez-vous que je vous entretienne du bon roi Lycurgue de Laconie ?

CONRAD. Tu n'as jamais que la même chose à me conter. Je sais l'histoire du roi Lycurgue aussi bien que celle du roi Artus.

LE PRÉCEPTEUR. Et vous souvient-il de la règle de l'ordre de chevalerie qu'il institua ?

CONRAD. Sans doute ; l'ordre de Sainte-Sparte.

LE PRÉCEPTEUR. Quelle mémoire pour un âge si tendre ! En vérité, monseigneur, vous en savez plus que moi, et bientôt je serai obligé de prendre vos leçons. Voudriez-vous être un chevalier de Sainte-Sparte ?

CONRAD. Oui dà. Ce qui me plaît dans cet ordre-là, c'est que, si les damoisels dérobaient un pâté ou des confitures n'importe où, on ne leur disait rien, et c'était pour eux ; et puis, comme ils s'amusaient avec leurs serfs ! Comment les appelaient-ils déjà ?

LE PRÉCEPTEUR. Des ilotes, monseigneur.

CONRAD. Ah! oui, des ilotes. Quand je serai grand, et que je serai page, j'irai, comme eux, à la chasse aux vilains.

LE PRÉCEPTEUR. Quel prodige ! il n'oublie rien. Je voudrais bien que monseigneur le baron, qui se moque de l'instruction que je vous donne, fût ici présent pour vous entendre. Retenir jusqu'aux noms les plus barbares ! Ah ! monseigneur, quel chevalier vous ferez !

CONRAD. C'est que je ne crains rien. Quand je joue à la bataille avec mes paysans, je ne crains pas cinq ou six petits vilains. A grands coups de bâton je les fais courir comme des lièvres.

LE PRÉCEPTEUR. Écoutez-moi, monseigneur; ne soyez pas téméraire. Monsieur le sénéchal a défendu à ces petits vauriens de vous rendre les coups que vous leur donnez ; cependant cette gent est si encline à mal faire, qu'ils pourraient bien un jour avoir l'audace de vous résister. Prenez-y garde.

CONRAD. Oh, ouiche ! Je ne craindrais pas dix mille vilains, moi. Je ne crains que les araignées et les grenouilles.

LE PRÉCEPTEUR. Je ne demande à Dieu que de vivre assez longtemps pour pouvoir écrire les prouesses que vous ferez un jour. Vous ferez oublier les exploits d'Amadis de Gaule.

*Entrent Isabelle et Marion.*

CONRAD. Ah ! voici ma sœur. Bonjour, sœur Isabeau ; donne-moi de ce que tu manges.

ISABELLE. Je ne mange rien.

CONRAD. Tiens, je croyais... Est-ce que tu n'as rien dans la boîte que mon ami Montreuil t'a donnée ?

ISABELLE. Gourmand ! tu te fais mal à force de manger des friandises, et l'on m'a dit que tu dérobes tout ce que tu trouves chez nos pauvres vassaux.

CONRAD. Est-ce que tout ce qu'ils ont ne nous appartient pas ?

ISABELLE. Maître Bonnin, vous devriez bien lui donner d'autres leçons. *Entrent d'Apremont et son sénéchal.*

D'APREMONT. Qu'on le pende sur-le-champ ; qu'on le mette en quartiers, et qu'on l'attache à un arbre !

CONRAD. Quoi donc, papa ?

D'APREMONT. Ce coquin de Girart, qui avait cru se tirer d'affaire en se sauvant dans la chapelle de Saint-Leufroy.

CONRAD *au précepteur.* Vite, mène-moi le voir pendre.

ISABELLE. Quelle horreur ! Mon père, défendez-lui d'y aller.

D'APREMONT. Au contraire, ma fille, un gentilhomme doit de bonne heure s'accoutumer à voir la mort de près, afin qu'il ne soit plus étonné en voyant le sang couler dans un combat [19].

ISABELLE. Mais voir périr un pauvre misérable désarmé cela ne peut inspirer que de la cruauté.

D'APREMONT. Il ne faut pas qu'un homme soit élevé comme une femme.

CONRAD. C'est cela : mêle-toi de ta quenouille.

LE SÉNÉCHAL. Monseigneur, si nous attendions à demain pour le pendre ? L'exécution se ferait avec bien plus de pompe.

D'APREMONT. Non ; c'est demain la Saint-Leufroy. Il y a trop de paysans oisifs rassemblés. Il faut ménager Jacques

Bonhomme ; depuis quelque temps il gronde quand on le frappe.

LE SÉNÉCHAL. Je vais faire pendre l'homme.

D'APREMONT. Faites attacher les quartiers quelque part au loin ; que l'on n'en ait ni la vue ni l'odeur au château.

CONRAD. Attendez-moi donc, monsieur le sénéchal.

Sortent Conrad, le précepteur et le sénéchal.

D'APREMONT se frottant les mains. Ils ont nommé notre cousin abbé. — J'ai fait une belle chasse aujourd'hui, et je souperai bien. — Et Montreuil, t'a-t-il bien parlé d'amour aujourd'hui ?

ISABELLE souriant. Hé !... pas plus qu'à son ordinaire.

D'APREMONT. S'il ne sait pas dire des fadaises comme un troubadour, il sait ce que doit savoir un bon chevalier, et cela vaut mieux. Où est-il maintenant ?

ISABELLE. Dans la salle basse. Tout à l'heure il s'escrimait avec Pierre, de l'épée à deux mains.

D'APREMONT. Que te disais-je ? voilà un vrai gentilhomme ! toujours s'exerçant aux armes ! N'es-tu pas contente, Isabelle, de voir si galant et si rude champion celui qui doit être un jour ton mari !

ISABELLE. Oui, mon père ; seulement je voudrais qu'il sût encore mieux tenir son épée. J'étais à les voir faire sortir du feu de leurs armes, quand Pierre, d'un revers, lui a fait sauter son épée de la main ; peu s'en est fallu qu'elle ne me tombât sur la tête. Je me suis sauvée bien vite, car à de tels jeux les spectateurs sont les plus exposés.

D'APREMONT. Cela peut arriver au plus habile. Mais je n'aime pas à voir Montreuil s'escrimer toujours avec un simple vilain. N'ai-je donc pas dans mon château plus d'un gentilhomme qui sache faire des armes ? Un jour Pierre peut oublier dans la chaleur d'un assaut le respect qu'il doit à un chevalier.

ISABELLE. Il est trop bien appris, je l'espère.

D'APREMONT. Bien appris ! oui, le père Jean en a fait un clerc. Mais sa clergie [20] peut lui donner de l'insolence. C'est une sottise de donner à un vilain l'éducation d'un chancelier.

ISABELLE. Oui, mais vous êtes bien plus coupable que le

père Jean. C'est vous, mon père, qui lui avez appris à manier l'épée.

D'APREMONT souriant. Et il a profité de mes leçons. Dans le fait, c'est un bon soldat, et je lui ferai du bien. — Ah ! voici Montreuil. Entre de Montreuil.

DE MONTREUIL. C'est quelqu'un de la bande du Loup-Garou que l'on va pendre ?

D'APREMONT. Presque ; c'est leur espion. Ah ! vertu Dieu ! dans ce temps-ci, il est bien difficile à un gentilhomme de vivre en paix dans son château.

ISABELLE. Mon père, j'avais promis à une pauvre femme du village de vous prier...

D'APREMONT. Allons ! encore quelque grâce à demander !

ISABELLE. C'est qu'elle ne peut payer la taille. Sa vache a été prise par le Loup-Garou, et...

D'APREMONT. Bah ! bah ! toutes disent la même chose. A les en croire, il faudrait leur donner de l'argent au lieu de leur en demander.

ISABELLE. Mais l'année dernière a été malheureuse, vous le savez, mon père.

D'APREMONT. Vraiment, Isabelle, c'est vous que je consulterai pour mes affaires ! Que diriez-vous de moi, si j'allais me mêler de vos tapisseries ? Eh ! n'ai-je pas eu mes malheurs aussi ? Par Saint-George ! il faut que je me dédommage de ce que j'ai perdu à Poitiers [21]. Nous y avons perdu un peu plus qu'à une mauvaise récolte. Qu'en dis-tu, Montreuil ?

DE MONTREUIL. Ah ! mes huit mille florins de rançon, combien je vous regrette !

D'APREMONT à de Montreuil. Plût à Dieu que tu en eusses perdu huit mille autres, et moi dix fois autant, et que nous eussions gagné la bataille ! notre brave roi ne serait pas prisonnier à Londres au moment où nous parlons. — Allons, ne pensons plus à cela. Que l'on nous donne à laver, et allons souper. Entre un écuyer.

L'ÉCUYER. Monseigneur, un écuyer vient d'apporter cette lettre d'Arras.

D'APREMONT regardant le cachet. De gueule au lion rampant ? c'est de Boëmond de la Source.

ISABELLE. Sans doute il vous remercie d'avoir payé sa rançon.

D'APREMONT. Je pense qu'il a quelque chose de plus important à me demander. Lis-moi cette lettre, Isabelle; je suis tout aussi ignorant que feu monsieur mon père qui n'a jamais su lire ses prières; mais, par la sainte croix! ce n'est point parmi nos jeunes chevaliers si savants que l'on trouverait son pareil.

ISABELLE lisant. « A haut et puissant seigneur, noble homme
« Gilbert, baron d'Apremont, Boëmond, seigneur de la
« Source, son serviteur et ami, salut.
« Au moment où j'avais perdu toute espérance de revoir
« jamais mon pays, j'ai appris avec autant de surprise que
« de reconnaissance... ».

D'APREMONT. De surprise?

ISABELLE continuant. « Que tu venais de payer ma rançon,
« et que j'étais libre d'aller me jeter à tes pieds pour... »

D'APREMONT. Se jeter à mes pieds! lis-tu ce qui est écrit?

ISABELLE. Oui, mon père... « Pour te remercier autant
« que je le puis... »

D'APREMONT. Passe ces fades compliments et viens-en au fait. Des chevaliers devraient garder ces niaiseries pour les dames.

ISABELLE. La lettre ne contient que des remercîments, des protestations d'amitié et de dévouement.

D'APREMONT prenant la lettre. Voilà du beau parchemin perdu. Et c'est là ce qu'on apprend avec les clercs! Un chevalier s'étonne que son frère d'armes paye sa rançon, et il lui écrit une page pleine de traits noirs pour l'en remercier! De mon temps un chevalier disait à son ami : « Je n'ai point d'argent, donne-moi ta bourse. » Cette franchise de nos pères valait mieux que notre politesse d'aujourd'hui.

ISABELLE. Son intention était bonne. Boëmond vous est très-attaché.

DE MONTREUIL. Et la somme que vous avez déboursée pour lui méritait des remercîments.

D'APREMONT. Il faut être incapable d'une action généreuse pour témoigner sa reconnaissance en termes si pompeux

Mais ainsi va le monde. Les vieilles coutumes se perdent, et avec elles aussi les vertus de nos ancêtres.

ISABELLE. N'oublions pas l'ancienne coutume de souper. Je vois l'aiguière qui nous attend là-bas.

D'APREMONT. Tu as raison, allons souper. Ils sortent.

## SCÈNE IV.

**La place du village d'Apremont.**

**Des tables sont dressées, et beaucoup de paysans sont assis à boire. Sur le devant, assis à la même table :**

### BROWN, RENAUD, MORAND, GAILLON.

Brown est habillé comme un simple archer.

BROWN frappant sur la table. Du vin ! du vin ! Veut-on nous faire mourir de soif ? Je suis le roi de l'arc, et c'est moi qui paye.

GAILLON. Foi d'honnête homme, sire archer, vous êtes un bon garçon pour un Anglais.

RENAUD. C'est vrai, et je lui pardonne d'avoir gagné le prix.

BROWN montrant son arc. Voilà ce qui s'appelle un arc ! Six pieds de bois d'if sans nœuds, et droit comme une lance quand il est débandé. Tenez la corde de la main droite à la hauteur de l'œil, poussez l'arc de la main gauche jusqu'à trois pouces du fer, et vous lancerez une flèche dont on parlera [22].

MORAND. Nous avons vu que vous avez l'œil et le bras bien exercés.

BROWN. Parbleu ! je le crois. Savez-vous que tout le monde ne bande pas un arc anglais ? au lieu que de vos arcs le plus fort casserait sous une flèche anglaise.

RENAUD. Autrefois il y avait ici quelqu'un dont l'arc vous aurait peut-être fait venir des ampoules aux mains.

BROWN. Par le chef de saint George ! je serais bien aise de voir cette rareté.

RENAUD. Cet arc n'est plus dans le pays, et, si l'archer

qui savait le tendre s'y trouvait encore, vous n'auriez pas si aisément gagné la coupe et le baudrier [23]. — A votre santé, compère !

BROWN. Et qu'est-il devenu cet archer-là ? Je ferais douze lieues à pied pour le voir.

RENAUD. Il n'est peut-être pas loin de nous.

MORAND se signant. Dieu le sait !

BROWN. Enfin où est-il, où peut-on le voir ?

RENAUD. Le voir ? Ne le voit pas qui veut.

GAILLON. Et qui ne veut pas le voir le voit. C'est là le pis.

MORAND. Avez-vous entendu parler du Loup-Garou ?

BROWN. Oui, un peu.

MORAND. Eh bien ! tâchez de ne pas le rencontrer sur votre chemin.

BROWN. Comment ! c'est ce chef de voleurs qui tire si bien de l'arc ?

GAILLON. Voleur, ce ne serait rien, mais on vous dit qu'il est loup-garou.

BROWN. J'irais voir le diable, si je savais qu'il tirât mieux que moi. Et n'a-t-il pas un autre nom, celui que vous appelez le Loup-Garou ?

MORAND. Il se nommait Chrétien Franque quand il était encore de ce monde.

BROWN. Il est donc mort ?

MORAND se signant encore. Non, mais il est devenu loup-garou.

BROWN. Vous vous moquez de moi. Parlez donc plus clairement et n'ayez pas l'air si effrayé. Qu'est-ce qu'a fait cet homme pour que vous l'appeliez Loup-Garou ?

MORAND bas. Attendez que ce gendarme de monseigneur se soit éloigné. — Écoutez ; il y aura deux ans à la Saint-Nicolas que Franque, qui de son métier était maréchal ferrant, rentrant chez lui après avoir été donner une médecine au cheval de mon compère Henriot, ne trouva pas sa femme à la maison. Un voisin, il y en a toujours de ces âmes charitables, lui dit que monseigneur l'avait fait appeler au château, qu'elle lui avait plu ; et elle, la femme de Franque, ne valait pas mieux qu'une autre ; elle était bien aise qu'un seigneur la mît dans son lit. Franque ne dit rien. Finalement elle revint. Il était à sa forge, il la voit entrer : « Ah! te voilà? dit-il. — Oui, dit-elle. — Tiens, dit-il, » et d'un seul coup de son gros marteau il lui fit sauter la cervelle.

BROWN. Oui, une masse est une bonne arme, après l'arc s'entend.

MORAND. Oh! il lui cassa la tête comme je casserais un œuf. Monseigneur le fit mettre au cachot; il voulait le faire pendre, mais je ne sais si Franque s'est donné au diable, qui l'a emporté, ou bien s'il avait un sort pour les serrures dans sa poche...

RENAUD. Moi, je crois que c'est son garçon qui lui a jeté par le soupirail une lime avec laquelle il a scié un barreau.

MORAND. Tant y a qu'il s'est sauvé dans les bois. Là, ce vieux loup blanc, que le père de monseigneur n'a jamais pu tuer, un vieux loup qui a plus de... bah! plus de deux cents ans; tout le monde le connaît : ce vieux loup blanc l'a regardé avant que Franque ne l'aperçût [24], et il est devenu aussitôt loup-garou. Il est tout couvert de poils, il mord tout ce qui l'approche, et ceux qui n'en meurent pas deviennent loups-garous comme lui et font mille horreurs dans le pays.

GAILLON. Il y a six mois qu'Étienne Durer l'a vu, et depuis ce temps il est devenu enragé.

RENAUD. Je ne crois pas qu'il soit un véritable loup-garou, mais il est aussi dangereux. Il n'y a pas deux semaines que nous avons trouvé le vieux garde-chasse Mathieu tout déchiqueté par ces diables-là.

MORAND. Le jour, ils ont encore la figure d'hommes; mais la nuit, ils deviennent comme des loups et marchent à quatre pattes. Pas plus tard qu'hier au soir, je les ai entendus hurler.

BROWN. Et vous croyez tous ces contes de vieilles? Votre loup-garou est un gaillard qui a du cœur, et qui s'est fait voleur pour se venger. Il aurait mieux fait de se faire archer dans une compagnie franche, mais pour cela il faudrait voir comment il tire.

MORAND. Soyez persuadé qu'il tire si bien, que monseigneur ne va jamais à la chasse sans être bien accompagné, et qu'il porte encore une cotte de mailles sous son jupon de velours.

BROWN. Il n'y a qu'une cotte de mailles de Milan, pardessus un gambison [25] bien épais, qui résiste à une flèche anglaise. — Sus, buvons. — A ce que je vois, vous n'aimez pas trop votre seigneur : c'est comme partout.

RENAUD. Oui, partout. J'en sais un à Genêts qui...

MORAND. Chut ! on t'écoute là-bas.

BROWN. On vous traite comme des bêtes.

GAILLON. Pis, car ils pansent leurs chevaux et les nourrissent bien.

BROWN. Aussi faut-il dire que vous avez plus de docilité que les chevaux.

MORAND. De la docilité ?

BROWN. Oui, vous êtes plus dociles, plus patients que des chevaux ; vous souffrez les coups et vous ne ruez pas. Dans mon pays, on n'est pas si endurant. Quand je salue un seigneur, il m'ôte son bonnet, et, si le premier lord d'Angleterre s'avisait de coucher avec ma femme, je lui ferais payer une amende de deux cents francs, bien heureux si je ne lui plantais pas une flèche dans le corps.

MORAND. Ah ! ah ! les paysans sont donc les maîtres chez vous ?

GAILLON. Qui donc travaille aux champs dans votre pays ?

BROWN. Chacun travaille pour soi, mon garçon, chacun garde ce qu'il gagne. Nous sommes tous libres, entends-tu, et buvons à la gloire de la vieille Angleterre !

GAILLON. Buvons. J'ai toujours soif avec des amis ; et il y a si longtemps que je n'ai bu de vin ! Nous sommes trop misérables pour en acheter.

RENAUD. Je ne boirai pas à la gloire de l'Angleterre ; cette bataille de Poitiers me pèse sur la poitrine.

MORAND. Et moi, je boirai à la santé du roi de l'arc, qui est un bon compagnon ; car enfin il faut boire, il paye le vin, et nous ne pouvons pas nous régaler tous les jours.

BROWN. C'est parler, cela ! Buvons, mes maîtres ; oubliez vos chagrins : Anglais et Français, nous sommes maintenant amis pour six mois [26]. Et vous, là-bas, remplissez votre verre et ne pensez plus à Poitiers.

RENAUD à Brown. Ce sont les seigneurs qui ont laissé prendre le roi.

BROWN. Ah! si vous aviez vu ces messieurs bardés de fer, comme ils tombaient sous nos flèches, il y avait de quoi faire crever de rire.

GAILLON à Brown. Vous auriez bien dû en garder une pour monseigneur d'Apremont.

MORAND à Gaillon. Prends garde, Gaillon; tu parles trop haut, quand tu bois.

GAILLON. Je m'en moque! Qu'est-ce que cela me fait à moi? Je veux parler, je veux aller en Angleterre, et je veux que Gilbert d'Apremont m'ôte son bonnet.

MORAND. Il est ivre!

RENAUD à Brown. On m'a dit que nos archers s'étaient bien battus à Poitiers, mais que les seigneurs avaient tout perdu.

BROWN. C'est vrai.

GAILLON. Oui, c'est vrai, ils perdent tout. Qui ose dire le contraire?

MORAND. Mais tais-toi donc!

BROWN. Vos archers avaient envie de bien faire; mais des arcs comme les leurs, cela n'est bon que contre les moineaux.

GAILLON. Sire archer, menez-moi en Angleterre, je veux être maître à mon tour.

BROWN. Le veux-tu, mon brave? prends un arc, va trouver un capitaine que je te nommerai, et tu seras plus libre et plus heureux qu'un roi.

GAILLON. Oui, c'est cela, je veux être roi, par le ventre de saint Ferréol!

BROWN. Et vous, mes compères, voilà ce que vous devriez faire; avec des bras et des épaules comme les vôtres, n'avez-vous pas de honte de travailler à la terre? Mettez-vous une épée au côté, une targe sur le dos, et l'univers est à vous.

RENAUD. J'aime mon pays, bien que j'y sois misérable.

MORAND. Comme si nous pouvions quitter les terres de monseigneur! il nous ferait bien vite reprendre le manche de la charrue, et j'ai mal au dos rien qu'en pensant à la manière dont il punirait notre équipée.

BROWN. Le roi ne te ferait pas sortir d'une compagnie d'aventure; nous ne recevons d'ordres que du capitaine, nous nous choisissons.

RENAUD. Quand même nous serions libres, nous n'irions pas courir le monde. On aime la cabane où l'on est né.

BROWN. Voilà comme ils sont, tous ces Français. Toujours ils se plaignent, et jamais ils n'ont le courage de se rendre libres.

MORAND. Vous en parlez bien à votre aise, camarade.

Entre Simon.

RENAUD. Qu'est-ce qu'a donc Simon? Eh! Simon! par ici! Qu'as-tu donc? Tu as l'air malade.

SIMON. Ah! ce que j'ai vu suffirait bien pour me rendre malade. Le corps de Girart est là-bas, coupé en morceaux, auprès d'un arbre, et les chiens de monseigneur sont en train de le manger.

TOUS excepté Gaillon qui est assoupi. Quelle horreur!

BROWN. Comment! par saint George! il nourrit ses chiens de chair humaine!

SIMON. J'ai jeté des pierres aux chiens, et je voulais enterrer le corps, mais le sénéchal a passé; il m'a dit que je méritais d'être pendu, pour battre les chiens de monseigneur et troubler la justice de la baronie.

BROWN. Ah! s'il se trouve jamais à un jet d'arc de moi...

MORAND. Vit-on jamais pareille impiété! c'est pour cela que la châsse de monsieur saint Leufroy n'a pas sué. C'est cela qui l'a irrité.

GAILLON se réveillant. Qu'est-ce que vous dites donc? — Pourquoi ne buvez-vous pas?

BROWN. Faire manger aux chiens de la chair humaine!

GAILLON. Qui donc parle de manger? j'en suis; mais il faut boire en mangeant, ou l'on s'étrangle.

RENAUD. Savez-vous ce qu'il faut faire, mes amis?

SIMON. Qu'est-ce?

RENAUD. Allons tous ensemble enterrer ce cadavre.

MORAND. Nenni; je n'en suis pas. Je vois d'ici le sénéchal qui s'avance avec une douzaine de sergents.

SIMON. J'ai déjà reçu des coups de bâton pour avoir essayé.

RENAUD. Lâches que vous êtes, un jour il vous en arrivera peut-être autant à vous-mêmes.

BROWN à Renaud. Écoute, mon garçon, allons-y ensemble, et je mets mon arc sous mon bras. *Ils sortent.*

MORAND. Plaise à Dieu qu'ils ne trouvent personne pour les en empêcher !

SIMON. Voici le sénéchal qui vient de ce côté, allons-nous-en. *Ils sortent.*

GAILLON. Eh bien ! tout le monde s'en va, et personne ne veut me tenir compagnie. Il faut donc que je boive ces bouteilles-là tout seul.

*Entrent le sénéchal, Pierre et quelques hommes d'armes.*

GAILLON. Holà ! monsieur le sénéchal, ôtez donc votre bonnet quand vous passez devant les gens.

LE SÉNÉCHAL. Que dit ce maraud ?

UN HOMME D'ARMES. Ote ton bonnet, imbécile ; ne vois-tu pas monsieur le sénéchal ?

GAILLON. Sénéchal ou baron, donne-moi deux cents francs d'amende, ou je te plante une flèche dans le corps.

LE SÉNÉCHAL. Ah ! coquin, c'est ainsi que tu oses me parler ! Tu vas bien vite changer de ton. — Saisissez ce drôle et me l'émouchez avec vos ceintures de cuir, du côté de la boucle.

PIERRE. Monsieur le sénéchal, c'est un enfant qui a bu un peu trop de vin et qui s'est enivré. Renvoyez-le dans sa maison ; il sera sage quand il aura dormi.

LE SÉNÉCHAL. Ivre ou non, qu'on le fustige ; d'ailleurs, cette canaille est trop insolente, elle a besoin d'un exemple.

PIERRE. Vous en trouverez d'autres plus coupables.

LE SÉNÉCHAL. Alors ils auront le double de coups. (Aux hommes d'armes qui battent Gaillon.) Allons, compères, frappez à tour de bras ! Jacques Bonhomme a le cuir dur.

GAILLON battu. Au secours ! à l'aide ! je suis mort ! au meurtre !

LE SÉNÉCHAL. Plus fort donc ! vous ne faites qu'épousseter son habit.

SIMON revenant. Qu'est-ce donc ? qu'y a-t-il ?

GAILLON. A mon secours, Simon, mon ami ! ils veulent me tuer.

MORAND revenant. Quoi ! c'est ce pauvre Gaillon que l'on bat si cruellement ! qu'a-t-il donc fait ?

GAILLON. Je n'ai rien fait ! je n'ai rien fait ! Au secours ! au meurtre ! *Entre une foule de paysans.*

BARTHÉLEMY. Comment ! battre un homme le jour de la Saint-Leufroy !

AUTRE PAYSAN. C'est un jour de franchise ; cela crie vengeance.

AUTRE PAYSAN. Est-ce que nous le laisserons assommer sous nos yeux ?

LE SÉNÉCHAL. Hors d'ici, canaille, ou je vous ferai couper les oreilles !

GAILLON. Tirez-moi de leurs mains, mes amis ! Je suis innocent.

FOULE DE PAYSANS. Qu'on le mette en liberté ! — Délivrons-le.

BARTHÉLEMY. Aux bâtons ! sus aux bâtons ! Leufroy !

PAYSANS. Aux bâtons ! aux bâtons !

LE SÉNÉCHAL à ses gendarmes. Enfants ! flamberge au vent ! chargez-moi ces ivrognes.

PAYSANS. Assommons-les à coups de pierres ! — Ils ne sont qu'une douzaine. — Nous allons en venir à bout. — Allons chercher nos arcs au cabaret. — A nous les archers d'Apremont ! *Tumulte ; entre le F. Jean.*

F. JEAN à part. Que vois-je ! ils attaquent le sénéchal ! Le vin leur a donc montré leurs forces. Encore si c'était ces moines qu'ils voulussent lapider ! (Haut.) Enfants ! quel scandale ! Le jour de la Saint-Leufroy ! Arrêtez, ou je vous excommunie !

PAYSANS. Arrêtez, arrêtez ! c'est le père Jean qui nous soigne quand nous sommes malades. — Ne jetez pas de pierres.

LE SÉNÉCHAL. Parbleu, mon père, mêlez-vous de vos affaires ; vous n'êtes point ici sur les terres de votre abbaye, et, quand vous y seriez, vous n'êtes point abbé. Allez-vous-en dire votre bréviaire, et laissez-nous.

F. JEAN. Sénéchal ! vous oubliez que vous parlez à un ministre du Seigneur.

PAYSANS. En avant ! le père Jean est pour nous !

F. JEAN. Jadis, le jour de la Saint-Leufroy, il était défendu de punir un criminel, et c'est un enfant innocent que vous traitez avec tant de cruauté ?

*Entrent Isabelle, de Montreuil, suite.*

LE SÉNÉCHAL. A moi, sire chevalier ! aidez-nous à châtier ces insolents ! Courage ! ils sont à nous.

*Les paysans prennent la fuite.*

ISABELLE. Grand Dieu ! d'où vient ce tumulte ? Arrêtez, au nom du ciel ! Sénéchal, ne poursuivez pas ces pauvres gens.

DE MONTREUIL. Pourquoi ce tapage ?

LE SÉNÉCHAL. Je faisais corriger un de ces vilains, et ses camarades ont voulu nous l'enlever. Ils m'ont lancé des pierres, et voici deux flèches qui sont tombées près de moi. Je saurai qui les a tirées.

ISABELLE *montrant* Gaillon. C'est ce pauvre enfant que l'on battait. Il a l'air si doux. Monsieur le sénéchal, pardonnez-lui, je vous en prie, à cause de moi.

LE SÉNÉCHAL. Voilà le moyen de les rendre intraitables. (A Gaillon.) Sauve-toi, coquin.

*Il lui donne un grand coup de plat d'épée, Gaillon s'enfuit.*

DE MONTREUIL. Belle cousine, vous êtes trop bonne pour vos serfs. Cette espèce est comme les chiens qui vous mordraient si l'on n'avait toujours le fouet à la main.

ISABELLE. Fi donc, monseigneur ! Comment pouvez-vous donner le nom d'un animal à des chrétiens ?

PIERRE *à demi-voix.* Vive notre bonne maîtresse !

ISABELLE *à de Montreuil.* Vous le voyez, le père Jean leur a parlé, ils se retirent en silence. Les voilà redevenus doux comme des moutons.

DE MONTREUIL. Ah ! que vous connaissez peu cette engeance ! Ils ont pris la fuite, les ribauds, parce qu'ils m'ont vu venir avec mes sergents.

LE SÉNÉCHAL. C'est notre douceur qui les enhardit à mal faire. *Entre une femme qui se met à genoux devant Isabelle.*

LA FEMME. Noble demoiselle, ayez pitié d'une malheureuse veuve qui n'a pas de quoi donner à manger à quatre petits enfants.

LE SÉNÉCHAL. Allons, houste, hors d'ici la vieille.

ISABELLE. Sénéchal, ne repoussez pas cette pauvre femme. C'est à moi qu'elle parle. — Qui es-tu, ma bonne mère ?

LA FEMME. Je suis la veuve de Girart, qu'on a pendu hier par l'ordre de monseigneur. Il gagnait du pain pour mes enfants ; comment ferai-je pour les nourrir, toute seule ?

LE SÉNÉCHAL. File du chanvre, c'est la saison.

ISABELLE. Pauvre femme !

LA FEMME au sénéchal. Je n'ai pas un denier pour en acheter.

ISABELLE. Prenez ces quatre florins, ma bonne. Je suis fâchée de n'avoir pas davantage à vous donner.

LA FEMME. Que Dieu vous le rende, ma noble demoiselle ; que Dieu vous bénisse ! (A part.) Puisse-t-il pardonner à son père à cause d'elle ! (Haut.) J'ai encore une grâce à vous demander, noble demoiselle.

ISABELLE. Parlez.

LA FEMME. Permettez qu'on enlève mon pauvre mari : il est là-bas étendu par terre, et monsieur le sénéchal a défendu qu'on jetât un peu de terre sur lui.  Rentre Brown.

ISABELLE. Est-il possible ?

LE SÉNÉCHAL. C'est l'ordre de monseigneur.

ISABELLE. Mon père n'a pu donner cet ordre ! (A sa suite.) Allez, vous autres, enterrer ce cadavre.

PIERRE. J'y cours.

BROWN. C'est déjà fait.

LE SÉNÉCHAL. Et qui l'a fait ?

BROWN. Moi ; je n'aime pas à voir les chiens manger de la chair humaine ?

LE SÉNÉCHAL. Pourquoi te mêler de ce qui ne te regarde pas ? Que viens-tu faire ici ?

BROWN. Tirer de l'arc... et vous savez que je m'y entends ?

ISABELLE à Brown. Vous êtes un brave homme, sire roi de l'arc, et un bon chrétien. Dieu vous le rendra.

LA FEMME à Brown. Oh ! monsieur l'archer, que je vous remercie ! c'est mon mari que vous avez enterré.

BROWN. Il n'y a pas de quoi, la mère, ce sont de ces

services que l'on rend à charge de revanche. Tenez, voici un florin pour boire à ma santé. Entre un Anglais habillé en paysan.

L'ANGLAIS bas à Brown. Eh bien?

BROWN bas. J'ai vu Gilbert descendre du château. Il n'est armé que d'un jacque [27] et n'a que cinq hommes avec lui. Voici sa fille. Cours au capitaine Siward, et dis-lui qu'il est temps. Ils sortent.

LE SÉNÉCHAL. Cet homme m'a tout l'air d'un bandit.

DE MONTREUIL. Il s'est dit archer du capitaine Dillon.

ISABELLE. Quel qu'il soit, il s'est comporté en brave homme. Je regrette que mon père n'ait pas beaucoup d'aussi bons serviteurs.

DE MONTREUIL. Dites d'aussi bons archers.

LE SÉNÉCHAL. Il a donné de l'argent à cette vieille mendiante par pure fierté; et qui sait s'il n'a pas volé hier le florin qu'il donne aujourd'hui?

ISABELLE. Vous voyez tout en mal.

DE MONTREUIL. Allons un peu de ce côté, les vilains vont courir la quintaine. Je ne connais rien de si amusant que de voir ces gros lourdauds tomber rudement sur le sable, en recevant un bon coup sur les épaules.

LE SÉNÉCHAL. D'où vient donc ce bruit de chevaux? il y a des cavaliers qui galopent dans la grande avenue.

ISABELLE. Ce n'est pas mon père, car je le vois là-bas.

DE MONTREUIL. J'entends comme... un cri de guerre.

ISABELLE. Vous me faites trembler! ne faites donc pas de ces plaisanteries-là.

PAYSANS. Les Anglais! les Anglais! Alarme!

ISABELLE. Dieu! les Anglais! Où fuir? Et mon père!

DE MONTREUIL. C'est ici qu'il faut être leste, tâchons de gagner le pont-levis avant eux. En arrière! en arrière! Sire sénéchal, prenez la main de ma cousine, pendant que je tâcherai de protéger votre retraite.

Entre une foule d'hommes, de femmes et d'enfants fuyant de tous les côtés, emmenant leurs bestiaux, etc.

MORAND à de Montreuil. Ah! monseigneur! Venez à notre aide, autrement c'est fait de nous.

LE SÉNÉCHAL. Ah! tu penses à nous maintenant. Va prendre ta cognée, coquin, et viens nous aider.

PIERRE à de Montreuil. Monseigneur, il est impossible de nous retirer au château. Voyez ces vingt hommes habillés de vert, ce sont leurs archers qui nous ont coupé le chemin.

LE SÉNÉCHAL. Oui, par Notre-Dame de Beauvais ! Et voici à leur tête ce traître qui a gagné le prix.

DE MONTREUIL. Sainte Vierge ! et nous n'avons pas de cuirasses !

La suite de Montreuil et quelques paysans se serrent en peloton, et tâchent de se faire un abri avec les tables et les bancs. On voit dans le fond Siward, Brown et les Anglais, pillant et emmenant les bestiaux.

ISABELLE. Sainte Vierge, que deviendrons-nous ?

PIERRE à Isabelle. Madame, entrez dans cette cabane, vous y serez à l'abri, en attendant que nous soyons secourus. Je resterai à la porte, et, tant que je serai vivant, personne n'entrera.

DE MONTREUIL à Isabelle. Oui, oui, cachez-vous quelque part. (Aux siens.) Ferme, mes amis !

ISABELLE. Je me meurs, je ne sais si j'aurai la force d'aller jusque-là.

PIERRE. Souffrez que je vous porte. (A un de ses camarades. Geoffroy, tiens cette table devant elle, que les flèches de ces brigands ne la blessent pas.

Il emporte Isabelle dans la maison.

ANGLAIS. Siward en avant ! ville gagnée !

DE MONTREUIL. Ferme ici, mes prudhommes ! Vilains, armez-vous.                           Combat; entre F. Jean.

F. JEAN. Malgré ma haine pour d'Apremont, mon sang bouillonne quand je vois un village français saccagé par des Anglais. J'ai bonne envie de reprendre mon ancien métier. Oui, voici une pique par terre, cela est trop tentant. A moi, mes amis ! saint Leufroy nous délivrera de ces mauvais chrétiens [28].           Il se mêle aux combattants.

BRIGANDS derrière la scène. Hou ! hou ! Loup-Garou !

PAYSANS. Voici le Loup-Garou pour nous achever ! Nous sommes perdus !           Entrent le Loup-Garou et sa troupe.

LE LOUP-GAROU. Ils sont à nous ! Anglais et Français, à mort tous ! Jetez du feu sur les toits ! Hou ! hou ! Loup-Garou !

Un brigand s'apprête à jeter un brandon allumé sur la cabane où est Isabelle ; Pierre, qui est resté à la porte, le tue. Quelques combats partiels. La troupe de Montreuil s'augmente à chaque instant de paysans qui viennent s'y réfugier. Gilbert d'Apremont, qui est parvenu à se dégager des Anglais qui l'entouraient, vient se mettre à la tête des siens.

D'APREMONT. A moi, mes braves amis ! C'est pour vos maisons, c'est pour votre seigneur que vous combattez !

LE SÉNÉCHAL. Ils se dispersent pour piller ! Si les vilains avaient du cœur, nous pourrions nous tirer d'affaire.

F. JEAN. Courage, enfants ! vous le voyez, les loups attaquent aussi les Anglais.

DE MONTREUIL. Ah ! si nos gens du château voulaient se dépêcher !

D'APREMONT. Montreuil, qu'as-tu fait de ma fille ?

DE MONTREUIL. Elle est en sûreté, je crois. Par saint George! pensons avant tout à nous battre, et à nous garantir de leurs flèches.

SIWARD aux siens. Derrick, que l'on chasse les bœufs sur le grand chemin. Que personne ne s'amuse encore à piller. Gilbert doit être dans cette petite troupe, et je veux l'avoir, sa rançon sera belle. Combat.

F. JEAN aux paysans. Appuyez vos piques contre terre, et dirigez-les au nez des chevaux.

DE MONTREUIL. *Gloria tibi, Domine !* Le pont-levis s'abaisse, nous allons être secourus.

D'APREMONT. Saint-Denis ! Notre-Dame d'Apremont [39] !

SIWARD. Siward en avant !

LE LOUP-GAROU aux brigands. Voici toute la meute qui débouche du château. Nous en avons assez fait, le village est en feu ! Sauvons notre butin. En retraite, à la forêt ! A moi les loups ! Il sort suivi des siens.

BROWN à Siward. En retraite, capitaine ! voici un gros de gendarmes qui s'avance pour nous charger. Nos gens sont si âpres à la curée, qu'ils ne veulent pas garder d'ordre.

SIWARD. Siward ne quitte pas sitôt la partie. Sont-ils nombreux, ces gendarmes français ?

BROWN. Sans doute, et bardés de fer ; nos flèches rebondissent sur leurs cuirasses comme sur une enclume. En retraite, de par le diable !

SIWARD. Rassemble les archers, je les recevrai avec mes gendarmes.

BROWN. Vos gendarmes sont à piller ! en retraite, vous dis-je.

GENDARMES d'Apremont, derrière la scène. Saint-Denis ! Notre-Dame d'Apremont ! d'Apremont à la rescousse [30] !

D'APREMONT. C'est trop longtemps se défendre ! chargeons-les à notre tour ! Suivez votre seigneur ! Suivez Gilbert d'Apremont.

SIWARD. Je vois d'Apremont. Voici l'instant que j'attendais. A moi, Gilbert, un coup de lance en l'honneur des dames !

*Ils courent l'un sur l'autre, d'Apremont est renversé. Pierre, d'un coup d'épée, coupe les jarrets du cheval de Siward, qui tombe à son tour.*

PIERRE. Rendez-vous, capitaine, ou je vous enfonce ma miséricorde dans le corps [31].

SIWARD. Je ne me rends pas à un vilain. Où est ton maître ?

PIERRE. Eh bien ! meurs donc !     Il va pour le percer.

D'APREMONT qui s'est relevé. Arrête, Pierre ! il vaut son pesant d'or. Rendez-vous, capitaine.

SIWARD. Voici mon épée.

BROWN dans le fond. Bonsoir, capitaine. Vous m'en croirez une autre fois. Voici pour celui qui vous a pris.

PIERRE frappé d'une flèche. Jésus ! je suis mort.     Il tombe.

D'APREMONT. Montreuil, prends mon cheval et conduis nos gendarmes à la poursuite de ces pillards. Les voilà qui fuient en désordre. — Où est ma fille ? Sénéchal, l'avez-vous vue ?

PIERRE. Dans cette cabane... Faites-la sortir... le feu s'étend de ce côté.

D'APREMONT entrant dans la cabane. Isabelle ! ma fille, où es-tu ?

F. JEAN. Courez au feu, mes enfants. Laissez les gendarmes poursuivre les Anglais. Abattez cette maison pour arrêter le feu ; faites sonner les cloches. (Il butte contre le corps de Pierre.) Eh ! c'est toi, mon pauvre Pierre, que voilà percé d'un grand coup. Parle. Es-tu encore vivant ? Ne me reconnais-tu pas ?

PIERRE. Quoi ! c'est vous, madame... Vous daignez... Mais... où suis-je ?

F. JEAN. Pauvre garçon ! il a le délire. Rassure-toi, ta blessure n'est pas mortelle. La moitié du fer est hors de la plaie, et ton baudrier de buffle a un peu amorti le coup.

D'APREMONT sortant de la cabane. Holà ! Pierre... aide-moi... ah ! il est mort. Tant pis. Jacob, Meunier, faites une litière avec des lances et vos manteaux ; ma fille est évanouie, et il faut la porter au château. Frère Jean, venez vite avec moi ; ma fille est malade, et nous avons besoin de votre clergie [32].

F. JEAN. Voici un homme qui en a plus besoin qu'elle.

D'APREMONT. Morbleu ! voulez-vous comparer la vie de ma fille avec celle de mon serf ? Venez, je vous payerai bien.   Il sort ; on emporte Isabelle évanouie.

F. JEAN à un paysan. Apporte-moi de l'eau. (Il fait boire Pierre.) Tiens, bois, mon ami ; comment te trouves-tu maintenant ?

PIERRE. Un peu mieux... et les Anglais ?...

F. JEAN. Ils sont en fuite.

PIERRE regardant la cabane où était Isabelle. Cette porte est ouverte... où est madame Isabelle ?

F. JEAN. Son père l'a emmenée au château. Elle est évanouie, et il voulait m'obliger à te quitter pour lui donner mes soins...

PIERRE. Courez vite, mon père... Elle est peut-être blessée !

F. JEAN. Non, non. La peur a causé tout son mal. Ta blessure n'est rien, prends courage.   Il panse sa blessure.

MONTREUIL revenant avec ses gendarmes et des paysans. Victoire ! nous leur avons repris leur butin.

SIMON. Oh ! mes pauvres vaches, vous voilà donc ! vous ne serez point mangées par les Anglais.

MORAND à un de ses bœufs. Te revoilà, Fauveau à la raie noire, mon garçon ; tu as dû avoir bien peur.

LE SÉNÉCHAL à Simon. Simon, ces vaches étaient à toi, n'est-ce pas ?

SIMON. Oui, monsieur le sénéchal, toutes les six.

LE SÉNÉCHAL à ses gendarmes. Une, deux, trois ; une, deux, trois. Ces deux-là appartiennent à monseigneur ; emmenez-les.

SIMON. Comment donc ? Que dites-vous là ?

LE SÉNÉCHAL. Oui, par droit de rescousse, nous les avons bien gagnées [33].

SIMON. Mais...

LE SÉNÉCHAL. Je te les revendrai à bon compte. Je sais que tu as de l'argent.

SIMON. Mais, monsieur le sénéchal...

LE SÉNÉCHAL. Silence, bonhomme. Que l'on prenne le tiers de ces bestiaux ; demain nous réglerons ensemble à quel prix vous les pourrez racheter.

PAYSANS. C'est une abomination ; c'est nous qui les avons reprises !

BARTHÉLEMY tuant une vache. On ne me prendra pas celle-là.

LE SÉNÉCHAL. Ah ! coquins, vous apprendrez à me connaître ; vous verrez si je sais châtier les insolents. Vous payerez cher les pierres que vous m'avez lancées. Gendarmes, que l'on chasse cette canaille qui murmure toujours.

SIWARD. Courage ! frappez fort ! J'aurais presque envie de rire en voyant des Français s'entre-battre.

DE MONTREUIL. Hors d'ici, vilains ! ou nous allons vous embrocher de nos lances. *Les paysans s'enfuient.*

LE SÉNÉCHAL. La journée a été chaude : une quinzaine de morts. (Poussant du pied un cadavre.) Tenez, voilà un de ces voleurs, un de ces loups, comme ils les appellent. Ils se sont sauvés aussi vite qu'ils étaient venus.

DE MONTREUIL. Le feu s'est éteint, il faut rentrer. Trompette, sonne la retraite. (A Siward.) Sire chevalier, il faut nous suivre, s'il vous plaît.

F. JEAN tenant un cheval par la bride. Voici un cheval sans maître. Tiens, Pierre, monte-le si tu en as la force.

SIWARD à de Montreuil. Me laisserez-vous aller à pied comme un varlet ? Est-ce ainsi que l'on traite un chevalier ?

LE SÉNÉCHAL. Pierre, donne ton cheval à ce gentilhomme.

PIERRE. Mais moi, je suis blessé.

LE SÉNÉCHAL. Point de réplique, obéis... Ce maraud, parce qu'il sait lire, tranche de l'homme d'importance, et voudrait presque traiter ses maîtres comme ses égaux.

*Siward monte sur le cheval de Pierre, et sort avec de Montreuil et les gendarmes.*

F. JEAN. Mais, monsieur le sénéchal, jamais cet homme ne pourra revenir à pied au château.

LE SÉNÉCHAL. Qu'il s'arrange comme il pourra. Il sort.

F. JEAN. Voilà ce que l'on gagne à servir les grands. Tu leur sauves la vie, et ils t'abandonnent comme un cheval estropié.

PIERRE. Je crois que je pourrai marcher jusqu'au château.

F. JEAN. Non, viens avec moi au couvent ; tu feras mieux. On nous prêtera bien un âne pour t'y conduire. (Aux paysans qui se tiennent éloignés.) Holà ! par ici, mes amis !

Rentrent Simon, Renaud, Morand, paysans.

SIMON. C'est un de ces chiens d'hommes d'armes. Qu'il crève !

F. JEAN. C'est un brave garçon qui ne vous a jamais fait que du bien. Aidez-moi à le transporter au couvent, où je panserai sa blessure.

MORAND. Eh ! parbleu, c'est Pierre Lambron, le fils de Lambron, mon compère. Pauvre diable ! Est-ce dangereux ?

F. JEAN. Il a sauvé la fille du baron, et, pour la peine, messire Gilbert l'a laissé là perdant tout son sang, et il voulait encore que je le quittasse.

SIMON. Ah ! mon bon père Jean, vous êtes notre providence, et nous avons bon besoin de vous pour nous consoler ; car nos seigneurs nous rendent bien malheureux par le temps qui court.

RENAUD. Chaque jour nouvelle souffrance.

MORAND. Aujourd'hui pillés, brûlés par les Anglais ! pillés et battus par nos maîtres !

F. JEAN. Vous vous plaignez avec raison, mais ce n'est pas là tout ce que vous auriez à faire. Ah ! si j'étais comme vous maltraité par...

SIMON. Comment ?

F. JEAN. Qu'ont-ils donc de plus que vous, pour vous rendre misérables ? N'êtes-vous pas comme eux enfants d'Adam ? N'êtes-vous pas des hommes de la même chair que ces seigneurs si orgueilleux ? D'où vient donc que vous êtes livrés à leur merci, comme les agneaux aux loups ?

SIMON. Vous nous faites toutes ces questions, mon père, comme si nous étions en état d'y répondre. Nous sommes de simples gens de village qui ne savons rien ; mais cependant il faut bien qu'il y ait une raison pour que nous soyons misérables, puisque cela est ainsi.

F. JEAN. Et moi, je vous dirai pourquoi vous êtes si misérables. Vous êtes misérables, parce que vous êtes lâches. N'êtes-vous pas aussi adroits, aussi forts que vos maîtres? Y en a-t-il beaucoup parmi eux qui lèveraient un marteau aussi lourd que le tien, Morand?

MORAND. Ah! c'est vrai, mon marteau est lourd.

F. JEAN. Qui peut donc enhardir à ce point ceux qui vous oppriment? Votre lâcheté, vous dis-je. C'est sur elle qu'ils comptent. Voyez-vous un chien attaquer un autre chien qui lui montre les dents? Le premier qui prend la fuite est aussitôt mordu, car le plus lâche reprend du cœur en voyant fuir son ennemi. Il est aisé d'avoir du courage avec des gens à cœur de lièvre qui tremblent à la vue d'un hoqueton chargé d'armoiries. Mais je perds ici mon temps, et Pierre a besoin de moi. Allons, qui me prêtera un âne pour le porter? Le sénéchal vous a-t-il laissé un âne?

*Il sort avec Pierre et quelques paysans.*

SIMON. Je l'aime beaucoup, ce père Jean. Il nous parle à nous autres comme nous parlerions vous et moi. Ce n'est pas comme feu l'abbé Boniface, (Dieu veuille avoir son âme!). Il nous faisait des sermons où le diable n'aurait rien compris.

RENAUD. Avez-vous vu, tout moine qu'il est, comme il a pris une pique et comme il s'est démené? C'est qu'il est aussi brave que savant.

SIMON. Il nous a dit et répété ce que cet archer anglais a dit ce matin.

MORAND. Oui; mais cet archer était un traître, comme nous l'avons vu.

RENAUD. D'accord; mais il a bien pu dire la vérité.

SIMON. Je le crois, et je commence à y réfléchir sérieusement.

RENAUD. Moi, il y a longtemps que j'y pense.

MORAND. Je sais bien à quoi tu penses, et j'y pense autant que toi.

SIMON. Un homme d'armes et un clerc ont parlé de même sans s'être donné le mot.

RENAUD. Il nous a dit notre fait. Nous sommes des lâches de nous laisser tondre la laine sur le dos par des gens qui ne sont pas plus forts que nous.

MORAND. Comment disait-il donc, qu'un chien n'attaque pas un autre chien qui lui montre les dents?

SIMON. Il disait aussi que nous avions peur d'un hoqueton chargé d'armoiries. Hein! pourtant, si je voulais, je couperais cet arbre en deux d'un seul coup de hache; cela ne serait pas bien plus difficile de couper une tête.

MORAND. Nous nous sommes laissé prendre, comme des niais, je ne sais combien de belles vaches.

SIMON. Et moi, mon pauvre taureau, ils vont le manger.

RENAUD. Ah! si tout le monde pensait de même!

SIMON. Renaud, je crois t'entendre. J'ai un arc assez bon, n'en déplaise à cet Anglais; si jamais tu risquais quelque chose, je serais avec mon arc à tes côtés.

MORAND. Aussi bien, nos arcs, voilà à peu près ce qui nous reste, car on nous a quasi tout pris.  *Ils sortent.*

## SCÈNE V.

**Une chaumière de paysan.**

**RENAUD, SIMON, JEANNETTE** assis autour d'un lit, sur lequel est une femme morte.

SIMON. Elle est morte, ma pauvre Élisabeth, et mon enfant est mort avec elle.

JEANNETTE. Elle est morte sans sacrements!

RENAUD. Maudit soit celui qui l'a fait mourir!

SIMON. Encore si le bon père Jean était venu assez à temps pour lui donner quelque potion, ou du moins pour la confesser!

RENAUD à Jeannette. Ma sœur; ne reste pas ici. Ce spectacle n'est pas fait pour une femme.

SIMON. Oui, va-t'en, Jeannette. Va chez les Morand; ce sont de bonnes âmes et de dignes chrétiens. Ils te recevront bien.

JEANNETTE. Non, je ne la quitterai pas que je n'aie vu jeter de la terre sur sa bière : j'ai du courage aussi. Je veux la coudre moi-même dans son linceul.

SIMON. Je ne sais si j'aurai de quoi la faire enterrer honorablement.

RENAUD. Le père Jean dira une messe à moitié prix pour le repos de son âme.

SIMON. Non, cela ne vaut rien, une messe à moitié prix. Je veux qu'il y ait deux cierges et un drap noir avec un galon de soie. Ma pauvre Élisabeth verra combien je l'aimais.

JEANNETTE. Et moi, je l'envelopperai dans mon beau voile blanc, et on l'enterrera avec. Dussé-je être une année à en filer un autre, on ne dira pas que ma sœur a été enterrée sans un voile blanc.

SIMON. Bonne sœur ! sainte Catherine te le rende !

RENAUD. Voici le père Jean.

F. JEAN entrant. Hé bien, mes enfants, la malade ?

RENAUD. Elle n'a plus besoin de vos secours.

JEANNETTE. Hélas ! mon père, regardez bien. Est-elle bien morte ? Elle est chaude encore. Il me semble la voir encore respirer.

F. JEAN. Non... tout est fini. Vous m'avez envoyé chercher trop tard, et je n'ai pu venir aussitôt que je l'aurais désiré. C'était l'heure de la prière, et notre abbé ne veut pas que l'on quitte l'église, même pour un devoir de charité. Pourquoi ne m'a-t-on pas prévenu plus tôt ?

SIMON. Mon père, c'est qu'elle ne s'est plainte qu'hier au soir. Vous savez combien elle avait de courage.

F. JEAN. Et ce que l'on m'a dit est-il vrai ?

RENAUD. Oui, mon père c'est le sénéchal qui l'a tuée.

F. JEAN. Le scélérat !

RENAUD. Hier, c'était un samedi. C'était un jour de corvée, et elle était allée glaner par ordre du baron...

F. JEAN. Glaner ! vit-on jamais avarice pareille ! voler le pain des pauvres !

JEANNETTE. Et faire glaner une femme grosse de huit mois, mon père !

RENAUD. Elle était très-fatiguée, et elle se reposait un instant sur une gerbe. Le sénéchal arrive, et... O ma pauvre sœur !

F. JEAN. Mes enfants, du courage ! Dieu ne laissera pas un tel crime impuni.

SIMON. Le sénéchal lui a donné un grand coup de pied dans le ventre, à une femme grosse de huit mois !

JEANNETTE. Je l'ai vu de mes yeux. J'étais à côté d'elle. Oh ! le Loup-Garou n'aurait pas fait cela.

SIMON. D'abord elle ne parut pas s'en ressentir, mais cette nuit elle souffrit beaucoup ; ce matin elle est accouchée d'un enfant mort, et elle est morte quand on sonnait pour vêpres.

JEANNETTE. Elle se plaignait toujours d'avoir froid. J'ai mis sa main dans mon sein, et je sens encore comme si j'y avais mis de la glace.

SIMON. Nous avons récité les prières des agonisants ; nous ne pouvions faire autre chose.

F. JEAN. Mes enfants, votre bonne Élisabeth est entrée tout droit en paradis. Quant à son assassin, il faut en avoir justice. J'en parlerai à messire Gilbert.

RENAUD. Cela serait bien inutile. Jeannette lui a raconté comment tout cela s'était passé ; mais, comme le sénéchal l'avait déjà prévenu par ses menteries, Jeannette a été durement repoussée, avec des injures que je n'oserais répéter.

F. JEAN. Tous ces coquins de gentilshommes se ressemblent.

RENAUD. C'est bien vrai.

SIMON. Mon père, voudriez-vous dire vous-même la messe pour le repos de son âme ? Nous la paierons cinq sous, car nous voulons qu'elle soit honorable.

F. JEAN. Gardez votre argent, pauvres gens. Je suis plus riche que vous. Je chanterai sa messe, et, tenez, prenez cet argent ; c'est pour vous acheter des habits de deuil.

SIMON baisant la main de F. Jean. Ah ! mon père, vous êtes un ange du ciel ! Ma pauvre femme, le meilleur prêtre de France te chantera une belle messe !

JEANNETTE. Vous êtes notre sauveur à tous. Sans vous, ce pays serait un enfer.

## SCÈNES FÉODALES.

RENAUD *bas à Simon.* Simon ?

SIMON. Quoi ?

RENAUD. Prendrons-nous cet argent?

SIMON. Oui, certes ! Ma pauvre Élisabeth ! quelle joie elle aura dans le paradis, quand elle verra que l'on porte son deuil avec des habits neufs.

RENAUD. Soit ! — Simon, il faut aller chez le fossoyeur pour lui commander la fosse. Toi, Jeannette, va chercher ton voile.

SIMON. Adieu, mon bien bon père Jean, tout le monde saura votre générosité.

JEANNETTE. Elle fera honte à monseigneur.

*Elle sort avec Simon.*

F. JEAN. Taisez-vous ! je vous l'ordonne. — Allons, Renaud, mon ami, ne te laisse pas abattre par la douleur. Viendra peut-être un temps plus heureux.

RENAUD. Je ne vis que dans cette espérance.

F. JEAN. Donne-moi ta main. — Tu as la fièvre, mon garçon ; tu es malade.

RENAUD. Non, je ne suis pas malade. — Mais, avant de partir, dites-moi encore un mot, mon père. — Cette semaine, un frère prêcheur a passé dans ce village ; il a parlé du tombeau de Notre-Seigneur, des païens qui le profanent, et du saint roi qui a gagné la couronne céleste en s'efforçant de le délivrer. Il a dit qu'on doit imiter un si noble exemple, et courir sus aux païens et aux Sarrasins.

F. JEAN. Toujours le même sermon !

RENAUD. Hé bien, mon père, quelles gens sont les Sarrasins?

F. JEAN. Des coquins qui ne croient pas en Notre-Seigneur Jésus-Christ, qui adorent Mahomet, et ne veulent pas manger du cochon.

RENAUD. Mais aussi ce sont des gens cruels qui font endurer mille tourments à leurs esclaves chrétiens ?

F. JEAN. Sans doute ; mais pourquoi toutes ces questions ? Serais-tu assez sot ou assez désespéré pour aller te faire tuer dans la Palestine ? Va, crois-moi, reste dans ton village, et vis en bon chrétien.

RENAUD. Je ne pense pas au voyage de Palestine, mon

père. Mais encore une question : un homme qui est dur et méchant... c'est qu'il n'adore pas Jésus-Christ? c'est un païen?

F. JEAN. Oui ; que veux-tu dire?

RENAUD. Quand même il mangerait du cochon, quand même il ferait semblant d'aller à la messe, cet homme-là, s'il est avare, cruel et méchant, cet homme-là est un Sarrasin, un païen.

F. JEAN. Il y a, dit-on, de ces coquins-là dans la Provence ; que le feu Saint-Antoine les arde [34] !

RENAUD. J'étais bien aise de comprendre ce que disait le bon frère prêcheur.

F. JEAN. Renaud, mon ami, il y a plus d'un païen qui porte une croix sur sa casaque. Adieu! prends courage, et le ciel aura pitié de toi. Il sort.

RENAUD seul. Il s'agenouille devant le cadavre. Ma bonne sœur, ma chère Élisabeth, reçois ici mon serment. Tu seras vengée du méchant, du païen qui t'a tuée. Si personne ne veut m'aider, seul je te vengerai ; je te le jure sur ma part du paradis.

## SCÈNE VI.

#### Une salle du château d'Apremont.

### GILBERT D'APREMONT, ISABELLE, MARION.

ISABELLE. Eh bien! est-il enfin revenu, ce pauvre Pierre?

MARION. Oui, madame. Pauvre garçon ! il est revenu ce matin bien pâle encore; mais cela lui va bien, on dirait qu'on voit la peau d'une demoiselle. Il est blanc, blanc !... jamais je n'ai vu d'homme avoir une si belle peau !

ISABELLE. Qu'on le fasse venir. (Marion sort.) Que nous sommes heureux d'avoir des serviteurs aussi fidèles! Ce brave jeune homme, c'est en me défendant, c'est en vous sauvant la vie qu'il a été blessé.

D'APREMONT. Pour m'avoir sauvé la vie... qu'il ne s'en vante pas. J'étais sur pied avant que cet Anglais eût fait une volte pour venir me charger. Je l'attendais au coup d'estoc que je sais et qui ne m'a jamais manqué. Au reste, j'aime Pierre; il monte bien à cheval, il est intelligent, il a du cœur; je ne lui trouve qu'un défaut, c'est qu'il sait lire et écrire.

ISABELLE. Mais, moi aussi, j'ai ce défaut.

D'APREMONT. Toi, à la bonne heure, tu es noble; mais je n'aime pas qu'un vilain en sache plus que moi.

ISABELLE. Et croyez-vous qu'on s'avisera jamais de comparer la science d'un clerc avec la noblesse d'un chevalier?

D'APREMONT. N'importe; je veux le récompenser, et je te le donne pour écuyer. Tu peux le prévenir de ma part que désormais il t'appartient.

ISABELLE. Je l'accepte avec plaisir.

D'Apremont sort; entrent Pierre et Marion.

PIERRE. Madame!... (Il se met à genoux.)

ISABELLE. Mon sauveur! mon cher Pierre! que de grâces j'ai à te rendre! Je te dois la vie.

PIERRE. J'ai fait le devoir d'un vassal...

ISABELLE. Et ta blessure te fait-elle encore souffrir?

PIERRE. Je ne m'en ressens plus, grâce à Dieu et au bon père Jean.

ISABELLE. Quand tu seras tout à fait rétabli, tu seras mon écuyer; mon père...

PIERRE avec joie. Votre écuyer!...

ISABELLE. Mon père le veut bien, j'en suis bien aise; et toi?

PIERRE. Moi, madame!... Oh! comment vous exprimerai-je ma reconnaissance! Je voudrais me battre pour vous... je voudrais verser tout mon sang à votre service.

ISABELLE souriant. Je t'en dispense.

PIERRE. Je me trouve si bien aujourd'hui, madame, que je puis dès à présent commencer mon service.

ISABELLE. Eh bien! j'y consens; je ne te fatiguerai pas. Tu me porteras mon livre à la messe, et, à souper, tu me serviras à boire. Tu connais mon hanap?

PIERRE. Oui, madame.

MARION bas. Je t'y ai vu boire du vin que tu avais volé.

ISABELLE. Comme je veux avoir un écuyer bien armé dans ce vilain temps de guerre, voici un poignard de Tolède assez beau; Montreuil le dit excellent, je te le donne.

PIERRE. A·moi... madame !...

ISABELLE. Prends encore cette bourse ; je l'ai brodée moi-même ; il y a quelques écus pour t'acheter un pourpoint garni de vair [35] : mais l'heure approche, prends mon livre, et suis-moi à la chapelle. *Elle sort avec Marion.*

PIERRE seul. Ce poignard... cette bourse qu'elle a faite elle-même... à moi ! Jésus ! Je ne sais si je suis bien éveillé, ou si tout cela va disparaître comme un songe... Non, ce n'est point un rêve, elle me parlait tout à l'heure... Si mes désirs les plus téméraires allaient être exaucés ?... Une sorcière m'a prédit que je commanderais un jour, moi qui suis né pour servir... Une si grande dame !... et moi un misérable serf !...

MARION rentrant. Pierre ! Pierre ! Eh bien ! que fais-tu là, immobile comme les saints de la chapelle ?

PIERRE. Je viens ; me voici. *Ils sortent.*

## SCÈNE VII.

**L'Abbaye de Saint-Leufroy. — La cellule de F. Jean.**

### F. JEAN, F. IGNACE.

F. JEAN. Puisse le tonnerre tomber sur cette abbaye, et brûler tous les cafards qu'elle renferme !

F. IGNACE. D'abord, monsieur l'abbé était dans une colère épouvantable ; il ne parlait de rien moins que de vous envoyer au cachot, les fers aux pieds [36].

F. JEAN. Qu'il s'en avise ! Il verra s'il me reste encore quelque vigueur.

F. IGNACE. Là-dessus, nous nous sommes tous récriés, et frère Goderan a bien montré dans cette occasion combien il est votre ami ; car il a parlé très-vertement à monsieur l'abbé, et n'a pas peu contribué à lui faire changer de résolution.

F. JEAN. Oui ! il est bien temps de se montrer mon ami. C'était au chapitre qu'il devait le prouver.

F. IGNACE. Quoi qu'il en soit, tout s'est arrangé par notre entremise. Voici ce que nous avons arrêté. Nous avons promis que vous feriez maigre pendant un mois, que vous réciteriez matin et soir les sept psaumes de la pénitence...

F. JEAN. Le diable m'emporte si j'y consens jamais!...

F. IGNACE. Quant à cela, vous le savez bien, vous n'en ferez que ce que vous voudrez. L'abbé n'ira pas lui-même vous faire réciter vos prières.

F. JEAN. Comme cela, à la bonne heure; cependant il m'en coûte de paraître obéir à cet imbécile.

F. IGNACE. La seule chose à laquelle il tienne avec opiniâtreté, c'est que vous lui demandiez pardon à genoux, au milieu du chœur, de votre indiscipline et de votre irréligion...

F. JEAN avec fureur. Moi!... à genoux!

F. IGNACE. Il l'exige, et nous vous en supplions.

F. JEAN. Me mettre à genoux devant lui... moi, devant ce cafard?... J'aimerais mieux mettre le feu au couvent, et m'aller faire le chapelain du Loup-Garou!

F. IGNACE. Voyez-vous, mon cher ami, il est notre abbé, notre supérieur: il peut nous faire tout le mal qu'il lui plaira.

F. JEAN. Maudits soient les imbéciles qui l'ont nommé!

F. IGNACE. Hélas! ce qui est fait est fait. Il n'y faut plus songer. Maintenant il peut vous jeter dans un cul de basse-fosse pour le reste de votre vie. Voilà ce qu'il faut vous mettre devant les yeux.

F. JEAN. Oh! si je pouvais un jour me venger!

F. IGNACE. Il ne manque pas ici de gens qui vous détestent à cause de votre savoir, et qui pousseront l'abbé à user de rigueur à votre égard. Le parti le plus sage est, selon moi...

F. JEAN. Je jetterai ce froc, vertu Dieu! et je reprendrai la cuirasse.

F. IGNACE. On ne sort pas d'ici comme l'on veut, et sans doute vous n'avez pas oublié le sort de ce pauvre Collet, qui avait voulu se défroquer aussi. Tenez, j'ai trouvé un biais pour vous ôter une partie des désagréments de la cérémonie. A l'heure de la prière vous descendrez à l'église, vous vous présenterez devant lui. Moi, je ferai sonner la sonnette, et naturellement vous vous mettrez à genoux; il sera bien obligé d'en faire autant, de sorte que, si vous lui dites alors deux ou trois mots entre vos dents, l'affaire sera finie, et votre honneur sauf, puisque vous pourrez dire que ce n'est point à cause de lui que vous vous êtes mis à genoux.

F. JEAN. Belle invention !

F. IGNACE. La prison, le pain de pénitence, les chaînes, la discipline d'un côté ; de l'autre, cette invention qui excite vos mépris. Choisissez ; je vous laisse, et je viendrai tantôt savoir votre résolution. Adieu.

F. JEAN. J'ai l'enfer dans le cœur, je ne sais encore ce que je ferai ; mais cependant je vous remercie, Ignace.

F. Ignace sort.

F. JEAN seul. Il faut que je me venge ou que je meure. Je ne puis plus longtemps souffrir les insultes d'un extravagant. (On frappe à la porte.) Qui vient encore m'importuner ?

UN FRÈRE SERVANT, entrant. Mon père, quelques vilains du village d'Apremont sont ici, et demandent à vous parler.

F. JEAN. Eh ! que me veulent-ils ? Faut-il être dérangé à chaque instant par des marauds qui demandent à se confesser ?

LE F. SERVANT. Ils disent qu'ils ont à vous communiquer une affaire importante.

F. JEAN. Qu'ils entrent ! Quel ennui ! c'est sans doute un procès qu'ils veulent me faire arranger ; mais il faut ménager le paysan.

Entrent Simon, Morand, Barthélemy, Gaillon, Thomas. Le frère servant sort.

SIMON. Pardon de la hardiesse, mon révérend père ; mais nous sommes venus ici pour vous confier un grand secret. N'est-ce pas, vous autres, que c'est un grand secret ?

TOUS. Oui, un grand secret.

F. JEAN. Parlez vite, je n'ai pas de temps à perdre.

SIMON. Ce secret..... Tenez, c'est Morand qui va vous le dire.

MORAND. Non, parle, toi, tu as commencé.

SIMON. Non, tu diras mieux que moi.

F. JEAN. Finirez-vous ? Parle, toi, Morand, et dis-moi ce que vous me voulez.

morand. Mon père, c'est que voilà un homme de Genêts, qui s'appelle Thomas, et qui est le frère de la femme de mon cousin, le charron de Genêts.

f. jean. Hé bien?

morand. C'est qu'il vient de Genêts, et il dit comme cela, que tout le monde meurt de faim (vous savez que l'année est mauvaise), et qu'on est enragé.

f. jean avec impatience. Hé bien?

morand. Eh bien! on est enragé contre monseigneur Philippe de Batefol, le seigneur de Genêts.

simon. Et contre tous les seigneurs généralement. (A part.) C'est hardi d'avoir dit cela.

f. jean avec une distraction affectée. Hé bien?

morand. Eh bien! je voudrais que vous lui dissiez quelques-unes des belles choses que vous nous avez dites tantôt. Vous savez? vous nous disiez que « nous étions des lâches « de nous laisser maltraiter par des gens qui ne sont ni « plus forts ni plus adroits que nous. »

f. jean. Qu'ai-je besoin de vous répéter ce que vous avez si bien retenu?

thomas. Tenez, mon père, je vous dirai tout fin, tout net, que, dans notre pays, il y a bien des gens qui frapperaient un bon coup, s'ils avaient quelqu'un pour leur dire : « *Frappe!* »

f. jean à part. Le nuage va crever.

morand. C'est tout de même chez nous, et à Roseval, à Bernilly, à Lasource, dans tous les villages du Beauvoisis, partout, quoi... On pense que les seigneurs sont pour nous encore pires que les charançons.

f. jean. C'est-à-dire que vous avez fait une conspiration... que vous avez comploté tous ensemble de vous faire libres?

simon. C'est cela même. Nous sommes tous du même avis.

f. jean. Et vous oseriez risquer un coup de lance pour vous faire libres?

morand. Oui; depuis qu'ils m'ont pris mes bœufs, je me sens du courage comme un homme d'armes. Je n'ai plus peur d'un coup de lance.

simon. Moi, pourvu que je puisse me venger de ce traître

de sénéchal, je veux bien recevoir un coup de lance, ou de n'importe quoi.

TOUS LES PAYSANS. Oui morbleu, nous oserons donner des coups, et nous ne craindrons pas d'en recevoir.

F. JEAN. Vous voilà dans de bonnes dispositions. Mais que voulez-vous de moi ? vous avez pris vos mesures probablement, et il ne m'appartient pas.....

SIMON. Nous sommes bien convenus de nos faits ; mais nous n'avons pas de chef.....

MORAND. C'est un chef qu'il nous faudrait.

THOMAS. Un homme connu.

BARTHÉLEMY. Au fait, si vous vouliez seulement nous diriger... vous qui êtes déjà notre providence ?...

SIMON. Oui, soyez notre chef.

F. JEAN. Je suis moine, mes enfants.

SIMON. A la bonne heure, mais vous avez porté la cuirasse, vous savez l'alchimie, vous savez lire et écrire, vous êtes le plus savant et le meilleur homme des environs.

MORAND. Et, malgré tout cela, on vous préfère un cousin de messire d'Apremont. N'est-ce pas une honte qu'il soit abbé à votre place ?

F. JEAN. Pouvez-vous compter que beaucoup de vilains vous suivront ?

BARTHÉLEMY. Criez tant seulement : Franchise aux vilains ! à bas les seigneurs ! et tout le pays se lèvera.

MORAND. J'en réponds.

TOUS. Criez seulement : Franchise ! et vous aurez une armée.

F. JEAN. Et vous jurerez à votre chef fidélité et discrétion à toute épreuve ?

SIMON. Cela va sans dire.

MORAND. Nous risquons plus que vous.

BARTHÉLEMY. Ainsi, vous êtes notre chef. Voilà qui est dit.

F. JEAN. Étendez la main vers ce crucifix.

LES PAYSANS. Nous jurons de vous obéir.

F. JEAN. Songez que j'aurais des moyens de punir les parjures, fussent-ils à cent lieues de moi. Voyez-vous ces instruments ?... voyez-vous ces livres ?

MORAND effrayé. Ne les ouvrez pas... c'est inutile.

f. jean. Et vous aurez le courage d'exécuter tout ce que je vous commanderai?

morand. Nous sommes disposés à tout oser.

thomas. Or çà, mon père, nous vous avons donné notre foi; ne nous donnerez-vous pas la vôtre?

f. jean. Sur ce même crucifix, je jure d'employer tous mes soins, toutes mes ressources à l'affranchissement des serfs du Beauvoisis. Que je sois privé du paradis, si je manque à mon serment!

simon. Maintenant expliquez-nous ce qu'il faut faire.

f. jean. Il faut que chacun de vous sache précisément de combien d'hommes il peut disposer. La première fois que nous nous réunirons, je veux savoir quelles sont vos forces.

barthélemy. Cela ne sera pas difficile.

f. jean. Pourquoi Renaud n'est-il pas avec vous?

simon. Il ne veut se mêler de rien. Il dit qu'il a ses idées à lui.

f. jean. Qui de vous a du courage?

morand. Nous en avons tous.

barthélemy. Me voici, moi. J'ai jeté la première pierre, le jour où le sénéchal a si bien fait étriller Gaillon... Mais ne le répétez pas.

gaillon. Moi aussi, je suis bon pour me battre.

f. jean avec un peu de mépris. A merveille, mes enfants. Or donc, je m'en vais charger Barthélemy, qui est si brave, d'un message pour le Loup-Garou.

barthélemy. Le Loup-Garou! Jésus! Maria!

tous. Le Loup-Garou!

f. jean. Eh quoi! vous pâlissez déjà, lâches que vous êtes?

barthélemy. Mais le Loup-Garou...

f. jean. Eh bien! le Loup-Garou est Chrétien Franque que tu as connu; as-tu peur de lui?

barthélemy. Je n'aurais pas peur de Chrétien Franque, car il était mon ami. Mais il a renoncé à son âme, et il est ensorcelé... Il est loup-garou.

f. jean. Imbécile! Franque était un homme de cœur. Il s'est fait libre, et c'est ce que vous n'avez pas le courage de tenter.

BARTHÉLEMY. Tenez, donnez-moi un sort pour qu'il ne me charme pas par son regard, et j'irai lui parler.

F. JEAN. Le charme que je te donne est ce chapelet. Franque le reconnaîtra. Dis-lui que le père Jean de Saint-Leufroy lui commande de l'attendre cette nuit, trois heures après le couvre-feu, sous le second chêne à partir de la croix Saint-Étienne.

BARTHÉLEMY timidement. Je lui dirai... s'il le faut.

SIMON. Mais quel besoin de parler au Loup-Garou?

F. JEAN. Il sera pour nous un allié sûr et utile. Je lui ai rendu quelques services, je l'ai guéri d'une maladie, et il se souviendra de moi. — Avez-vous des armes?

MORAND. Nous avons presque tous des arcs.

F. JEAN prenant de l'argent dans un coffre. Achetez des armes avec cet argent, je vous le donne. Mais, si vous osiez l'employer à d'autres usages, je ferais fondre ce métal dans vos mains, et il vous brûlerait jusqu'à la moelle.

MORAND. Foi d'honnêtes gens, nous en achèterons des armes jusqu'au dernier sou.

F. JEAN. Achetez-en à Beauvais, le jour du marché; mais allez chez plusieurs armuriers, de peur d'éveiller les soupçons.

MORAND. Laissez-nous faire : nous ne sommes pas si bêtes.

SIMON. Ayez confiance en nous.

F. JEAN. Demain j'irai chez Morand après vêpres, et je vous ferai part de mes projets. Adieu, je vous donnerai sans doute des nouvelles de Franque. *Pax vobiscum,* mes enfants!

LES PAYSANS. *Amen!* Nous nous recommandons à vos prières.

MORAND aux autres, en sortant. Je vous disais bien qu'il savait faire de l'or. (Ils sortent.)

## SCÈNE VIII.

#### La chambre d'Isabelle.

### ISABELLE, MARION.

MARION regardant à la fenêtre. Quel temps affreux ! On ne peut pas sortir, même dans le jardin. Ah ! que je m'ennuie !

ISABELLE. Eh bien ! ne voilà-t-il pas qu'au lieu de me divertir, tu veux encore que je t'amuse ! Veux-tu bien ne pas bâiller comme cela !

MARION. Madame, voulez-vous que je vous dise ce qu'il faut faire ? Vous avez un écuyer qui ne vous sert à rien. Faites-le venir : il vous contera des histoires, ou bien il vous lira un fabliau.

ISABELLE. En effet, Pierre sait lire.

MARION. Et écrire, madame. C'est notre bon père Jean qui lui a fait part de toute sa clergie. Il écrit, il lit, il joue de la mandore et de la sambuque. En fait de gaie science [37], il en sait autant qu'un ménestrel de Toulouse.

ISABELLE. Je ne savais pas, en le prenant pour écuyer, avoir fait une si bonne acquisition.

MARION. Voulez-vous que de votre part je lui dise d'entrer ?

ISABELLE. Oui, je ne demande pas mieux.

*Marion sort et rentre aussitôt suivie de Pierre.*

MARION. Tenez, le voici. Quand on parle du loup... Il était derrière la porte.

ISABELLE. On dit, Pierre, que tu es un grand clerc.

PIERRE. Madame a bien de la bonté. Le révérend père Jean s'est plu à m'apprendre quelque chose. J'ai fait de mon mieux pour profiter de ses leçons.

ISABELLE. Voilà qui est admirable : ah çà ! dis-moi, puisque tu sais tant de choses, peut-être sauras-tu le moyen d'amuser deux filles qui s'ennuient.

PIERRE. Madame....

MARION. Amuse-nous tout de suite.

ISABELLE. Tu as un livre à la main, lis-nous quelque chose.

MARION. Une histoire gaie, une histoire, là... qui fasse rire.

PIERRE après avoir cherché quelque temps dans son livre. Voulez-vous que je lise le fabliau « de la Damoiselle, du Prêtre et du Vilain ? »

ISABELLE. Voyons.

PIERRE faisant semblant de lire. « Une noble et riche damoi-
« selle était aimée d'un prêtre, d'un chevalier et d'un pau-
« vre vilain... [38] »

ISABELLE. Restes-en là. Je devine de quelle espèce est ce fabliau. Je n'aime pas que l'on se permette de dire du mal des prêtres.

PIERRE. Mais, madame, il n'y a rien dans ce fabliau qui...

ISABELLE. N'importe. L'auteur est un insolent. Jamais un prêtre n'aime comme un laïque. Lis un autre conte; cependant, je vais tâcher de finir l'écharpe de monsieur de Montreuil.

MARION. Ah ! madame, les fabliaux sur les moines sont toujours si amusants !

ISABELLE. Taisez-vous, sotte que vous êtes. Et toi, Pierre, lis-moi une histoire de chevalerie, s'il y en a dans ton livre.

PIERRE après avoir feuilleté son livre. Lirai-je l'histoire de *Flamme-des-cœurs* et de *Danain le vilain?*

ISABELLE. Oui, le titre pique ma curiosité.

PIERRE hésitant d'abord. « Il y avait une fois... une haute et
« puissante dame... douée... d'une si grande beauté...
« qu'on la nomma *Flamme-des-cœurs*... Plus de dix cheva-
« liers de la Table ronde étaient morts d'amour... pour elle...
« ou étaient entrés en religion... car elle était aussi insen-
« sible... et dédaigneuse... que jolie et de doux langage...
« On avait beau rompre pour elle des fagots de lances dans
« les tournois... »

ISABELLE. Il lit vraiment assez bien. Pour un vilain c'est incroyable.

PIERRE se rassurant par degrés. « ... Dans les tournois, on n'en
« obtenait pas même un sourire d'encouragement. Sa mère
« lui présenta en vain plusieurs partis très-sortables ; mais
« elle les refusa tous, disant qu'elle voulait conserver sa
« liberté... et qu'elle était bien aise d'avoir tant de servi-
« teurs. Ses parents, désolés de cet entêtement, allèrent
« consulter le fameux Merlin, qui était alors dans le pays.
« Merlin, après avoir ouvert ses livres de géomance, leur

« dit d'une voix terrible : *Votre fille a refusé tous les nobles*
« *hommes de France, le sort la destine à épouser un vilain.* En
« disant ces mots, il monta sur son chariot traîné de quatre
« dragons bleus, et bientôt il se perdit dans les nuages.
« Vous jugerez facilement du chagrin des parents, qui
« étaient d'une grande noblesse. Pour rendre nuls, s'il était
« possible, les effets de la prophétie, ils enfermèrent
« *Flamme-des-cœurs* dans une tour qui avait cent pieds de
« haut, et qui était ceinte de tous côtés d'un fossé à fond de
« cuve d'égale profondeur. Ils placèrent aussi dans cette
« tour trente hommes d'armes, tous gentilshommes et che-
« valiers bannerets [39] pour la plupart... Or advint que le
« roi des Turcs, Agimorato, débarqua en Touraine avec
« deux cent mille soldats, et porta le fer et le feu jusqu'au
« cœur du royaume. Le roi, touché des plaintes de ses su-
« jets, leva partout des gendarmes, et marcha contre les
« vilains Turcs... [40] Il avait dans son armée un archer fort
« adroit... fils d'un pauvre paysan... nommé Danain... Le
« sort voulut que la bataille se donnât justement tout con-
« tre la tour où *Flamme-des-cœurs* était renfermée. De
« prime abord les infidèles nous lancèrent tant de flèches
« avec leurs arcs de corne de buffle, que l'air en était obs-
« curci, et qu'il n'était ni corselet, ni pavois, ni cuirasse qui
« n'en fussent traversés. Aussi bientôt, effrayés de cette
« tempête, gendarmes et archers commencèrent-ils à tour-
« ner le dos, et quelques-uns à se sauver jusque dans la
« tour. Les Turcs, ayant comblé le fossé de corps morts,
« escaladent la tour, tuent les trente chevaliers, et allaient
« emmener prisonnière *Flamme-des-cœurs*, qui poussait des
« cris affreux... (s'animant) quand Danain, qui combattait
« près de là, s'élance dans la tour, une masse d'armes à la
« main. Où êtes-vous, chevaliers? criait-il. Abandonnerez-
« vous ainsi *Fleur-de-beauté?* Mais nul ne l'écoutait ; che-
« valiers et écuyers gagnaient la plaine. « Eh bien ! moi
« seul je la délivrerai. » Alors il charge les Turcs à grands
« coups de masse. Ils tombent devant lui comme des noix
« en automne. Il fait fuir ceux qu'il ne tue pas... Il délivre
« Isabelle...(se reprenant) *Flamme-des-cœurs*... et... et... dé-
« livre le roi, à qui les infidèles allaient couper la tête, et

« la coupe lui-même au cruel Agimorato. On estime que,
« dans cette journée, il tua bien mille Sarrasins. *Flamme-
« des-cœurs* était cependant sur la plate-forme, témoin de
« tous ses exploits ; et les flèches qui tombaient quelquefois
« auprès d'elle ne pouvaient l'empêcher d'avoir toujours
« les yeux fixés sur Danain. Elle poussait un soupir à cha-
« que rencontre du brave vilain, et toujours un feu secret
« allait s'allumant dans son cœur. Bref, à la fin du com-
« bat, l'insensible était folle de lui. Le roi, pour récompen-
« ser Danain, lui permit de choisir parmi toutes les filles
« du royaume celle qui lui plairait le plus, fût-ce sa pro-
« pre fille. Mais Danain ne se donna garde d'y penser. Il
« avait vu *Flamme-des-cœurs,* et la voir c'était l'aimer. Or
« il la demanda à ses parents, qui n'osèrent la lui refuser
« à cause du serment du roi. Il l'épousa donc, et le roi le fit
« chevalier et lui donna des fiefs. Dans la suite il devint
« sénéchal de l'Artois, et fut l'ornement de la cour du
« grand empereur Charles. Il eut de braves fils et de belles
« filles ; il fut riche et heureux ; il fonda des monastères
« et vécut en odeur de sainteté. Ainsi Dieu récompense ses
« élus. Amen ! »

ISABELLE. Et voilà la fin ?

PIERRE. Oui, madame.

ISABELLE. Voilà un sot conte. Quel en est l'auteur ?

PIERRE confus. Je ne sais.

ISABELLE. Il est vrai qu'on ne doit pas s'attendre à trouver beaucoup de raison dans un fabliau, mais encore il y a des bornes qu'on ne devrait jamais dépasser. Qui peut avoir l'effronterie de dire qu'une dame noble peut éprouver de l'amour pour un vilain ? Autant vaudrait dire qu'une aigle peut aimer un hibou.

PIERRE. Vous croyez que c'est impossible ?

ISABELLE. Il est vrai qu'on ne peut parler que pour soi, mais le plus bel homme de France et le plus rude champion eût-il tué dix mille Turcs, m'eût-il tirée des mains des Sarrasins ou des griffes de Lucifer ; s'il était vilain, il ne devrait attendre de moi d'autre sentiment que de la reconnaissance.

PIERRE soupirant. Je crains d'importuner madame; je me retire.

ISABELLE. Attends, donne-moi le livre où sont ces beaux fabliaux.

PIERRE troublé. Mon livre?

ISABELLE. Oui.

PIERRE. Madame... mais...

ISABELLE. Donne-le-moi. — Je le veux. — Pourquoi ce trouble?

PIERRE donnant le livre. Madame,... c'est qu'il n'y a rien d'écrit dans mon livre... J'ai fait semblant de lire, et je vous ai raconté une vieille chronique dont je me suis souvenu.

ISABELLE parcourant le livre. Vous avez de la mémoire, à ce que je vois... Qu'est-ce que cela? « Trente mesures d'a- « voine... paille pour litière... »

PIERRE. C'est le livre où j'écris la dépense de l'écurie.

ISABELLE. Ah! voici des vers, ce me semble.

PIERRE. Ah! madame, ne les lisez pas.

ISABELLE lit en souriant. « A la plus belle des belles, haute et « puissante dame, damoiselle... »

Elle s'interrompt tout à coup.

PIERRE à part. Je suis perdu!

ISABELLE après avoir lu, avec un froid glacial. Vous faites aussi des vers? Ils expliquent votre fabliau... Pierre, savez-vous ce qui est advenu à l'écuyer de la comtesse Blanche de Ramel?

PIERRE. Non... madame...

ISABELLE. Allez à Laon... et vous verrez sa tête dans une cage, au-dessus de la porte de Saint-Jacques. — Marion, apporte-moi ma cassette. (Elle l'ouvre et en tire de l'argent.) Pierre, prenez ces vingt florins, quittez cette livrée; je vous fais libre, et sortez de ces terres.

PIERRE à genoux. Madame... au nom du ciel... faites-moi mourir plutôt.

ISABELLE. Ne répliquez pas. Obéir est le devoir d'un vassal! Sortez. Pierre sort.

MARION. Mais, madame, qu'est-ce donc?

ISABELLE. Paix! — Vit-on jamais semblable hardiesse! Certes, il faut que j'aie été bien légère dans ma conduite pour qu'un misérable... Quelle humiliation !... J'en pleurerais presque de rage !

MARION. Madame... est-ce que Pierre par hasard... serait amoureux de vous ?

ISABELLE. Taisez-vous, impertinente : ne m'importunez pas davantage. — Allez, et, si vous tenez à votre peau, n'ouvrez jamais la bouche sur ce que vous venez d'entendre.

Elles sortent.

## SCÈNE IX.

**Un chemin. Il est nuit.**

### F. JEAN seul.

L'heure est passée. Il n'y a pas de confiance à fonder sur cette vile espèce. Je crains de m'être déjà trop compromis, et la soif de la vengeance m'a peut-être aveuglé. Mais j'entends du bruit... Qui va là ?

LE LOUP-GAROU entrant un chapelet à la main. Un diable qui dit son chapelet.

F. JEAN. C'est la voix de Franque.

LE LOUP-GAROU grossissant sa voix. Franque n'est plus parmi les hommes.

F. JEAN. Holà ! maître voleur, garde tes contes pour d'autres que pour moi. Crois-tu m'effrayer avec la peau de loup qui te couvre ? et est-il bien brave à toi de venir armé jusqu'aux dents au rendez-vous que te donne un moine en camail ?

LE LOUP-GAROU. Si mes armes vous effrayent, beau père, je vais les jeter. Je ne veux point vous faire de mal.

F. JEAN. Non, garde-les, et parlons d'affaires. Quelle cause t'a fait prendre le genre de vie que tu mènes ?

LE LOUP-GAROU. Ventre de bœuf ! pourquoi voulez-vous me faire dire ce que vous savez aussi bien que moi ?

F. JEAN. On dit que le désir de la vengeance t'a conduit dans les forêts.

LE LOUP-GAROU. Oui, j'ai juré guerre à mort aux seigneurs.

F. JEAN. Ainsi, les ennemis des seigneurs doivent être tes amis.

LE LOUP-GAROU. Eh! oui, de par le diable! Mais où voulez-vous en venir?

F. JEAN. Si bien que si quelques bons garçons s'apprêtaient à jouer un tour aux seigneurs, tu te mettrais volontiers de la partie.

LE LOUP-GAROU. Faut-il le demander!

F. JEAN. Eh bien! mon fils, les bonnes gens de ce pays se lassent d'être foulés et volés par leurs seigneurs, et ils ont résolu de se lever contre eux et de s'en défaire une bonne fois.

LE LOUP-GAROU. Et c'est vous qui me l'annoncez!

F. JEAN. Oui, moi-même. Et moi aussi je cherche à me venger.

LE LOUP-GAROU. Oh bien! mon père, ne vous fiez pas aux gens de ce pays. Ce n'est qu'un tas de poltrons qui pâlissent à la seule vue d'un éperon doré. Venez plutôt avec nous dans les bois; vous y trouverez des braves.

F. JEAN. Tu sais qu'un poltron poussé à bout devient un héros. Un chat enfermé se laisse donner trois coups de fouet; au quatrième il vous saute aux yeux.

LE LOUP-GAROU. Fort bien. Mais enfin quels sont les braves que vous avez?

F. JEAN. Morand, Simon, Gaillon...

LE LOUP-GAROU. Voilà des chats qui ont besoin de coups de fouet pour se battre, et de bons coups de fouet.

F. JEAN. Barthélemy...

LE LOUP-GAROU. Il a du cœur celui-là.

F. JEAN. Thomas de Genêts et une infinité d'autres. Je suis sûr de tous les vilains à deux lieues à la ronde. J'espère avoir Pierre, l'écuyer de madame Isabelle.

LE LOUP-GAROU. Un coquin qui fait le fier parce qu'il sait lire, et que Gilbert lui a donné une jupe neuve à ses armoiries! D'un esclave n'attendez rien de bon.

F. JEAN. C'est un brave garçon, crois-moi : il peut nous être utile ; il dispose de toutes les clefs du château.

LE LOUP-GAROU. Vous ne me parlez pas de Renaud.

F. JEAN. Renaud ne veut pas encore se joindre à nous

Depuis la mort de sa sœur, il ne veut se mêler de rien. Il passe des journées entière à rêver, la tête cachée dans ses mains. Je crains qu'il ne devienne fou.

LE LOUP-GAROU. Il faudrait l'avoir.

F. JEAN. Une fois la première flèche tirée, il est à nous. Combien as-tu d'hommes sous tes ordres?

LE LOUP-GAROU. Soixante et douze, pas davantage; mais chacun en vaut dix des vôtres. Je vous les donne pour de vrais diables.

F. JEAN. Je m'en rapporte à toi pour les avoir choisis. Eh bien! Franque, mon ami, tu es des nôtres; mais, pour plus de sûreté, tu vas me donner ta foi, en jurant sur ce crucifix.

LE LOUP-GAROU reculant. Doucement, beau père, je ne jure plus sur un crucifix. Le diable m'emporte si je suis encore chrétien!

F. JEAN. Comment! coquin, que dis-tu là?

LE LOUP-GAROU. Oui, le feu Saint-Antoine m'arde! Je ne crois plus à ce que croient les seigneurs. Il n'y a plus que la sainte Vierge dont je me soucie encore [41].

F. JEAN. Cela est fort heureux. Je n'ai pas maintenant le temps de te convertir; ainsi, donne-moi ta parole, et jure par ce que tu voudras.

LE LOUP-GAROU. Voici ma main, donnez-moi la vôtre. Ce serment-là en vaut bien un autre, n'est-ce pas?

F. JEAN. Je compte sur toi. Bientôt tu auras de mes nouvelles, et je reviendrai, avec nos amis, tenir conseil au milieu de tes bois.

LE LOUP-GAROU. Je suis à vous, à toute heure. Adieu.

Ils sortent.

## SCÈNE X.

**Un chemin près des fossés du château. Il fait nuit.**

PIERRE seul, habillé en paysan.

Je veux les voir encore une fois, ces vieilles tours!... Je suis vilain; elle est noble! — Insensé que j'étais! comment ai-je pu croire? Élever mes yeux vers celle dont les plus hauts barons de France ambitionnent la main ?... Ces mots qui retentissent encore à mes oreilles, et que j'ai pris pour des paroles d'amour... Elle me parlait comme elle aurait parlé à son chien... Et cette bourse... c'est pour l'or qu'elle me l'a donnée...Et si j'étais admis auprès d'elle quand elle aurait rougi de se trouver avec un noble homme [42], c'est que je n'étais à ses yeux qu'une espèce d'animal sans conséquence... J'étais moins qu'un chien pour elle... j'étais un vilain... Ah! ce mot me brûle le cœur!... Je voudrais pouvoir faire disparaître de la terre tous ces porteurs d'éperons dorés! Et le baron de Montreuil! O rage! qu'il est heureux! le ciel l'a comblé de ses faveurs! Il est noble... Il sera son mari... Lui, il est noble, chevalier, banneret ;... et moi... je suis vilain... Il est noble... et cependant je suis plus ferme que lui sur les arçons... et, si nous baissions nos lances l'un contre l'autre, la mienne saurait bien entrer dans sa visière [43]. Dans un tournois, il a le droit de combattre pour se faire renverser! moi, je n'ai pas le droit de vaincre [44]! Montreuil! lui!... quel chevalier! Il ne sait ni lire ni écrire ; il ne se connaît qu'en chevaux... Moi je possède la gaie science, mais je suis vilain! Puissances du ciel, que n'est-il devant moi!

F. JEAN entrant. Holà ! qui êtes-vous qui gesticulez ainsi ?

PIERRE. A cette voix c'est le père Jean.

F. JEAN. C'est toi, Pierre. Que fais-tu ici à cette heure ?

PIERRE. Je maudis ma destinée, le père qui m'a engendré, et le ciel qui m'a fait naître vilain.

F. JEAN. Pierre ! il y a plus d'un homme qui souffre comme toi; mais ceux qui ont quelque force d'âme n'accusent pas le ciel, ils lui demandent seulement de les aider.

PIERRE. Mon malheur est sans remède. Je suis chassé du château.

F. JEAN. Tu appelles cela un malheur ? tu ne serviras plus.

PIERRE. Pendant longtemps j'ai cru que je pourrais être heureux dans ce manoir.

F. JEAN. Qu'as-tu fait?

PIERRE. Maudite soit la science que je tiens de vous ! Je m'en suis enorgueilli ; j'ai oublié que je n'étais qu'un misérable, qu'un chien. — J'ai parlé d'amour à la damoiselle qui habite là.

F. JEAN. Sainte Vierge! trahison au premier chef!

PIERRE. Je suis chassé, et demain je dois être hors des limites de la baronnie.

F. JEAN. Et cette lourde bête qui se fait appeler le baron de Montreuil doit épouser la dame.

PIERRE. Oh! ne me dites pas cela!

F. JEAN. Ne le sais-tu pas?

PIERRE. Oui, je le sais; mais, quand je l'entends dire, il me prend envie de mettre le feu à ce château.

F. JEAN. Cela vaudrait mieux que de s'en aller piteusement comme un coquin.

PIERRE après un silence. Pourquoi penser à ces rêves-là?

F. JEAN. Qui te dit que ce sont des rêves?

PIERRE. Les vilains ont des cœurs de boue, et ils n'oseraient jamais lever la tête pour demander compte à leurs maîtres des cruels traitements qu'ils endurent.

F. JEAN. On m'a dit cependant que quelques hommes courageux s'étaient enfin avisés qu'ils pouvaient par la force se débarrasser de leurs maîtres, et que déjà ils travaillaient à cette œuvre.

PIERRE. Que dites-vous?

F. JEAN. Si tous les serfs de la baronnie prenaient les armes, si ce château était en feu, si Montreuil avait la tête cassée, si tu tenais dans tes bras madame Isabelle, crois-tu qu'elle pourrait te dire alors : « Retire-toi, vilain ! »

PIERRE. Vous faites bouillonner mon sang.

F. JEAN. Ces nobles sont venus dans ce pays avec le roi Francus[45]; ils ont vaincu nos pères avec leurs chevaux bardés et leurs armures de fer forgé[46]; ils nous ont faits esclaves... Mais, si nous reprenions les armes, si nous les attaquions à notre tour, crois-tu que nous ne pourrions pas montrer que notre vieux sang gaulois est aussi bon que le leur?

PIERRE. Oui, par saint George! nous saurions le leur prouver!

F. JEAN. Eh bien! veux-tu te réunir à ceux qui tenteront cette noble entreprise?

PIERRE. Si je le veux! Disposez de mon corps, de mon âme! Mais sur quel fondement me dites-vous cela?

F. JEAN. Ce que je dis pourra bien arriver, et peut-être que damoiselle Isabelle d'Apremont deviendra la femme de Pierre Lambron.

PIERRE. Oh! de par saint Leufroy! dites-moi comment cela peut arriver.

F. JEAN. Viens avec moi jusqu'à l'abbaye, l'endroit n'est pas sûr. En chemin j'aurai bien des choses à t'apprendre,
Ils sortent.

## SCÈNE XI.

#### Un chemin sur la lisière d'une forêt.

SIMON, MANCEL, armés de haches, sont assis auprès d'un tas de bois. RENAUD entre précipitamment.

RENAUD à Simon. Le voici. Es-tu avec moi, oui ou non?

SIMON. Tu ne veux donc point attendre le père Jean?

RENAUD. Qui attend l'aide d'autrui compte sans son hôte. Voici ma hache et mon bras, voilà mes vrais amis. Ils ne me tromperont pas.

SIMON. Seulement, si tu voulais patienter encore une semaine.

RENAUD. Es-tu avec moi? Réponds oui ou non.

SIMON. Eh bien! oui. Advienne que pourra. On ne dira pas que j'ai laissé mon beau-frère à l'heure du danger.

RENAUD. Pour toi, Mancel, tu nous as accompagnés sans connaître notre dessein... Tu n'es que le cousin d'Élisabeth... Nous allons nous embarquer dans une aventure périlleuse... Tu peux te retirer, et je t'y invite.

MANCEL. Simon vient de me dire à peu près ce dont il s'agit. Vous allez courir un danger, je reste.

RENAUD. Soit! Voici des crêpes noirs, vous allez vous en couvrir le visage pour n'être pas reconnus.

SIMON. Mais...

RENAUD. Faites ce que je dis. Aussitôt que cette affaire sera finie, prenez le chemin de l'étang, et sauvez-vous à toutes jambes au village, où vous ferez les empressés comme si vous aviez fort à faire dans vos maisons. Ne vous embarrassez pas de moi.

SIMON regardant du côté du chemin. Renaud, il y a un homme avec lui.

RENAUD. Oui, un moine.

MANCEL bas. Diable, est-ce qu'il faut le tuer aussi?

RENAUD. Non; c'est Dieu qui lui a envoyé ce prêtre.

SIMON. Pour le sauver.

RENAUD. Pour l'exhorter à la mort. Dieu ne veut pas que je tue son âme.

SIMON. Et si nous sommes reconnus par le prêtre?

RENAUD. Il ne pourrait vous reconnaître sous les crêpes dont vous allez vous couvrir (A Simon.) Ta hache est aiguisée, n'est-ce pas?

SIMON. Oui.

RENAUD à Mancel. Et la tienne?

MANCEL. Oui.

RENAUD. Ne frappez que s'il fait résistance. — Empêchez seulement le prêtre de fuir. — Moi, je tuerai le sénéchal.

SIMON. Notre-Dame, soyez-nous en aide!

RENAUD. Mettez-vous derrière ce tas de bois pour qu'ils ne voient pas vos crêpes noirs. Aussitôt que j'aurai mis la main sur l'épée du sénéchal, venez à moi. — Ils sont entrés dans l'allée. — Les voici.

Entrent le sénéchal et l'abbé Honoré. Renaud aiguise sa hache, comme s'il venait de couper du bois.

LE SÉNÉCHAL à l'abbé. Quant à ces arbres que vous dites à vous, nous avons un titre qui prouve les droits de monseigneur.

L'ABBÉ. Sénéchal, vous vous trompez, et vous avez été bien prompt à les faire abattre. Ils ont été donnés à l'abbaye par Eustache d'Apremont, le grand-père de Gilbert.

Renaud, voyant le sénéchal auprès de lui, lui arrache son épée. Simon et Mancel accourent la hache levée.

RENAUD. A mort, sénéchal!

LE SÉNÉCHAL. Ah! traître!

L'ABBÉ. A l'aide! au secours!

SIMON déguisant sa voix. Si tu pousses un cri, tu es mort!

L'ABBÉ. Ayez pitié de nous !

RENAUD. Sénéchal, il faut mourir. As-tu entendu la messe ce matin ?

LE SÉNÉCHAL. C'est toi, Renaud ! Ne tue pas un homme désarmé. Prends ma bourse, et laisse-moi la vie.

RENAUD. C'est ton sang qu'il me faut !

LE SÉNÉCHAL. Que t'ai-je fait ?

RENAUD. Souviens-toi d'Élisabeth. (Montrant l'abbé.) Voici ton confesseur ; prépare-toi.

LE SÉNÉCHAL. Je te ferai libre, si tu me donnes la vie, je te le jure...

RENAUD. Le soleil baisse. Vois l'ombre de ce bouleau ; quand elle touchera cette pierre, tu mourras.

LE SÉNÉCHAL à l'abbé. Mon père, priez-le de m'épargner.

RENAUD. Pense à ton âme. — Camarades, retirons-nous à quelque distance, pour qu'il puisse se confesser, s'il veut mourir en chrétien.

LE SÉNÉCHAL à l'abbé. Mon père, essayez de les toucher.

L'ABBÉ. Je puis à peine parler... Mes genoux ne peuvent me soutenir.

LE SÉNÉCHAL à Simon et à Mancel. Au nom du ciel ! mes amis... ayez pitié de nous... Vous êtes humains, j'en suis sûr.

L'ABBÉ. Si vous êtes chrétiens, ne le tuez pas.

LE SÉNÉCHAL à l'abbé. Menacez-les de les excommunier.

L'ABBÉ. Je n'ose ; ils me tueraient peut-être.

LE SÉNÉCHAL. Si vous m'assassinez, le baron d'Apremont vengera ma mort. S'il ne peut vous découvrir, il fera décimer le village, et peut-être que le sort tombera sur vos pères, sur vos frères, sur vos enfants... L'abbé que voici vous excommuniera...

L'ABBÉ. Que dites-vous, sénéchal ?... Messeigneurs, je n'ai rien dit.

RENAUD. L'ombre approche de la pierre.

LE SÉNÉCHAL. Barbares ! vous avez le cœur plus dur que cette pierre. Quoi ! rien que ma mort ne peut vous satisfaire ? Je vous jure que, si vous me laissez la vie, je quitterai le pays, ou je me ferai moine, si vous l'aimez mieux... Je donnerai tous mes biens pour fonder un hôpital... Mais au nom de la sainte Mère de Dieu !...

RENAUD levant sa hache. L'ombre est sur la pierre.

LE SÉNÉCHAL embrassant l'abbé. Miséricorde!... Renaud, ayez pitié!... Mon père! mon père!

L'ABBÉ. Ne me tuez pas, mes bons amis! ne me tuez pas, je ne vous ai rien fait!

RENAUD frappant le sénéchal. Va dans l'enfer! Tu verras Élisabeth dans le sein d'Abraham.

LE SÉNÉCHAL. Jésus! Notre-Dame de bon secours!...

Il meurt.

L'ABBÉ à genoux. Notre-Dame de Beauvais, venez à mon aide! (A Renaud.) Monseigneur... je suis sûr que vous n'avez point à vous plaindre de moi.

SIMON bas à Renaud. Il sait ton nom; sauve-toi auprès du Loup-Garou.

RENAUD. Non; tu as entendu ce qu'il a dit : le village serait décimé si le meurtrier n'était point connu.

Il parle bas à Simon et à Mancel.

L'ABBÉ toujours à genoux. Monseigneur saint Leufroy, si vous me faites cette grâce que je puisse rentrer ce soir dans votre abbaye sain et sans blessure, je fais vœu de vous donner la plus belle robe de brocart qui se puisse trouver en Flandre.

SIMON pleurant, à Renaud. Mon pauvre ami!

RENAUD. Sauvez-vous, le temps presse.

SIMON. Donne-moi ta main.

RENAUD. Adieu, et toi aussi, Mancel... Si quelque jour... (il parle bas) alors ne m'oubliez pas.

SIMON. Jamais nous ne t'oublierons.

RENAUD. Adieu donc! — Ah! écoutez; (bas) mon chien...... prenez-en soin. (Haut.) Adieu, gallands, remerciez le Loup-Garou du bon secours qu'il m'a donné.

SIMON et MANCEL. Adieu, la fleur des braves!

Ils sortent en courant.

RENAUD. Eh bien! mon père...

L'ABBÉ. Je suis ecclésiastique, voyez ma tonsure, monsieur le Loup-Garou; vous commettriez un grand crime en touchant une personne consacrée au Seigneur... — Ah! Dieu, que fait-il?

RENAUD après avoir coupé la tête du sénéchal qu'il prend à la main.

Ton corps sera traité comme celui d'un assassin. (A l'abbé.) Marchons !

L'ABBÉ. Grâce ! grâce ! monsieur le Loup-Garou, ne m'emmenez pas dans votre caverne.

RENAUD. Nous allons au château d'Apremont.

L'ABBÉ. Au château !...

RENAUD. Venez avec moi.

L'ABBÉ. Jésus ! Maria ! je ne puis marcher !

RENAUD. Prenez mon bras.

L'ABBÉ. O ciel !... Je marcherai bien tout seul... Monseigneur saint Leufroy, intercédez, s'il vous plaît, pour l'abbé de votre abbaye [47] ! Ils sortent.

## SCÈNE XII.

#### Une salle du château de Siward.

### L'ÉCUYER DE SIWARD, BROWN, EUSTACHE DE LANCIGNAC, PERDUCAS D'ACUÑA.

L'ÉCUYER. Décidez-vous promptement, chevaliers. J'ai promis à monseigneur de lui rapporter aujourd'hui même votre réponse.

EUSTACHE. Dix mille francs, dis-tu?

L'ÉCUYER. Dix mille francs.

EUSTACHE. Dix mille fièvres tierces puissent le serrer, ce chien d'Apremont ! A-t-on jamais demandé dix mille francs pour la rançon d'un pauvre capitaine d'aventure qui n'a pour tout bien que sa lance et son cheval ?

PERDUCAS. J'en ai été quitte pour cinq cents florins avec le sire de Maulevrier, qui cependant aime les espèces autant qu'un autre.

BROWN. Le capitaine doit savoir que nous n'avons pas ici dix mille francs à jeter par la fenêtre.

L'ÉCUYER à Brown. Mais il espérait que ses deux nobles amis se joindraient à vous et feraient quelque chose pour l'aider dans sa mésaventure.

PERDUCAS. Par saint Jacques ! j'aime Siward ; c'est une bonne lance, un bon compagnon ; mais dix mille francs, c'est diablement cher.

L'ÉCUYER. C'est pour cela qu'il s'adresse à vous.

BROWN. Mort Dieu ! que ne m'en croyait-il quand je lui criais de faire retraite ! mais il veut toujours en faire à sa tête !

L'ÉCUYER à Perducas et à Eustache. Mon maître pense que si vous vouliez lui prêter chacun mille écus...

PERDUCAS. Comment ! mille écus ! mille écus ! mais c'est trois mille francs !

BROWN. Tout autant.

EUSTACHE. L'année est mauvaise ; les scélérats cachent leur argent je ne sais où. On ne trouve ici rien à faire.

PERDUCAS. Ma troupe est nombreuse, et je crains d'être forcé, faute d'argent, d'en congédier la moitié.

BROWN. Et moi, il faut que je paye mes archers.

EUSTACHE. Pierre d'Estouteville, ce vieux ribaud, m'a gagné avant-hier deux mille francs au jeu.

PERDUCAS. A propos de perte, vous savez bien, mon cheval fleur de pêcher ?

EUSTACHE. Oui.

PERDUCAS. Dans ma dernière chevauchée du côté de Laon, un gros coquin de meunier dont nous emmenions les bœufs, lui a donné un coup de fourche dans le grasset. La pauvre bête s'est abattue, je n'ai pu la relever, et cependant le drôle a redoublé sur moi aidé de deux de ses pareils. Sainte Vierge ! c'est qu'ils frappaient sur mon dos comme sur une enclume ! Heureusement mes gens sont venus, sans quoi ces vilains me faussaient mon armure.

EUSTACHE. Et Chandos ? n'était-ce pas le nom de votre cheval ?

PERDUCAS. Que voulez-vous ? il n'y avait pas de remède. Je l'ai fait écorcher, et l'on me tanne sa peau pour m'en faire une selle. Ah ! ce pauvre Chandos, je le regretterai longtemps !

L'ÉCUYER. Il est sans doute malheureux de perdre un bon cheval de bataille ; mais, pour en revenir au sujet qui m'amène ici, le seigneur d'Apremont a proposé à messire Siward de lui rabattre cinq mille francs sur sa rançon s'il consentait à le servir pendant une année avec sa compagnie [48]. Dans le cas où je ne pourrais me procurer de l'argent, mon maître m'a chargé de vous demander, messire Brown, si la proposition vous convenait.

EUSTACHE. Ah ! voilà un accommodement.

PERDUCAS. Cinq mille francs, c'est bien peu pour une année.

L'ÉCUYER. Hé bien, maître Brown ?

BROWN. D'abord, c'est se moquer que de compter pour cinq mille francs les services de toute une compagnie comme la nôtre ; ensuite je sais comment se font en pareil cas les partages de butin : d'Apremont aurait tout, nous rien. Enfin les trêves finissent dans six mois, et de véritables Anglais comme nous ne peuvent s'engager pour un an au service d'un baron français.

EUSTACHE. Cependant Siward paraît consentir à cet arrangement.

BROWN. Oh ! le capitaine peut faire ce qu'il lui plaira : qu'il engage sa lance et celle des gendarmes qui voudront le suivre. Quant à moi, s'il se met au service du duc de Normandie [49], ou de ses barons, j'irai trouver messire Jean Chandos, sous qui j'ai combattu à Poitiers ; mes archers me suivront, et le capitaine Siward connaîtra alors ce qu'on peut faire sans archers. Quand même il aurait avec lui tous ses gendarmes, je lui garantis que, sans archers, il ne gagnera pas mille francs dans son année.

L'ÉCUYER. C'est là votre réponse, beau sire ?

BROWN. Oui, gentil écuyer. J'en suis fâché pour le capitaine ; mais je ne sais qu'y faire. Si quelque jour nous attrapons un baron français, nous ferons un échange.

PERDUCAS. Pauvre Siward ! Ainsi, il reste en cage.

EUSTACHE. Du moins, le traite-t-on bien ?

L'ÉCUYER. En chevalier prisonnier ; c'est tout dire. Le baron d'Apremont est un noble seigneur ; sa cuisine est assez bonne, et son vin vaut encore mieux que celui que nous buvions ici.

EUSTACHE. Alors je le plains moins.

PERDUCAS. Dis-lui, pour le consoler, que je lui achèterai son guilledin alezan, s'il veut le vendre. Je lui en donnerai jusqu'à six cents francs [50].

EUSTACHE. Et moi, j'irai fourrager chez Gilbert d'Apremont. Il verra que je n'oublie pas mes amis.

L'ÉCUYER. Il sera bien sensible à cette preuve d'amitié. Pas d'argent, c'est votre dernier mot?

PERDUCAS. Corps du Christ ! il n'y a plus d'argent en France depuis la bataille de Poitiers.

BROWN. Allons, messieurs; occupons-nous de cette chevauchée que nous devons faire en commun ; et, comme rien n'est meilleur pour ouvrir les idées qu'un verre de bon vin, allons dans la salle à manger, et là, les coudes sur la table, devant les bouteilles, nous arrêterons nos plans de campagne. (A l'écuyer.) L'ami, veux-tu venir avec nous boire à la santé de ton maître?

L'ÉCUYER. Non, je ne puis. Il m'attend, et la traite est longue d'ici au château d'Apremont.

BROWN. Bon voyage, donc !

PERDUCAS. Mes amitiés à Siward. N'oublie pas surtout le guilledin alezan. Six cents francs : retiens bien.

EUSTACHE. Allons vider quelques bouteilles, et puis à cheval. Ils sortent.

## SCÈNE XIII.

### La grande salle du château d'Apremont.

GILBERT D'APREMONT, DE MONTREUIL, SIWARD, L'ABBÉ HONORÉ, CONRAD D'APREMONT, UN PROCUREUR, HOMMES D'ARMES ET PAYSANS.

D'APREMONT. Prenez place, messire de Siward, pourvu que cela vous amuse. Vous verrez comme nous rendons la justice en France.

SIWARD. Volontiers ; je suis bien aise de voir la mine d'un si hardi coquin. Ils s'assoient.

CONRAD à Gilbert d'Apremont. Papa, n'est-ce pas qu'on lui donnera la question?

D'APREMONT. Nous verrons cela.

CONRAD. On lui donnera la question !

D'APREMONT. Eh bien! commençons. (A quelques hommes 'armes.) Vous, amenez l'assassin.   Entre Renaud enchaîné.

SIWARD. Un gaillard bien découplé, ma foi! de larges épaules, l'air assuré! Il aurait bonne grâce, un arc à la main et une trousse au côté [51].

D'APREMONT. Te voilà, misérable! Tu oses encore lever les yeux!

DE MONTREUIL. On voit bien, à sa mine, de quels crimes il est capable.

L'ABBÉ. Sa vue me donne la fièvre.

D'APREMONT après avoir parlé bas au procureur. Réponds, brigand; quel démon t'a poussé à assassiner si méchamment notre bon sénéchal?

RENAUD. Je vous l'ai déjà dit. Il avait fait mourir ma sœur.

D'APREMONT. Est-ce là une raison pour qu'un vassal ose lever la main sur son maître?

RENAUD. Oui, pour moi.

D'APREMONT. Il se glorifie de son crime! Y a-t-il un châtiment assez rigoureux pour un tel scélérat? Tu baisses la tête maintenant. Tu essayes de pleurer. Oui, je te le conseille, feins un peu le repentir avec moi; tu vas voir où cela te mènera.

RENAUD. Je ne me repens point.

D'APREMONT. Comment! infâme, tu ne te repens pas! Pourquoi donc es-tu venu te livrer à notre justice?

RENAUD. J'avais peur que des innocents ne fussent punis pour un seul coupable. Vous auriez peut-être fait décimer le village, ou bien on aurait donné la question aux femmes et aux enfants, comme cela s'est fait, l'année dernière, au Bourg-Neuf. Je me suis livré pour éviter ce malheur.

DE MONTREUIL. L'imbécile!

D'APREMONT bas à Siward. Je suis presque honteux de voir à ce misérable plus de courage que n'en ont certains gentilshommes!

L'ABBÉ. Il est possédé!

DE MONTREUIL à Siward. Avez-vous en Angleterre des coquins de cette espèce?

SIWARD. Par la lance de saint George! l'audace du drôle

me plaît. Je voudrais qu'il fût Anglais et l'un de mes gendarmes.

L'ABBÉ bas. Qui se ressemble s'assemble.

LE PROCUREUR à d'Apremont. Monseigneur, avec votre permission, il serait opportun de lui demander s'il avait des complices.

RENAUD. J'en avais deux.

D'APREMONT. Nomme-les.

RENAUD. Je ne le puis.

D'APREMONT. Sais-tu que j'ai le moyen de te faire parler?

CONRAD. Ah! ah! on va lui donner la question.

DE MONTREUIL. Tais-toi, nous allons voir.

D'APREMONT. As-tu fait tes réflexions? me les nommeras-tu?

RENAUD. Comment le pourrais-je? les deux hommes qui m'ont aidé sont des gens du Loup-Garou; je ne les connais point.

D'APREMONT. Je puis te faire donner la question.

RENAUD. Je ne pourrai vous en dire davantage.

L'ABBÉ. Les deux hommes qui l'ont aidé dans ce meurtre détestable étaient tout noirs comme des diables, et, en effet, il leur a dit quelques mots pour le Loup-Garou.

D'APREMONT. Qu'a-t-il dit, cousin?

L'ABBÉ. J'étais si troublé que je n'ai rien entendu.

D'APREMONT levant les épaules. Au fait, vous n'êtes point obligé par profession d'avoir du courage. (A Renaud.) Qu'as-tu dit?

RENAUD. J'ai prié ces deux hommes de remercier leur chef, le Loup-Garou.

D'APREMONT. Et comment connais-tu le bandit qui se fait appeler le Loup-Garou?

RENAUD. Je l'ai rencontré un jour dans les bois. J'étais affligé de la mort de ma sœur. Je lui ai demandé de m'aider dans la vengeance que je méditais. Il me l'a promis, et m'a donné deux de ses gens.

D'APREMONT. Où est le Loup-Garou maintenant?

RENAUD. Je ne sais. On dit qu'il ne campe jamais deux nuits de suite au même endroit.

D'APREMONT. Cela est vrai. (Au procureur.) Maître Hugues, que dis-tu de cela?

LE PROCUREUR. L'affaire est claire, monseigneur ; il avoue le meurtre, il désigne ses complices : les témoins corroborent ses réponses. Il n'y a plus qu'à prononcer la peine.

D'APREMONT. Ainsi, il n'y a point lieu à lui donner la question ?

LE PROCUREUR. Si monseigneur le veut, il le peut certainement ; mais cet homme a dit tout ce qu'il était nécessaire de savoir.

D'APREMONT. A la bonne heure.

CONRAD. Comment ! papa, est-ce qu'on ne le mettra pas à la question ? on m'avait dit qu'on lui donnerait l'estrapade.

D'APREMONT. Tais-toi, petit vaurien. Va tirer de l'arc dans la cour, au lieu de passer ton temps assis sur une chaise, ici, où tu n'as que faire. — Hé bien, maître Hugues, comment ferons-nous mourir ce coquin?

LE PROCUREUR. Monseigneur, en de tels cas la coutume veut que le coupable soit pendu après avoir eu le poing et la langue coupés.

DE MONTREUIL. On devrait le brûler vif.

CONRAD. Ah ! oui, je n'ai jamais vu brûler vif.

LE PROCUREUR. Cela n'est pas l'usage.

L'ABBÉ. Comment, le brûler vif ! et que feriez-vous donc à celui qui aurait tué un ecclésiastique?

D'APREMONT. Mon cousin l'abbé a raison ; il soutient toujours les priviléges du clergé. — Maîtres Hugues, arrange la sentence à ta mode. Ce misérable a du cœur. Je ne puis me défendre de quelque pitié. D'ailleurs, je n'aime pas à faire souffrir inutilement une créature de Dieu. Quand j'ai couru longtemps un brave sanglier qui s'est bien défendu, qui m'a éventré plus d'un chien, je tâche de lui plonger mon épieu dans le cœur pour l'abattre d'un seul coup. Cet homme a tué mon sénéchal ; il sera pendu, mais je ne veux point qu'on le démembre avant de le faire mourir.

RENAUD. Monseigneur, je vous remercie humblement.

D'APREMONT. Nous verrons si tu conserveras ton beau sang-froid quand tu monteras à l'échelle.

*Entre un écuyer tranchant.*

L'ÉCUYER. Monseigneur, le garde de messire Philippe de

Batefol vient d'apporter un beau cerf gras que son maître vous envoie en présent. Madame Isabelle demande comment vous voulez qu'on l'accommode.

d'apremont. Demande à ces messieurs.

siward. Est-il gras ?

l'écuyer. Un pouce et demi de graisse sous la peau.

siward. Le filet à la broche. Je ne connais pas de meilleur rôti quand la bête est grasse.

de montreuil. Vous avez raison, et il faut avec cela une sauce verte et force épices.

conrad. Je veux avoir le pied du cerf pour faire un manche de fouet.

d'apremont. Tu ne le mérites pas, car tu sais à peine te tenir à cheval.

conrad. Ce n'est pas pour monter à cheval, c'est pour fouetter les chiens.

d'apremont. Allons, finissons-en ; qu'on emmène l'homme. Je mettrai mon sceau au jugement quand le clerc l'aura écrit.

renaud. Monseigneur, faites-moi la grâce de m'accorder un confesseur.

d'apremont. Un confesseur ? Et qu'en feras-tu, damné brigand ? Espères-tu te réconcilier avec le ciel ?

l'abbé. Beau cousin, à tout péché miséricorde. Cet homme conserve encore quelque respect pour les gens d'Église, on ne peut lui refuser un confesseur.

d'apremont. Une heure avant d'avoir affaire à maître Claude le coupe-tête, on t'enverra l'aumônier du château.

renaud. J'aimerais mieux le révérend père Jean, si vous l'aviez pour agréable.

d'apremont. Je remarque que tous les vauriens de ce pays connaissent le père Jean et se confessent à lui.

l'abbé. Hélas ! il faut le dire, le père Jean n'est pas un sujet d'édification pour la communauté.

d'apremont. C'est dans un de ses sermons qu'il aura soufflé à ce vilain l'idée diabolique de tuer mon sénéchal.

renaud. Je n'ai pris conseil que de moi-même.

d'apremont. Sire abbé, si j'étais à votre place, je surveillerais de près la conduite de ce moine. Il est toujours fourré parmi les vilains, et je doute fort qu'il les instruise dans l'obéissance féodale. (A Renaud.) Pour toi, tu auras le frater du château; trop heureux qu'on prenne quelque souci d'une âme comme la tienne. — Quel jour se tient le marché?

LE PROCUREUR. Jeudi prochain.

D'APREMONT. Eh bien! prépare-toi pour jeudi, fils de Barrabas! Qu'on l'emmène! Renaud sort.

CONRAD. Elle n'est guère amusante, la justice féodale. Je m'en vais à la cuisine chercher le pied du cerf.

D'APREMONT. Va dire au sommelier qu'il monte quatre bouteilles de vin d'Espagne. Cela va bien avec la venaison.

SIWARD. Petit, dis qu'on en monte plutôt six que quatre.

D'APREMONT. Six?... à la bonne heure; vous êtes un dur compagnon, messire Siward.

## SCÈNE XIV.

**Une autre salle du château d'Apremont.**

### SIWARD, UN PAGE.

LE PAGE auprès de la fenêtre. Tout cela, jusqu'au clocher là-bas, est à monseigneur.

SIWARD. C'est une belle baronnie, ma foi! Et c'est ce petit garçon si gourmand qui héritera de tout cela?

LE PAGE. Oui, monseigneur.

SIWARD. Quel dommage que la damoiselle de céans ne soit pas fille unique! ce serait une dot de princesse.

LE PAGE. Oh! pour sa dot, elle sera belle, je vous en réponds. Sa grand'mère lui a laissé dans l'Artois un beau fief qui rapporte, m'a-t-on dit, plus de dix mille florins.

SIWARD. Et ces dix mille bons florins et la demoiselle sont destinés, dit-on, à ce gros joufflu à la plume verte? Par saint George! je connais un homme à qui ils iraient mieux.

LE PAGE. Messire de Montreuil aura beaucoup de bien du côté de son oncle.

SIWARD. Tant pis, car il n'en saura pas faire un noble usage: c'est un ladre vert.

LE PAGE. Monseigneur, il faut que je vous quitte pour aller à mon service.

SIWARD lui donnant de l'argent. Grand merci, mon garçon. Tiens, voici pour boire à ma santé. (Le page sort.) Dix mille florins de rente ! voilà de quoi entretenir une belle compagnie ! Si Gilbert s'unissait à moi, nous ferions la loi à tout le Beauvoisis. Lui mort, tout serait à moi ; car ce petit imbécile...              Entrent Isabelle et Marion.

ISABELLE. Beau sire, vous regardez tristement par la fenêtre ; vous semblez soupirer pour quitter nos vieilles murailles et chevaucher encore dans ce beau pays à la tête de vos gendarmes.

SIWARD. Non, belle damoiselle, je ne pensais pas à mes gendarmes ; je songeais combien il me serait doux de chevaucher par cette plaine, un épervier sur le poing, en compagnie de madame Isabelle.

ISABELLE. C'est un plaisir qu'il n'est pas difficile de vous procurer. Mon père ne veut point priver ses prisonniers d'aucun des passe-temps qui peuvent adoucir l'ennui de leur captivité.

SIWARD. Par ma foi ! la prison est douce avec si gentil geôlier.

ISABELLE. Et aurons-nous longtemps l'honneur de vous garder, monseigneur ?

SIWARD. Je crois que j'aurai quelque temps encore le bonheur d'être auprès de vous, car je ne puis m'entendre avec votre père. Il me demande une rançon de roi, et ma bourse avec celle de mes amis ne peut y suffire.

ISABELLE. Ah ! monseigneur, si les damoiselles d'Angleterre savaient votre prison, je suis sûre qu'elles vendraient bagues et épingles d'or pour délivrer messire Siward.

SIWARD. Si les damoiselles d'Angleterre avaient vu la châtelaine qui me tient prisonnier, elles penseraient que je les ai oubliées.

ISABELLE. Comment, sire chevalier, n'avez-vous pas su leur donner une meilleure idée de votre constance ?

SIWARD. Eh ! madame, quel Amadis pourrait être constant en voyant vos beaux yeux ! Toute la Table ronde...

ISABELLE. Ah ! trêve de flatteries ! Je vous reconnais là,

messieurs les capitaines d'aventures ; quand vous ne pouvez plus courir le pays, emmenant bœufs et chevaux, alors vous nous faites la grâce de penser à nous autres, pauvres damoiselles, et vous tâchez de nous amorcer par vos paroles courtoises.

SIWARD. Hélas! pauvres chevaliers d'aventures ! tout le monde nous en veut ! Les dames se rient de nous, parce que chevauchant en toute saison, le bassinet sur la tête, nous n'avons pas le temps d'apprendre la douce langue d'amour. Les chevaliers qui se couvrent plus souvent de soie que de fer gagnent le cœur des belles, qu'ils n'oseraient nous disputer la lance au poing.

ISABELLE. Pour la langue d'amour, messire Siward, vous montrez assez que vous avez eu le temps de l'apprendre.

SIWARD. Plût au ciel que je pusse vous paraître éloquent !

ISABELLE. Brisons là, monseigneur. Vous savez que je suis fiancée, et je n'aurais pas dû prêter l'oreille à tous les doux propos que vous venez de me conter.

SIWARD. Fiancée! Mais est-ce un engagement irrévocable?
ISABELLE. Irrévocable? pas tout à fait.
SIWARD à part. Ville gagnée ! (Haut.) Se pourrait-il?...
ISABELLE. Je puis le rompre... mais à une petite condition...
SIWARD. Quelle est-elle? Parlez, de par Notre-Dame !
ISABELLE. C'est que, si je n'épousais pas le sire de Montreuil, mon fief en Artois, qui fait tout mon bien, cesserait de m'appartenir.

SIWARD à part. Diable!
ISABELLE. Qu'avez-vous, monseigneur? Vous semblez un peu... interdit.

SIWARD. C'est... que... l'on est bien malheureux... de... de... C'est une singulière condition... — Il me semble que l'on dîne bien tard aujourd'hui. Il me tarde de goûter de la venaison que l'on vient de vous envoyer.

ISABELLE. Dans un moment la cloche va sonner.
SIWARD. Je vois messire d'Apremont qui traverse la galerie... je crois qu'il me fait signe de venir. (Il sort.)

ISABELLE. Ah ! ah ! ah ! voilà sa courtoisie disparue. Le

conte que je lui ai fait a coupé court le fil de ses compliments.

MARION. Voilà bien un fier chevalier, pour prétendre à la main d'une damoiselle possédant un noble fief ! Un capitaine de voleurs qui n'a pour tout bien qu'un cheval et une vieille armure !

ISABELLE. Tais-toi ; messire Siward est un gentilhomme, et ce n'est pas à toi à en dire du mal.

MARION. Lui, gentilhomme ! Il l'est comme tous les malandrins ses pareils, qui se fabriquent des armoiries aussitôt qu'ils ont rassemblé dix coquins armés. Ma foi, j'aimerais mieux pour serviteur ce pauvre Pierre que vous avez chassé.

ISABELLE. Je croyais avoir défendu que l'on me parlât davantage de cet homme.  Elles sortent.

## SCÈNE XV.

*Une clairière dans une forêt, avec un grand chêne au milieu.*
*Il est nuit.*

F. JEAN, SIMON, MANCEL BARTHÉLEMY, THOMAS, MORAND, GAILLON, LE LOUP-GAROU, PAYSANS, VOLEURS.

LE LOUP-GAROU, à F. Jean. A tout seigneur tout honneur. Révérend père, asseyez-vous sous ce chêne, sur cette botte de paille. Cela ne vaut pas un beau fauteuil sculpté, comme il y en a dans votre abbaye ; mais c'est tout ce que nous avons à vous offrir. (Aux autres.) Quant à vous, je vous invite à faire comme moi. (Il s'assied par terre, tous s'assoient de même.) Ne craignez pas d'être surpris ; j'ai posté moi-même des loups qui feront bonne guette ; bien habile qui les mettrait en défaut.

F. JEAN. Mes très-chers enfants et mes très-chers compatriotes, je vous ai réunis dans ce lieu pour que nous convenions de la manière dont il nous faut agir. J'invite chacun à donner son avis, et à déclarer franchement son opinion. Avant tout, cependant, sachons un peu ce qu'ont fait les bonnes gens des autres villages. — Où en sont nos amis de Genêts?

THOMAS. Très-révérend père, et vous tous, mes seigneurs et amis, ce que j'ai à vous dire, c'est que tous les honnêtes gens de Genêts, vilains et manants, sont prêts à tordre le cou à messire Philippe de Batefol, et à vous donner un coup de main, si besoin est, pour en faire de même chez vous. Demandez plutôt à ces trois hommes que voilà, et qui sont de Genêts, si je vous ai menti d'un mot.

TROIS PAYSANS. Pour cela, oui; c'est vrai que nous aurons du plaisir à lui tordre le cou.

F. JEAN. Avez-vous des armes?

THOMAS. A peu près autant qu'il nous en faut. J'ai acheté quelques épées et des piques, et tout cela est caché dans un trou, sous un rocher, bien enveloppé, de peur de la rouille.

F. JEAN. Voilà qui est bien. (A d'autres paysans.) Vous autres, vous êtes de Bernilly, je crois, et vous, de Lasource; vous...

UN PAYSAN. Nous sommes de Val-au-Cormier.

F. JEAN. Quelles nouvelles nous donnerez-vous?

UN PAYSAN. Tout est prêt, les chefs sont choisis. Nous ferons le coup quand vous voudrez.

SECOND PAYSAN. Nous avons des armes.

TROISIÈME PAYSAN. Dites-nous le jour, et nous marcherons.

F. JEAN. A ce qu'il me paraît, vous êtes tous disposés à bien faire. Or donc, avisons au meilleur moyen de nous défaire des barons et des seigneurs de ce pays. — Quelqu'un a-t-il un avis à proposer?

LE LOUP-GAROU se levant. Loups..... je veux dire mes amis, vous savez tous que le château d'Apremont est le plus fort du Beauvoisis. Nous autres gens de ce fief, nous avons la besogne la plus difficile sur les bras, et il me semble que vous autres, qui n'avez qu'un ou deux hommes à tuer, et une maison sans défense à brûler, vous devez nous prêter la main pour prendre le château d'Apremont.

THOMAS. Aussi ferons-nous; et si vous voulez cent hommes de chez nous, vous n'avez qu'à parler.

SIMON. Tout cela s'arrangera tantôt; mais ce qu'il faut savoir, c'est comment nous nous y prendrons pour entrer dans ce château-là, et quel jour?

morand. Il me semble, mon révérend père,... et toute la compagnie, que je salue,... il me semble qu'il vaut mieux attendre encore quelque temps, jusqu'à ce que tous les vilains du Beauvoisis soient entrés dans notre ligue. Au moins alors nous saurions notre force...

le loup-garou. Par la tête-dieu! pourquoi attendre plus longtemps? Nous sommes assez nombreux, commençons; les autres auront du cœur, quand ils verront le bel exemple que nous leur aurons donné. Ainsi, haut la masse, tue, assomme! voilà mon avis.

simon. D'ailleurs, mes bons messieurs, un homme que vous aimez tous, Renaud d'Apremont, mon beau-frère, est en prison, sur le point d'être justicié : ce serait une honte à nous de le laisser mourir sans secours.

barthélemy. Oui, Renaud mérite bien qu'on fasse quelque chose pour lui.

mancel. Vous connaissez tous sa conduite généreuse. Après avoir tué le méchant sénéchal, il s'est livré pour que les gens de son pays ne fussent pas décimés ou mis à la gêne.

le loup-garou. C'est cela un luron, corps d'un bœuf! et rien que pour le délivrer nous ferions bien d'assommer tous les nobles hommes de France. — Or sus, prenons nos armes dès demain, allons tous au château, tâchons d'enfoncer les portes, et...

morand. Oui-dà, as-tu oublié la garde et le pont-levis?

barthélemy. Si, la nuit prochaine, nous essayions de surprendre...

morand. Il faudrait des échelles pour escalader le mur, et nous n'en avons point.

gaillon. J'ai bien une échelle pour monter à notre grenier. Je la prêterai volontiers.

morand. Imbécile! ton échelle n'a pas quinze pieds, et les murs en ont plus de quarante.

barthélemy. Alors, par le sang de Notre-Dame! faisons tous des échelles; coupons des gaules...

morand. Comment empêcher qu'on ne s'en aperçoive?

simon. Et puis nous n'en avons pas le temps. Renaud sera exécuté jeudi, le jour du marché.

BARTHÉLEMY. Alors le diable m'emporte si je sais comment faire !

LE LOUP-GAROU. Si Gilbert ou sa fille sortaient, nous pourrions peut-être...

F. JEAN. Vous dites que Renaud doit être exécuté jeudi ?

SIMON. Jeudi.

F. JEAN. Sur la place du marché ?

SIMON. Sur la place du marché. On dresse maintenant la potence.

F. JEAN. C'est jeudi qu'il faut le délivrer. Il sera sur la place gardé par une vingtaine d'hommes d'armes tout au plus. Gilbert, sans doute, sera présent à l'exécution. Il aime de tels spectacles. L'occasion sera belle : en plaine, cent contre un ; le succès n'est pas douteux.

LE LOUP-GAROU. Voilà ce qu'il y a de mieux à faire, et c'est notre père Jean qui l'a trouvé !

F. JEAN. Aussitôt que les hommes d'armes auront passé le pont-levis, cent d'entre vous qui se seront cachés derrière la maison de Morand, courront aux barrières, et sans doute il ne sera pas difficile de les forcer, dans le premier moment de surprise. En tout cas, nous nous saisirons de Gilbert ; et une fois qu'il sera dans nos mains, le château sera bientôt à nous.

SIMON. Et nous délivrerons Renaud.

TOUS. Le père Jean a raison ; il dit bien.

BARTHÉLEMY. Je me charge, si vous voulez, d'aller assaillir les barrières.

F. JEAN. Bon. — Morand, tu seras avec lui, et avec Pierre, qui va venir ici tout à l'heure. Il connaît le château, il vous servira de guide. — Toi, Franque, tu te tiendras sur la lisière du bois avec tes braves loups, prêts à paraître au premier signal.

LE LOUP-GAROU. Vous ne m'attendrez pas longtemps.

F. JEAN. Thomas, vous partirez de Genêts de grand matin avec vos cent hommes. Comme ce sera jour de marché, votre nombre n'excitera pas de soupçons. — Cachez vos armes dans des charrettes de paille. — (A d'autres paysans.) Vous, restez et chargez-vous de Philippe de Batefol ; et ne manquez pas d'allumer sur votre clocher un feu de fagots en signe de victoire.

UN PAYSAN. J'aiguise ma cognée tous les jours, je ne le manquerai pas.

F. JEAN. Vous, bonnes gens de Lasource, de Bernilly et de Val-au-Cornier, envoyez-nous vos braves, et faites main basse chez vous sur tout ce qui porte une jupe armoriée. N'oubliez pas non plus de nous apprendre vos succès en allumant des feux sur les endroits élevés.

UN AUTRE PAYSAN. Je viendrai, mon frère restera.

UN AUTRE PAYSAN. Je viendrai avec une soixantaine de gaillards déterminés.

MORAND se levant. Chut! j'entends du bruit. Nous sommes découverts!

LE LOUP-GAROU. Poltron! ne vois-tu pas que c'est un de mes loups?

MORAND. Oui, mais il y a d'autres hommes avec lui.

F. JEAN. C'est Pierre, ce sont nos amis. Je les ai envoyés acheter des armes à Beauvais, et ils nous les apportent.

Entre Pierre avec des paysans portant des armes.

PIERRE. Tenez, voilà de quoi armer la plus nombreuse compagnie de France.

F. JEAN à Pierre. Quelles nouvelles de Beauvais?

PIERRE. Messire Enguerrand de Boussies n'a pas plus de quarante lances et de cent archers; il ne pourra rien entreprendre contre nous.

F. JEAN. A-t-on paru surpris de te voir acheter tant d'armes?

PIERRE. Nullement. J'en ai souvent acheté pour monseigneur. D'ailleurs, tout le monde se pourvoit à cause des aventuriers et des voleurs qui désolent le pays.

LE LOUP-GAROU bas à son lieutenant. Ce gendarme cassé a une figure qui ne me revient pas.

F. JEAN. Tout se dispose pour la fête... Jeudi sera le jour...

MORAND bas à F. Jean. Êtes-vous sûr de Pierre?

F. JEAN bas. Comme de moi-même. (Haut.) Pierre, combien d'hommes y a-t-il de garde à la porte du château?

PIERRE. Jamais plus de dix. La moitié est toujours désarmée, couchée sur les bancs, à dormir ou à jouer.

F. JEAN aux autres. Vous l'entendez? — Pierre, tu iras avec cent de ces braves gens t'emparer de la porte et du pont-levis, pendant que nous délivrerons Renaud. Je t'expliquerai mon plan plus en détail.

PIERRE. Surtout, mes amis, jurez-moi de ne point faire de mal aux femmes. Pas la moindre insulte à ces...

LE LOUP-GAROU brusquement. Que dit-il, ce valet de Gilbert? Tout ce qui est noble est condamné.

PIERRE. Oui, condamné par toi, loup enragé; mais heureusement que tous ces braves gens ne te ressemblent pas.

LE LOUP-GAROU. Mon beau ménestrel, je m'en vais te faire chanter une chanson, et je battrai la mesure sur ta tête avec cette masse.

PIERRE tirant son épée. Viens ici, scélérat!

F. JEAN. Arrête, Franque; que signifie ce débat dans une assemblée comme la nôtre? Ne savez-vous pas que la damoiselle d'Apremont est une bonne et charitable dame? Y a-t-il ici quelqu'un qui dise le contraire?

LES PAYSANS. Personne, personne! Malheur à qui fera tomber un cheveu de sa tête!

LE LOUP-GAROU. A la bonne heure, passe pour celle-là; mais allons rondement en besogne!

Il se rassied; Pierre remet son épée dans le fourreau.

MORAND. Nous allons nous embarquer dans une grande entreprise; il faudrait donner un nom à notre troupe.

LE LOUP-GAROU. Morand a raison, et j'avais quelque chose à vous dire là-dessus. Mes amis, vous savez que j'ai été le premier à faire la guerre aux seigneurs; ainsi, j'aurais quelque droit à donner un nom à notre ligue. Je pourrais vous proposer de vous appeler les *Loups*; c'est un nom déjà illustre, mais cela pourrait faire des jalousies parmi nous. Ainsi, prenons un autre nom. Appelons-nous la *Compagnie des ours enragés*, par exemple, ou la *Compagnie de la mort*; cela fera un bon effet, avec une bannière noire et deux potences blanches dessus.

PIERRE. Quelle horreur! vraie bannière de brigands!

LE LOUP-GAROU. Pierre, il faut absolument que je te fasse une saignée; tu es trop vif pour que nous puissions causer tranquillement ensemble.

F. JEAN. Paix! encore une fois, je vous l'ordonne. Les noms que nous propose notre ami Franque ne peuvent convenir à une cause aussi sainte. Que voulons-nous? — être délivrés de la tyrannie des seigneurs, former des communes franches. Appelons-nous donc la *Ligue des communes*; et pour cri, quel nom pourrait être meilleur que celui de monsieur saint Leufroy, le patron de ce pays?

PAYSANS. Oui! oui! Communes! Leufroy! Leufroy!

LE LOUP-GAROU. Un nom de saint! cela fait pitié.

PAYSANS. Communes! Franchise! Leufroy! Leufroy!

LE LOUP-GAROU. Eh bien! Leufroy! à la bonne heure; il y a encore manière de faire valoir ce cri-là. Leufroy! Leufroy! Tue! tue! Leufroy!

F. JEAN. Qui de vous sait donner du cor?

GAILLON. Je m'y entends passablement, mon père, et mes pourceaux (Dieu soit avec nous!) reconnaîtraient mon cor d'une demi-lieue.

F. JEAN. Bien. Tu sonneras quand je t'en donnerai l'ordre. — Franque, tu accourras à ce signal; Pierre, Barthélemy, vous attaquerez la porte.

TOUS. *Amen.*

MORAND. L'étoile du matin se lève; nous aurons à peine le temps de rentrer chez nous.

F. JEAN. Un moment encore, mes amis; j'ai vu avec douleur des signes de discorde dans nos rangs. D'eux d'entre vous, tous deux braves et dévoués au bien public, semblent conserver un souvenir fâcheux de quelques paroles trop vives échangées dans un moment de colère. L'union avant tout, mes enfants. Avant de nous séparer, que Pierre et Franque se touchent dans la main comme deux frères.

PIERRE. Moi!....

TOUS. Oui, qu'ils soient amis.

LE LOUP-GAROU. A la bonne heure! mais qu'il se défasse de ses airs de gentilhomme.

PIERRE. Et toi, de tes airs de...

F. JEAN. Çà, qu'on se donne la main, et que tout soit oublié. *Pierre et le Loup-Garou se donnent la main.*

LE LOUP-GAROU à Pierre. Tu as une petite menotte blanche comme la main d'une femme.

PIERRE. Ta main est bien rouge, Loup-Garou.
LE LOUP-GAROU. Je m'en vante.
F. JEAN. Avant de quitter ce lieu, jurons de nous trouver fidèlement sur la place du marché, jeudi, après prime.
TOUS étendant la main. Nous le jurons!
F. JEAN. Que la bénédiction de Dieu et de monseigneur saint Leufroy soit avec vous! Jeudi nous serons réunis pour ne plus nous séparer.   Ils sortent.

## SCÈNE XVI.

**La cellule de F. Jean, dans l'abbaye de Saint-Leufroy.**

### F. JEAN, PIERRE.

PIERRE. Je n'aime pas ce mélange parmi nos conjurés. Encore si vous n'aviez que des hommes doux et humains comme Simon et Morand, mais cet ivrogne de Gaillon, et surtout ce Franque!... je ne puis penser sans frémir à toutes les atrocités qu'il a commises ; d'ailleurs n'a-t-il pas renié son Dieu, aussi bien que toute sa troupe ?

F. JEAN. Franque avait été gravement offensé : sa vengeance a été terrible, je le sais, mais enfin c'était une vengeance. Et puis, dans un temps comme celui-ci, il ne faut pas être trop scrupuleux. Franque a du cœur et un bon bras. Son secours n'est pas à dédaigner.

PIERRE. Quand tous ces bandits vont se trouver les maîtres, ils seront pires que des bêtes féroces.

F. JEAN. Ne suis-je pas leur chef, et crois-tu que je ne saurai pas me faire obéir? C'est pour les retenir que j'ai consenti à me mettre à leur tête.

PIERRE. Fasse le ciel que vous en veniez à bout!

F. JEAN. Pensons d'abord à faire réussir notre entreprise. On va sonner pour prime. Aide-moi à passer cette cotte de mailles et ma robe par-dessus. Cette messe sera la dernière que j'entendrai... ici du moins. Toi, va m'attendre sur la place ; avec cette barbe et ce manteau, personne ne pourra te reconnaître.

PIERRE. La cloche sonne. Jamais mon cœur n'a battu si fort à l'approche d'un danger.

F. JEAN. Il n'y a plus à reculer. Ce soir nous serons libres ou pendus. Quant à moi, je ferai mes efforts pour ne pas être pendu. Imite-moi, et songe à la récompense qui t'attend. La cloche sonne.

PIERRE. Jésus !

F. JEAN. Adieu. Au sortir de l'église je te rejoins.
Ils sortent.

## SCÈNE XVII.

**La place du marché du village d'Apremont. Une potence est dressée. On aperçoit le château à quelque distance.**

SIMON, MORAND, MANCEL, BARTHÉLEMY, FOULE DE PAYSANS.

BARTHÉLEMY à Morand. Tu es bien pâle, l'ami ; as-tu peur ?

MORAND. Le père Jean ne vient pas.

SIMON. Gaillon est allé le chercher.

MORAND. Sais-tu si l'on a des nouvelles de Thomas ?

BARTHÉLEMY. Voici des charrettes qui enfilent la grande rue. Ce sont nos gens.

MANCEL. Barthélemy, tu devrais déjà être à ton poste avec Morand.

MORAND. Attendons encore un peu. Personne ne sort du château, je crains qu'ils ne se doutent de quelque chose.

BARTHÉLEMY. Garde tes idées pour toi, et n'effraye pas les autres. Il ne s'agit pas ici de faire le poltron...

MANCEL. Le beffroi n'a pas encore sonné. Il n'y a rien à craindre.

GAILLON entrant. Le révérend père me suit de près. On dit que monseigneur a la goutte, et qu'il n'assistera pas à l'exécution.

MORAND. Diable ! cela change l'affaire.

BARTHÉLEMY. Pas du tout. Nous irons le chercher dans son lit, et le guérir de la goutte.

MORAND. Parle plus bas, de grâce.

MANCEL. Regarde, Simon, n'est-ce pas Thomas de Genêts qui est monté sur cette charrette, là-bas?

SIMON. C'est lui, ma foi, et il a la mine d'avoir fait un beau coup dans son pays. Je m'en vais lui parler.
Il sort : le beffroi sonne.

MORAND se signant. Sainte Vierge! voici le beffroi qui sonne pour l'exécution.

BARTHÉLEMY. Je voudrais savoir à quoi pense Renaud dans ce moment-ci. Je parie qu'il ne se doute guère...

MORAND. Chut! — Le pont-levis se baisse.

F. JEAN entrant. Bas. Hé bien, mes enfants, chacun est-il prêt?

BARTHÉLEMY entr'ouvrant sa casaque et montrant une poignée d'épée. Voyez-vous ce bel outil?

F. JEAN. Bon, cache-le encore quelques instants.

MORAND. Voici la procession qui descend.

F. JEAN. Allons; à ton poste, Barthélemy! Au premier son du cor...

BARTHÉLEMY. Oui, oui.

F. JEAN. Morand, suis-le.

MORAND. Donnez-moi votre bénédiction, mon père.

F. JEAN. Va, ne crains rien, monsieur saint Leufroy nous aidera.

MORAND. Amen!

BARTHÉLEMY. Et Pierre, où est-il?

F. JEAN. Là-bas, caché dans son manteau; il te fait signe.
Morand et Barthélemy sortent.

MANCEL à F. Jean. Voyez-vous, mon père, cette fumée là-bas! ce sont nos amis de Lasource.

F. JEAN. Bien! bien!

SIMON entrant. J'ai vu Thomas, révérend père. Messire de Batefol...  *Il passe sa main sur son cou.*

F. JEAN. Bien!

SIMON. Thomas a vu en chemin le Loup-Garou; il est prêt, l'arc bandé, la flèche encochée.

F. JEAN à Simon. Tu as la voix forte, tu pousseras le premier cri. — Gaillon, as-tu ton cornet?

GAILLON. Le voici. J'ai bu bouteille ce matin pour me préparer le gosier.

MANCEL à F. Jean. Mon père, encore une autre fumée!

UN PAYSAN entrant, à F. Jean. Tout est bâclé chez nous, nous venons vous aider.

F. JEAN. Paix! le moment approche.

*Entre Thomas conduisant une charrette de paille.*

THOMAS. Qui veut acheter ma paille? cette charrette-là vaut de l'argent.

SIMON. Un bout de lance passe; je vais le renfoncer.

*Entrent Montreuil, Siward, Conrad, son précepteur, tous quatre à cheval. Renaud, le bourreau, un crieur, hommes d'armes.*

MONTREUIL. Place!

CONRAD. Place, canaille!

LE PRÉCEPTEUR. Place à monseigneur Conrad d'Apremont!

SIWARD montrant Thomas. Ce vilain a une bonne idée. Du haut de sa charrette il est placé à merveille pour voir l'exécution.

CONRAD riant. Ah! ah! ah! si on mettait le feu à cette paille pendant que ce vilain est étendu dessus, comme cela le ferait gigoter.

LE PRÉCEPTEUR. Ah! la drôle d'idée! Monseigneur, vous êtes un espiègle; mais, monseigneur, ne voyez-vous pas que cette paille appartient sans doute à monsieur votre père, et si vous la brûliez vous détruiriez ainsi votre propre bien.

CONRAD. Bah! cela m'est égal. Je donnerais bien toute cette paille pour voir la mine de ce vilain quand il se sentirait flamber.

LE CRIEUR. « De par haut et puissant seigneur, noble
« homme, messire Gilbert baron d'Apremont, on fait savoir
« à tous qu'il appartiendra, la grande justice qui va être
« faite sur la personne de Renaud, serf et vassal du fief
« d'Apremont, atteint et convaincu d'homicide sur la per-
« sonne de messire Thomas Gatigny, sénéchal dudit messire
« Gilbert, baron d'Apremont. Or, voyez et profitez de
« l'exemple. »

RENAUD sur l'échafaud. Je vous prie tous, gens de ce village, de prier pour le salut de mon âme.

F. JEAN. Allons, Gaillon, sonne fort! Leufroy!

SIMON et MANCEL. Leufroy! Franchise aux communes! Leufroy!

Gaillon sonne du cor, tous les paysans répètent le cri. Les uns attaquent les hommes d'armes qui sont sur l'échafaud, les autres prennent les armes cachées sous la paille des charrettes. Entrent le Loup-Garou et ses gens. Tumulte général.

MONTREUIL. Les vilains se révoltent, courons au château.

Il sort au galop.

THOMAS saisissant Conrad. Arrête, petit vipereau; tu payeras pour ton père.

CONRAD. Oh! mes amis, ne me faites pas de mal. (A son précepteur.) Mon ami, défendez-moi.

LE PRÉCEPTEUR. Épargnez le noble sang d'Apremont.

THOMAS. Tiens, voilà pour le sang d'Apremont.

Il tue Conrad.

LE LOUP-GAROU. Tiens aussi, toi; accompagne-le chez le diable!

Il tue le précepteur, on renverse l'échafaud, et Renaud est délivré.

SIMON à Renaud. Enfin, mon garçon, je te revois! embrasse-moi encore.

MANCEL. Tiens, prends cette arbalète, et viens avec nous. Il faut en découdre. Ils sortent tous les trois du côté du château.

SIWARD entouré de paysans armés. Holà, messieurs! Je ne suis point parent de messire Gilbert. Je suis son ennemi capital, et de plus son prisonnier, à moins que vous ne vouliez me délivrer.

UN PAYSAN. A mort! c'est un gentilhomme.

SECOND PAYSAN. Tuez-le! c'est un malandrin.

TROISIÈME PAYSAN. Demandons au père Jean, ce qu'il faut en faire? (A F. Jean.) Révérend père, voici un homme qui se dit prisonnier de Gilbert d'Apremont; faut-il le tuer?

F. JEAN à Siward. Qui êtes-vous?

SIWARD. Mon nom est François Siward. Je suis Anglais, et j'étais prisonnier du baron d'Apremont.

F. JEAN. Vous commandez une compagnie de gendarmes... une compagnie d'aventure?

SIWARD. Je...

F. JEAN. Je le sais. — (Aux paysans.) Ne lui faites point de mal. Que deux hommes le gardent pendant que nous irons à l'assaut. Allons, mes enfants, suivez-moi!

Rentrent Barthélemy, Pierre, Morand, Simon.

BARTHÉLEMY à Morand. Lâche! imbécile! c'est ta faute.

morand. Tu as joué des jambes tout comme moi.

pierre. Si vous aviez poussé en avant comme je vous le disais, cela ne serait pas arrivé.

f. jean. Qu'y a-t-il? Pourquoi revenez-vous ainsi?

barthélemy *montrant* Morand. Nous avons manqué le château par sa faute.

le loup-garou. Tenez! vous êtes tous des lâches, excepté Barthélemy et Pierre. — Nous étions déjà sur le pont-levis, quand ces misérables ont vu ce gros bœuf de Montreuil revenir au château avec une demi-douzaine de gendarmes, courant tous à bride abattue. Les voilà qui perdent la tête, ils se culbutent les uns sur les autres, c'est à qui fuira le plus vite. Bref, le pont-levis a été levé, et peu s'en est fallu que nous ne fussions pris.

pierre. Et Montreuil est rentré avec ses hommes.

f. jean. Consolons-nous, mes enfants; dans quelques jours le château tombera entre nos mains. Il faut l'entourer de toutes parts, et bien prendre garde qu'il n'y entre des vivres. — Messire Siward, avancez; je veux vous parler.

siward. Rendez-moi la liberté, vous voyez bien que je fais ainsi que vous la guerre au sire d'Apremont.

f. jean. Eh bien, capitaine! en supposant que nous vous mettions en liberté, serez-vous assez galant chevalier pour ne pas oublier ce bienfait?

siward. Vous n'avez qu'à me dire comment vous voulez que je le reconnaisse.

f. jean. Les gens de ce pays ont pris les armes pour recouvrer leurs franchises, et se venger des cruautés des barons, et surtout de Gilbert, votre ennemi. Nous vous verrions avec plaisir faire cause commune avec nous, et joindre vos gendarmes à nos archers. Vous savez que les seigneurs de ce pays sont riches; le butin se partagera loyalement.

siward. Par saint Georges! c'est parler, cela. J'allais vous offrir mes services. Je pars à l'instant; et demain mon pennon sera planté sur cette place, à côté de vos enseignes.

f. jean. Donnez-moi donc votre main. (Aux paysans.) Enfants, voici un ami de plus. Le brave capitaine Siward se joint à nous!

PIERRE à part. Encore une recrue de l'espèce du Loup-Garou.

F. JEAN. Capitaine, attendez encore pour partir; je veux vous consulter sur le siége. — Barthélemy, allez vous poster en face des barrières; lancez vos flèches sur tout ce qui se présentera. — Qu'on allume un grand feu pour répondre aux signaux de nos amis. Pierre, va-t'en montrer à ces braves gens comment on fait des fascines. Il faut en couper dans le bois pour combler le fossé. — Ne perdons pas de temps; que les femmes et les enfants apportent de la terre, des pierres, que chacun mette la main à l'œuvre. (Bas au Loup-Garou.) Toi, va au couvent avec tes loups; tu connais mes intentions.

LE LOUP-GAROU. Oui, oui. Tonsuré ou non, peu m'importe.

Il sort.

SIWARD. Voici une douzaine de gendarmes morts, cela est très-bon pour combler un fossé.

THOMAS. Allons, faisons-les sauter.

SIWARD. Prenez-moi des portes et des tables, et faites-vous-en des pavois contre les flèches; et voulez-vous que je vous enseigne un bon tour à jouer à Gilbert? Prenez du chanvre, trempez-le dans la poix, entortillez-en la pointe de vos flèches, et lancez-moi cela tout allumé sur l'écurie du château; il y a force fourrage, cela fera un beau feu.

F. JEAN. Il a raison. Vite! vite en besogne!

UN PAYSAN présentant une tête à F. Jean. Voici la tête de messire Philippe de Batefol.

F. JEAN. Bien, plante-la sur un pieu en face du château.

SIWARD. Philippe de Batefol! Par l'épée de Roland, j'en suis bien aise. Ce scélérat a fait pendre un de mes archers.

UN PAYSAN à F. Jean, en lui présentant une tête de femme. Voyez cette tête, mon révérend, c'est celle de la dame de Bernilly. Les beaux cheveux! en voulez-vous pour faire un chasse-mouche?

F. JEAN. Fi! cela est dégoûtant. Cette chevelure est tout ensanglantée.

SIWARD. C'est dommage, elle n'était pas encore trop laide. Bah! il en restera toujours assez pour les honnêtes gens.

F. JEAN. Allons au bord du fossé ; capitaine, faisons notre ronde, et donnez-moi votre avis. *Ils sortent.*

## SCÈNE XVIII.

**Une cour intérieure du couvent de Saint-Leufroy. La Porte est fermée avec soin. On voit un tas d'armes de toute espèce** 52.

L'ABBÉ HONORÉ, à genoux devant la châsse de saint Leufroy; F. IGNACE, F. GODERAN, MOINES, TROUPE DE VILAINS, vassaux de l'abbaye.

F. IGNACE aux vilains. Allons, mes enfants, du courage! défendez ceux qui vous donnent du pain, aidez-nous à repousser les scélérats qui se sont révoltés contre leurs seigneurs.

F. GODERAN aux vilains. Çà, prenez des armes : en voici de toute espèce, et servez-vous-en en braves.

F. IGNACE. Oui, ils se conduiront en gens de cœur, j'en réponds. N'est-ce pas, mes enfants, que vous défendrez nos saintes reliques et cette sainte maison jusqu'à la dernière goutte de votre sang ?

F. GODERAN bas à F. Ignace. Ils ne répondent pas.

F. IGNACE aux vilains. Je vous demande, mes enfants, si vous voulez nous défendre? D'ailleurs, notre ami, le sire d'Apremont, aura bientôt fait justice de tous les rebelles, et cette abbaye n'aura rien à craindre.

QUELQUES VILAINS. Oui, nous vous défendrons.

D'AUTRES VILAINS entre eux, bas. Gilbert d'Apremont est mort. — Ils l'ont tué.

F. IGNACE bas à l'abbé. Sire abbé, parlez-leur aussi. Exhortez-les à bien faire leur devoir. (L'abbé ne répond pas et paraît absorbé dans la contemplation des reliques.) Je vous dis, sire abbé, qu'il faut leur parler ; qui sait jusqu'où peut aller cette révolte? Pensez donc que ces vilains vont se battre pour nous : il faut les encourager. (A part.) Il est sourd. — L'imbécile ! Va, tu auras beau prier devant ce coffret que j'ai fait avec Jean, il ne te sauvera pas.

F. GODERAN. Sulpice ne vient pas. Il était allé à la découverte ; je crains quelque malheur.

F. IGNACE. Il faudrait écrire au gouverneur de Beauvais, messire Enguerrand de Boussies, pour qu'il nous envoyât quelques gendarmes.

UN VILAIN à un de ses camarades. Jean, prête-moi ton couteau.

DEUXIÈME VILAIN. Tiens. Qu'en veux-tu faire?

PREMIER VILAIN. Couper la corde de cette arbalète. Cela fera que je ne pourrai pas m'en servir.

F. IGNACE. Hé bien, mes enfants! êtes-vous tous armés à votre goût? Voici des piques encore. Prenez-les.

TROISIÈME VILAIN. Cette pique est toute vermoulue.

F. IGNACE. Prends-en une autre. Tiens, celle-ci!

TROISIÈME VILAIN. Celle-là a le fer tout tortu.

F. IGNACE. Elle peut servir.

PREMIER VILAIN. Mon arbalète n'a pas de corde.

F. IGNACE. Va chercher une corde, et dépêche.

DEUXIÈME VILAIN. La mienne n'a pas de corde non plus.

QUATRIÈME VILAIN. Je m'en vais en chercher une neuve.

PLUSIEURS VILAINS. Et moi aussi. *Ils s'avancent vers la porte.*

F. IGNACE *se mettant devant eux.* Doucement, mes maîtres, où voulez-vous aller?

LES VILAINS. A nos maisons prendre de meilleures armes.

F. IGNACE. Non, restez, mes enfants; celles que vous avez sont bonnes, et d'ailleurs vous n'en aurez pas besoin avec l'aide de Dieu et de monsieur saint Leufroy.

*On frappe violemment à la porte.*

L'ABBÉ *se levant avec effroi.* Ah! mon Dieu! Saint Leufroy, *adjuva nos!*

F. IGNACE. Qui est là?

VOIX DEHORS. Ouvrez, je suis Sulpice.

F. IGNACE. Ouvrez vite. (A F. Sulpice qui entre tout effaré.) Hé bien, qu'y a-t-il?

F. SULPICE. Ah! mes amis!...

F. IGNACE. Parlez bas.

F. SULPICE *aux vilains.* Tout va bien! tout va bien, mes amis! le sire d'Apremont les a défaits.

LES VILAINS. Vivent saint Leufroy et nos nobles seigneurs!

*F. Sulpice s'approche de l'abbé, tous les moines l'entourent. Les vilains restent dans le fond.*

F. SULPICE. Tout est perdu. Les paysans sont révoltés, Messire d'Apremont est tué, m'a-t-on dit. Tout le Beauvoisis est en armes contre la noblesse.

F. GODERAN. Alors ils ne nous en veulent pas, à nous autres?

F. IGNACE. Dieu le veuille!

F. SULPICE. Mais ce qui est plus horrible, ce qui est à peine croyable, c'est que le frère Jean, le trésorier de cette abbaye, est, dit-on, à la tête des rebelles.

F. IGNACE et F. GODERAN. Le frère Jean!

L'ABBÉ. L'impie, l'antechrist! O mon Dieu! lui livreras-tu tes brebis?

F. SULPICE à F. Ignace. Le voilà, votre protégé, Ignace! Qu'en dites-vous?

F. IGNACE. Je suis confondu.

F. GODERAN. Et moi de même. Je ne le croyais pas capable d'un si grand crime.

L'ABBÉ. Eh bien, mes frères! ce que nous avons à faire, c'est de prendre au plus vite la châsse de monsieur saint Leufroy, avec ce que nous pourrons emporter d'argent comptant, et de nous sauver à Beauvais, sans regarder derrière nous; autrement ce Philistin va venir et nous égorgera tous.

F. GODERAN. Oh! le danger n'est pas si pressant, Dieu merci.

F. SULPICE. J'ai envoyé tout aussitôt un valet à messire Enguerrand. Ainsi nous serons promptement secourus.

F. IGNACE. Nos murailles sont hautes.

L'ABBÉ, Ah, mes frères! vous ne connaissez pas ce fils de Satan! Cet impie, par la puissance de sa magie, renverserait nos murailles plus facilement qu'un chandelier de bois. Sauvons-nous! sauvons-nous!

F. IGNACE. Parlez plus bas, sire abbé, les vilains peuvent nous entendre.

L'ABBÉ, prenant un des bâtons qui servent à porter la châsse. Allons, vite! qui m'aide à porter ces précieuses reliques?

*On entend des cris confus.*

F. IGNACE. Écoutez

L'ABBÉ. *Consummatum est.* L'impie est venu. Il se jette à genoux.

F. SULPICE. On frappe ! Jésus ! Maria !

On frappe à grands coups.

L'ABBÉ d'une voix affaiblie. *Vade retro, Satanas !*

F. IGNACE. Qui frappe si rudement à la porte de cette sainte abbaye ?

LE LOUP-GAROU en dehors. Ouvrez, au nom du diable ! ouvrez, ou j'enfonce la porte !

L'ABBÉ. Mon Dieu ! donnez-moi le courage de mourir martyr !

F. IGNACE. Si vous ne vous retirez sur-le-champ, nous allons vous accabler de pierres et de flèches.

LE LOUP-GAROU en dehors. Nous ne craignons pas plus vos flèches que vos excommunications ! ouvrez la porte, ou je vais l'enfoncer !

F. IGNACE aux vilains. Allons, mes amis, tirez par les meurtrières sur ces brigands.

LE LOUP-GAROU. Vassaux de ce couvent, nous venons vous délivrer du servage ; aidez-nous, nous sommes vos frères ! Je suis Chrétien Franque, je viens vous délivrer.

L'ABBÉ. Le Loup-Garou ! Jésus ! Maria !

TOUS. Le Loup-Garou !

PREMIER VILAIN. Jamais je n'oserai tirer sur le Loup-Garou.   La plupart des vilains s'éloignent de la porte.

LE LOUP-GAROU. Ah ! vous allez voir ce que peut la masse du Loup-Garou. (Il frappe la porte à coups redoublés.) Apportez-moi cette grande poutre. — Ici, François, ici, Petit-Jean. — Attention ! frappez en mesure. Une, deux, trois. (La porte est frappée violemment et semble près de se briser.) — Voilà qui va bien ! encore un bon horion ! Une, deux, trois. (Une planche de la porte est enfoncée.)

F. IGNACE, prenant une pique. Il faut être brave aujourd'hui, autrement c'est fait de nous. (A l'abbé et aux autres moines.) Allons, faites comme moi, au lieu de prier et de vous signer comme des femmes. (Aux vilains.) A moi, mes amis !

La porte est enfoncée, le Loup-Garou entre suivi de sa troupe ; tous les moines et les vilains reculent à sa vue. Il arrache la pique des mains de frère Ignace, et le jette par terre en le frappant du bois.

LE LOUP-GAROU. Laisse cette arme à des hommes, vieille

tête pelée! Franchise aux vilains! Plus de servage! Allons, vilains, répétez ce cri : Franchise!

VILAINS. Franchise! plus de servage!

LE LOUP-GAROU. Plus de servage! plus de corvées! plus de seigneurs! tout ce qu'ils ont est à nous!

VILAINS. Franchise! tout ce qu'ils ont est à nous!

LE LOUP-GAROU. Or çà, avant de piller, procédons avec ordre. — Où est un certain Honoré, qui se prétend abbé de ce couvent.

L'ABBÉ à part. Mon Dieu! ce n'est pas que j'aie peur de mourir, mais c'est que j'ai peur de ne pas mourir saintement.

LE LOUP-GAROU. Eh bien! personne ne répond! A ce costume, je reconnais ce frère Honoré. (Il le saisit par le collet.) Belle figure d'abbé, par ma foi! Les vilains rient.

L'ABBÉ. Oh! mon Dieu! fais du moins que mon martyre soit court!

F. SULPICE au Loup-Garou. Ayez pitié des ministres du Seigneur!

LE LOUP-GAROU. Tais-toi. (A l'abbé.) Dis-moi, qui t'a donné l'audace de te faire abbé de cette abbaye au préjudice du digne et révérend père Jean?

L'ABBÉ balbutiant. Je... je... je...

LE LOUP-GAROU. Parle clairement ou, par saint George! je t'étrangle.

L'ABBÉ, montrant les moines. J'ai été élu par ceux-ci.

LE LOUP-GAROU. Les autres auront à répondre tout à l'heure pour cette élection. Mais dis-moi, misérable moine, ne savais-tu pas que le père Jean valait dix fois mieux que toi? Réponds.

L'ABBÉ. Tuez-moi tout de suite.

LE LOUP-GAROU levant sa masse. Tu vas être satisfait.

LES MOINES. Grâce! grâce! seigneur capitaine!

LE LOUP-GAROU. Avant que je te tue, dis-moi, tonsuré, où est le trésor de ton couvent?

L'ABBÉ. C'est... le bien des pauvres... Mais... prenez-le... frère Goderan vous y conduira...

LE LOUP-GAROU. Combien êtes-vous de moines dans cette abbaye?

l'abbé. Je... crois... que... de quatre-vingt-deux... à... quatre-vingt-trois.

le loup-garou. Oui, quatre-vingt-deux et demi? Imbécile, qui ne sait pas le compte de son troupeau !

l'abbé. Quatre-vingt-deux...

le loup-garou. Mes révérends pères, vous pouvez écrire à vos amis qu'ils m'envoient cent francs de rançon pour chacun de vous, et cela avant un mois. En attendant, vous serez dans votre colombier en prison. Si l'on tarde davantage, je vous coupe une oreille à chacun : quinze jours de plus, l'autre oreille : quinze jours de plus, la tête. Arrangez-vous. A bon entendeur, salut.

plusieurs moines. Notre famille est pauvre, et jamais...

le loup-garou. Silence ! qu'on m'emmène ces braillards! (A un brigand.) Wilfrid, va t'assurer du magot. — Petit-Jean, enferme-moi ce tas de robes noires. — Attends. — Qui de vous se nomme Ignace? Répondez. Qui de vous se nomme Ignace?

f. ignace. Me voici, que me voulez-vous?

le loup-garou. Vous pouvez vous en aller partout où vous voudrez, sans rançon. Remerciez-en le père Jean et le capitaine Franque, surnommé le Loup-Garou. Emportez ce qui vous appartient, et grand bien vous fasse !

f. ignace. Je vous remercie ; mais donnez-moi une escorte pour me conduire à Beauvais, autrement,...

On emmène les moines.

le loup-garou. Bien! bien! nous verrons ! (A l'abbé.) Quant à toi, qui es de cette détestable race d'Apremont, tu n'as pas de quartier à espérer ; je veux te brûler vif devant le château de ton cousin.

l'abbé à genoux. Ah ! sainte Vierge! saint Leufroy! quel supplice me destinez-vous !

le loup-garou. Ce gros coffre doré, c'est, je suppose, la châsse de saint Leufroy. Qu'on l'emporte au camp, elle nous portera bonheur. (Il la pousse du pied.)

l'abbé se relevant avec fureur. Impie ! tu outrages les saintes reliques, je te punirai de mes faibles mains.

Il s'élance sur le Loup-Garou, comme pour le prendre à la gorge : celui-ci le renverse facilement. L'abbé tombe sur la châsse, qu'il embrasse.

LE LOUP-GAROU. Voyez-vous ce mouton qui se met en colère !

L'ABBÉ. Je ne crains plus la mort maintenant ; je veux mourir martyr ! Tant que je vivrai, tu ne profaneras pas ces reliques !

LE LOUP-GAROU. Lâche ce coffre, ou je te fends la tête.

L'ABBÉ. Scélérat ! je t'excommunie, toi et le frère Jean !

LE LOUP-GAROU. Voilà le paiement de ton excommunication ! (Il lui casse la tête.)

L'ABBÉ. Jésus ! (Il meurt.)     Les vilains murmurent.

QUELQUES VILAINS. Tuer l'abbé sur la châsse de saint Leufroy ! Sacrilège !

LE LOUP-GAROU. Que disent ces vils esclaves ? qui parle de sacrilége ? Qui de vous a quelque chose à me dire ? qu'il se présente, qu'il paraisse, je lui répondrai... (Silence — A ses brigands.) Enlevez ce cadavre, et jetez-le dans quelque trou. — Vous, emportez cette châsse.     Les brigands hésitent à obéir.

UN BRIGAND. Mais, capitaine... c'est que...

LE LOUP-GAROU. Comment, poltron, tu crains que saint Leufroy, tout mort qu'il est, ne te fasse du mal ? Imbécile, regarde-moi. (Il soulève le coffre.) Prends, maintenant ; tu vois qu'on n'en meurt pas. (Les brigands emportent la châsse.) Allons, mes amis, la journée est à nous, faisons ripaille. La cave des moines est bonne, allons la visiter.

QUELQUES VILAINS. Oui, allons faire bombance ; allons boire le vin des moines.

UN VILAIN. Tout cela porte malheur. J'aime bien mieux aller piller chez messire d'Apremont.

MORAND entrant. Chrétien Franque ! Chrétien Franque !

LE LOUP-GAROU. Que me veux-tu ?

MORAND. Le père Jean m'envoie pour te recommander de ne pas faire tomber un seul cheveu de la tête de l'abbé.

LE LOUP-GAROU. Par les cornes de Mahom ! tu viens un peu tard ; cependant je ne l'ai pas tondu, regarde plutôt.

Il montre le cadavre.

MORAND. Ah ! sainte Vierge, qu'as-tu fait ?

LE LOUP-GAROU. N'était-il pas de cette race de vipères ? Crois-tu que, pour un moine de moins, le monde en ira plus mal ? Allons boire un coup dans le réfectoire.

Il entre dans le couvent avec Morand; les brigands et une partie des vilains le suivent, les autres se dispersent : deux restent devant le cadavre de l'abbé.

PREMIER VILAIN. Dire pourtant que je l'ai entendu chanter la messe, et cela pas plus tard qu'hier!

DEUXIÈME VILAIN. Il l'a tué tout raide ; il a eu tort.

PREMIER VILAIN. Je croyais d'abord que la châsse aurait fait un miracle; mais, quand j'ai vu qu'il ne s'en faisait pas, cela m'a donné une mauvaise idée de l'abbé.

DEUXIÈME VILAIN. Nous devrions l'enterrer.

PREMIER VILAIN. Il a au cou une belle chaîne, ma foi, qu'il ne faut pas enterrer. *Il prend la chaîne.*

DEUXIÈME VILAIN. Est-ce que tu prends cette chaîne?

PREMIER VILAIN. Pourquoi pas?

DEUXIÈME VILAIN. Ah! et pourquoi donc ne lui prendrais-je pas cette bourse que voilà, dont les cordons passent hors de sa ceinture?

PREMIER VILAIN. Ses habits sont encore bons. Il ne faut pas les perdre.

DEUXIÈME VILAIN. Non, il faut les lui ôter, et puis nous les partagerons.

PREMIER VILAIN. Il a une robe qui est de fine bure, cela fera un bel habit des dimanches à ma femme.

DEUXIÈME VILAIN. Nous tirerons au sort à qui l'aura.

*Ils dépouillent le cadavre.*

PREMIER VILAIN. Bah! qu'avons-nous besoin de l'enterrer? d'autres en prendront soin.

DEUXIÈME VILAIN. Au fait, il faut mettre en sûreté ce que nous avons; car on pourrait bien nous le voler. Les gens qui sont ici n'ont pas l'air de très-honnêtes gens.

PREMIER VILAIN. Bien dit. Allons cacher notre butin.

*Ils sortent.*

## SCÈNE XIX.

**Une colline à quelques lieues de Beauvais.**

### ENGUERRAND DE BOUSSIES, FLORIMONT DE COURSY, CHEVALIERS, ÉCUYERS, HOMMES D'ARMES.

ENGUERRAND à sa suite. Qu'on plante ma bannière sur cette touffe de genêts et qu'on sonne la trompette.

FLORIMONT à son écuyer. Richemond, plantez ici ma bannière. (A Enguerrand.) Messire Enguerrand fait sonner à l'étendard comme s'il était notre capitaine.

ENGUERRAND. Par la mort Dieu! messire Florimont, ne suis-je pas gouverneur de la province?

FLORIMONT. D'accord; mais les seigneurs qui se sont réunis pour secourir notre ami Gilbert d'Apremont, n'ont point encore décidé que vous seriez notre chef dans cette chevauchée.

ENGUERRAND. C'est-à-dire que vous prétendez à cet honneur?

FLORIMONT. Peut-être.

ENGUERRAND. Par le chef de saint Jean! je serais curieux de voir comment s'y prendrait pour commander à tant de bons chevaliers un enfant que j'aurais pu prendre pour page il y a quelques mois.

FLORIMONT. Les barons qui s'avancent vers nous, penseront peut-être qu'un chevalier banneret, qui vient avec treize pennons, est plus digne de commander qu'un vieux chevalier grisonnant, qu'hier au soir j'ai vu tourner bride et faire retraite au galop devant quelques vilains armés de bâtons. —Dites-moi, messire Enguerrand, n'avez-vous point faussé vos éperons hier soir, car vous piquiez sans ménagement.

ENGUERRAND. Vous m'insultez! et je vous prouverai la lance au poing que je suis un plus raide chevalier que vous.

FLORIMONT. Quand vous voudrez. Prenez un champ, et je vous délivrerai [53].

ENGUERRAND. Ici même et demain : trois coups de lance, trois coups d'épée et trois coups de hache; voici mon gant.

FLORIMONT. Voici le mien.

Des écuyers ramassent les gantelets. Entrent le sénéchal du Vexin, Olivier Laudon, Perceval de la Loge, Gautier de Sainte-Croix, chevaliers, etc.

LE SÉNÉCHAL. Qu'y a-t-il, messeigneurs, vous semblez émus?

ENGUERRAND. Émus!... Nullement, sénéchal.

FLORIMONT. Ne perdons point de temps; nommons un capitaine, et choisissons un cri pour la bataille.

OLIVIER. Quelle est la bannière la mieux accompagnée?

ENGUERRAND. Messeigneurs, le roi m'a donné le gouvernement du Beauvoisis...

FLORIMONT. Eh! de par le diable! gouvernez votre ville. Ce n'est pas un gouverneur, c'est un capitaine qu'il nous faut.

ENGUERRAND. Insolent! vous devez obéir aux ordres du roi.

FLORIMONT. J'ai treize pennons sous ma bannière, et je vous obéirai quand le roi vous aura donné commission pour combattre les révoltés.

LE SÉNÉCHAL. Au nom de Dieu, chevaliers, ne vous querellez pas au moment d'une bataille. Vous êtes tous deux dignes de commander ; mais l'union surtout nous est nécessaire, croyez-en un vieux soldat.

OLIVIER. Sénéchal, vous aussi vous avez commission de mon redouté seigneur le duc de Normandie, soyez notre chef.

PERCEVAL. Oui, qu'il soit notre chef.

LE SÉNÉCHAL. Messeigneurs, vous faites trop d'honneur à mes cheveux blancs. Je n'ai que quelques soldats sous ma bannière. Choisissez plutôt entre ces deux braves chevaliers.

GAUTIER. Sénéchal, vous avez commandé une armée royale, il faut que vous soyez notre chef aujourd'hui.

PERCEVAL. Oui, que le sénéchal nous commande.

OLIVIER. Que ceux qui veulent le sénéchal pour capitaine lèvent la main droite.

Tous lèvent la main, excepté le sénéchal, Enguerrand et Florimont.

ENGUERRAND. Au moins, ce n'est pas cet insolent damoiseau.

FLORIMONT. Au moins, celui-là n'est pas un lâche.

OLIVIER. Le seigneur sénéchal est notre capitaine ! Que les bannières et les pennons saluent sa bannière.

GAUTIER. Maintenant allons vite en besogne ; quel sera notre cri ?

OLIVIER. Il convient que l'on adopte le cri du général.

PERCEVAL. Ainsi l'on criera : Beaudouin au sénéchal !

FLORIMONT bas à un jeune chevalier. Baudet le sénéchal !

ENGUERRAND. Messeigneurs, la plus grande partie de nos hommes d'armes ne connaissent pas ce cri. Il faudrait en prendre un autre avec lequel ils aient déjà combattu.

LE SÉNÉCHAL. Vous avez raison. Chevaliers, je vous propose de crier : *Notre-Dame de Boussies!*

FLORIMONT. J'ai treize pennons sous ma bannière, et il me semble que j'ai plus de droit qu'un autre à donner mon cri : *De Coursy au lion rouge !*

GAUTIER. Oui, cela est raisonnable. Il a treize pennons.

PERCEVAL. Eh! qu'importent ses treize pennons ? Ce jeune homme peut bien attendre pour donner son cri que la barbe lui soit poussée au menton.

ENGUERRAND. Notre-Dame de Boussies a souvent effrayé les Anglais.

FLORIMONT. Oui, mais ce cri n'a pas, à ce qu'il paraît, le pouvoir d'effrayer Jacques Bonhomme.

LE SÉNÉCHAL. Finissons ce débat, messeigneurs. Que chacun garde le cri de sa bannière, mais, pour l'honneur de la France, je propose de crier avant : Montjoie Saint-Denis!

TOUS. Montjoie Saint-Denis !

LE SÉNÉCHAL. Disposons promptement notre attaque. Messire Olivier de Laudon et messire Perceval de la Loge ont guidé les coureurs, et vont d'abord nous rendre compte de ce qu'ils ont vu.

OLIVIER. Ce sera bientôt fait. Vous voyez d'ici l'ordonnance de ces misérables. A leur droite est un ruisseau encaissé; leur gauche est couverte par leurs chariots. Ils sont rangés sur deux lignes, leurs archers en tête.

FLORIMONT. Ces rustres singent vraiment les hommes d'armes.

LE SÉNÉCHAL. La position que ces vilains ont prise est forte et de difficile abord. Ils ont avec eux quelque renard anglais qui les aura rangés de la sorte.

FLORIMONT. Eh bien! il y aura quelque gloire à gagner. Je craignais seulement qu'ils ne voulussent pas nous attendre.

LE SÉNÉCHAL. Messire de Coursy, avez-vous vu beaucoup de batailles?

FLORIMONT. Messire sénéchal, dites-vous cela pour vous railler de ma jeunesse !...

LE SÉNÉCHAL. Je ne raille point, jeune homme. Aujourd'hui vous verrez une bataille et non un tournoi à lances mornées. Je connais les gens de ce pays et leurs longues flèches et leurs lourds épieux. Croyez-moi, la journée sera rude.

FLORIMONT. Quoi ! Jacques Bonhomme se battre ! Allons donc ! passe encore pour les compagnons d'aventure qui n'ont point rougi de se joindre à des paysans.

LE SÉNÉCHAL. Messire Florimont, puissiez-vous ne point faire aujourd'hui une triste expérience du courage de vos compatriotes ! *Entre le Loup-Garou gardé par des soldats.*

UN SOLDAT. Messeigneurs, voici un prisonnier que nous vous amenons. Ce coquin si robuste est venu nous braver en s'avançant tout près de nous ; mais il s'est rendu ensuite sans combat, comme un lâche qu'il est.

LE SÉNÉCHAL. Avance, vilain, et dis la vérité, si tu tiens à la vie. Combien y a-t-il d'hommes là-bas ?

LE LOUP-GAROU. Hélas ! monseigneur... que voulez-vous que je vous dise ?

LE SOLDAT *le menaçant*. Veux-tu répondre mieux que cela, voleur !

LE SÉNÉCHAL. Ne le maltraitez pas. Et toi, vilain, écoute ; si tu réponds juste à mes questions, je te donnerai la vie, et un manteau de laine par-dessus le marché.

LE LOUP-GAROU. Monseigneur, nous sommes bien trois mille... nous sommes bien quatre mille. Voilà tout, aussi vrai que nous sommes tous ici des honnêtes gens.

LE SÉNÉCHAL. Tu veux me tromper, coquin. Hier soir tes camarades étaient au moins huit mille.

FLORIMONT. Sénéchal, vous êtes vieux, et vos yeux ne peuvent plus compter des hommes d'armes. Il n'y a pas là-bas plus de quatre mille hommes.

LE SÉNÉCHAL. Mes yeux me montrent ici quatre mille hommes ; mais mon expérience me dit que ces marécages et ces creux en cachent encore autant.

LE LOUP-GAROU. Monseigneur, vous nous avez fait tant de peur, que la moitié de nos hommes a déserté.

FLORIMONT. Je le disais bien, ils vont nous échapper. Sus, chargeons !

LE SÉNÉCHAL *au Loup-Garou*. Tu répètes bien la leçon que tu as apprise de ton capitaine ; il me prend envie de te faire couper les oreilles.

LE LOUP-GAROU. Ah ! monseigneur, ce serait dommage.

LE SÉNÉCHAL. Où sont les aventuriers ?

LE LOUP-GAROU. Hélas ! la moitié aussi s'en est allée, et nous ne comptons pas trop sur le reste. Mais voici les Anglais du capitaine Siward qui n'a pu nous quitter, car il a la cuisse cassée ; et là-bas, ces trente ou quarante chevaux, ce sont des Navarrois. Ah ! si nous en avions seulement deux cents !

LE SÉNÉCHAL. Tu mens à chaque mot. Ces armures si luisantes, que je vois au centre, m'annoncent une troupe nombreuse d'aventuriers.

LE LOUP-GAROU. Faites excuse, monseigneur, c'est la troupe du Loup-Garou avec la moitié des hommes d'Apremont. L'autre moitié, comme vous le savez, et les gens de Genêts, sont restés au siége d'Apremont avec les capitaines Pierre et Thomas.

LE SÉNÉCHAL. Où donc ces vilains ont-ils pris des armets si luisants, et d'où vient qu'ils plantent des pieux devant eux, ainsi que font les Anglais ?

LE LOUP-GAROU. Monseigneur, quant aux armets, c'est qu'ils les écurent avec du sable ; voilà pourquoi ils sont si luisants. Quant aux pieux, on dit que c'est pour vous empêcher de passer ; mais je crains bien que cela ne serve de rien contre vos bons chevaux.

FLORIMONT. Eh ! que voulez-vous apprendre de cet imbécile ? Sénéchal, nous perdons ici notre temps. Donnez le signal.

LE SÉNÉCHAL. Je suis votre chef, et n'ai point d'ordre à recevoir de vous. (Au Loup-Garou.) Si tu as menti, tu sais que la corde t'attend ? N'as-tu rien à dire encore, penses-y bien.

LE LOUP-GAROU. Monseigneur, j'ai dit la vérité.

LE SÉNÉCHAL. Qu'on l'emmène.

LE LOUP-GAROU. Et le manteau de laine ?

LE SÉNÉCHAL. Le manteau ou la corde, après la bataille.

LE LOUP-GAROU. De quelle couleur le manteau ?

On l'emmène.

LE SÉNÉCHAL. Qu'en dites-vous, chevaliers ?

FLORIMONT. Attaquons sur-le-champ, c'est mon avis.

PERCEVAL. Et le mien.

FLORIMONT. Déployons nos bannières, couchons le bois [54], et en avant! au galop !

TOUS excepté le sénéchal. En avant!

LE SÉNÉCHAL. Braves chevaliers, souffrez que ma vieille expérience guide votre valeur. Le front de notre ennemi est garni de bons archers qui vont abattre la moitié de vos chevaux avant que vous les ayez approchés d'une longueur de lance. D'ailleurs, il a plu beaucoup hier, la terre est toute détrempée, et nos chevaux entreront jusqu'aux sangles dans la boue. Il me semble donc qu'il vaut mieux envoyer devant nos arbalétriers. Leurs arbalètes portent plus loin que les arcs, et ils ouvriront facilement les rangs de ces vilains mal armés. Nous autres, mettant pied à terre et serrés en gros bataillon, nos lances retaillées à cinq pieds, nous soutiendrons notre avant-garde, et, Dieu aidant, nous donnerons le coup de grâce aux rebelles.

FLORIMONT. Nous, mettre pied à terre, et combattre avec les arbalétriers!

OLIVIER. Mettre pied à terre devant des vilains, comme si nous avions affaire à des gendarmes anglais ou flamands!

PERCEVAL. Des chevaliers français doivent combattre à cheval comme faisaient leurs aïeux.

GAUTIER. Des chevaliers français ne peuvent combattre, confondus avec des arbalétriers [55] !

LE SÉNÉCHAL. Messeigneurs, souvenez-vous de Poitiers !... Chez les Anglais, le poste d'honneur est avec les archers !

FLORIMONT. Eh! laissons les Anglais et leurs façons. Des gendarmes français n'ont besoin d'apprendre à se battre de personne.

LE SÉNÉCHAL. De quel usage seront nos chevaux dans cette espèce de marécage où l'ennemi s'est retranché? Jamais nous ne pourrons les charger en ligne.

FLORIMONT. Sénéchal, laissez-moi avec mes seuls gendarmes enfoncer ce tas de brigands. Vous viendrez après nous, et vous n'aurez que la peine d'assommer ceux que nous allons jeter par terre.

LE SÉNÉCHAL. Jeune homme, croyez-en une barbe grise qui a vu plus de batailles rangées que vous n'avez rompu de lances.

FLORIMONT. J'en crois mon cheval et mes éperons. Je fais vœu aux dames, aux preux et au héron, dont je porte les plumes [56], de planter ma bannière au milieu du camp des rebelles.

PERCEVAL. Nous vous suivrons.

GAUTIER. Mon cheval me porterait tout armé au delà d'une rivière.

ENGUERRAND. Quant à moi, j'en crois messire Beaudouin. Le terrain n'est pas bon pour jouter à cheval.

OLIVIER. Mon cheval m'a coûté quatre cents francs. Toute réflexion faite, je ne veux pas le faire estropier d'un coup de flèche.

LE SÉNÉCHAL. Vous venez de me nommer votre chef, et j'ai le droit d'exiger de vous de l'obéissance. Que les arbalétriers commencent l'attaque, et que les gendarmes les suivent à pied.

FLORIMONT. J'ai treize pennons sous ma bannière, et je combattrai à cheval.

GAUTIER. Voyez-vous ces vilains, ils sont tellement orgueilleux de notre hésitation que leurs archers se détachent en avant pour nous attaquer.

FLORIMONT. Compagnons, souffrirons-nous que les vilains tirent la première flèche ? Déployez ma bannière, je vais écraser ces misérables.

LE SÉNÉCHAL. Je suis seul chef ici, et personne ne doit attaquer sans mon ordre. A pied, messieurs! (A un officier.) Vous, dites aux arbalétriers de marcher en avant.

L'OFFICIER. Monseigneur, les arbalétriers ont fait quatre lieues dans la boue, ils demandent une heure pour se reposer.

FLORIMONT. Eh quoi! cette lâche canaille fera-t-elle la loi à des chevaliers français? Par saint George! chargeons l'ennemi sur le ventre de ces ribauds [57]. A cheval! Debout mes pennons! de Coursy au lion rouge!

LE SÉNÉCHAL. Arrêtez, ou vous allez tout perdre! arrêtez, je vous l'ordonne.

FLORIMONT montant à cheval. Je ne reçois d'ordre que de ma maîtresse et du roi. (A ses hommes d'armes.) Couchez le bois. De Coursy au lion rouge! et la belle Matheline!

Ses trompettes sonnent, il sort avec sa suite.

## SCÈNES FÉODALES.

GAUTIER. Par saint Denis et saint George! je suivrai ce brave chevalier! Sainte-Croix, à la rescousse!

*Il sort avec sa suite.*

PERCEVAL. A moi, ma bannière! *Délogez à la loge* [58]!

*Il sort suivi d'un grand nombre de chevaliers que le sénéchal essaye en vain de retenir. Tumulte. Entre le Loup-Garou à cheval.*

LE LOUP-GAROU. Ils sont à nous! Je vais reprendre mon arc! *Il sort au galop.*

UN HOMME D'ARMES à pied, courant après lui. Arrêtez! arrêtez ce brigand! Il a tué mon camarade, et il nous vole un cheval.

*Il sort.*

LE SÉNÉCHAL aux chevaliers qui sont restés avec lui. Les insensés! ils me quittent et vont se précipiter tête baissée dans ce marais d'où jamais ils ne sortiront. Vous, messeigneurs, vous voulez faire triompher la bannière royale; suivez-moi, au nom de saint George, et tâchons, s'il se peut, de réparer leur faute.

OLIVIER. Entendez-vous ces cris? Par le sourcil de Notre Dame! dans leur course ils culbutent nos propres arbalétriers.

LE SÉNÉCHAL se frappant la tête. Oh! les insensés! les insensés!

ENGUERRAND. Les voilà dans la boue maintenant, et les archers les tirent comme des oiseaux englués. Sainte Vierge! regardez donc ces troupes d'archers qui paraissent de toutes parts. Ils les avaient cachés. Voyez comme les chevaux du sire de Coursy tombent pêle-mêle sous leurs flèches. Ah! mon jeune chevalier, vous payerez cher votre orgueil. Sénéchal, à votre place je le laisserais où sa présomption vient de l'entraîner.

LE SÉNÉCHAL. Fi donc, monseigneur! — Courons à son secours, chevaliers; il est téméraire, mais il a du courage. Ce serait une honte éternelle à nous, si nous l'abandonnions dans ce mauvais pas. Messire Enguerrand, ralliez, s'il se peut, nos arbalétriers. — Vous, messire Olivier, suivez-moi. Essayons de passer le marais avec nos gendarmes à pied. Montjoie Saint-Denis, à la rescousse!

*Il sort avec sa suite.*

## SCÈNE XX.

**Une petite colline près du champ de bataille, — On entend dans le lointain le bruit du combat.**

### F. JEAN, SIWARD, MORAND, SIMON.

F. JEAN. Cours aux chariots, Morand ; envoie-leur de nouvelles flèches. Les trousses de nos archers commencent à s'épuiser.

MORAND. Je vole. *Il sort.*

SIWARD. La commission est de son goût. Il n'aime pas à voir battre les taureaux de trop près.

SIMON regardant du côté de la bataille. Grâce à Dieu et à saint Leufroy, ils sont pris dans ce marais comme des oiseaux dans la glu.

SIWARD à F. Jean. Quand donc me permettrez-vous de me mêler de la besogne ?

F. JEAN. Maintenant, capitaine, une charge vigoureuse sur leur flanc. Évitez le marais avec soin. Voyez-vous ces saules ? au delà le terrain est bon pour vos chevaux bardés.

SIWARD. Vous allez voir ce que je sais faire.

F. JEAN. Tournez à gauche de ce bouquet de peupliers ; quand vous serez sur un terrain ferme, lancez-vous sur eux sans crainte, je vous soutiendrai avec mes piquiers.

SIWARD. A moi, gendarmes ! à Siward ! à Siward !
*Il sort.*

SIMON. Et nous, que faisons-nous ?

F. JEAN. Vâ dire à Renaud qu'il ne se laisse pas entraîner trop avant à la poursuite de l'aile gauche. — Ensuite tu viendras me joindre, je vais faire avancer les piquiers. Nous allons donner le coup de grâce à la bataille du sénéchal.

## SCÈNE XXI.

**Une autre partie du champ de bataille.**

**LE SÉNÉCHAL, OLIVIER, HOMMES D'ARMES,** tous à pied.
La bannière du sénéchal est plantée en terre.

LE SÉNÉCHAL. Compagnons, vous avez juré de défendre cette bannière : souvenez-vous de vos serments.

OLIVIER. Nos chevaux sont pris. Qu'allons-nous devenir?

LE SÉNÉCHAL. Il faut vaincre ou mourir. Beaudouin au sénéchal! Ah! si nous avions ici seulement une centaine de bons arbalétriers génois, ils tiendraient l'ennemi à distance!

Entre Florimont à cheval, l'épée à la main, avec sa bannière déchirée, et quelques soldats.

LE SÉNÉCHAL à Florimont. A moi, Florimont! nous tenons encore. — Eh bien! jeune homme, en croirez-vous un vieux soldat?

FLORIMONT. Ah! messire sénéchal, c'est moi qui ai tout perdu! Plût au ciel que je fusse mort à la première décharge!

LE SÉNÉCHAL. Ne nous décourageons pas. Unissons nos efforts, et peut-être parviendrons-nous à nous tirer d'affaire. — Qu'est devenu messire Gautier?

FLORIMONT. Une flèche... Ah! sénéchal, j'ai vu plus de cent gendarmes abattus par de vils archers avant d'avoir pu les toucher de la lance. Tous ces braves sont morts par ma faute!

LE SÉNÉCHAL. J'espérais encore... si messire Gautier... n'importe... (A Florimont.) Vous qui êtes à cheval, voyez-vous messire Enguerrand?

FLORIMONT. Depuis longtemps le lâche a pris la fuite.

LE SÉNÉCHAL. La volonté de Dieu soit faite! Ne pensons plus qu'à vendre chèrement notre vie.

FLORIMONT. Oui, mourir avec gloire est maintenant ma seule espérance. Mais vous, sénéchal, conservez au roi et à la France une vie précieuse. Prenez mon cheval : il m'a tiré du marécage et des ennemis ; il vous portera en sûreté jusqu'à Beauvais. *Il descend de cheval.*

LE SÉNÉCHAL *lui prenant la main*. Vaillant jeune homme, un vieillard comme moi ne peut plus être utile au roi ; conservez-lui un brave chevalier qui manquait d'expérience, mais qui vient aujourd'hui d'acquérir une expérience de cinquante années.

FLORIMONT. Je ne veux pas survivre à ma honte. Montez vite, sénéchal ; plus tard il ne sera plus temps.

LE SÉNÉCHAL. Non, mon cher Florimont, vous avez assez d'années à vivre pour venger cette défaite... mais moi, je ne trouverai peut-être pas une autre occasion de mourir sur un champ de bataille.

FLORIMONT. Je resterai, de par Dieu ! montez, mon père, et portez cette écharpe à Matheline de Harpedanne...

LE SÉNÉCHAL. J'ai juré de défendre la bannière du roi ; je resterai auprès d'elle tant que j'aurai un souffle de vie.

FLORIMONT. Eh bien ! nous mourrons ensemble.
*Il tue son cheval.*

LE SÉNÉCHAL. Que faites-vous ?

FLORIMONT. Au moins il ne sera pas monté par un vil paysan. —Mon père, embrassez-moi, et pardonnez-moi ma folle présomption.

LE SÉNÉCHAL *l'embrassant*. Malheureux jeune homme, tu prives la France d'un preux chevalier !

FLORIMONT *à ses hommes d'armes*. Roulez ma bannière ; elle n'est pas digne de flotter auprès de celle du sénéchal. — Mes amis, voilà celle qu'il faut défendre. Montjoie Saint-Denis ! Beaudouin au sénéchal !

LE SÉNÉCHAL *faisant le signe de la croix*. Serrez-vous, ils approchent.

*Entrent Brown, Siward, le Loup-Garou, aventuriers et paysans.*

BROWN. Laissez-nous faire, beaux sires ; n'allez pas vous faire embrocher par leurs lances. A moi, Loup-Garou ! Voici un beau but pour nos flèches. Voyons qui de nous deux saura le mieux percer une cuirasse de Milan.

LE LOUP-GAROU. Voyons, brave Anglais. A ce heaume doré !

*Combat ; la troupe du sénéchal est défaite après une longue résistance.*

LE SÉNÉCHAL blessé à mort. Mon Dieu ! pardonnez-moi mes péchés !

FLORIMONT. Eh quoi ! personne n'ose s'approcher de moi ! je ne puis donc mourir ! (Il est frappé de deux coups de flèche.) Ah ! si du moins c'était la lance d'un chevalier !... Jésus !

Il meurt.

BROWN. C'est ma flèche.

LE LOUP-GAROU. Par le diable ! c'est la mienne.

BROWN. Quand j'ai tiré, il est tombé.

LE LOUP-GAROU. Je le visais à l'oreille, là où le heaume est moins épais.

BROWN. Moi au cœur.

LE LOUP-GAROU. Ma foi, il en a une dans l'oreille et une dans le cœur. Mes compliments, camarade.

BROWN. Je te fais les miens.

OLIVIER à Siward. A merci ! chevalier, à merci !

SIWARD. Êtes-vous noble ? êtes-vous riche ?

OLIVIER. Oui, capitaine, je puis vous donner une bonne rançon.

SIWARD. Défaites votre gantelet [39], vous êtes mon prisonnier.

LE LOUP-GAROU. Un prisonnier ! un gentilhomme prisonnier ! Par Notre-Dame ! je ne le souffrirai pas. A mort ! de par saint Alipantin ! Il tue Olivier.

SIWARD. Comment ! tu oses tuer mon prisonnier !

LE LOUP-GAROU. Nous ne nous battons pas seulement pour gagner de l'argent, mais pour détruire la race des nobles ; entendez-vous, capitaine ?

SIWARD. Je ne sais qui me retient...

SIMON entrant à Siward. Capitaine, le père Jean m'envoie vous chercher. L'ennemi se défend encore au milieu de ses chariots de bagages. On dit qu'il y a un beau butin à faire.

BROWN. En avant ! de par la moustache de Judas !

SIWARD. En avant, camarades !

LE LOUP-GAROU. A moi les loups ! Tous sortent.

## SCÈNE XXII.

**Bivouac des insurgés sur le champ de bataille.**

BROWN, LE LOUP-GAROU assis à boire.

BROWN. Je te l'ai dit, mon garçon : nous ne pouvons plus nous quereller maintenant. Nous avons bu dans le même hanap. Tu m'as donné ton arc, je t'ai donné le mien. Je ne l'aurais jamais donné à un autre, m'eût-on offert autant de nobles à la rose qu'il a lancé de flèches. Avec tout cela, mon brave Loup, je suis fâché contre toi. Non, tu as beau dire, tu ne devais pas tuer ce seigneur, quand le capitaine l'avait fiancé prisonnier.

LE LOUP-GAROU. Le diable m'emporte, camarade, si je me laisserais dire la moitié de cela par un autre que toi! — Vous autres Anglais, vous faites de la guerre un commerce.

BROWN. Eh bien! ventre de bœuf! n'avons-nous pas raison?

LE LOUP-GAROU. Oui; moi aussi j'aime à gagner de l'argent avec mon arc et mon sabre. — Mais je déteste tellement les nobles, que pour le plaisir d'en assommer un je renoncerais, je crois, au profit de cette guerre.

BROWN. Chacun son goût. Permis à toi de suivre le tien. Mais, tête bleu! laisse les autres faire comme ils l'entendent. Le capitaine est d'une fureur de diable. Il dit que tu lui as fait perdre plus de trois mille francs.

LE LOUP-GAROU. Que veux-tu que j'y fasse? Je me suis donné du plaisir pour plus de dix mille francs. Bah! ceux qui sont morts, sont morts. Vois-tu cette masse? j'ai fait au manche trente-trois coches. Sais-tu ce que cela veut dire?

BROWN. Non.

LE LOUP-GAROU. Cela veut dire que j'ai tué pour ma part trente-trois nobles ou varlets de nobles; et j'ai juré de ne pas coucher dans un lit que je n'en sois arrivé au demi-cent. J'espère bien que mon vieil ennemi d'Apremont me fera faire une belle coche de plus.

BROWN. Courage, mon luron! mais ne tue pas les prisonniers des autres. Promets-moi, cher enfant, que cela ne t'arrivera plus.

LE LOUP-GAROU. A la bonne heure! je suis ton ami. C'est à toi que je le promets, et non à ton capitaine, dont je me soucie comme d'une flèche cassée.

BROWN. Ah! voilà un brave homme! Tu es la perle des Français. Moi aussi je suis ton ami, le diable m'étrangle! Tiens, Loup-Garou, nous pourrons bien un jour nous trouver sous deux bannières ennemies; mais, par saint George! si je bandais mon arc contre toi!... Eh bien! je manquerais mon coup... La peste m'étouffe!

LE LOUP-GAROU. Embrasse-moi, compère. Tiens, buvons un coup à notre amitié.

BROWN. Je le veux, et je boirai à toi une pinte entière.

LE LOUP-GAROU. Donne-moi le hanap, que je te fasse raison. Nous sommes comme saint Castor et saint Pollux, les deux meilleurs archers et la meilleure paire d'amis.

BROWN. Saint Castor et saint Pollux, de quel pays étaient-ils?

LE LOUP-GAROU. L'un était Français, et l'autre Anglais.

BROWN. A leur santé!

LE LOUP-GAROU. Ensuite, s'il reste du vin, nous boirons à la ligue des communes et au père Jean.

BROWN. Ton père Jean ne me plaît pas trop.

LE LOUP-GAROU. A cause?

BROWN. Je n'aime pas à voir un frater en robe noire commander à des gens cuirassés.

LE LOUP-GAROU. Aimerais-tu mieux un chevalier tout bardé de fer, et qui fait le brave parce qu'on ne pourrait le piquer même avec une aiguille?

BROWN. Tu sais ce que je pense de ces statues de fer. Mais, ma foi! chacun son métier. Un frocard général ne me plaît pas. Le nôtre ne veut pas qu'on s'écarte pour piller. Il veut empêcher de violer, enfin de faire tout ce qui se fait dans une guerre réglée. Et puis il nous prêche de temps en temps des sermons; je ne les aime pas.

LE LOUP-GAROU. Je le laisse dire, et j'en fais à ma tête.

BROWN. Où compte-t-il nous mener? Veut-il retourner à sa bicoque d'Apremont?

LE LOUP-GAROU. Je l'imagine; le vieux baron tient encore.

brown. Nous ferions bien mieux d'aller fourrager tout droit devant nous. Au moins nous aurions un pays tout neuf à courir.

le loup-garou. Voici le père Jean, il va nous dire ce que tu veux savoir.

f. jean entrant. Franque, il faut que tu te rendes au siége d'Apremont. Thomas me fait dire que Pierre ménage l'ennemi. Il faut en finir, et ne pas laisser un seigneur debout derrière notre armée.

le loup-garou. Ce coquin de Pierre! je m'en suis toujours méfié.

f. jean. Nous autres, nous allons marcher sur Beauvais. On me dit que nous y trouverons des amis qui n'attendent que notre présence, pour chasser la garnison et nous ouvrir leurs portes.

brown. A Beauvais! Morbleu! beau père, vous avez là une bonne idée. Voilà une belle ville à mettre à sac!

le loup-garou. Et par les cornes du diable! je n'y serai pas!

f. jean. Sois tranquille, l'armée te donnera ta part dans le butin. Mais cours au siége d'Apremont, et donne-moi promptement de tes nouvelles. Quand nous aurons pris Beauvais, je t'enverrai, s'il le faut, un millier de bras pour t'aider.

le loup-garou. Bientôt vous entendrez parler de moi. — Adieu, camarade. (Il serre la main de Brown, et sort.)

brown. Adieu; bonne chance! Ils sortent.

## SCÈNE XXIII.

#### Beauvais. — La maison de ville.

### COUPELAUD, MAILLY, LAGUYART, BOURRÉ, ÉCHEVINS ET BOURGEOIS.

coupelaud. La nouvelle est-elle vraie?

mailly. Rien de plus sûr, voisin.

laguyart. Messire Enguerrand de Boussies a traversé la

ville avec le reste de ses gendarmes, tous harassés de fatigue, quelques-uns blessés. Il ne nous laisse qu'une centaine d'arbalétriers.

BOURRÉ. Il est certain que les affaires vont mal pour la noblesse; car messire Enguerrand, lui qui est toujours si hautain et si fier, il avait ce matin la gueule morte, comme dit l'autre. Je l'ai rencontré dans la rue. Du plus loin qu'il me voit, il touche son bonnet et vient à moi. — « Ah! mon « cher Bourré, comment vous en va? — Bien, monseigneur, « pour vous servir. — Et votre femme? vos enfants? — As« sez bien, Dieu merci! — Et le commerce? — Bien douce« ment. Vous savez que les laines renchérissent. — Ah ! « mon cher ami, me dit-il, vous avez sans doute appris que « les Jacques Bonshommes se sont révoltés du côté d'Apre« mont. Des capitaines d'aventures les ont joints. Hier nous « avons escarmouché avec eux, et ils ont envoyé une « troupe nombreuse contre notre ville, que la sainte « Vierge l'ait en garde! — Comment? lui fis-je. — Oui, fit« il, je m'en vais aller vous chercher du secours, mais je « vous laisse mes archers. D'ailleurs, a-t-il ajouté, mon« seigneur le duc compte sur vous. Il connaît ses bons « bourgeois de Beauvais, et n'attend que l'occasion de leur « accorder de nouvelles franchises. » Là-dessus il est monté à cheval, et il est parti avec ses gendarmes, et tout ce qu'il y avait de noble dans la ville.

COUPELAUD. Et ces misérables vilains osent marcher contre nous?

MAILLY. Il a dit qu'ils étaient nombreux?

LAGUYART. Je sais de bonne part que tous les villages sont soulevés. Ils ont avec eux des capitaines anglais et navarrois. On nomme déjà Siward, qui s'est échappé de prison, Perducas, Eustache de Lancignac, le baron Galas, et je ne sais combien d'autres routiers.

BOURRÉ. Quand un ours sort du bois, les loups et les renards l'accompagnent, pour avoir leur part de la curée.

MAILLY. Mais nous perdons ici notre temps. Les rebelles approchent; ils ont laissé quelques hommes devant le château de messire Gilbert. Mais tout le reste, avec les aventuriers et un moine qui les conduit, se dirige sur Beauvais.

LAGUYART. Par la messe! le cas est pressant, et nous n'avons que cent archers.

BOURRÉ. Mais nous pouvons sonner la grosse cloche et armer les métiers.

COUPELAUD. Armer les métiers! doucement! nous n'en sommes pas encore là, Dieu merci! Peste! donner des armes à la populace!

LAGUYART. La canaille ne nous aime pas, et, si jamais elle se sentait les armes à la main, elle voudrait nous faire la loi.

MAILLY. Enfin, il faut bien prendre un parti.

BOURRÉ. Voulez-vous laisser prendre Beauvais par les vilains?

COUPELAUD. Non, certes.

BOURRÉ. Alors armons les métiers pour nous défendre; ou bien donnons de l'argent aux paysans pour qu'ils nous laissent en paix. Ils disent qu'ils n'en veulent qu'aux nobles.

COUPELAUD. La bourgeoisie, quand elle est aussi ancienne que la mienne, par exemple, est comme la noblesse.

MAILLY. Et puis donner de l'argent, toujours de l'argent...

LAGUYART. On a bien de la peine à gagner un florin; faut-il, quand on le tient dans sa pochette, le donner aussitôt à des voleurs?

BOURRÉ. Faites ce que bon vous semblera, mais décidez-vous.

COUPELAUD. Envoyons aux murailles toute la petite bourgeoisie. Elle a tout autant à craindre des vilains que nous-mêmes. Nous, restons ici pour donner des ordres; ou, si vous voulez, montons au clocher, nous verrons si chacun est à son poste.

BOURRÉ. J'ai grand'peur que les bourgeois ne se conduisent pas trop bravement. Les gens de métiers sont meilleurs pour se battre.

COUPELAUD. Il faut dire aux bourgeois que monseigneur le duc leur donnera des franchises, s'ils se comportent en prud'hommes.

BOURRÉ. Oui-dà; mais nous croiront-ils? Le roi, Dieu le bénisse! nous avait promis des priviléges pour avoir défendu la ville contre l'Anglais, et nous sommes encore à les attendre, ces priviléges.

COUPELAUD. Bah, bah ! le danger n'est peut-être pas aussi pressant qu'on se l'imagine. Nos murailles sont hautes, il y a de l'eau dans les fossés. *Entre un bourgeois.*

MAILLY. Qu'est-ce ? qu'y a-t-il, maître Mauclerc ?

LE BOURGEOIS. Messire, voilà qu'une grande poussière s'élève du côté de la porte Saint-Jean. Une trentaine de coureurs se sont déjà montrés à un trait d'arc des barrières.

BOURRÉ. Et nos arbalétriers, que font-ils ?

LE BOURGEOIS. Ils sont aux murailles avec quelques bourgeois, mais ils menacent de les quitter, si l'on ne vient à leur aide. D'un autre côté, les ouvriers et les gens de métiers commencent à jeter des cris, et parlent de se joindre aux vilains.

COUPELAUD. Sainte Vierge ! voilà le pire de tout !

MAILLY. Comment ! les scélérats oseraient se révolter contre ceux qui leur donnent du pain !

LAGUYART. Mes ouvriers n'ont pas été payés depuis dix jours ; je crains qu'ils ne fassent quelque sottise.

LE CONCIERGE DE LA MAISON DE VILLE *entrant*. Voici des gens de métiers qui heurtent à la porte et demandent à parler au conseil.

COUPELAUD. A la bonne heure. Ils viennent sans doute nous offrir leurs bras. Il faut donner des armes à ces braves gens. Qu'on les fasse entrer. *Entrent plusieurs ouvriers.*

BOURRÉ. Eh bien ! mes amis, mes enfants, vous venez pour combattre nos ennemis. Vous venez nous offrir vos services ?

UN OUVRIER. Oui, maître ; mais je voudrais bien vous dire un petit mot, sauf l'honneur de toute la compagnie.

MAILLY. Parle, mon compère ; n'aie pas peur, mon ami.

COUPELAUD. Qu'on donne un verre de vin à ce brave homme.

LAGUYART. Comment se porte ta femme ?

L'OUVRIER. Elle est en couche de son septième.

COUPELAUD. Voilà un brave homme qui donne sept enfants au roi. Combien de garçons, mon camarade ?

L'OUVRIER. Cinq, à votre service, notre maître.

COUPELAUD. Tu venais nous demander des armes, n'est-ce pas ?

L'OUVRIER prenant un verre qu'on lui apporte. Je bois à toute l'honorable compagnie.

BOURRÉ. Merci, mon ami. — Au fait.

L'OUVRIER. Notre maître, les cardeurs de laine, sauf votre respect et celui de la compagnie, m'ont envoyé vous demander... Je n'ose vous dire quoi.

COUPELAUD. Parle, mon enfant.

L'OUVRIER. Dame! maître, c'est que les cardeurs de laine, révérence parler, ne gagnent que trente deniers par jour, ce qui est bien peu quand on a, comme moi, femme et enfants, Dieu soit avec nous! Et... nous vous demandons... nous vous prions de vouloir bien nous en donner soixante au lieu de trente.

COUPELAUD. Soixante deniers, coquin! soixante deniers au lieu de trente!

MAILLY. Et tu as l'impudence de nous proposer cela en face!

LAGUYART. Un bâton! un bâton!

BOURRÉ bas. Doucement, beaux sires, l'ennemi est aux portes. (A l'ouvrier.) Tu demandes soixante deniers, dis-tu?

L'OUVRIER. Ce n'est pas moi tout seul, maître, ce sont tous les cardeurs de laine, sauf votre bon plaisir.

COUPELAUD. Ah! scélérat! je vais te faire mettre en prison.

MAILLY. Il faut le faire pendre pour l'exemple.

BOURRÉ. Eh! messieurs, ne nous amusons pas à ferrer des cigales. (A l'ouvrier.) Mon brave homme, retire-toi pour un instant, nous allons te rendre réponse tout à l'heure.

L'ouvrier sort.

COUPELAUD. Soixante deniers! soixante pannerées de diables les prennent au corps!

BOURRÉ. Mais, voisin... Ah! que nous veut le garde du beffroi?

LE GARDE DU BEFFROI entrant. Messires, les paysans appellent à grands cris les ouvriers à la révolte. Les aventuriers ont mis pied à terre, retaillé leurs lances, et ils vont donner l'assaut. Tous crient : A sac! à sac!

BOURRÉ. Vite, donnons-leur ce qu'ils demandent.

COUPELAUD. Hélas! soixante deniers; mais nous serons tous ruinés!

BOURRÉ. Aimez-vous mieux être pillés?

LAGUYART. Soixante deniers ! il faut bien en passer par là.

MAILLY. Ils nous revaudront cela dans un autre temps. Faites rentrer ce coquin. *L'ouvrier rentre.*

BOURRÉ. Mon camarade, vous aurez soixante deniers à l'avenir, mais courez vite aux murailles.

L'OUVRIER. Maître, soixante deniers, c'est bien peu. Les cardeurs de laine en voudraient quatre-vingts, s'il vous plaisait les leur donner.

COUPELAUD. Ah! traître, tu n'en demandais tout à l'heure que soixante.

L'OUVRIER. C'est que je me serai trompé, notre maître.

BOURRÉ. Aux murailles ! aux murailles ! nous parlerons de nos comptes une autre fois.

LAGUYART. Entendez-vous ces cris ?

CRIS derrière la scène. Vivent les métiers ! à bas les bourgeois ! Aux bâtons !

COUPELAUD. Hélas ! ils se révoltent !

BOURRÉ. Oui, vous aurez quatre-vingts deniers.

OUVRIERS entrant en tumulte. Douze sous par jour ! du vin au lieu de bierre ! du travail toute la semaine !

COUPELAUD. Que dites-vous, coquins ?

BOURRÉ. Nous sommes perdus! je cours chez moi pour tâcher de sauver quelque chose. *Il sort.*

OUVRIERS. Douze sous ; ou pillage, pillage !

COUPELAUD. Vous serez tous pendus, misérables !

LE CHEF DES ARBALÉTRIERS entrant. Messires, nous ne pouvons plus longtemps défendre seuls la muraille. Les métiers nous assomment à coups de pierres, et déjà ils jettent des cordes et des échelles aux vilains.

COUPELAUD. Hélas ! que faire ? Ah ! Notre-Dame de Beauvais, je vous promets un chandelier d'argent haut comme moi... si...

OUVRIERS. Vingt sous par jour, ou nous mettons tout au pillage.

COUPELAUD, MAILLY, LAGUYART. Mes enfants, mes enfants ! mes bons amis !

OUVRIERS. A sac, à sac !

COUPELAUD. Mes chers enfants, écoutez-moi !

OUVRIERS. A sac, à sac ! à bas les riches ! à bas les bourgeois !

CRIS derrière la scène. Ils sont entrés ! A sac ! à sac les bourgeois !

COUPELAUD, MAILLY, LAGUYART. Miséricorde ! on nous pille ! sauvons-nous !
Ils sortent.

PAYSANS et AVENTURIERS derrière la scène. Leufroy ! ville gagnée ! A mort, à sac les bourgeois !

OUVRIERS. A sac les bourgeois ! vivent les métiers !
Ils sortent.

## SCÈNE XXIV.

**Une salle du château d'Apremont.**

D'APREMONT blessé et s'appuyant sur son bâton, ISABELLE.

ISABELLE. Mon père, rentrez, croyez-moi, vous êtes encore trop faible pour sortir.

D'APREMONT. Ma blessure n'est rien. Il y a trop longtemps que je suis dans mon lit. Je veux revoir un peu ces ribauds.

ISABELLE. Mais vous marchez à peine, vous ne pouvez pas encore mettre une cuirasse, et leurs archers sont toujours aux aguets.

D'APREMONT. N'importe ! je ne veux pas mourir dans mon lit comme un moine. Mon père est mort à Crécy ; mes aïeux sont tous morts sur un champ de bataille... et je mourrais au lit, le dernier de ma maison !... Mon fils !... mon pauvre fils !... je ne croyais pas qu'il dût me précéder !

ISABELLE. Du courage, mon père. Tout n'est pas encore perdu. On dit que le château peut tenir longtemps.

D'APREMONT. Le château de Geoffroy d'Apremont, faute de pain, pris par des paysans ! Le château d'Apremont, qui a vu quatre-vingts pennons déployés contre lui, qui a résisté à deux mille lances.

ISABELLE. Il reste encore un peu de farine... d'ailleurs, nous serons bientôt secourus par nos amis.

D'APREMONT. Secourus !... Les rebelles disent vrai. J'ai reconnu la tête de mon vieil ami le sénéchal et sa bannière. Les aventuriers ont défait la noblesse du Beauvoisis, car des vilains n'auraient jamais pu soutenir leur premier choc. Sainte Vierge! des chevaliers, car ce Siward est un chevalier, se joindre à des vilains pour égorger des gentilshommes!

ISABELLE. Quand même leur victoire serait certaine, ils n'ont pas encore pris Beauvais; et s'ils osent se présenter pour en faire le siége, ils donneront le temps à monseigneur le dauphin d'envoyer ses gendarmes pour les exterminer.

D'APREMONT. Monseigneur le dauphin a bien à faire pour rendre la paix à son royaume; et si la ruine de mon château pouvait sauver la France, j'y consentirais volontiers... Mais, hélas!... Mort de ma vie! je parle comme une femme au lieu d'aller à mon poste. *Il va pour sortir.*

ISABELLE. Restez, mon père! restez, au nom de Dieu! que voulez-vous voir? Tenez, voici monseigneur de Montreuil qui vient de faire sa ronde. *Entre de Montreuil.*

D'APREMONT *après s'être assis.* Eh bien?

DE MONTREUIL. Cette nuit, cinq autres de nos hommes d'armes sont descendus dans le fossé le long d'une corde et se sont rendus aux rebelles.

D'APREMONT. Ils m'abandonnent tous.

ISABELLE. Réjouissons-nous, nous aurons cinq bouches de moins à nourrir.

DE MONTREUIL. Il n'y a pas de quoi se réjouir. Les vilains connaîtront par eux notre position.

D'APREMONT. Rien sur la route de Beauvais?

DE MONTREUIL. Rien.

D'APREMONT. Les vilains ont-ils fait quelque nouveau mouvement, nous minent-ils?

DE MONTREUIL. J'espère que non.

D'APREMONT. Ils attendent que la famine nous livre sans défense entre leurs mains.

DE MONTREUIL *après un silence.* Peut-être pourrions-nous obtenir une capitulation.

D'APREMONT *avec feu.* Une capitulation! qu'oses-tu dire? Des chevaliers ayant encore un souffle de vie, ayant encore l'épée au côté, se rendre à des vilains!

DE MONTREUIL. Vous êtes le châtelain, je dois vous obéir.

Si votre intention est de mourir ici, je mourrai avec vous; mais pensez à votre fille.

ISABELLE. Oh! mon père, je saurai mourir s'il le faut, mais pourquoi rejetteriez-vous ce que les plus braves acceptent?

D'APREMONT lui serrant la main. Je connais ton courage, ma bonne Isabelle. — C'est un ange, Montreuil, que je voulais te donner.

DE MONTREUIL après un silence. Que ferons-nous?

D'APREMONT. Y a-t-il quelque chevalier d'aventure à qui nous pourrions rendre nos épées?

DE MONTREUIL. Ils sont tous du côté de Beauvais

D'APREMONT. Et tu veux que Gilbert d'Apremont rende son épée à des vilains?

DE MONTREUIL. Votre fille...

D'APREMONT. Malheureuse enfant! maudit soit le jour où ta mère te mit au monde!

ISABELLE. Il n'y a pas de honte à se rendre après une belle défense.

DE MONTREUIL. La chevalerie le permet.

D'APREMONT. Quels sont les chefs de cette canaille?

DE MONTREUIL. Celui qu'ils appellent le Loup-Garou...

D'APREMONT. Un assassin! un voleur de profession!

DE MONTREUIL. Un Thomas, charpentier de Genêts, et Pierre.

D'APREMONT. Le scélérat! l'infâme renégat! moi, lui rendre mon épée! Moi, lui crier merci!... à mon valet! Voilà ce que tu as le front de me proposer?...

ISABELLE. Peut-être que ce valet, s'il n'est pas un réprouvé, n'aura pas perdu tout respect pour ses maîtres.

D'APREMONT. Le misérable! Jamais il ne touchera mon épée par la poignée. Je mourrai sur la brèche avant cette infamie!

DE MONTREUIL. Votre...

D'APREMONT. Non, tu as beau me montrer ma fille; je la tuerai de ma main s'il le faut, plutôt que de déshonorer ma maison...

ISABELLE. Ah! si vous voulez mourir, tuez-moi la première.

D'APREMONT. Mon Isabelle, toi seule ici tu as le cœur d'un homme.

ISABELLE. Mais serait-ce déshonorer notre maison?...

DE MONTREUIL. Mon redouté seigneur le duc de Berry s'est rendu à un simple archer anglais, à la malheureuse bataille de Poitiers.

D'APREMONT. Cela est vrai... Oh! mon Dieu, que tu sais bien humilier notre orgueil!

DE MONTREUIL. Un chrétien sait recevoir la mort avec courage, mais il ne la cherche pas.

D'APREMONT. Un chrétien... Tes discours sont d'un moine, non d'un chevalier. Ni ton père ni le mien n'auraient ainsi parlé, tout pieux qu'ils étaient.

ISABELLE. Écoutez-le, mon père, il vous dit la vérité.

D'APREMONT après un silence. Faudra-t-il que j'aille moi-même élever le drapeau blanc?

DE MONTREUIL. Je vous épargnerai cette peine.

ISABELLE. Voici une écharpe blanche, elle peut vous servir. *De Montreuil prend l'écharpe et sort.*

D'APREMONT. Il me semble voir Geoffroy d'Apremont sortir de son tombeau pour me maudire et m'appeler lâche!

ISABELLE. Geoffroy d'Apremont serait un lâche lui-même, s'il vous donnait ce nom!

D'APREMONT. Ne blasphème pas! respecte la mémoire de mon père. Je l'ai vu tout sanglant, son casque fendu par la hache d'un gendarme, refuser son épée à un chevalier banneret,... et moi!... *On entend de grands cris.*

ISABELLE. Entendez-vous ces cris de joie? ils acceptent la capitulation.

D'APREMONT. Tu te trompes. J'entends leur cri de guerre : ils ne donnent point de quartier! (Il se lève.)

ISABELLE. Messire de Montreuil!...

DE MONTREUIL rentrant. Les scélérats! les assassins! tirer sur un drapeau de paix!

D'APREMONT. Je l'avais prévu.

DE MONTREUIL. Toute la troupe du Loup-Garou a répondu à mon cor par une grêle de flèches. C'est un miracle qu'ils ne m'aient pas tué.

D'APREMONT. Il faut mourir.

DE MONTREUIL. Les misérables !

D'APREMONT. Et mourir après une lâcheté ! Nous la rachèterons par notre mort, Montreuil.

DE MONTREUIL. Je ferai de mon mieux pour mourir en chevalier ; mais vous,... blessé comme vous l'êtes...

D'APREMONT. Les gendarmes me porteront sur un brancard de piques. Ce sera mon lit de mort... celui-là convient au fils de Geoffroy.

DE MONTREUIL. Mais...

D'APREMONT. Attendrons-nous que la faim nous ait livrés sans force à ces vautours ? Non, Montreuil ; nos provisions suffisent encore pour un repas. Demain, à l'aube, nous sortirons. Mes soldats me porteront sur leurs épaules, ma bannière marchera devant moi, et j'espère qu'avant que les traîtres aient égorgé leur seigneur, ma bonne épée de Bordeaux aura rendu encore quelque service à son maître.

ISABELLE. Et moi, que deviendrai-je ?

D'APREMONT. Isabelle, ton père ne te laissera pas déshonorer. *Il sort.*

ISABELLE. Il le faut! Je ne pleure pas mon sort..... mais mon pauvre père... blessé... S'il tombait vivant entre leurs mains ! Ah ! je vois encore la tête de mon frère qu'ils portaient au bout d'une lance.

DE MONTREUIL. Monseigneur Gilbert m'a toujours aimé : j'allais être son gendre... Je saurai faire pour lui ce qu'il ferait pour moi, si j'étais blessé.

ISABELLE. Et que feriez-vous?

DE MONTREUIL, touchant sa dague. Je...

ISABELLE. Quoi !... vous ! vous l'oseriez ! vous, Montreuil!

DE MONTREUIL. C'est le dernier service qu'un soldat puisse rendre à son ami [60].

ISABELLE, après un silence. Écoutez-moi. La sainte Vierge m'a inspirée. Il est peut-être un moyen de sauver mon père, de sauver les braves gens qui défendent le château. Quelqu'un doit se dévouer ; il se dévouera. Une fille doit se dévouer pour son père.

DE MONTREUIL. Que dites-vous?

ISABELLE. Nous étions fiancés ; j'avais reçu de vous cet anneau...

DE MONTREUIL. Hélas!

ISABELLE. Reprenez-le, si vous aimez mon père, si vous m'aimez.

DE MONTREUIL. Pourquoi le reprendre? quel est votre dessein?

ISABELLE. Renoncez à moi, je vous en conjure à genoux!

DE MONTREUIL. Levez-vous, belle cousine, que faites-vous?

ISABELLE. Je suis perdue pour vous. — Nous allons tous périr. — Ne pouvez-vous donc reprendre cet anneau?

DE MONTREUIL. Je devine que vous voulez faire un vœu, et je le reprends. D'ailleurs, je l'avoue, de mon côté j'ai fait vœu d'entrer en religion si j'échappais aux périls qui nous menacent.

ISABELLE. Je suis contente. Voici votre anneau; allez réciter les prières des agonisants pendant que je me préparerai dans mon oratoire.

DE MONTREUIL. Mais...

ISABELLE. De grâce, allez, Montreuil, donnez-moi votre main. Nous sommes amis, n'est-ce pas?

DE MONTREUIL. Pour toujours.

ISABELLE. Oui, pour toujours. — Adieu. *Elle sort.*

DE MONTREUIL. Que veut-elle faire? La sainte Vierge lui soit en aide! *Il sort.*

## SCÈNE XXV.

**Le logement de Pierre devant le château assiégé.**

### PIERRE, LE LOUP-GAROU.

PIERRE. C'est une honte! Jamais Sarrasins firent-ils rien de pareil? Un drapeau blanc et celui qui le porte doivent être aussi respectés que le saint sacrement et le prêtre qui le présente au peuple.

LE LOUP-GAROU. Je me moque de vos usages et de vos lois, messieurs les soldats. Mais ne pensez pas commander ici à vos mercenaires disciplinés; nous nous sommes armés pour recouvrer nos franchises, et nous faisons une guerre à mort.

PIERRE. Crois-tu pouvoir commander seul ici, et refuser une capitulation, parce que cela te plaît?

LE LOUP-GAROU. Et crois-tu avoir le droit de nous la faire accepter, parce que tu es assez lâche pour craindre encore ceux qui furent tes maîtres? Que fais-tu ici? pourquoi n'es-tu pas devant Beauvais? Le père Jean t'a rappelé.

PIERRE. Ce n'est pas à toi que je dois rendre compte de ma conduite, brigand; le conseil fera justice de toi et de tes soldats. C'est à lui que je porterai mes plaintes.

LE LOUP-GAROU. C'est là que je t'attends. On jugera entre nous deux.

PIERRE. Jusque-là je suis seul maître dans ce quartier, Laisse-moi.

LE LOUP-GAROU. Je te laisse, mais songe que je surveille tes mouvements.

UN CAVALIER entrant. Capitaines, le révérend père Jean et les nobles chefs de la ligue vous font savoir qu'ils ont pris la ville de Beauvais; et qu'après l'avoir mise à sac pendant trois jours, ils s'en reviennent avec des engins et des canons pour réduire ce château.

PIERRE. La ville a donc été prise d'assaut?

LE CAVALIER. Non, les bonnes gens nous ont ouvert les portes. Il faisait beau voir fuir les bourgeois, crier les femmes, brûler les maisons! Ah! nous avons fait un joli butin en argent et en meubles, sans compter plus de cent gros bourgeois que l'on garde pour en tirer rançon.

PIERRE, à part. Dans quel abîme me suis-je précipité!

LE LOUP-GAROU. Nos gens seront-ils bientôt ici?

LE CAVALIER. La cavalerie me suit de près; le capitaine Siward mène l'avant-garde: vous connaissez sa diligence.

LE LOUP-GAROU. Voilà qui avancera nos affaires. Adieu, valet d'Apremont; j'aurai un compte à régler avec toi, un de ces jours. (Il sort avec le cavalier.)

UN PAYSAN entrant. Capitaine, la grosse Marion vient de sauter par une fenêtre pour se rendre à nous. Voulez-vous l'interroger?

PIERRE. Qu'elle vienne.

MARION entrant. Comme te voilà!.. comme vous voilà bien

vêtu, messire Pierre! Qui vous aurait jamais reconnu avec cette belle robe de satin?

PIERRE. Tu t'es sauvée du château...

MARION. Oui, il n'y a plus de vivres. (Elle lui fait un signe.)

PIERRE au paysan. Retire-toi. — Plus de vivres, dis-tu? — Pourquoi donc ne faisiez-vous pas une sortie pour vous emparer de ces bœufs qu'on faisait paître au bord du fossé?

MARION. La garnison était trop faible, et nous pensions que vous nous tendiez un piége. Mais lisez cette lettre.

PIERRE. Cette lettre... à moi... et de madame Isabelle!

MARION. Pauvre dame! elle a bien pleuré en l'écrivant.

PIERRE. Je n'en puis croire mes yeux!

MARION. Lisez, vous serez bien plus étonné.

PIERRE après avoir lu. Tu mens, Marion; ta maîtresse n'a pu écrire cela! (Il relit la lettre.) « Maître Pierre, si vous vou-
« lez faire sortir mon père, messire de Montreuil et la gar-
« nison du château, et les faire parvenir en lieu de sûreté,
« je me mettrai à votre merci, je consentirai à devenir
« votre femme. — Si vous acceptez cette proposition, en-
« gagez votre foi sur les saints Évangiles, que porte la per-
« sonne qui vous rendra cette lettre. »

MARION. Hélas! malheureuse damoiselle!... son père est blessé, et elle veut lui sauver la vie...

PIERRE. Infortunée!

MARION. Voici un Évangile; prêtez le serment qu'elle exige.

PIERRE. Non, je ne suis pas encore assez cruel pour accepter son offre.

MARION. Quoi! vous ne voulez pas!

PIERRE. Je la sauverai, ou je perdrai la vie... Je ne lui demande qu'une grâce! que je puisse être encore son écuyer!... Hélas! je ne puis, je ne dois pas le demander!

MARION. Demandez de l'argent, tout ce qu'il vous plaira; mais vous avez promis de la sauver.

PIERRE. Je veux mourir pour elle. Écoute. Notre armée est en marche : elle revient de Beauvais. Demain je ne pourrai rien entreprendre. Il faut que, cette nuit même, vous quittiez le château.

MARION. Cette nuit? où irons-nous?

PIERRE. A Senlis. Sur cette route vous êtes moins exposés à rencontrer nos partis. J'écarterai les sentinelles... Et quant au Loup-Garou... j'irai l'attaquer, s'il le faut... J'y périrai... n'importe!... Retourne à ta maîtresse, et dis-lui...

MARION. Comment pourrai-je rentrer sans être vue? Écrivez ce que vous avez à dire, et lancez la lettre avec une flèche, à la quatrième meurtrière de la tour carrée.

PIERRE. Puissent tous les saints les guider dans leur marche! — Je vais écrire la lettre. Viens avec moi.

MARION. Heureusement que la lune se lève tard aujourd'hui. *(Ils sortent.)*

## SCÈNE XXVI.

*Un chemin au milieu des bois, à quelque distance du château. Il est nuit.*

G. D'APREMONT porté en litière, ISABELLE, DE MONTREUIL, HOMMES D'ARMES, blessés, UN PAYSAN servant de guide.

LE PAYSAN. Maître Pierre ne peut encore nous joindre. Il est auprès du Loup-Garou, et va le mener à l'escalade du château vide. — La nuit est sombre et nous favorise.

DE MONTREUIL. Marchons, marchons, au nom de Dieu! ne l'attendons pas. Nous avons bien fait de quitter nos armures, nous avons une longue traite à faire avant le jour.

D'APREMONT. Mon pauvre château!

ISABELLE. Marchons, marchons!

UN HOMME D'ARMES. J'entends des pas de chevaux et un bruit d'armes devant nous.

LE PAYSAN. Je vais voir qui ce peut être, attendez-moi.

DE MONTREUIL. Tu ne nous quitteras pas, coquin; et si nous sommes découverts, je t'enfonce cette dague dans le corps.

D'APREMONT. Silence, au nom du ciel! Quittons le chemin et enfonçons-nous dans le bois.

DE MONTREUIL *bas*. Le bruit se rapproche. J'entends des voix confuses. *(Ils commencent à entrer dans le bois.)*

UNE VOIX. Qui vive?

D'APREMONT bas. Silence !

LA VOIX. Holà ! de ce côté. En avant, les éclaireurs ! — Qui vive ?

D'APREMONT bas au paysan. Réponds le mot des vilains.

LE PAYSAN. Communes ! Leufroy !

LA VOIX. Quel village ?

LE PAYSAN. Genêts !

UNE AUTRE VOIX. Holà ! Thomas ! Thomas de Genêts, parle-moi !

LE PAYSAN. Il n'est pas ici. Qui êtes-vous ?

LA PREMIÈRE VOIX. Qui que vous soyez, halte ! En avant, vous autres.

D'APREMONT. Nous sommes perdus. — Laissez-moi, et sauvez-vous. Montreuil, je te recommande ma fille.

ISABELLE. Je ne vous quitte pas.

DE MONTREUIL. Sauvez-vous, cousine, nous allons le porter sur nos épaules.

D'APREMONT à Isabelle. Fuis, ou bien il faudra que je te tue.

LA PREMIÈRE VOIX. Archers, les voici ; lancez !

D'APREMONT, tirant son épée. Isabelle, approche !... (Au moment de la frapper, il est atteint d'une flèche.) Ah !... Montreuil... tue la pauvre fille ! (Il meurt.)

DE MONTREUIL. Ah ! si nous avions nos armures !...

ISABELLE, à genoux. Tuez-moi, mon cousin.

SIWARD entrant avec Brown et des paysans armés. Leufroy ! à mort ! à mort ! — Eh ! que vas-tu faire, gros porcher !
(Il attaque Montreuil, le tue, et saisit Isabelle.)

ISABELLE. Au nom de Dieu et de sa sainte mère, ayez pitié de moi !

SIWARD. Ne crains rien, mon enfant. Es-tu jolie ?

ISABELLE. A votre armure, je crois que vous êtes un chevalier. Ayez pitié de la fille d'un chevalier.

SIWARD. Parbleu ! c'est ma belle hôtesse. N'ayez aucune peur. Les belles n'ont jamais eu à se plaindre de moi. (Il ôte son casque.)

ISABELLE. Vous, monseigneur de Siward ! je me fie à votre chevalerie.

SIWARD. Ne craignez rien, madame ; j'aurai pour vous plus de courtoisie que vous n'en avez eu pour moi. Vous m'avez donné place dans votre château, je prétends vous donner place dans mon lit. (Il l'embrasse.)

ISABELLE. Au nom de Dieu, Monseigneur!

SIWARD. Ne criez pas, cela est inutile.—Brown, mène nos gens au château. Il y a un noble butin à faire. La chambre verte... c'est là qu'est le trésor. Edmond t'y conduira. Je vois là-bas une cabane... Je reviendrai dans un quart d'heure... — Louis, Derrick, suivez-moi!

BROWN. Toujours le même! Allons, enfants, au château! au pillage! Le capitaine va dire ses patenôtres.

Siward monte à cheval, et ses écuyers placent Isabelle évanouie devant lui. — Brown sort avec les Anglais et les paysans, après avoir dépouillé les morts.

## SCÈNE XXVII.

**Devant une cabane abandonnée au milieu des bois. Il est nuit.**

DERRICK, LOUIS gardant trois chevaux sellés.

LOUIS. J'ai vu, Dieu merci, plus d'une ville mise à sac; jamais cris ne m'ont fait tant de mal à entendre.

DERRICK. C'est que tu es encore bien doux de sel. Satan violerait les onze mille vierges devant moi, que je ne sourcillerais pas.

LOUIS. Vieux blasphémateur! il t'arrivera malencontre pour ton impiété.

DERRICK. Nous verrons.

LOUIS. C'est une jeune dame de noble race.

DERRICK. Eh bien! le capitaine est noble aussi.

LOUIS. C'est bien consolant pour elle.

DERRICK. Sans doute; elle ne déroge pas.

LOUIS. Je n'aurais pas cru le capitaine capable de cette mauvaise action.

DERRICK. Bah! il en a fait bien d'autres. Seulement ses cheveux commencent à grisonner; il n'est plus aussi diable qu'au temps du siége de Rennes.

LOUIS. Que faisait-il donc alors?

SIWARD sortant de la cabane. Mon cheval!

DERRICK. Le voici, capitaine.

SIWARD. Il y a là dedans une femme... que vous emporterez au village. Faites-lui une litière avec des lances et vos manteaux. Ayez soin d'elle, vous m'en répondez sur votre tête.

DERRICK. C'est bon, capitaine. *Ils sortent.*

## SCÈNE XXVIII.

**Une chambre du château d'Apremont.**

### SIWARD, ISABELLE.

ISABELLE. Laissez-moi embrasser vos genoux !

SIWARD. Relevez-vous, de grâce.

ISABELLE. Non, laissez-moi demeurer dans cette posture. Vous m'avez rendue la plus malheureuse des femmes ; il faut que vous m'accordiez une grâce, ou que vous me donniez la mort.

SIWARD. Parlez, madame ; mais, je vous en supplie, asseyez-vous.

ISABELLE. S'il y a quelque chevalerie en vous, sire capitaine, ayez pitié d'une malheureuse damoiselle que vous pouvez arracher au déshonneur. Si vous êtes chrétien, messire Siward, donnez-moi votre main devant un prêtre ; daignez m'épouser !

SIWARD étonné. Vous épouser !

ISABELLE. Pour prix de cette faveur, tous mes biens en Artois, tout ce qui appartenait à mon père, tout ce qu'on pourra recueillir de sa fortune dans des temps moins désastreux, tout cela, je le mets à vos pieds, monseigneur, et je me tiendrai pour heureuse si vous l'acceptez.

SIWARD. Madame !

ISABELLE. Au nom de notre Sauveur, ne me refusez pas.

SIWARD. Vous refuser ! (A part.) Malepeste ! quelque sot ! (Haut.) Fort honoré de votre préférence.

ISABELLE. Vous consentez à me donner votre nom ?

SIWARD. De tout mon cœur, foi de chevalier. Vous savez que j'en ai toujours eu le désir.

ISABELLE. Encore une grâce. Permettez-moi de me retirer

dans un couvent, chez l'abbesse de Saint-Denis, ma parente. Je sens que je ne pourrais vivre auprès du meurtrier... Je ne serais qu'un fardeau pour vous... La vie d'aventure que vous menez...

SIWARD. Madame, il m'en coûtera sans doute de me séparer de vous...

ISABELLE. Ah! monseigneur...

SIWARD. Si vous l'exigez... j'y consens... pour quelque temps encore.

ISABELLE. La dernière prière que je vous ferai... messire de Siward... si... j'avais... un fils, permettez-moi de l'élever, permettez qu'il porte le nom d'Apremont; le fief que je vous apporte en dot, et dont il sera l'héritier après vous, lui en donne le droit.

SIWARD. Le nom de Siward en vaut bien un autre. Mais pourtant, qu'il s'appelle Apremont, je ne m'y oppose pas. Quant à l'élever, apprenez-lui votre clergie, rien de mieux; mais, à seize ans, envoyez-le-moi, je lui apprendrai à porter la lance, et j'en ferai un homme de guerre.

ISABELLE. Je vais à l'instant écrire la donation de mes biens.

SIWARD. Nous parlons d'élever notre fils, et nous ne sommes pas même sûrs... Ah çà!... vous vous retirez au couvent, à la bonne heure... mais l'hiver prochain, quand on ne se battra plus... Suis-je condamné à rester sans femme?... Me comprenez-vous? On ne renonce pas à un si friand morceau... *Il lui prend la main.*

ISABELLE. Siward! vous avez du sang sur votre épée...
*Elle fond en larmes.*

SIWARD. Allons... calmez-vous... Je vous demande pardon de vous parler de ces choses-là. (A part.) Laissons-la pleurer, et nous verrons ensuite.

ISABELLE. Faites venir un prêtre... Il faut qu'il se presse... je suis bien mal.

SIWARD. J'en suis désolé; mais cela ne sera rien. Remettez-vous. — Voulez-vous que je prie le père Jean de bénir notre mariage?

ISABELLE. Non... pas ce prêtre, il me fait horreur.

SIWARD. Eh bien! voulez-vous un brave Irlandais, moine noir et confesseur de ma compagnie?

ISABELLE. S'il a les pouvoirs... faites-le appeler.

SIWARD à un écuyer. Holà, Louis, va chercher le moine, qu'on le décrasse, qu'on lui mette sa belle soutane, et qu'il vienne à la chapelle avec son livre. — Moi, je vais chercher de ce pas mes bons amis Eustache de Lancignac et Perducas d'Acuna : ils nous conduiront à l'autel. — Vous êtes bien pâle, ma chère Isabelle... Ne voulez-vous point prendre quelque chose?

ISABELLE. J'aurai encore assez de force pour descendre à la chapelle.

SIWARD. Derrick, va chercher un verre de vin épicé pour madame. Apporte aussi une feuille de parchemin et une plume. — Je vais chercher mes amis, et je reviens auprès de vous.  *Il sort.*

## SCÈNE XXIX.

#### Une salle au château d'Apremont.

### F. JEAN, PIERRE.

PIERRE. Que la foudre m'écrase si je ne me venge!

F. JEAN. Insensé, où vas-tu?

PIERRE. Il est dans le château. Je vais le chercher et le tuer.

F. JEAN. Pierre, il faut maintenir la concorde entre nous et nos alliés, pour le succès de notre sainte entreprise.

PIERRE. Maudite soit votre sainte entreprise, maudit celui qui m'y entraîna!

F. JEAN. C'est pour une femme que tu t'exposes à voir se fermer la brillante carrière qui s'ouvrait devant toi, c'est pour une femme que tu vas manquer à tes serments!

PIERRE. C'est pour elle que j'ai tiré mon épée. Croyez-vous que je me souciais de vos franchises? Mort de ma vie! je me suis parjuré, j'ai trahi mon maître! Je suis un autre Judas! je serai damné! Et je ne me vengerais pas! *Il sort.*

F. JEAN. Il m'échappe, et les vilains et les aventuriers, qui se détestent déjà, vont s'entre-battre. Il faut l'arrêter de gré ou de force. — Ah! je vois fort à propos le Loup-Garou.  *Il sort.*

## SCÈNE XXX.

*La cour du château d'Apremont. La porte de la chapelle est ouverte.*

SIWARD, PERDUCAS D'ACUNA, EUSTACHE DE LANCIGNAC, AVENTURIERS, PAYSANS, sortant de la chapelle.

SIWARD à ses écuyers. Courez vite, priez le père Jean de venir sur-le-champ. Il saura lui donner quelque baume.

PERDUCAS. Je crains qu'elle n'en ait plus besoin.

SIWARD. En tout cas vous êtes témoins que nous sommes mariés.

PERDUCAS. Cap saint Antonin! je le certifierais devant le pape.

EUSTACHE. C'est après avoir dit oui qu'elle est tombée comme si elle pâmait.

PIERRE derrière la scène. Mariée! mariée à Siward!

VOIX derrière la scène. Arrêtez, arrêtez!

PIERRE entrant l'épée à la main. Le voici! — Traître, tu mourras de ma main!

PERDUCAS. Holà! que nous veut cet ivrogne?

PIERRE jetant son gantelet à la tête de Siward. Défi à toi, lâche! je te le jette au front! Défends-toi ou je te tue.

SIWARD. Que veut dire cet insolent?

PAYSANS. Il est fou! il faut le désarmer!

PIERRE. Retirez-vous; quiconque m'approche est mort!

SIWARD. Est-ce un duel que tu oses me proposer? Toi...

PIERRE. En garde, scélérat!

SIWARD. Tu ne mériterais pas que je te fisse cet honneur. (Il tire son épée.) Place! place! et franc jeu!

*Ils se mettent en garde; entrent F. Jean et le Loup-Garou sa masse d'armes à la main.*

F. JEAN. Bas les armes, enfants, devant une chapelle!...

LE LOUP-GAROU. Ventre de bœuf! deux chefs de la ligue tirer l'épée l'un contre l'autre!

PIERRE à Siward. Quand tous tes pillards seraient avec toi, tu mourras.

TOUS. Séparez-les! bas les armes!

LE LOUP-GAROU. Bas les armes! j'assomme le premier qui lève l'épée.

SIWARD. Laissez-nous, laissez-nous!

LE LOUP-GAROU frappant Pierre. Tiens, je te devais cela.

PIERRE. Ah! *Il tombe.*

SIWARD au Loup-Garou. Par la mort et le sang! pourquoi te mêles-tu de ce qui ne te regarde pas?

LE LOUP-GAROU levant sa masse. Ah! ah! en veux-tu tâter aussi?

BROWN lui retenant le bras. Doucement, compère, en voilà assez de fait.

F. JEAN. Arrêtez, mes enfants! point de querelles entre frères. Baisse ta masse, Franque, et vous, capitaine, remettez l'épée au fourreau.

SIWARD. A-t-on jamais vu s'entremettre ainsi dans un combat, quand on a crié, Franc jeu!

F. JEAN. Que ce débat finisse. — Aussi bien, je vois que l'auteur de la querelle en a porté la peine. — Dieu lui fasse paix!

EUSTACHE regardant le cadavre de Pierre. Par la barbe de Mahom! il lui a enfoncé la cervelle dans le gosier.

LE LOUP-GAROU. Je ne donne jamais qu'un coup.

PERDUCAS maniant la masse du Loup-Garou. Corps du Christ! compagnon, vous avez là un bel outil!

SIWARD. Révérend père, il y a là dedans une dame malade qui a besoin de vos secours.

F. JEAN. Isabelle d'Apremont!

SIWARD. Elle-même! à présent Isabelle Siward!

F. JEAN. O ciel! *Il entre dans la chapelle.*

## SCÈNE XXXI.

*Le camp des révoltés auprès du château d'Apremont. On entend sonner les trompettes, on voit des chariots chargés de bagages et tous les préparatifs d'un départ.*

### LE LOUP-GAROU, BROWN.

BROWN. Enfin je l'entends, ce boute-selle si désiré! Je croyais que nous resterions ici jusqu'au jour du jugement.

LE LOUP-GAROU. Oui, j'entends bien les trompettes de vos aventuriers et le cor de mon lieutenant, mais le diable sait si cela fera bouger les vilains.

BROWN. La robe noire a fait lever la grande bannière. Nous allons à Meaux.

LE LOUP-GAROU. Nous devrions y être déjà; mais ces lourdauds de paysans veulent rester dans leur pays. Morand, Simon, Renaud, ne parlent que de retourner à leur charrue.

BROWN. Pauvre espèce! toute l'ambition d'un vilain est d'avoir un bel attelage de bœufs et un beau fumier. Par le sourcil de Notre-Dame! ils mériteraient qu'on les étouffât dans leur fumier.

LE LOUP-GAROU. Quant à moi, j'ai bientôt oublié charrue, forge, et tout, une fois que j'ai goûté de la vie d'homme d'armes.

BROWN. Renaud, dis-tu, veut aussi retourner à son fumier?

LE LOUP-GAROU. Il me l'a dit lui-même. Je l'avais cru d'abord un luron, à cause de son affaire avec le sénéchal; mais il n'a du courage que par accès, et comme un autre a la fièvre.

BROWN. Le voici qui vient de ce côté avec Barthélemy.

LE LOUP-GAROU. Il faut les faire boire pour leur remettre le cœur au ventre. Holà! hé! Renaud! Renaud!

BROWN montrant une bouteille. Venez ici tous deux; venez boire avec nous le coup de l'étrier.

RENAUD s'approchant. Volontiers, capitaine. Le révérend père Jean veut donc aller à Meaux pour en chasser la noblesse qui s'y est réfugiée?

BARTHÉLEMY. A votre santé, camarades. — Je ne sais si nous serons assez nombreux pour aller jusque-là.

BROWN. Comment?

BARTHÉLEMY. Morand et la moitié des hommes d'Apremont veulent rester chez eux.

BROWN. Les lâches!

LE LOUP-GAROU. Il faut empêcher ces coquins de quitter ainsi l'armée.

RENAUD. Écoute, Franque; ces braves gens se sont battus comme toi, tant qu'ils ont eu des ennemis devant eux. A présent que nul danger ne nous menace, ils veulent revoir leur famille ; et puis il faut bien achever la récolte.

LE LOUP-GAROU. Eh ! qu'ils laissent là leur récolte, par cent pannerées de diables ! Ils auront assez à récolter dans les hôtels de Paris ou de Meaux.

RENAUD. Il faut bien qu'il y ait quelqu'un pour cultiver la terre.

BROWN. Bon ! il faut laisser cela à la canaille.

BARTHÉLEMY. Qu'appelez-vous canaille ?

RENAUD. Et comment ferait-on sans laboureurs ? Vous ne pourriez vivre sans eux, sire archer.

BROWN. Tout homme qui se sent un cœur dans le ventre et un arc au poing, ne doit semer ni blé ni avoine, puisqu'il peut prendre du pain pour lui, de l'avoine pour son cheval dans les coffres de ses ennemis.

RENAUD. Vous m'avez l'air d'avoir pour ennemis tous les gens paisibles.

LE LOUP-GAROU. Renaud, ne dis pas d'injures à mon ami l'Anglais, entends-tu ? — Il faut faire travailler les nobles, leur faire porter le fumier, et leurs femmes scieront le blé et porteront la hotte. Ce sera pour crever de rire, que de les regarder, courbées en deux et se donnant des ampoules à manier la faucille de leurs petites mains blanches.

BARTHÉLEMY. L'idée n'est pas mauvaise, et nous autres, pendant ce temps-là, nous nous gobergerons dans les châteaux.

RENAUD. Si vous continuez comme vous avez commencé, vous risquez bien d'être obligés de travailler vous-mêmes. Il ne restera bientôt plus de nobles dans le Beauvoisis.

LE LOUP-GAROU. Nous verrons, nous verrons. — Est-ce que tu veux nous quitter aussi, Renaud ?

RENAUD. Non, je ne puis, j'ai juré au père Jean de le suivre partout.

BROWN à Barthélemy. Et toi, compère, est-ce à remuer du fumier que tu destines ces bras-là ? On jurerait qu'ils n'ont été faits que pour manier le sabre.

BARTHÉLEMY. Moi, voyez-vous, je resterai encore jusqu'au sac de Paris ; après quoi, ma petite fortune sera faite, ou bien j'aurai les reins cassés.

LE LOUP-GAROU. Voilà ce qui s'appelle parler d'or. Trinquons ensemble, mon brave.   On entend des cris confus.

RENAUD. Oh! oh! d'où vient ce tumulte?

BARTHÉLEMY. Tout le camp est en émeute.

*Entrent F. Jean suivi d'une troupe d'aventuriers, et Morand avec une troupe de paysans.*

F. JEAN. Vous nous suivrez à Meaux, vilains; je vous l'ordonne sous peine d'excommunication.

MORAND. Oh! nous ne craignons pas les excommunications. Vous nous avez dit vous-même de n'en point être effrayés, et que personne n'en mourait.

F. JEAN. Si vous osez me désobéir, si vous ne suivez pas la grande bannière, je saurai vous y contraindre.

MORAND. Mais, mon révérend père, vous nous avez dit dans le temps que nous étions tous libres de faire ce que bon nous semblerait. Pourquoi maintenant, si bon nous semble de rester, ne resterions-nous pas? Et puis nos champs ont besoin de nous.

F. JEAN. Vos femmes les cultiveront.

MORAND. Et si quelque malandrin vient courir le pays, qui défendra nos femmes?

F. JEAN. Nous avons purgé le pays de malandrins. Il n'y a rien à craindre.

MORAND. N'importe. Je ne suis pas un soldat, moi : je suis soûl de la guerre, et je reste chez moi.

F. JEAN. Espèce indocile! misérables vilains! il n'y a donc que les châtiments qui puissent vous toucher? — Le premier qui quittera la bannière sera pendu comme déserteur.

LE LOUP-GAROU. Bien dit.

MORAND. Pendu! Qui êtes-vous donc pour nous faire pendre? quel droit...

RENAUD. Allons, Morand, tais-toi.

F. JEAN. Je suis votre capitaine! Vous m'avez choisi, vous devez m'obéir.

MORAND. Nous vous avons fait notre capitaine; eh bien! maintenant nous vous défaisons.

F. JEAN. Insolent! (Aux aventuriers.) Holà messieurs; aidez-moi à châtier cet audacieux rebelle.

siward. Allons! flamberge au vent!

*Il s'avance avec quelques aventuriers pour arrêter Morand.*

morand, à ceux de son parti. A l'aide! mes amis, soutenez-moi!

simon. à F. Jean. Père Jean, nous vous aimons tous ; mais ne faites pas de mal à Morand, ou nous serions pour lui contre vous.

renaud à F. Jean. Mon père, laissez-le dans son village ; soldat de mauvaise volonté ne peut nous être utile.

f. jean. Non, non ; il faut un exemple aux autres.

siward. Apprenons à ces marauds la discipline militaire ! A Siward ! à Siward !

brown à F. Jean. Voulez-vous que je lui envoie une flèche ? Cela sera bientôt fait.

le loup-garou. Tire, mon brave ; je n'ai jamais aimé ce poltron de Morand.

renaud à Brown qui bande son arc. Arrête, ou tu vas faire tuer la moitié de nos gens par l'épée de leurs frères.

simon. Ne souffrons pas que ces Anglais maltraitent un d'entre nous.

mancel à Morand. Saint Leufroy te le pardonne, Morand! je crains bien que tu ne causes quelque grand malheur.

thomas aux paysans. Gens d'Apremont, si les Anglais vous attaquent, comptez sur nous.

foule de paysans. N'abandonnons point ceux d'Apremont! soutenons l'honneur de la France! A bas les Anglais! Montjoie Saint-Denis! *Tumulte.*

renaud à F. Jean. Mon père, voyez quelle guerre va s'émouvoir. Cédez-leur quelque chose.

mancel à Morand. Les épées sont tirées, et voilà qu'on bande les arcs. Allons, Morand, un peu moins de raideur.

morand effrayé. Je consentirai volontiers à tout ce qui sera raisonnable, mais qu'on empêche ce gros Anglais de me lancer sa flèche.

mancel. Bonnes gens, silence! accommodement!

renaud. Bas les armes! De par saint Leufroy ! point de querelles dans la ligue des communes !

morand. Je ne veux causer la mort de personne. Ainsi

je suis prêt à rester jusqu'à la Saint-Jean, si le révérend père s'en contente.

F. JEAN. Un capitaine traiter avec ses soldats!

SIWARD à F. Jean. C'est ici la tour de Babel; mais nous ne sommes pas les plus forts.

PERDUCAS. Ils sont vingt contre un; ils vont nous assommer, si vous ne consentez à ce qu'ils demandent. Encore si nous étions à cheval!

F. JEAN après un silence. Puisque ces nobles capitaines m'en requièrent, je veux bien lui pardonner. Qu'il serve encore jusqu'à la Saint-Jean; quand même il y aurait alors des ennemis en campagne, il pourra se retirer, ainsi que ses pareils. Il restera toujours assez de braves avec moi. (A part.) Si je puis les tirer une fois de leur pays, je saurai bien les empêcher d'y revenir de sitôt.

RENAUD. La paix! la paix! vive saint Leufroy! A Meaux! Vite, en marche!

TOUS. A Meaux! marchons à Meaux! finissons la guerre!

PERDUCAS à Siward. Vous voyez ce que l'on gagne à servir ces misérables. Ils veulent déjà se débander, sans songer que les seigneurs français ont encore une armée à Paris.

SIWARD. Que voulez-vous? autant vaudrait laver la tête d'un âne qu'obliger un vilain.     Ils sortent.

## SCÈNE XXXII.

**Le camp des insurgés sur la route de Meaux. — Tente du conseil**

F. JEAN, CHEFS DES PAYSANS ET DES AVENTURIERS.

F. JEAN. Vous le voyez, ils viennent pour traiter avec nous. Si chacun s'en était allé à sa maison, ils auraient repris du cœur et nous auraient détruits en détail.

SIMON. Je ne dis pas non; mais voyons un peu ce qu'ils demandent.

F. JEAN. Qu'on les fasse entrer.

    Entrent Jean de Bellisle et maître Yvain Langoyrant.

F. JEAN. Qui êtes-vous, messires, et que venez-vous demander au conseil suprême des communes?

BELLISLE. Très-illustre capitaine, je me nomme Jean de Bellisle, chevalier de l'hôtel du roi. Voici le docte maître messire Yvain Langoyrant, docteur en droit, et nous sommes envoyés par mon redouté seigneur, le duc de Normandie, régent de ce royaume, pour traiter de la paix.

LANGOYRANT. C'est-à-dire, écouter vos plaintes et y faire droit si le cas y échet.

BELLISLE. C'est ce que vous expliqueront ces lettres dont nous sommes porteurs. *Il remet des lettres à F. Jean.*

LANGOYRANT à Bellisle. Messire Jean, c'est moi qui dois parler, comme vous le savez. Mon discours est prêt; laissez-moi faire.

BELLISLE bas. Que Dieu y ait part! mais abrégez, croyez-moi.

LANGOYRANT. Hem! hem! hem!
*Il ôte son bonnet et salue trois fois, puis se couvre, tousse et retrousse ses longues manches.*

F. JEAN. Commencez donc, nous écoutons.

LANGOYRANT. Monsieur et messieurs,
Anaxagoras, en son temps, philosophe et physicien de Denys I$^{er}$, roi de Sicile, interrogé par ledit Denys sur ce qui, à son sentiment, était le plus utile au bonheur d'un royaume, répondit qu'il y avait deux choses nécessaires à la félicité publique, et une troisième qui était indispensable.

MORAND à Renaud. Comprends-tu?

SIMON. Que nous vient-il conter?

LE LOUP-GAROU. Est-ce français qu'il parle?

F. JEAN. Au fait, docteur.

LANGOYRANT. Or çà, monsieur et messieurs, (il se découvre) voulez-vous savoir quelles sont ces trois choses? Au sentiment du philosophe Anaxagoras, c'était *primò*, un bon roi; *secundò*, un terroir fertile; *tertiò*, la paix, *id est*, la bonne intelligence entre le roi et son peuple. Mais peut-être, monsieur et messieurs, (il se découvre) que vous m'arrêterez ici, m'objectant que ce savant philosophe susdit, Anaxagoras, n'était qu'un païen mécréant, en ce qu'il adorait les faux dieux, et qu'il était entièrement, et comme disent les Latins nos maîtres, *toto cœlo, totâ viâ aberrans* en matière de religion, ignare des commandements de notre sainte mère l'Église, et de la doctrine sacrée de notre maître et Sauveur Jésus-Christ. (Il se découvre et se signe ; le F. Jean et tous les assistants l'imitent.) Or çà, monsieur et messieurs, (même geste jusqu'à la fin) quelle réponse ferai-je, croyez-vous, à votre objection ? — Concluante. Et j'argumente ainsi. Hem ! hem ! hem ! — Oui, sans doute, monsieur et messieurs, Anaxagoras était un païen mécréant, et comme tel est damné comme un sarment[61]. Mais ce néanmoins, monsieur et messieurs, sa réponse au roi Denys, par une permission toute divine, était sage, *imò* conforme aux saintes Écritures, et je le prouve. — *Quomodò?* — *Sic.* Quelles choses sont utiles au bien public ? *Primò*, un bon roi. Or, que dit l'Écriture ? « *Dominator hominum, justus dominator in timore Dei, sic-« ut lux auroræ, oriente sole, manè absque nubibus, ruti-« lat, et sicut pluviis germinat herba de terrá...* »

LE LOUP-GAROU. C'est trop fort !

SIMON. Je crois qu'il nous charme avec des paroles magiques.

SIWARD. S'il continue, je m'endors tout à fait.

F. JEAN. L'ennuyeux orateur ! Au fait ! au fait !

LANGOYRANT continue au milieu d'un tumulte toujours croissant *Secundò*, disait Anaxagoras, un terroir fertile. Pour prouver cela, je ne suis guère embarrassé. Dieu ne dit-il pas à Abraham : « *Je bénirai ta lignée et je lui donnerai la terre « de Chanaan.* » Or, *quid* la terre de Chanaan ? sinon un terroir fertile : « *Quæ reverà fluit lacte et melle, ut ex his « fructibus...* »

SIMON. A bas le docteur !

LE LOUP-GAROU. Il nous ensorcelle ; je vais l'assommer.

THOMAS. Mettons-le en chair à pâté, s'il ne se tait.

F. JEAN. Parleur impitoyable, ne sauriez-vous nous dire en peu de mots ce que vous avez à nous proposer ?

LANGOYRANT. Tout beau, monsieur et messieurs, je n'en suis encore qu'à mon exorde.

F. JEAN. Eh bien ! ton exorde et toi, vous pouvez aller à tous les diables ! (à Bellisle.) — Et vous, ne sauriez-vous parler clairement et nous expliquer en deux mots ce que celui-ci ne pourrait dire en vingt mille ?

LANGOYRANT à Bellisle. Partons.

BELLISLE à F. Jean. Très-volontiers ; mais d'abord permettez-moi de vous demander, de la part de monseigneur le duc de Normandie, pourquoi vous avez pris les armes.

F. JEAN. Ne le sait-il pas ? Pourquoi le lion attaque-t-il l'homme? n'est-ce pas parce que l'homme lui fait la guerre? Les vilains de France se sont armés contre les nobles parce que les nobles les traitaient en ennemis.

LANGOYRANT. Laissez-moi lui répondre ; j'ai de quoi le mettre à *quia*.

BELLISLE. Non, maître Yvain, ne dites mot. — Mon père, votre réponse est juste; mais pourquoi n'avez-vous pas eu assez de confiance dans la royale bonté de monseigneur le duc pour lui adresser vos doléances? Il s'est affligé de ne les point connaître, car il ne désire autre chose que de contenter petits et grands. En France, vous le savez, le roi est le roi du peuple.

F. JEAN. Sire chevalier, voyez-vous cette épée? elle nous a fait rendre justice ; elle a mieux plaidé notre cause qu'une plume d'oie. C'est par elle que nous voulons délivrer tous les serfs de France.

PAYSANS. Oui ! oui ! nous les délivrerons tous !

BARTHÉLEMY. Et nous voulons que tous les Français soient nobles.

LE LOUP-GAROU. Excepté les nobles. Chacun à son tour.

BELLISLE. Par la messe, mon révérend père ! vous avez là une belle épée de Bordeaux, et vous semblez savoir vous en servir aussi bien que d'une crosse d'abbé. Mais, ne vous en déplaise, ne pourrait-on entrer en accommodement, ne pourrait-on affranchir tous les serfs du royaume sans qu'il fût besoin qu'une moitié de la France égorgeât l'autre moitié ?

SIMON. En voici un raisonnable à la fin

THOMAS. On l'entend du moins.

RENAUD. Laissez-le parler.

F. JEAN. Je vois où vous voulez en venir, monseigneur. Mais vous ne nous ferez pas déposer les armes avec vos paroles dorées.

BELLISLE. Écoutez-moi, bonnes gens ; mes chers compatriotes, écoutez-moi, et vous jugerez si je veux vous tromper. Monseigneur le duc vous engage à exposer vos griefs librement et avec franchise ; il y fera droit. Tout ce que vous demanderez, il vous l'accordera ; car vous ne demandez rien que de juste, j'en suis certain.

LE LOUP-GAROU. Je veux que le roi me fasse baron, ou sinon...

F. JEAN. Silence, Loup-Garou.

RENAUD. Plus de corvées ! franchise entière !

PAYSANS. Oui, plus de corvées ! Communes ! franchises !

BELLISLE. Si ce sont là vos demandes, elles seront satisfaites sans difficulté, j'en suis certain. Quand de part et d'autre on se parle franchement, on n'a pas de peine à s'entendre. Il vaut mieux s'expliquer en famille que d'en venir d'abord aux coups. Dieu soit loué ! voilà la paix faite. — Êtes-vous de bons Français ? — Oui. — Donc, vous ne voulez pas laisser la France aux Anglais ? — Non. — Et si vous tuez vos gentilshommes, ce sont autant de vos soldats que vous tuez. C'est l'infanterie qui tue ses gendarmes. — Les vilains de France une fois en paix avec la noblesse, qui osera nous attaquer ? — Personne. — Qui a le poignet assez fort pour casser une trousse de vingt-quatre flèches ? — Personne. — Samson ou bien ce grand homme-là (il montre le Loup-Garou) s'y donneraient des ampoules. — Défaites la trousse, un enfant cassera les flèches une à une. — Séparez les vilains de la noblesse, l'Anglais tombera sur les uns, et en aura bon marché, puis sur les autres, et il n'aura pas grand'peine. Unis, les Français n'ont rien à craindre ; désunis, ils sont exposés aux insultes du premier venu.

LE LOUP-GAROU. Celui-là sait parler.

SIMON. Faisons une bonne paix et soyons unis !

THOMAS. Faisons la paix !

PAYSANS. La paix ! la paix !

SIWARD. Déjà ! les lâches ! Oubliez-vous que nous avons encore à chevaucher tout le pays de Meaux qui regorge d'argent ?

F. JEAN. Quelles garanties nous donnerez-vous en preuve que tout ce que vous nous promettez s'exécutera loyalement ?

SIMON. Oui, c'est là le point important.

BELLISLE. Demandez les garanties que vous voudrez... La parole royale... Et puis, vous me faites rire avec vos garanties. N'êtes-vous pas les plus forts? Il y a trois cents vilains contre un gentilhomme. — Faisons une trêve, envoyez des députés au Louvre, et nous arrangerons tout pour le mieux.

F. JEAN. Vous demandez une trêve, c'est-à-dire que vous voulez gagner du temps pour rassembler une armée et nous attaquer à votre avantage.

BELLISLE. On dit vrai, les moines sont méfiants ! — Nous n'avons guère envie de lever la lance une seconde fois. Mais restez en armes, si vous le voulez, pendant la trêve. Seulement ne passez pas l'Oise. Voilà tout ce qu'on vous demande ; est-ce trop ?

SIWARD. Non, non ! point de trêve ! il veut gagner du temps, et nous priver du butin que nous avons à faire.

PERDUCAS. Passons l'Oise ! allons à Meaux, nous deviendrons tous riches.

BELLISLE. Ces messieurs veulent la guerre. Je conçois leurs raisons. Ce ne sont pas leurs châteaux qu'ils pillent; ce ne sont pas leurs blés que leurs chevaux foulent aux pieds. Ils savent que, la paix venue, l'aventurier n'est plus qu'un voleur et que la corde l'attend. Tout gentilshommes qu'ils sont, ils pourront bien y venir.

SIWARD. Coupons les oreilles à ce coquin.

PERDUCAS. Nous appeler voleurs !

F. JEAN aux aventuriers. Arrêtez, messieurs, il a un sauf-induit de moi.

SIMON. Ce qu'il dit est vrai. Le pays est dévasté, et l'orge est renchérie de deux sous par boisseau.

BARTHÉLEMY. Les aventuriers mettent tout à feu et à sang.

MORAND bas. Ils sont plus nos ennemis que les nobles.

LE LOUP-GAROU. C'est vrai qu'après eux il n'y a rien à prendre.

RENAUD. Pourquoi les avoir appelés dans nos affaires?

F. JEAN. Silence, encore une fois ! Français ou Anglais, nous sommes tous frères dans la sainte ligue des communes !

MORAND bas. Oui, comme Abel et Caïn.

SIWARD à part. Ils sont les plus forts, mais ils me revaudront cela.

BELLISLE. Allons, mes amis, décidez-vous ; la paix ou la guerre ?

PAYSANS. La paix ! la paix !

BELLISLE. Eh bien ! en attendant la paix, faisons une trêve de trois mois, pendant laquelle nous réglerons tous nos différends.

PAYSANS. La trêve ! la trêve ! retournons chez nous ! Il faut faire la récolte.

F. JEAN. Je ne consentirai jamais à trois mois de trêve. Sire ambassadeur, vous ne cachez pas assez vos ruses.

BELLISLE. Je suis accommodant. Que la trêve soit d'un mois et rien de plus. Êtes-vous satisfait ?

PAYSANS. Oui, oui ! c'est un galant chevalier, celui-là.

F. JEAN. Je consens... Nous consentons à la trêve, pourvu que l'on remette la ville de Meaux entre nos mains. Ce sera pour nous une garantie de votre bonne foi.

BELLISLE. Eh ! mes bons amis, il n'y a plus à Meaux que de malheureuses femmes à moitié mortes de peur. Qu'avez-vous besoin d'une ville pour sûreté ? Vous aurez des otages tant que vous en demanderez.

SIWARD. Il nous faut avoir Meaux ; c'est plus sûr.

PAYSANS. Eh ! que nous importe Meaux ?

SIMON. Nous sommes déjà bien assez loin de chez nous.

MORAND. De bons otages suffiront.

PAYSANS. La paix ! la trêve !

F. JEAN aux paysans. Vous le voyez, il veut nous tromper. Il nous refuse les garanties que nous lui demandons.

BELLISLE. Je vous l'ai déjà dit, bonnes gens, la comtesse de Meaux est avec ses dames dans la ville. Elle n'a pas un gendarme à sa suite. C'est une bonne et charitable dame, vous le savez tous. Au nom de saint Leufroy, votre patron, laissez-la en paix dans sa ville.

PAYSANS. Qu'on nous donne des otages, et nous seron contents.

F. JEAN. Mais...

PAYSANS. Des otages et la paix ! la paix !

F. JEAN. Or çà, sire chevalier, quels otages nous donnerez-vous pour la sûreté des députés que nous enverrons ?

BELLISLE. Moi d'abord, ce qui vous prouve que je ne cherche point à vous tromper, je tiens à mon cou aussi bien qu'un autre. Maître Langoyrant restera aussi, et, si ce n'est point assez d'un chevalier et d'un docteur, on vous donnera encore deux chevaliers prud'hommes et de renom.

PAYSANS. C'est un loyal chevalier ! la trêve ! la paix !

BELLISLE. Çà, mon père, vous semblez être leur chef ; n'irez-vous point traiter de la paix à Paris ?

F. JEAN. Non, monseigneur : je n'aime pas les voyages, et d'ailleurs votre tête, quand bien même on vous la couperait, n'irait jamais aussi bien sur mes épaules que la mienne.

BELLISLE. Comme il vous plaira. Envoyez qui vous voudrez ; moi, je reste. Ah çà ! vous avez du bon vin ici, je l'espère ?

SIMON. Oui, fort à votre service.

BELLISLE. A la bonne heure. Je vais faire porter mon bagage à votre camp ; et puis qu'on me donne du vin, car j'ai assez parlé pour boire.

PAYSANS. Soyez tranquille, gentil chevalier, vous serez bien traité.

F. JEAN. Et surveillé de près.

BELLISLE. Comme je n'ai nulle envie de vous trahir, je suis sans inquiétude. *Il sort avec Langoyrant.*

SIMON. Va à Paris, Morand, tu as le bec affilé.

MORAND. Vas-y toi-même. Le père Jean n'y va pas ; je reste avec lui.

THOMAS. J'irai, moi, si l'on veut. Qu'ai-je à craindre ?

F. JEAN. Vous l'avez voulu, c'est une chose faite. Il n'y faut plus songer. Maintenant réfléchissez aux demandes que vous voulez faire. Demain nous ferons partir nos députés pour Paris. Au reste, je vous le répète, restons unis : ne nous séparons pas. C'est pendant une trêve et au moment de faire la paix, qu'il faut prendre soin de ses armes.

SIMON. Vous savez que la moitié de nos gens doit s'en retourner dans huit jours pour faire la récolte.

F. JEAN. Et doit revenir sous les drapeaux au bout d'une semaine.

MORAND. On ne l'a pas oublié ; n'ayez pas peur.

F. JEAN. Ce soir, venez tous à mon logement, je vous ferai part des conditions que je veux proposer au duc de Normandie.

Ils sortent tous, excepté Siward, Perducas d'Acuna et Eustache de Lancignac

PERDUCAS. Eh bien, Siward! nous allons rester seuls. Ils font la paix.

SIWARD. Que veux-tu ?

EUSTACHE. Cette paix nous ruine.

SIWARD. Moi, je n'ai pas fait la paix. S'ils s'arrangent, je retourne dans mon fort et je recommence mes courses comme par le passé.

PERDUCAS. Bien dit. D'ailleurs les trêves vont bientôt finir entre l'Angleterre et la France ; et nous aurons de l'occupation, Dieu aidant.

EUSTACHE. Il y aura alors de la gloire à gagner, et de beaux coups de lance à faire.

PERDUCAS. Et des barons français à rançonner.

SIWARD. Et des villages et des villes à mettre à sac.

PERDUCAS. Bah ! le métier n'est pas encore à laisser.

Ils sortent.

## SCÈNE XXXIII.

**La maison dans laquelle est gardé Jean de Bellisle.**

BELLISLE, assis ; SIWARD entrant, une épée sous le bras.

SIWARD avec hauteur. Vous désirez me parler, messire de Bellisle ?

BELLISLE se levant. Oui, messire de Siward, depuis longtemps je désirais cette entrevue ; mais prenez un siége, s'il vous plaît, car j'ai bien des choses à vous dire. Avant tout, je vous dois des excuses pour certaines paroles offensantes, prononcées indiscrètement par moi, contre la noble profession d'aventure que vous honorez.

SIWARD. Si vous n'étiez pas notre otage, monseigneur, j'aurais relevé vos paroles comme elles le méritent.

BELLISLE. Quand je parlais ainsi, mon cœur démentait ma bouche ; mais j'étais chargé de haranguer des vilains, je devais les flatter et me conformer à leur grossier langage. Vous voyez ma franchise. Ces paroles outrageantes sont bien loin de ma pensée. Sainte Vierge! moi mal penser des chevaliers d'aventure, ces glorieux soutiens de la chevalerie errante! Encore une fois pardon, et permettez-moi d'enchaîner ainsi votre colère et votre bras.

*Il lui attache au bras un riche bracelet.*

SIWARD. Saint George! que cela est beau! quel riche travail! quels beaux rubis!... Ah! messire de Bellisle!

*Il lui serre affectueusement la main.*

BELLISLE. Je l'ai gagné dans un tournoi; j'avais juré de ne le donner qu'à une bonne lance, et je vous ai connu pour tel à Niort.

SIWARD. Quoi! vous n'avez pas oublié le tournoi de Niort?

BELLISLE. Si je l'ai oublié! Une fête si galante, tant de belles dames réunies, de si beaux coups de lance! Nous étions tous deux parmi les tenants, et il m'en souvient, vous étiez si ferme sur la selle, que vous fûtes contraint de mettre pied à terre, pour prouver aux spectateurs que vos armes n'étaient pas vissées au harnais de votre cheval[62].

SIWARD. Ce fut là que je perçai le bras du sire de Joigny. On prétendit que je m'étais forfait[63]; mais votre oncle, qui était l'un des maréchaux du tournoi, parla si bien en ma faveur, que je fus absous. Sans lui, je perdais mes armes et mon cheval[64].

BELLISLE. Or çà, vous dînerez avec moi, et nous boirons à nos anciens amis, en devisant de beaux faits d'armes.

SIWARD. De tout mon cœur.

BELLISLE. Et je veux aussi engager votre ami messire Perducas. Quand des chevaliers ne se donnent plus de coups de lance, ce qu'ils ont de mieux à faire c'est de se divertir ensemble.

SIWARD. A propos, la trêve va finir. D'où vient que nous ne recevons pas de nouvelles de nos envoyés?

BELLISLE. Je ne puis vous le dire. Leurs prétentions sont tellement ridicules, que je répondrais d'avance qu'ils n'obtiendront rien. Mais laissons cela, et, puisque vous voulez bien me visiter, parlons de sujets plus intéressants pour nous autres. Depuis que je suis ici, je n'ai pas eu l'occasion d'entretenir un gentilhomme, et je n'ai pour toute société que trois ou quatre manants, les plus ennuyeuses gens du monde.

SIWARD. A vrai dire, la société des vilains n'est pas très-amusante pour des hommes comme nous; et sans les gentilshommes anglais et gascons, je serais déjà mort d'ennui.

BELLISLE. Passe encore si vous étiez bien payés par ces gens-là.

SIWARD. Payés! Croyez-vous donc que notre armée est une armée royale? On partage le butin, et nous avons notre part; voilà tout.

BELLISLE. Ce n'est pas beaucoup; si vous aviez en tête un corps de gendarmes, le butin serait bien peu de chose.

SIWARD. Je le crains.

BELLISLE. Entre nous, la guerre va recommencer. Jamais mon redouté seigneur le duc de Normandie n'accordera à ces vilains les conditions extravagantes qu'ils demandent.

SIWARD. Hum!

BELLISLE. Et alors je vous plains, si votre parti a le dessous, comme je le crois. Le captal de Busch, sous qui vous avez servi, je pense, est revenu d'Allemagne; il rassemble une armée formidable. Les rebelles n'ont que peu de gendarmes à nous opposer. La lutte pourrait-elle être longtemps douteuse? Vous vous trouverez mêlé à une foule de paysans rebelles, avec lesquels, permettez-moi de parler avec la franchise d'un soldat, avec lesquels vous n'auriez pas dû vous associer.

SIWARD. Ils m'ont délivré de ma prison, et je me suis trouvé engagé avec eux avant d'avoir pu réfléchir à ce que je faisais.

BELLISLE. Est-il donc trop tard pour vous désengager?

SIWARD. Je ne sais si je commence à vous entendre... mais parlez-moi avec la franchise d'un soldat, et je vous comprendrai mieux.

BELLISLE. Eh bien! si vous voulez quitter ces vilains révoltés, si vous voulez revenir sous la bannière de votre ancien capitaine, vous pourrez compter sur la reconnaissance de monseigneur le duc.

SIWARD. Voilà de belles paroles; mais ce n'est pas avec

des paroles que l'on fait vivre une compagnie d'aventure.

BELLISLE. Or çà, que diriez-vous, si monseigneur le duc de Normandie prenait votre compagnie à son service, pour tout le temps de cette campagne, avec la paye des gendarmes français, et, de plus, une pension perpétuelle de cent écus pour le capitaine?

SIWARD. Je me déciderais facilement, si j'étais fait banneret. J'ai bien assez d'écuyers à mon service pour être fait banneret [65].

BELLISLE. Je puis vous promettre ma foi de chevalier que vous obtiendrez tout cela. Désirez-vous encore quelque autre chose?

SIWARD. Non, en vérité. Vos procédés sont si nobles qu'on ne saurait y résister. Comptez sur moi.

*Ils se donnent la main.*

BELLISLE. Votre compagnie est, ce me semble, de cinquante lances et de cent archers.

SIWARD. Cent quarante archers. Les archers ne sont pas précisément à moi, bien qu'ils suivent mon pennon ; mais, si le captal de Busch commande votre armée, ils me suivront avec joie.

BELLISLE. Voici d'avance, en beaux florins, la solde d'un mois, et voici cent écus pour vous.

SIWARD *après avoir compté*. Vous êtes en vérité d'une exactitude surprenante.

BELLISLE. Et ne me donnerez-vous pas en retour un mot d'écrit? ne signerez-vous pas votre engagement?

SIWARD. Pour le signer, jamais, car je ne sais pas écrire, mais je ferai la croix et je scellerai de mon sceau, quand il vous plaira.

BELLISLE. A la bonne heure. Dans quelques jours le captal sera à Meaux, et alors vous passerez de son côté.

SIWARD. Oui, foi de loyal chevalier.

BELLISLE. J'aurais quelques idées à vous communiquer à ce sujet, si je pouvais m'entendre avec vos compagnons les capitaines d'aventure. Je ferai tous mes efforts pour les obliger : j'ai à leur service bon nombre de florins et de nobles à la rose.

SIWARD. Je réponds d'eux comme de moi-même.

BELLISLE. Faites que je puisse leur parler. — Quand le temps sera venu de mettre nos projets à exécution, vous me procurerez une échelle de corde pour sortir d'ici, car la prudence me défend de rester avec ces vilains au moment où nos gendarmes marchent à leur rencontre.

SIWARD. Vous aurez une échelle de cordes; des chevaux et des guides, si vous voulez.

BELLISLE. Grand merci, tout ira bien.

SIWARD. Je vais vous amener Perducas et messire de Lancignac; je ne doute pas que vous ne soyez content d'eux.

BELLISLE. Allez donc, et revenez vite.

## SCÈNE XXXIV.

**Le camp des insurgés.**

### SIMON, MORAND, MANCEL.

SIMON. Parlez-moi de celui-là ! il est bien d'une autre pâte que nos défunts seigneurs. Il cause de la moisson et des laboureurs comme s'il avait mené vingt ans la charrue.

MANCEL. Et il a toujours le mot pour rire.

MORAND. Avec tout cela, je ne sais ce que sont devenus nos gens que nous avions envoyés pour la paix. Je crains bien pour le pauvre Thomas surtout.

SIMON. Bah! qu'y a-t-il à craindre? N'avons-nous pas entre nos mains des otages? C'est otages, n'est-ce pas, que dit le père Jean ?

MANCEL. Morand ne pense jamais qu'aux malheurs.

MORAND. C'est le plus sûr ici-bas.

*On entend sonner des trompettes.*

SIMON. On sonne la trompette, il est arrivé quelque chose.

RENAUD *entrant*. Savez-vous la nouvelle ?

SIMON. Quelle?

RENAUD. Les nobles ont remis une armée sur pied. Ils ont plus de dix mille gendarmes; et le captal de Busch, Dieu confonde le païen et son diable de nom !... c'est leur capitaine : il marche sur nous, et demain peut-être nous aurons la bataille.

morand. Jésus ! Marie ! c'est fait de nous.

mancel. Impossible, Renaud !

renaud. Franque a vu leurs coureurs, et vient d'escarmoucher avec eux : à telles enseignes qu'ils nous ont blessé une douzaine d'hommes, entre autres Topineau le jeune qui a la cuisse percée jusqu'à l'os.

morand. Par la passion de Notre-Seigneur ! nous sommes trahis ! nous n'avons plus de ressources...

simon. Le diable me brûle si je ne m'en venge pas sur ce déloyal chevalier ! Topineau est le frère de ma marraine.

*Il se fait un grand mouvement dans le camp. Entrent F. Jean, Siward, le Loup-Garou.*

f. jean. Nous sommes trahis ! le scélérat s'est échappé !

siward. Holà ! Derrick ; Louis ! Qu'on m'amène mon cheval alezan ! qu'on me donne mes armes ! Je veux le rattraper, fût-il au fond de l'enfer !

le loup-garou. A cheval ! à cheval !

morand. Qui donc s'est échappé ?

le loup-garou. Eh ! parbleu, Bellisle, ce faiseur de beaux discours. Et les gendarmes du roi sont en marche.

siward. A cheval, Loup-Garou ! C'est du côté des bois qu'il a dû s'échapper.

le loup-garou. Non, j'ai vu des pas de chevaux auprès de la fontaine. Il a fait un détour pour nous donner le change.

siward. Je te dis qu'il a pris par les bois, un de mes gens a vu un cavalier entrer dans la forêt...

f. jean. Allez chacun de votre côté sans vous disputer davantage. — Vous, courez à vos bandes. — Dans une heure il faut être en marche.

*Siward et le Loup-Garou sortent.*

morand. Voilà un grand malheur, père Jean !

mancel. On dit que l'ennemi est nombreux.

simon. Comment ont-ils fait pour passer la Marne ?

f. jean. Allez vous armer au lieu de faire ces sottes questions. *Il sort.*

simon. Jamais je ne lui ai vu l'air si troublé.

morand. Mauvais signe !

mancel. Allons toujours nous armer.

MORAND. Le père Jean baisse, on s'en aperçoit.

SIMON. Bah ! il n'y a que toi qui le dise.

MANCEL. Si l'armée du roi nous attaque, nous en viendrons à bout, comme nous avons fait de celle du sénéchal.

MORAND. Voilà bien des corbeaux du côté de l'orient. Dieu veuille, et Notre-Dame, que nous ne leur donnions pas à manger !

SIMON. Toujours prophète de malheur ! *Ils sortent.*

## SCÈNE XXXV.

*Une plaine auprès de Meaux. — La bataille est engagée ; on voit çà et là des morts et des blessés. — Le Loup-Garou, avec ses archers, escarmouche contre l'avant-garde opposée.*

LE LOUP-GAROU, *faisant une marque sur sa masse.*

Un de plus ! j'espère finir aujourd'hui mon demi-cent. Allons, vous autres, entrez dans ces bruyères à droite, et poussez les archers du roi. Ils ne tiendront pas plus ferme devant vous que les daims du Beauvoisis.

*Entre F. Jean à cheval avec quelques chefs.*

F. JEAN. Bien commencé, brave Loup. Du courage aujourd'hui, et la guerre est terminée.

LE LOUP-GAROU. Je ne m'y épargnerai pas pour ma part, soyez-en sûr. Mais comment cela va-t-il de votre côté ?

F. JEAN. Bien, je ne crains pas les gendarmes du captal. Mais les aventuriers sont à notre droite et s'apprêtent à les bien recevoir. Je vais voir comment on se comporte à la gauche. *Il sort.*

LE LOUP-GAROU. Jean, mets une corde neuve à mon arc. — Holà ! ménagez vos flèches là-bas. Vous tirez de trop loin. Avancez, avancez, jusqu'à ce que vous puissiez leur voir le blanc des yeux. — Bien, mes lurons, lancez ! — Ah ! ce gros arbalétrier, quelle culbute ! — Où diable est fourré maître Brown ? L'ennemi se replie sur sa réserve, et les archers anglais nous seraient bien utiles maintenant.

— Je m'en vais lui sonner un rappel. (*Il sonne du cor.*) Je gage qu'il est à boire quelque part. Tant qu'il reste une bouteille pleine, il ne peut se mettre à l'ouvrage.

*Un cor répond à celui du Loup-Garou, entre Brown.*

BROWN. Loup mon ami, veux-tu te faire Anglais ?

LE LOUP-GAROU. Moi ! à quoi bon ?

BROWN. Vous êtes tous perdus. Ce soir vous serez tous en chair à pâté. Il n'y a de salut pour toi qu'à te faire Anglais.

LE LOUP-GAROU. Tu me fais rire, l'ami, je suis de ceux qui mangent les pâtés, et il faudrait un fier cuisinier pour me mettre en pâte.

BROWN. Vous êtes perdus tous tant que vous êtes ; on vous trahit.

LE LOUP-GAROU. Que veux-tu dire ?

BROWN. Nous vous quittons. Cela s'est fait malgré moi ; mais le captal de Busch a été autrefois notre capitaine. — Je ne regrette que toi ; — mais viens avec nous, fais-toi Anglais.

LE LOUP-GAROU. Au diable tes Anglais ! mais explique-toi, mort de ma vie !

BROWN. Adieu, adieu ! montre mon arc aux Anglais et dis-leur que tu le tiens du capitaine Brown. *Il sort.*

LE LOUP-GAROU. Arrête, attends donc. Il court comme si le diable l'emportait ! Allons prévenir le père Jean. Il n'y a rien de bien clair dans ce qu'il m'a dit, mais l'autre le devinera. Wilfrid, conduis nos gens, et escarmouche avec prudence. *Il sort.*

## SCÈNE XXXVI.

**Une forêt. — Il est nuit.**

F. JEAN, LE LOUP-GAROU, MORAND, SIMON, BARTHÉLEMY, GAILLON, PAYSANS INSURGÉS.

*F. Jean est debout à l'écart, appuyé contre un arbre ; les autres sont assis ou couchés par terre autour d'un feu, et mangent avec avidité quelques provisions. — Quelques-uns sont blessés, et tous semblent accablés de fatigue.*

LE LOUP-GAROU. Quarante-trois hommes ! Perdre en un seul jour quarante-trois des plus braves archers qui jamais aient encoché flèche! Que la peste étouffe les aventuriers qui nous ont trahis!...

SIMON. Que le diable étrangle le captal!

MORAND à basse voix. Et le moine de Mahom qui nous a menés à la boucherie!

LE LOUP-GAROU. Toujours le même, vieux Morand. Tu te tais, et tu te caches quand les horions pleuvent. Mais on est sûr de te revoir et d'entendre tes croassements auprès du feu de la cuisine. Ventre de bœuf! Renaud est mort, c'était le seul brave d'entre vous.

MORAND. Toi qui parles, n'as-tu pas couru aussi vite que nous autres?

LE LOUP-GAROU. Morand, ne m'échauffe pas les oreilles, je ne suis pas en belle humeur, et il m'en coûterait moins de te casser la tête que d'avaler le reste de cette bouteille.

MORAND. Tu te fâches toujours pour rien.

LE LOUP-GAROU se levant. Eh bien! mes loups, finirez-vous de manger! Jour de Dieu! on dirait, à les voir mâcher si lentement, qu'ils sont assis à une table de noce. Debout, coquins! Nous avons encore une longue traite à faire avant de gagner nos bois.

SIMON bas à Morand. Voilà notre vaillant champion qui se trouve encore trop près du captal.

F. JEAN s'avançant. Nous allons lever le camp...

SIMON bas. Il appelle cela un camp.

F. JEAN. Franque, tu feras l'arrière-garde avec tes braves archers. Demain nous serons en sûreté derrière l'Oise, et nous pourrons recommencer la guerre.

MORAND bas. Tu n'en as donc pas assez.

LE LOUP-GAROU. Mes archers et moi, nous ferons notre retraite tout seuls.

F. JEAN. Que veux-tu dire? Obéis.

LE LOUP-GAROU. Père Jean, écoutez. Vous êtes devenu notre chef, le diable sait comment et pourquoi. Avant vous je m'étais fait libre. — Je vous ai aidé de tous mes efforts; moi et mes gens, nous avons fait rage pour vous: maintenant vous voilà retombés dans le bourbier... Par la barbe de Mahom! tirez-vous-en tout seul. Et adieu!

F. JEAN. Je m'étais trompé sur ton compte. Je t'ai cru un

soldat, tu n'es qu'un voleur. Tu es âpre à la curée après la victoire ; maintenant...

LE LOUP-GAROU. Maintenant... Si vous m'aviez laissé dans ma forêt, je serais maintenant à la tête d'une centaine de bons lurons libres comme l'air ; au lieu qu'avec votre belle manière de faire la guerre, vous nous avez presque mis la corde au cou à tous tant que nous sommes. Or sus, adieu!

F. JEAN. Eh bien! fuis, lâche que tu es. Je reste avec ces braves gens. Avec eux je saurai triompher de nos ennemis...

LE LOUP-GAROU. Je vous le souhaite, mon révérend.

F. JEAN. Mais sache que, si tu reviens jamais à mon armée dans un temps plus heureux, je te ferai pendre comme un brigand, et...

Le Loup-Garou sonne du cor avec force, rassemble sa petite troupe et s'enfonce dans la forêt.

MORAND. Il a raison, le Loup-Garou ; nous sommes bien dupes de rester avec ce maudit sorcier.

F. JEAN. Simon, et toi, Gaillon, rassemblez ce qui nous reste d'archers. Vous commanderez l'arrière-garde avec moi.

GAILLON. Bien obligé de votre arrière-garde! Pour nous faire mettre en hachis? Quelque sot!...

SIMON. Père Jean... père Jean...

MORAND bas à Simon. Est-ce que tu veux lui obéir ?

F. JEAN à Simon. Tu hésites ?

SIMON. Ma foi, l'armée est en déroute. Chacun pour soi. Les boiteux feront l'arrière-garde.

BARTHÉLEMY. Vous voulez donc toujours nous commander?

F. JEAN. Prétendriez-vous me désobéir? Parle, toi, Gaillon.

Il le prend à la gorge.

GAILLON. Moi... Non, non, père Jean... mais...

SIMON. C'est vous qui êtes cause de tout ce qui est arrivé.

GAILLON. Vous nous avez menés ici.

BARTHÉLEMY. Vous nous avez poussés à la révolte...

MORAND. Contre nos bons seigneurs.

F. JEAN s'avançant vers lui. Que dis-tu, misérable!

Morand recule effrayé.

SIMON. Nous nous sommes fiés à vous.

GAILLON. Vous nous avez fait tuer comme des moutons.

MORAND aux paysans. Si vous aviez du cœur, il ne serait plus notre capitaine.

SIMON. Vous n'êtes plus notre chef.

BARTHÉLEMY. Vous nous avez trahis.

TOUS. Trahison! trahison!

MORAND. C'est lui qui a fait assassiner le vénérable abbé d'Apremont.

PLUSIEURS PAYSANS. C'est cela qui nous a porté malheur.

F. JEAN. Lâche canaille! vous osez élever la voix contre moi! Avez-vous si vite oublié que sans moi vous seriez encore esclaves? Avez-vous oublié que par moi, par moi seul, vous avez vaincu vos seigneurs, que vous vous êtes emparés de leurs richesses? Est-ce ma faute, si votre lâcheté vous attire un revers? Si je vous abandonnais à vos propres forces, malheureux, vous seriez déjà tous suspendus aux fourches patibulaires. Si maintenant...

BARTHÉLEMY. N'écoutons point ce traître...

GAILLON. Empêchons-le de parler!

MORAND. Qu'il meure, l'apostat!

SIMON. Tuons-le comme il a tué le baron d'Apremont.

TOUS. Qu'il meure! qu'il meure!

MORAND. Il faut le livrer au captal, au baron de Bellisle!

F. JEAN l'épée à la main. Avancez, lâches, avancez; je ne vous crains pas. Qui de vous osera mettre la main sur son capitaine?

PAYSANS. Finissons-en! — Qu'il meure! — A bas le moine!

F. Jean est frappé d'une flèche par derrière. Il tombe et se relève aussitôt sur les genoux en s'appuyant contre un arbre.

F. JEAN. Cela est digne de vous... misérables... vous me frappez par derrière.

VOIX derrière la scène. Les gendarmes du roi!

F. JEAN. Je vais être vengé!... Allez, traîtres... vous n'échapperez pas... à leurs longues lances... Les roues... les potences vous attendent... Je vous excommunie... et vous dévoue aux supplices éternels.    Il meurt.

MORAND. Sauve qui peut!

VOIX CONFUSES. Nous sommes entourés; sauve qui peut!

QUELQUES PAYSANS. Qui sera notre capitaine?... Simon, Simon!

SIMON. Fuyons, nous sommes perdus!

HOMMES D'ARMES derrière la scène. Au captal, au captal! tue, tue!

TOUS. Sauve qui peut!

*Fuite et déroute générales.*

FIN DE LA JAQUERIE.

# NOTES

1. Les prêtres étant alors les seuls médecins, et **les prières et** les vœux presque les seuls remèdes, il n'est pas étonnant que les maladies fussent désignées par le nom des saints qui en guérissaient les dévots, ou qui punissaient par elles les impies et les incrédules.

2. On dévoue un homme au diable en faisant sur lui la croix de la main gauche. Il faut encore dire certaines paroles.

3. Rien n'était plus commun, dans ce siècle d'ignorance, que de confondre ainsi dans des serments les noms des saints et des démons. — Golfarin, neveu de Mahomet, est représenté dans les vieilles légendes comme un enchanteur redoutable. — Quelques érudits veulent voir dans son nom celui du calife Omar.

4. Cri de joie. — On appelait aussi *noëls* certaines chansons joyeuses.

5. *Routiers, aventuriers, chevaliers d'aventure*, noms que l'on donnait à des hommes vivant de pillage en temps de paix, et qui louaient leurs services en temps de guerre au prince qui leur donnait la plus forte solde.

6. Cavaliers couverts d'armures de fer. — Gendarmes, hommes d'armes, lances; tous ces mots sont souvent employés les uns pour les autres.

7. C'est-à-dire piller.

8. Comme il faut que chaque métier ait **un patron**, les voleurs ont choisi saint Nicolas.

9. Lieu de refuge où l'on était à l'abri des poursuites de la justice.

10. Il faut continuellement se reporter à l'ignorance du temps. L'art de l'écriture n'était connu presque exclusivement que des moines.

11. Cette restriction mentale, qui peut être d'une grande utilité, est encore usitée par les enfants dans leurs jeux.

12. Soldats du parti du roi de Navarre. Ce prince possédait alors beaucoup de places dans le nord de la France.

13. Gens de guerre sans emploi, la plupart Anglais ou Gascons et vivant de brigandage. Ce nom avait été donné à plusieurs bandes que l'espoir du pillage avait attirées en France longtemps après le commencement des guerres.

14. Terme de mépris et surnom donné à ces soldats.

15. Il n'était pas rare alors de voir des ecclésiastiques porter les armes. Les aventuriers se donnaient un chef pendant la paix et s'établissaient d'ordinaire dans quelque château qui leur servait de dépôt pour leur butin et de citadelle contre les attaques qu'ils pouvaient avoir à craindre de la part des paysans qu'ils pillaient.

16. Sobriquet du paysan français.

17. Plusieurs abbayes de France avaient le droit d'envoyer leurs chefs aux conciles.

18. Voir les romans de chevalerie.

19. Voir l'anecdote du comte de Saint-Pol faisant assommer des prisonniers, une heure après le combat, par son fils âgé de douze ans, « lequel y sembloit prendre grand plaisir. »

(Histoire des ducs de Bourgogne.)

20. La science.

21. La bataille de Poitiers, où le roi Jean fut fait prisonnier. Il mourut en Angleterre sans avoir été racheté.

22. Les archers anglais poussaient l'arc de la main gauche, en tenant la droite immobile. — Les Français, raidissant le bras gauche, tiraient la corde de la main droite. Au reste l'adresse des Anglais comme archers était partout reconnue, et leur assura longtemps la supériorité sur toutes les autres nations.

23. Prix de l'arc.

24. Ancienne superstition qui s'est conservée encore dans quelques pays.

« ..... *Lupi Mœrim vidère priores.* »

Virgile, *Buc.*

25. C'était un habillement fort serré, ordinairement en buffle ou en toile bien ouatée, que le gendarme portait sous son armure. Son usage était d'empêcher le frottement du fer sur la peau, et il pouvait servir en outre pour amortir les contre-coups.

26. Le temps de la durée des trêves.

27. Cotte de mailles : armure légère.

28. Bien que les Anglais fussent catholiques alors, cependant leur dévotion n'est pas représentée comme d'une nature très-fervente ; et les historiens leur reprochent souvent de piller les églises, de profaner les reliques, etc.

29. Montjoie Saint-Denis! était le cri de guerre des Français ; chaque seigneur y ajoutait son cri particulier que répétaient ses vassaux dans les combats.

30. *Rescousse*, c'est-à-dire l'action de secourir, de repousser. Ce mot entrait fréquemment dans les cris de guerre.

31. *Miséricorde* ou *poignard de merci*. La lame de cette arme était extrêmement forte et aiguë. Quand un chevalier était renversé, ce n'était pas encore chose aisée de le blesser au travers de sa panoplie. Le vainqueur tâchait de soulever quelque pièce de son armure pour y introduire la pointe

de son poignard, à peu près comme on fait pénétrer un couteau entre les deux écailles d'une huître.

Froissard appelle cette opération *bouter la dague au corps*. Dans ce temps il était d'usage de tuer toutes les personnes qui ne pouvaient donner rançon, ou dont la solvabilité n'était pas bien reconnue.

32. La plupart des ecclésiastiques exerçaient la médecine.

33. Ce droit étrange est encore observé à la mer.

34. Les cagots de la Provence, que l'on a longtemps regardés comme des Sarrasins échappés à la défaite d'Abdérame.

35. Espèce de fourrure estimée.

36. L'autorité d'un abbé sur les moines de son couvent s'étendait même encore plus loin.

37. Tous les talents nécessaires à un troubadour.

38. On voit dans les fabliaux français avec quelle irrévérence les troubadours traitaient les prêtres et les moines.

39. Les chevaliers *bannerets* se distinguaient par une bannière carrée des chevaliers *pennonceaux*, qui n'avaient qu'un petit drapeau triangulaire nommé *pennon*. Pour *lever bannière*, il fallait posséder un certain nombre de fiefs et être suivi d'une troupe considérable de chevaliers et d'écuyers.

40. On leur donne souvent cette épithète. Voir Joinville *passim*, etc.

41. Voir le fabliau du voleur qui entra en paradis par l'intercession de la sainte Vierge, pour laquelle seulement il avait conservé de la dévotion.

42. Dans ce temps, une dame noble se faisait rendre par un homme des services pour lesquels on emploierait aujourd'hui une femme de chambre.

« Damoiselle, vous avez perdu votre armure de jambe; votre page vous « l'a mal attachée. » (*Tiran le Blanc*.)

43. C'était au casque que l'on visait en général dans les tournois.
Voir, dans Froissard, la description du tournoi de Calais.

44. Il fallait faire preuve de noblesse pour être admis à *faire armes* dans un tournoi.

45. Ancienne tradition qui fait descendre les rois francs de Francus, fils de Priam, roi des Troyens.

46. Les anciennes armures étaient de tissu de mailles. Le père Jean fait ici un notable anachronisme.

47. Il y a trente ans que quatre paysans russes massacrèrent l'intendant de leur seigneur avec les circonstances décrites dans cette scène. Ils se livrèrent ensuite au gouverneur de la province pour empêcher que leur village ne fût décimé. — On les envoya aux mines de Nertchinsk, après leur avoir coupé le nez et les oreilles.

48. De semblables arrangements n'étaient pas rares.

49. Le dauphin; depuis, Charles V.

# NOTES.

50. Le prix des chevaux paraît avoir été hors de toute proportion avec celui des objets nécessaires à la vie. Un homme d'armes à qui le roi donnait un cheval valant 200 francs, recevait seulement 30 francs de solde par an.

51. Carquois.

52. Les couvents hors des villes étaient tous plus ou moins fortifiés et munis d'armes.

53. C'est-à-dire, je combattrai contre vous.
Dans les beaux temps de la chevalerie errante, un chevalier qui courait les aventures portait en évidence soit une chaîne, soit un bracelet, présent de sa dame. C'était un défi aux autres chevaliers de le *délivrer*, c'est-à-dire de lui enlever les signes de son entreprise d'armes (*emprinse*). On a dit ensuite délivrer un chevalier de trois coups de lance, etc., pour courir trois passes contre lui, etc.

54. Baisser la lance.

55. Voir la réponse de Bayard à l'empereur Maximilien au siége de Padoue.

56. Formule de serment. Voir le poëme du Héron.

57. C'est une semblable imprudence qui fit perdre la bataille d'Azincourt.

58. Ces détestables jeux de mots étaient alors fort à la mode.

59. On reconnaissait ainsi les hommes d'armes prisonniers.

60. Ambroise Paré raconte qu'après une petite escarmouche en Piémont, trois ou quatre soldats avaient été horriblement brûlés par l'explosion de leurs flasques de poudre. Un de leurs camarades demanda au savant chirurgien s'il y avait quelque espoir de sauver ces hommes; sur sa réponse négative il leur coupa « *gentiment* » la gorge.

61. Parce que l'on jette au feu les sarments secs. — Comparaison fort usitée dans ce temps.

62. Un chevalier écossais, qui joutait sur le pont de Londres, paraissait si ferme sur la selle, que le peuple le força de mettre pied à terre pour voir s'il n'était pas attaché au cheval.

63. Se forfaire, c'était manquer aux règles d'un tournoi. On devait toujours frapper *entre les quatre membres*.

64. Punition usitée. Voir le tournoi de Calais dans Froissard.

65. Voir note 39.

# LA
# FAMILLE DE CARVAJAL

### DRAME

### 1828

> ¡ O malvado,
> Incestuoso, desleal, ingrato,
> Corrompedor de la amistad jurada
> Y ley de parentesco conservada !
>
> LA ARAUCANA.

> 'Twas stange
> How like they look'd! The expression was the same
> Serenely savage, with a little change
> In the dark eye's mutual-darted flame;
> For she too was one who could avenge,
> If cause should be — a lioness though tame.
> Her father's blood, before her father's face
> Boil'd up and proved her truly of his race.
>
> D. JUAN, *canto* IV, *st.* 44.

# PRÉFACE

J'ai lu, dans l'ouvrage du malheureux Ustariz sur la Nouvelle-Grenade, l'anecdote qui fait le sujet de la pièce suivante ; en voici l'extrait :

« Don Jose Maria de Carvajal descendait du fameux don Diego, mestre de camp de Gonzale Pizarro, dont la cruauté a passé en proverbe [1]. Certes, il ne démentit pas son origine ; car il n'y a pas de rapines, de trahisons et de meurtres dont il ne se soit rendu coupable en divers lieux, tant dans ce royaume que dans le golfe du Mexique où il exerça longtemps le métier de pirate. Ajoutez à cela qu'il s'adonnait à la magie, et que, pour plaire au diable son inventeur, il commit plusieurs sacriléges trop horribles pour que je les rapporte ici. Néanmoins il obtint sa grâce à prix d'argent, dont il avait quantité, et, s'étant établi à la côte ferme, il parvint à faire oublier ses forfaits par le vice-roi, en soumettant plusieurs tribus d'Indiens sauvages et rebelles à l'autorité de S. M. C. Dans cette expédition il n'oublia pas ses intérêts, car il dépouilla de leurs biens plusieurs créoles innocents qu'il fit mourir ensuite, les accusant d'être d'intelligence avec les ennemis du roi...

« Dans le temps qu'il faisait la course, il avait enlevé et épousé une demoiselle noble, native de Biscaye et nommée doña Agustina Salazar, dont il eut une fille nommée doña Catalina. Il avait permis à sa mère de la faire élever au couvent de Notre-Dame du Rosaire à Cumana ; mais, lorsqu'il se fut établi à Yztepa, au pied de la Cordillère, il fit venir près de lui cette demoiselle, dont la rare beauté ne tarda pas à allumer une flamme impure dans son cœur dépravé. D'abord il tenta de séduire l'innocence de la jeune Catalina soit en lui donnant de mauvais livres, soit en raillant en sa présence les mystères de notre sainte religion. Comme il vit ses efforts inutiles, par une ruse diabolique il essaya de lui persuader qu'elle n'était pas sa fille et que sa mère, doña Agustina, avait manqué à la foi conjugale. Toute cette infâme machination

---

[1] *Mas fiero y cruel que Carvajal.*

étant restée sans effet par la vertu de doña Catalina, Carvajal, dont le caractère colérique ne pouvait longtemps se plier à la ruse, résolut d'employer la force contre cette innocente créature. D'abord, il se débarrassa de sa femme par le poison, suivant l'opinion généralement reçue; puis, s'étant enfermé seul avec sa fille, à laquelle il avait fait prendre un breuvage magique (lequel cependant ne put avoir d'effet sur une chrétienne), il essaya de lui faire violence. Catalina, n'ayant plus d'autre ressource, saisit la dague de Carvajal et lui en donna un tel coup que le scélérat mourut presque aussitôt. Quelques instants après arriva le capitaine don Alonso de Pimentel, avec des Indiens et des Espagnols, pour l'enlever par force de la maison de son père. Don Alonso l'avait connue à Cumana, et l'aimait tendrement; mais, ayant appris ce qui s'était passé, il l'abandonna sur-le-champ et revint en Espagne, où l'on m'a dit qu'il se fit moine. Quant à doña Catalina, elle prit la fuite, et l'on n'a jamais su ce qu'elle était devenue. Le juge don Pablo Gomez, qui poursuivit cette affaire, fit de grands efforts pour la retrouver, mais inutilement. Peut-être se sauva-t-elle chez les Indiens Tamanaques, peut-être fut-elle dévorée par les jaguars en punition du meurtre qu'elle avait commis. On remarqua que le cadavre de don José fut déterré et mangé par les jaguars, la nuit même qui suivit son enterrement. »

(Voir l'histoire du procès de Béatrix Cenci.)

Je n'aurais jamais pensé à faire un drame de cette horrible histoire sans les deux lettres qu'on va lire, et que je reçus presque en même temps.

### PREMIÈRE LETTRE.

Monsieur,

Je m'appelle Diego Rodriguez de Castaneda y Palacios; je commande la corvette colombienne *la Régénération de l'Amérique*, en croisière sur les côtes nord-ouest de l'Espagne. Depuis près d'une année nous avons fait d'assez belles prises, ce qui n'empêche pas que quelquefois nous ne nous ennuyions diablement. En effet, vous vous imaginerez facilement l'espèce de supplice que ressentent des gens condamnés à naviguer toujours en vue de terre sans pouvoir jamais aborder.

J'avais lu que le capitaine Parry, au milieu des glaces polaires, avait amusé son équipage au moyen de comédies jouées par ses officiers. Je voulus l'imiter. Nous avions à bord quelques volumes de théâtre; nous nous mîmes à les lire tous les soirs dans la chambre du conseil, cherchant quelque pièce à notre convenance. Vous ne sauriez croire, Monsieur, combien ces lectures nous semblèrent ennuyeuses. Tous les officiers voulaient être de quart pour les éviter. Personnages, sentiments, aventures, tout nous paraissait faux. Ce n'étaient que princes soi-disant amoureux fous, qui n'osent toucher seulement le bout du doigt de leurs princesses, lorsqu'ils les tiennent à longueur de gaffe. Cette conduite et leurs propos d'amour nous étonnaient, nous autres marins accoutumés à mener rondement les affaires de galanterie.

Pour moi tous ces héros de tragédie ne sont que des philosophes flegmatiques, sans passions, qui n'ont que du jus de navet au lieu de sang dans les veines, de ces gens enfin à qui la tête tournerait en serrant un hunier. Si quelquefois un de ces messieurs tue son rival en duel ou autrement, les remords l'étouffent aussitôt, et le voilà devenu plus mou qu'une baderne. J'ai vingt-sept ans de service, j'ai tué quarante et un Espagnols, et jamais je n'ai senti rien de pareil ; parmi mes officiers, il en est peu qui n'aient vu trente abordages et autant de tempêtes. Vous comprendrez facilement que, pour toucher des gens comme nous, il faut d'autres ouvrages que pour les bourgeois de Madrid.

Si j'avais le temps, je ferais bien des tragédies ; mais, entre mon journal à tenir et mon vaisseau à commander, je n'ai pas un moment à moi. On dit que vous avez un talent prodigieux pour les ouvrages dramatiques. Vous me rendriez un grand service si vous employiez ce talent à me faire une pièce que nous jouerions à bord. Je n'ai pas besoin de vous dire qu'il ne nous faut pas quelque chose de fade ; tout au contraire rien ne sera trop chaud pour nous, ni trop épicé. Nous ne sommes pas des prudes, et nous n'avons peur que du langoureux. S'il y a des amoureux dans votre drame, qu'ils aillent vivement en besogne. Mais quel besoin de vous en dire davantage ? A bon entendeur, salut. Quand votre comédie sera faite, nous nous entendrons pour le paiement. Si des marchandises espagnoles vous sont agréables, nous nous arrangerons sans peine.

Au reste, Monsieur, vous n'avez pas à craindre d'écrire pour des gens incapables de vous apprécier. Nos officiers ont reçu tous une excellente éducation, et moi-même je ne suis pas un membre tout à fait indigne de la république des lettres. Je suis auteur de deux ouvrages qui, j'ose le dire, ne sont pas sans mérite. Le premier est *le Parfait timonier*, in-4º, *Carthagène*, 1810. L'autre est un mémoire sur les câbles en fer. Je vous adresse un exemplaire de l'un et de l'autre, et suis,

    Monsieur,

    Votre très-humble et très-obéissant serviteur,

                  DIEGO CASTANEDA.

## DEUXIÈME LETTRE.

Monsieur,

J'ai quinze ans et demi, et maman ne veut pas que je lise des romans ou des drames romantiques. Enfin l'on me défend tout ce qu'il y a d'horrible et d'amusant. On prétend que cela salit l'imagination d'une jeune personne. Je n'en crois rien, et, comme la bibliothèque de papa m'est toujours ouverte, je lis le plus que je puis de semblables ouvrages. Vous ne pouvez vous figurer quel plaisir on éprouve en lisant à minuit dans son lit un livre défendu. Malheureusement la bibliothèque de papa est épuisée, et je ne sais ce que je vais devenir. Ne pourriez-vous, Monsieur, vous qui faites des livres si jolis, me faire un petit drame ou un petit roman bien noir, bien terrible, avec beaucoup de crimes et de l'amour à la lord Byron? Je vous en serai on ne peut plus obligée, et je vous promets de faire votre éloge à toutes mes amies.

Je suis, Monsieur, etc.,

Z. O.

*P. S.* Je voudrais bien que cela finît mal, surtout que l'héroïne mourût malheureusement.

2d *P. S.* Si cela vous était égal, je voudrais bien que le héros se nommât Alphonse. C'est un nom si joli!

# LA FAMILLE DE CARVAJAL

DRAME

### PERSONNAGES :

Don JOSÉ DE CARVAJAL.
Doña AGUSTINA, sa femme.
Doña CATALINA, sa fille.
Don ALONSO DE PIMENTEL, amant de doña Catalina,

Le cacique GUAZIMBO.
INGOL, son fils.
L'aumonier de don José.
MUGNOZ, ancien flibustier.
Espagnols, Indiens, Nègres, etc.

*La scène est dans une province peu habitée du royaume de la Nouvelle-Grenade, en 16**.*

## SCÈNE PREMIÈRE.

*Un salon dans une habitation isolée. — Sur le devant de la scène, une table avec des flambeaux, et un plateau garni de tout ce qui sert à prendre le maté ou l'herbe du Paraguay 1.*

DON JOSÉ DE CARVAJAL, DOÑA AGUSTINA, DOÑA CATALINA, MUGNOZ, NÈGRES ESCLAVES.

DON JOSÉ à Mugnoz. Ensuite ?

MUGNOZ. Ensuite, monseigneur, voyant que cela ne suffisait pas pour le faire parler, je lui ai donné trois autres bons tours de corde.

DOÑA CATALINA *se bouchant les oreilles.* Encore !

DON JOSÉ à Mugnoz. Et le coquin n'a rien dit malgré cela ?

MUGNOZ. J'ai eu beau lui...

DOÑA CATALINA. Oh ! c'est trop longtemps parler de supplices... Mugnoz, taisez-vous !

DON JOSÉ. Eh bien ! mademoiselle est ici la maîtresse apparement? — Ne puis-je donc interroger mes gens sans ton consentement, petite méchante?

*Il lui passe la main sous le menton.*

DOÑA CATALINA *se levant.* Parlez librement de vos tortures, moi je m'en vais.

DON JOSÉ. Non, je veux que tu restes.

DOÑA AGUSTINA. Mon ami, pourtant, Catalina...

DON JOSÉ. Quoi! faut-il encore qu'à votre ordinaire vous vous entremettiez entre ma fille et moi? — Catalina, reste, je le veux. Il ne faut pas être si sensible. Il ne s'agit que d'un nègre... Ne dirait-on pas... (Aux nègres.) Empêchez-la de sortir. Je veux que tu restes ici. Quel caractère! (Doña Catalina veut s'élancer vers la porte, mais les nègres se placent devant elle; alors elle va du côté de la scène le plus éloigné de don José, et s'assied les bras croisés.) (A part.) J'aime à la voir ainsi. Comme elle est belle quand le dépit lui donne des couleurs! comme son sein est agité! Quels yeux! comme ils sont pleins de rage! Elle est belle comme une jeune tigresse. — Eh bien! Mugnoz, nous disions?...

Doña Catalina se met à réciter à haute voix des *Ave Maria*, pendant tout le temps que son père et Mugnoz parlent ensemble.

MUGNOZ. Moi, je lui demandais toujours ses complices, car on n'empoisonne pas ainsi douze nègres tout seul, mais il serrait les dents comme un lézard mort et ne disait rien.

DON JOSÉ *regardant sa fille.* Quelle tête! (à Mugnoz.) C'est que tu le ménageais, Mugnoz, tu es trop doux.

MUGNOZ. Par le corps du Christ! vous êtes injuste, monseigneur. J'ai fait de mon mieux : c'est tout dire. Mais un nègre vous a la peau plus dure qu'un caïman.

DON JOSÉ *regardant sa fille, à demi-voix.* Qu'elle est belle! (A Mugnoz.) Enfin?

MUGNOZ. Enfin, monseigneur, n'en pouvant rien tirer, je l'ai remis au cachot, la jambe dans une bonne cangue [2] bien lourde, et demain, si vous le jugez à propos, nous le brûlerons tout vif devant l'habitation... Les empoisonneurs, ça se brûle ordinairement; mais, si vous l'aimez mieux...

DON JOSÉ *d'un air distrait.* Bien... mais, Mugnoz...

MUGNOZ. Monseigneur?...

DON JOSÉ à doña Agustina. Allez auprès de votre fille, madame ; je n'aime pas à avoir des espions auprès de moi. Laissez-nous. — (A Mugnoz plus bas.) Tu ne me parles pas de don Alonso de Pimentel? Comment a-t-il pris le refus que je lui ai fait? Tes espions savent-ils quelque chose?

MUGNOZ. Monseigneur, voici tout ce que je sais. D'abord il a dit à l'un de ses domestiques : « Martin, » (c'est son nom), « as-tu du cœur? J'aurai bientôt besoin de toi. » Ce qui indique suivant moi...

DON JOSÉ. Je n'ai pas besoin de tes observations. Ensuite?

MUGNOZ. Il a dit au jésuite que vous savez, et qui était chargé de le sonder là-dessus : « Don José de Carvajal me « refuse sa fille; mais elle sera à moi, n'importe com- « ment. »

DON JOSÉ. Nous verrons.

MUGNOZ. Depuis ce temps-là don Alonso va voir plus fréquemment le vieux cacique Guazimbo, et il pousse ses chasses dans nos environs, toujours en compagnie de ce mauvais drôle qu'ils nomment Ingol, le fils du cacique.

DON JOSÉ. Dans nos environs ?

MUGNOZ. Oui, monseigneur, autour de votre habitation. Nuit et jour on voit des Indiens rôder près d'ici. Ils ont l'air d'examiner la hauteur des murs. Pas plus tard qu'hier, j'ai rencontré Ingol qui faisait une marque à sa lance. Il était auprès du mur : il l'avait mesuré, j'en suis certain. Pareille canaille mériterait qu'on la reçût à coups d'arquebuse.

DON JOSÉ après un silence. Bon!... cela est bien... Je suis content... Tu peux te retirer. — (Le rappelant.) Mugnoz!

MUGNOZ revenant. Monseigneur!

DON JOSÉ. Mugnoz, cela ne peut durer ainsi.

MUGNOZ. Non, monseigneur.

DON JOSÉ. Et je compte sur toi, Mugnoz.

MUGNOZ. Oui, monseigneur.

DON JOSÉ. Il faudra que je sache quand il ira chez son ami le cacique.

MUGNOZ. Je le saurai.

DON JOSÉ. Dans la montagne, sur le chemin de Tucamba, il y a une petite gorge dans les rochers, et tout auprès d'épaisses broussailles...

MUGNOZ. Oui, monseigneur, j'ai bien remarqué la place, et je me disais comme cela, parlant à moi-même : « Un homme qui s'embusquerait là un soir avec une bonne arquebuse... »

DON JOSÉ. Bien... Nous verrons demain. Va-t'en.

Mugnoz sort.

DOÑA CATALINA le voyant sortir. Enfin !

DON JOSÉ appelant. Catalina !

DOÑA AGUSTINA. Ton père t'appelle.

DON JOSÉ. Catalina !

DOÑA AGUSTINA bas à sa fille. Va vite, ne l'irrite pas.

DON JOSÉ se levant. Viendras-tu, boudeuse ?

DOÑA CATALINA. Que voulez-vous ?

DON JOSÉ la contrefaisant. Que voulez-vous?... Quitte cet air tragique et assieds-toi à cette table. Allons, enfant, la paix. Donne-moi ta petite main, Catuja. Sois juste ; ne faut-il pas que je fasse punir un scélérat qui m'a empoisonné douze nègres, qui me fait perdre plus de trois mille piastres ?

DOÑA CATALINA. Vous êtes le maître ici.

DOÑA AGUSTINA. Puis-je venir prendre le maté avec vous?

DON JOSÉ à doña Catalina. Oh ! quelle mauvaise petite tête ! jamais elle ne dira : J'ai eu tort. — Allons, embrasse-moi, petite mutine ; je le veux.

DOÑA CATALINA le repoussant doucement. Bon, bon! nous n'étions pas en querelle, pourquoi s'embrasser? — Ma mère, mon père vous attend pour prendre le maté que vous venez de faire. Tous s'approchent de la table.

DON JOSÉ. Catalina, il faut que tu m'embrasses.

DOÑA CATALINA. Non, non, vos moustaches et votre barbe me piqueraient.

DON JOSÉ. Oui, je te comprends. Mes moustaches noires te déplaisent... Tu aimerais mieux sentir sur ta joue les moustaches blondes de ce freluquet d'Alonso... Eh bien! la voilà toute rouge à présent. On allumerait une allumette à sa joue.

DOÑA AGUSTINA. Mon ami...

DON JOSÉ. Qui diable vous interroge ? Ne sauriez-vous vous taire un moment? — Et toi, Catalina, cette rougeur si soudaine veut être expliquée. Qu'as-tu à nous dire?

DOÑA CATALINA. Rien.

DON JOSÉ. Je sais que tu l'aimes... je le sais, fille ingrate ; ose le nier !

DOÑA CATALINA. Oui, je l'aime.

DON JOSÉ se levant avec fureur. Tu l'aimes, et tu oses me le dire !

DOÑA CATALINA. Vous le savez.

DOÑA AGUSTINA. Ma fille !

DON JOSÉ. Don Alonso, un misérable capitaine d'infanterie... d'une basse extraction... un drôle...

DOÑA CATALINA avec feu. Cela est faux ! sa famille est aussi noble... plus noble que la nôtre !

DON JOSÉ. Insolente ! est-ce ainsi que tu oses me parler ?

DOÑA AGUSTINA. Au nom de Dieu !...

DON JOSÉ. Vous tairez-vous ? mille tonnerres ! — (A Catalina.) Oser donner un démenti à son... oser me dire : Cela est faux !

DOÑA CATALINA. J'ai eu tort, j'ai oublié que je parlais à mon père... Je suis bien coupable... Mais on m'a si mal élevée !... Je ne sais rien. On m'a tenue exprès dans l'ignorance... On a espéré que je serais toujours une enfant... que je serais... Oh ! mon Dieu, venez à mon aide !

Elle pleure.

DON JOSÉ. Vous excusez votre insolence par une autre insolence.

DOÑA CATALINA. Je ne sais ce que je dis... Il faut que je sorte... j'ai tort... Mais je ne puis souffrir qu'on insulte mon amant[3].

DON JOSÉ. Ton amant ! Ainsi, tu t'es prostituée à don Alonso ? Tu l'avoues ?

DOÑA AGUSTINA. Sainte Vierge, que dit-il ?

DON JOSÉ. Répondras-tu

DOÑA CATALINA levant fièrement la tête. Je ne vous comprends pas.

DON JOSÉ. Oui, tu es une ignorante, n'est-ce pas ? et pourtant l'innocente sait déjà faire l'amour !

DOÑA CATALINA. Je voudrais être la femme de don Alonso, et je ne serai jamais qu'à lui.

DON JOSÉ. Je ne sais ce qui me retient !...

DOÑA AGUSTINA. Ma fille, ma chère Catuja, n'irrite pas ton père.

DON JOSÉ se promenant à grands pas. Fort bien, mademoiselle, fort bien! — Je vois maintenant quel serpent j'ai nourri auprès de moi... Vous êtes un monstre!... Mais quant à celui que vous appelez votre amant... il ne vous aura pas, j'en réponds!... Qu'il se présente devant cette maison, qu'il essaye de vous parler, de vous enlever...

DOÑA CATALINA à demi-voix. Don Alonso est un cavalier castillan.

DON JOSÉ. Eh bien?

DOÑA CATALINA. Il ne craint pas la mort quand il s'agit de celle à qui sa foi est engagée!

DON JOSÉ tirant sa dague. Je ne souffrirai pas que tu déshonores ma maison!

DOÑA AGUSTINA. Arrêtez, arrêtez-le! au nom de notre Sauveur!...

DOÑA CATALINA. Tuez-moi! j'aime mieux mourir que de vivre ainsi.

DON JOSÉ. Cœur de bronze!... fille dénaturée! (Il jette sa dague et court çà et là dans la chambre comme un homme en délire.) L'enfer est dans mon cœur!... Je suis le plus malheureux des hommes! — Tout le monde me hait! — vous voudriez tous me voir mort, n'est-ce pas?... (A demi-voix.) Oh! Satan, Satan! donne-moi seulement un mois de bonheur, et emporte-moi après! (Il se promène quelque temps en silence. A un nègre.) Ramasse cette dague et donne-la-moi. (Il s'approche de Catalina.) Meurs, fille ingrate! (Il pose légèrement le poignard sur sa gorge, et le retire aussitôt en poussant un grand éclat de rire.) Eh bien! as-tu eu peur?

DOÑA CATALINA. Vous m'effrayez quelquefois davantage.

DON JOSÉ. Si..... tu as eu peur, conviens-en, Ninette..... Comment! petite sotte, tu n'as pas vu que je ne voulais que t'effrayer un peu? C'était une plaisanterie.

DOÑA AGUSTINA. Comment!... Jésus! une plaisanterie!... Ah! mon cher mari, songez donc au mal que vous pouvez faire à une femme avec ce que vous appelez une plaisanterie.

Don José hausse les épaules. Grand silence.

DON JOSÉ. Ce maté est détestable. Il faut que ce soit ma femme qui l'ait fait.

DOÑA CATALINA à doña Agustina. Ceci est encore une plaisanterie.

DOÑA AGUSTINA. Mon ami, pourtant j'y ai mis tout le soin possible.

DON JOSÉ. Il suffit que vous vous mêliez de quelque chose pour tout gâter. Maintenant que vous êtes vieille, vous devriez au moins savoir faire le maté. Vous n'êtes bonne à rien.

DOÑA AGUSTINA. Mon ami, vous êtes le seul qui ait jamais dit pareille chose. Mais vous avez attendu si longtemps, que votre maté s'est refroidi.

DON JOSÉ. Allons! allons! en voilà assez. Toujours radoteuse! Quel ennui d'avoir une femme plus vieille que soi de dix années!

DOÑA AGUSTINA les larmes aux yeux. Oui, j'ai quelques années de plus que vous, mais pas tant que vous dites, don José.

DOÑA CATALINA. Chère maman! (Elle l'embrasse.)

DON JOSÉ. Nous vieillissons tous. Peut-être n'aurez-vous plus à supporter longtemps mes mauvaises humeurs... Hum! (Silence.)

DOÑA AGUSTINA. J'espère que nous vous conserverons encore longtemps.

DON JOSÉ. Catalina, tu m'aimerais donc bien si je te donnais à ce don Alonso? S'il est vrai qu'il soit noble, comme tu le dis... peut-être...

DOÑA CATALINA. Peut-être?...

DON JOSÉ. Comme elle ouvre les yeux! — Oui, je voudrais te voir heureuse. Un jour peut-être... Mais, d'ici là, don Alonso se rompra le cou à la chasse.

DOÑA CATALINA. Vous souriez?

DON JOSÉ. Oui. Tu sais qu'Alonso est un grand chasseur... Il passe sa vie dans les montagnes, au milieu des précipices... Il peut bien s'y rompre le cou.

DOÑA CATALINA. Je comprends votre sourire; mais je ne perds pas toute espérance; Notre-Dame de Chimpaquirà aura pitié de moi.

DON JOSÉ. Vous devenez de jour en jour plus impertinente, malgré votre prétendue dévotion. — Au reste, nous verrons bientôt.

DOÑA CATALINA. Mon unique espérance est en Dieu.

DON JOSÉ. Oui ! priez-le, Catalina, priez-le, ainsi que votre mère, qu'il vous délivre d'un tyran, qu'il vous débarrasse...

DOÑA CATALINA. Je prie Dieu tous les jours qu'il veuille toucher le cœur de mon père.

DON JOSÉ se levant. Dieu... le ciel n'écoute point une fille qui lui demande la mort de son père. Je vous connais... Mais prenez-y garde ! ne me poussez point à bout !... Ceux qui s'opposeront à mes volontés, je les écraserai sous mes pieds comme je brise ce vase. (Il jette avec force une porcelaine par terre.) Qu'on me fasse venir Mugnoz ! (Il sort.)

DOÑA AGUSTINA. Hélas ! mon beau sucrier en mille morceaux ! mais aussi, ma chère Catalina, pourquoi parles-tu avec si peu de ménagements à ton père ? Tu sais comme il est violent, et tu l'irrites toujours. Dieu ! que vous m'avez effrayée tous les deux ! Va, tu es le vrai portrait de ton père ; tu es aussi entêtée, aussi irascible que lui. — (Bas.) Mais, je n'y pensais pas ; on nous écoute, ma fille. Si ces noirs restent, nous ne pourrons causer.

DOÑA CATALINA aux nègres. Sortez. Les nègres sortent.

DOÑA AGUSTINA. Comme elle sait se faire obéir ! Jamais je n'aurais osé leur parler avec cette voix-là. Ah ! Catuja, si tu étais un homme, tu ferais autant parler de toi que les conquérants de ce pays !

DOÑA CATALINA. Plût au ciel que je fusse un homme !

DOÑA AGUSTINA. Par exemple, pourquoi aller dire à don José que tu aimes le capitaine de Pimentel ? je sais bien qu'à ton âge on regarde les jeunes gens, mais on n'en parle pas. J'ai remarqué que ton père s'irrite toujours quand il est question de te marier. Comme il t'aime beaucoup, cela lui ferait de la peine de te quitter.

DOÑA CATALINA. Il m'aime beaucoup ! Jésus !

DOÑA AGUSTINA. Oui, malgré ses brusqueries, je vois bien qu'il n'aime que toi. Avec un peu de douceur, tu en ferais ce que tu voudrais ; mais tu le braves toujours. Il est colère comme toi, emporté... Tu n'y prends pas assez garde. Promets-moi, ma Catalina, que tu vas aller le trouver dans sa chambre...

DOÑA CATALINA. Moi !

DOÑA AGUSTINA. Et que tu lui diras : « Mon père, il est « vrai que j'aime don Alonso, mais je vous aime encore « plus... »

DOÑA CATALINA avec emportement. Je ne dirai pas ce qui est faux, je ne sais pas mentir.

DOÑA AGUSTINA. Ah ! mon enfant, une fille doit toujours aimer son père, l'Écriture le dit. Et puis pense donc, ma chère, combien il t'aime.

DOÑA CATALINA impétueusement. Il m'aime plus que vous ne pensez !

DOÑA AGUSTIÑA. Oh ! ne me regarde pas comme cela, ma fille ! il me semble que je vois ton père !

DOÑA CATALINA lui prenant la main. Ainsi, vous avez peur de cet homme?

DOÑA AGUSTINA. De cet homme !

DOÑA CATALINA. Nous ne pouvons plus vivre sous le même toit que lui. Il faut que nous quittions toutes deux cette demeure. Je veux être libre ; je veux que vous soyez libre aussi.

DOÑA AGUSTINA. Quitter ce logis ! Et mon mari, bon Dieu ! que dirait-il, si nous nous en avisions ?

DOÑA CATALINA. Répondez-moi, ma mère ! pouvez-vous vivre ici ? Cette maison n'est-elle pas un enfer pour vous ? et pour moi !... sainte Vierge !...

DOÑA AGUSTINA. Il est vrai que, si je te savais bien mariée, bien établie, j'entrerais volontiers dans un cloître, dont la règle ne fût pas trop sévère. Du moins, voilà ce que je ferais, si don José voulait bien me le permettre.

DOÑA CATALINA. Vous n'irez point dans un cloître, vous me suivrez dans une famille où m'attendent le repos et le bonheur, qui ne peuvent exister ici.

DOÑA AGUSTINA. Tu m'effrayes, ma chère enfant ; explique-toi, voudrais-tu te faire enlever ?

DOÑA CATALINA. Oui, on m'enlèvera à la honte, à l'infamie. Un ami que le ciel m'a donné dans ma misère, un homme qui n'a jamais faussé sa parole, m'a juré qu'avant peu je serais libre ; cet ami, je l'attends.

DOÑA AGUSTINA. Don Alonso! Mais cela est épouvantable Malheureuse enfant... et ton père!...

DOÑA CATALINA. Mon père ne m'a pas laissé le choix d'un parti à prendre. Il faut que je me sauve, ou que je perde mon âme. Ma mère, je vous en conjure, suivez-moi.

DOÑA AGUSTINA. Où veux-tu te réfugier?

DOÑA CATALINA. Nous trouverons un asile chez le cacique Guazimbo.

DOÑA AGUSTINA. Chez les Indiens? doux Jésus! chez ces ennemis de Dieu!

DOÑA CATALINA. Ils sont meilleurs chrétiens que votre mari, et, pour sortir de cette maison, je fuirai, s'il le faut, dans les savanes, jusque dans la tanière du tigre. Nul danger ne m'arrêtera. Vous ne devez pas rester non plus; il vous tuerait si je m'échappais.

DOÑA AGUSTINA tout étonnée. Qui? le cacique?

DOÑA CATALINA. Vous me suivrez, il le faut. Jurez-moi de me suivre.

DOÑA AGUSTINA. Mais...

DOÑA CATALINA. Voulez-vous vous rendre complice d'un crime horrible?...

DOÑA AGUSTINA. Jésus! tu me fais trembler.

DOÑA CATALINA. Voulez-vous précipiter votre mari dans l'enfer? — Voulez-vous me damner, moi aussi?

DOÑA AGUSTINA. Ma pauvre fille a perdu la raison. Hélas! que je suis malheureuse!

DOÑA CATALINA. Êtes-vous donc aveugle? — Il faut choisir. — Dois-je fuir? ou faut-il que je devienne la concubine de mon père?

DOÑA AGUSTINA. Sainte Marie! quels mots dis-tu là?

DOÑA CATALINA. Oui, mon père *m'aime*. Mon père *aime* sa fille. Maintenant vous sentez-vous le courage de m'accompagner dans ma fuite?

DOÑA AGUSTINA. Mais... en es-tu bien sûre, ma fille?

DOÑA CATALINA avec un sourire amer. Une fille croit-elle son père coupable sur un simple soupçon?

DOÑA AGUSTINA. Doux Sauveur! jamais je n'oserai rester seule avec lui... Mais... ah! Jésus! Maria! quelle histoire!

DOÑA CATALINA. Étendez la main vers ce crucifix. Vous me

jurez que jamais don Alonso, que jamais personne au monde ne saura rien de l'horrible secret que je viens de vous confier.

DOÑA AGUSTINA. Je le jure... Ah ! mon Dieu !...

DOÑA CATALINA. Eh bien ! ma mère, cette nuit même, dans une heure, Alonso viendra nous chercher.

DOÑA AGUSTINA. Cette nuit ! je me sens défaillir.

DOÑA CATALINA regardant à la fenêtre. La croix va s'incliner[1]. Il sera bientôt minuit. Quand nous entendrons le rugissement d'un tigre, alors nos amis seront là : il faudra descendre dans le jardin.

DOÑA AGUSTINA. Mais toutes les portes seront fermées.

DOÑA CATALINA. Ils apporteront une échelle de corde, et de la fenêtre de ma chambre je leur jetterai un lacet pour la hisser.

DOÑA AGUSTINA. Et il faudra descendre par là !

DOÑA CATALINA. Je sauterais du haut d'une tour pour être libre.

DOÑA AGUSTINA. Mon doux Jésus, donnez-moi du courage! — Ma fille, es-tu sûre que ton père soit couché?

DOÑA CATALINA. Il doit l'être maintenant. Venez dans ma chambre ; le temps presse.

DOÑA AGUSTINA. Seigneur, ayez pitié de nous ! Sainte Agathe, sainte Thérèse, priez pour moi !          Elles sortent.

## SCÈNE II.

**Un cabinet avec des instruments d'alchimie.**

DON JOSÉ ; MUGNOZ, dans le fond, soufflant un fourneau.

DON JOSÉ. Ajoute encore du vif-argent au mélange, et, si tu lui vois prendre cette couleur jaune que nous cherchons depuis si longtemps, tu m'appelleras. (Il se promène sur le devant de la scène.) Au reste, peu m'importe maintenant. Il fut un temps où je m'intéressais à ces expériences. Aujourd'hui, si je trouvais la pierre philosophale, je ne serais pas heureux. — Tout m'ennuie... Elle me hait. Quand même je ne serais pas son père, quand j'aurais dix ans de moins...

elle n'aurait pour moi que de l'aversion... Alonso mourra. M'aimera-t-elle, lui mort? — Qu'importe?... Elle est née pour me rendre malheureux... qu'elle soit malheureuse aussi ! Nous sommes deux démons aux prises ; je veux être le plus fort... Oui, pourquoi ne satisferais-je pas la passion la plus violente que j'aie jamais éprouvée, moi qui n'ai jamais connu d'autres lois que mes désirs? — Pourtant... Eh bien ! un crime de plus, voilà tout. La mesure n'est-elle pas comblée? Flibustier dès mon enfance, puis chef de rebelles, amnistié pour une trahison, maître d'un domaine acquis par la violence... puis-je espérer miséricorde de ce Dieu qu'ils disent juste? — Si je m'éloignais de Catalina, je ne changerais pas pour cela de conduite... Je ne sais ce que c'est que de se repentir... Je suis un *homme!*... Qui? moi, faire pénitence !... m'agenouiller devant des imbéciles en robe noire... réciter des prières... Oh ! non ! leur paradis n'est pas fait pour moi... Cependant... Maudites idées d'enfance !... — Je crois que ce qu'ils disent est vrai... je crois... mais je ne puis faire comme eux... Mon sang est plus chaud que le leur... je suis d'une autre espèce... Ainsi... cet être si juste m'a donc créé pour la damnation... Soit !... mais il faut être heureux ici-bas !

MUGNOZ s'avançant. Monseigneur, tout s'évapore. Dans un instant il ne restera plus rien dans la cornue.

DON JOSÉ. Raymond Lulle est un sot, et nous sommes de plus grands sots que lui de croire à ses recettes pour faire de l'or. Éteins le feu, et va te coucher. Fais ta ronde auparavant.

MUGNOZ. Reposez-vous sur moi.

DON JOSÉ regardant dans la coulisse. Quel est cet homme vêtu de noir qui traverse la grand'salle?

MUGNOZ souriant. Ah ! monseigneur, c'est votre aumônier qui vient de confesser le nègre Vendredi, parce qu'on le brûlera demain. Il n'est pas bien étonnant que vous ne connaissiez pas la figure de votre aumônier, car vous avez trop d'esprit pour croire à toutes les histoires que nous content ces cafards.

DON JOSÉ. En effet, cet homme est venu ici il y a deux mois. Je le reconnais maintenant.

MUGNOZ. C'est madame qui l'a fait venir; cela est bon pour des femmes.

DON JOSÉ après un silence. Je veux lui parler; fais-le venir.

MUGNOZ étonné. L'aumônier?

DON JOSÉ. Je n'aime pas à répéter un ordre. (Mugnoz sort.) Je ne lui ai jamais parlé. — Voyons ce qu'il faudrait faire... Le voici.

*L'aumônier entre en faisant de grandes révérences. Don José le regarde fixement.*

DON JOSÉ à part. Sa figure ne me plaît pas. Cet homme est un lâche, j'en suis sûr. (Haut.) Mugnoz, laisse-nous... Approchez, asseyez-vous.

L'AUMONIER. Après vous, monseigneur.

DON JOSÉ. Parbleu! je m'assoirais si je n'aimais mieux rester debout. — Asseyez-vous. Quel est votre nom?

*L'aumônier s'assied, et don José se promène de temps en temps.*

L'AUMONIER. Bernal Sacedon, pour servir votre seigneurie.

DON JOSÉ après un silence. Vous êtes pieux, n'est-ce pas? vous avez de la dévotion?

L'AUMONIER étonné. Monseigneur!

DON JOSÉ. Vous avez lu vos Écritures, n'est-ce pas? Moi aussi, pendant que j'étais au lit pour une blessure; mais le diable m'emporte si j'y ai rien compris!

L'AUMONIER se signant. Monseigneur!

DON JOSÉ. N'ayez pas peur, je ne vous mangerai pas. Dites-moi, avez-vous jamais confessé de grands criminels?

L'AUMONIER. Hélas! oui, monseigneur.

DON JOSÉ. Et vous leur donniez l'absolution?

L'AUMONIER. Quand ils étaient repentants, monseigneur.

DON JOSÉ. Le repentir?... vous appelez cela de la contrition, je crois?

L'AUMONIER. Monseigneur, il faut bien distinguer entre l'attrition et la contrition.

DON JOSÉ. Ce n'est pas de cela qu'il s'agit. Écoutez-moi. Le repentir ouvre les portes du ciel?

L'AUMONIER. Oui, monseigneur, pourvu...

DON JOSÉ. Or çà, parlez franchement. Vous me regardez comme un grand criminel, n'est-ce pas?

L'AUMONIER. Monseigneur!...

DON JOSÉ. Laissez là votre monseigneur, et n'ayez nulle crainte. Parlez-moi comme à votre égal. Supposez, si vous voulez, que je me confesse à vous. — Eh bien ?

L'AUMONIER. D'abord, monseigneur, si vous vous confessiez...

DON JOSÉ frappant du pied. Répondez oui ou non.

L'AUMONIER. Oui, monseigneur... c'est-à-dire non... (A part.) Je tremble.

DON JOSÉ se promenant. Imbéciles ! qui ne peuvent me comprendre ! — Enfin, que faudrait-il faire pour me repentir afin d'aller au ciel ? Comment devrais-je m'y prendre pour montrer à Dieu que j'ai du repentir ? Peu m'importe la rigueur de la pénitence. Une médecine violente qui me tire d'affaire tout de suite, voilà ce qu'il me faut.

L'AUMONIER effrayé. D'abord,... monseigneur, vous savez mieux que personne... ce qui est convenable. Certainement, tout ce que fera votre seigneurie sera bien fait... Mais, s'il était permis à un homme aussi borné que moi de donner quelques conseils à votre seigneurie,... j'oserais lui faire remarquer que rien n'est plus agréable à Dieu que les fondations religieuses. S'il vous plaisait, monseigneur, de faire bâtir quelque part, sur vos terres, une jolie petite chapelle avec une petite maison pour le desservant, qui pourrait en même temps être utile ici... je veux dire qui pourrait...

DON JOSÉ qui l'a écouté avec distraction. Vous autres moines, est-ce que vous n'avez pas des passions violentes qui vous bouleversent le cœur ; comment faites-vous pour les chasser de votre esprit ?

L'AUMONIER. Nous prions, monseigneur.

DON JOSÉ avec mépris. Nous ne pouvons nous entendre. Retirez-vous. L'aumônier sort en saluant avec respect.

Des prières... des prières ! voilà tout pour eux... S'il m'avait dit de combattre un tigre sans armes, je l'aurais cru... je l'aurais embrassé... Mais non, je ne puis prier comme une femme.

MUGNOZ rentrant. Monseigneur, il y a des hommes dans le bois d'orangers. Cela est sûr, mon chien gronde et gratte la porte qui donne de ce côté.

DON JOSÉ. Il vient s'offrir à nous. Que mes domestiques

s'arment, et surtout qu'on ne fasse pas le moindre bruit avant que l'ennemi soit entré. Viens. *Ils sortent.*

## SCÈNE III.

#### La chambre à coucher de doña Catalina.

### DOÑA AGUSTINA, DOÑA CATALINA.

DOÑA CATALINA. Ils ne peuvent tarder. Un cheval a henni sur la montagne ; il vient avec ses amis les Indiens.

DOÑA AGUSTINA. Mon cœur bat avec violence... Je ne sais ce que je fais depuis deux heures... Je voudrais emporter quelques hardes... et je ne puis me déterminer à faire un choix parmi mes robes... Ma pauvre tête est si troublée, je suis tout éblouie... et je ne vois plus rien.

DOÑA CATALINA. J'emporte cette relique seulement, et ces perles pour la femme du cacique.

DOÑA AGUSTINA. Comment! tes belles perles de Cumana, pour une femme à peau rouge! Y penses-tu, ma fille? (On entend un cri.) Jésus !

DOÑA CATALINA. Les voici! Élevons cette lumière, c'est le signal convenu. *On entend quelques coups d'arquebuse.*

DOÑA AGUSTINA. Nous sommes perdues ! C'est fait de nous! Ils vont nous tuer, ces démons rouges !... Ma fille, ne reste pas à la fenêtre, une balle peut aller jusque-là. Cachons-nous sous le lit.

DOÑA CATALINA à la fenêtre. Que devient-il? au milieu des cris et du tumulte, je ne sais qui l'emporte... Que je voudrais être dans ce jardin, à ses côtés... pour le soutenir, pour le recevoir dans mes bras s'il était blessé ! Certainement... cette fenêtre n'est pas trop haute, je puis...
*Elle met le pied sur la fenêtre.*

DOÑA AGUSTINA courant à elle, et la retenant. Malheureuse! que vas-tu faire? Tu vas te tuer !

DOÑA CATALINA. Laissez-moi !

DOÑA AGUSTINA. Non, non, tu ne sauteras pas par la fenêtre, ou bien tu m'entraîneras avec toi. Au secours ! au secours !

DOÑA CATALINA. Ils se retirent. — Ce coup d'arquebuse a été tiré sur la montagne. — S'ils ont pu arriver jusqu'à leurs chevaux, ils seront sauvés. (Elle s'assied et croise les bras d'un air résigné.) Dieu le veut! Que deviendrai-je? J'ai fait ce qui dépendait de moi... Je n'ai pas de reproches à me faire. — J'attends le malheur avec courage.

DOÑA AGUSTINA. Ils ne tirent plus. Dieu soit loué! Mais combien y a-t-il de morts? Cela fait frémir.

DOÑA CATALINA allant vers la fenêtre. Je pense qu'ils se sont sauvés. Chut! n'entendez-vous pas comme un galop éloigné?

DOÑA AGUSTINA. Oui, j'entends le bruit que font les fers de leurs chevaux. Mais cela s'éloigne à chaque instant.

DOÑA CATALINA. Ils sont sauvés!

Entre don José, une arquebuse à la main.

DON JOSÉ. Debout à cette heure? et vous, madame, que faites-vous ici?

DOÑA AGUSTINA. Mon ami... monsieur... j'ai eu tellement peur... que...

DON JOSÉ. Des voleurs sont venus. Mais tout est fini, grâce à Dieu, ils ne reviendront plus. Nous les avons tous tués. —Catalina, tu me regardes avec tes grands yeux furibonds. Connaîtrais-tu ces voleurs? Tu ne réponds pas? Veux-tu les voir morts? Je vais te montrer leurs cadavres. Il y a parmi eux un bien beau garçon.

DOÑA CATALINA faisant un pas vers la porte. Allons.

DON JOSÉ de même. Oui, allons. — (S'arrêtant.) Ce n'est point un spectacle fait pour une femme. Cela te causerait une trop forte émotion. Qu'as-tu à sourire?

DOÑA CATALINA baisant sa relique. Dieu soit loué; il est sauvé!

DON JOSÉ à part. Elle a deviné juste, ce démon femelle. Il m'est échappé, mais demain Mugnoz me répond de lui. (Haut.) Catalina, tu ne peux rester dans cette chambre; tu n'y coucheras pas cette nuit; on y est trop exposé.

DOÑA CATALINA. C'est la plus tranquille de la maison... (bas) et il y a des verrous à l'intérieur.

DON JOSÉ. Des verrous! il faudra sans doute en mettre à ta chambre. — En attendant que l'on t'en prépare une autre, tu coucheras dans celle de doña Agustina.

doña catalina. Je vous remercie. — Bonsoir. — Venez, ma mère.  *Elle sort avec doña Agustina.*

don josé. Elle sait tout ! — Elle m'a deviné !... Elle me brave... Elle sera à moi, ou je mourrai !  *Ils sortent.*

## SCÈNE IV.

**La cabane d'un cacique.**

DON ALONSO, un bras en écharpe; LE CACIQUE GUAZIMBO.

don alonso. Je suis dévoré d'inquiétudes. Il faut que je descende dans la plaine.

le cacique. Ta blessure saigne encore. Reste, et mange le maïs du vieux cacique.

don alonso. Que sera-t-elle devenue? Peut-être l'aura-t-il sacrifiée à sa fureur? Le scélérat !

le cacique. Alonso a sauvé la vie au vieux cacique, et le vieux cacique lui a touché la main. Tes ennemis sont mes ennemis. Dirige ma flèche, ma main lancera au but.

don alonso. J'ai honte d'exposer mes amis dans une querelle qui n'intéresse que moi. Cependant...

le cacique. Le chef blanc n'a-t-il pas versé le sang de ma tribu? n'a-t-il pas versé le sang de mon ami?

don alonso. Je vais rassembler mes amis et leurs gens. Si tu veux joindre tes guerriers aux miens, dans peu de jours je viendrai m'asseoir avec toi au festin de la guerre.

le cacique. La flèche rouge appellera mes guerriers [5].

don alonso. Eh bien ! avant huit jours nous nous retrouverons ici.  *Ils se prennent la main. Entre Ingol portant un daim mort.*

ingol. Où va mon frère?

don alonso. Dans la plaine, chercher mes amis pour me venger du chef blanc.

ingol. Par quel chemin mon frère descendra-t-il dans la plaine ?

don alonso. Par le chemin de Tucamba : pourquoi cette question?

ingol. Il y a dans ce chemin un chien qui pourrait te mordre. Un Indien Tamanaque l'a vu, et me l'a dit.

DON ALONSO. Que veux-tu dire?

INGOL. Le Tamanaque avait des yeux pour voir : Alonso et Ingol ont des lances et des mousquets pour tuer leurs ennemis.

LE CACIQUE. Écrasez la tête du serpent avec une pierre, et son venin n'est plus à craindre.

DON ALONSO. Ainsi don José aposte des gens pour m'assassiner.

INGOL. Il ne les reverra pas.

DON ALONSO. Partons; je brûle de les rencontrer. Ils sortent.

## SCÈNE V.

#### Le cabinet de don José.

### DON JOSÉ, DOÑA AGUSTINA.

DOÑA AGUSTINA. Vous m'avez fait appeler, mon ami?

DON JOSÉ. Oui, approchez.

DOÑA AGUSTINA. Me voici prête à entendre vos ordres.

DON JOSÉ. Plus près. Je n'ai pas envie de m'enrouer à force de crier; je sais que vous avez l'oreille dure.

DOÑA AGUSTINA. Je vous entends très-bien maintenant. Que vous plaît-il de me commander?

DON JOSÉ. Il vous souvient peut-être, madame, de l'aventure de la nuit dernière?

DOÑA AGUSTINA. J'en suis encore tout effrayée.

DON JOSÉ. N'avez-vous aucune explication à me donner à ce sujet?

DOÑA AGUSTINA troublée. Moi! monsieur... que vous dirais-je?

DON JOSÉ. Vous pâlissez?

DOÑA AGUSTINA. Vous avez une manière si dure... c'est-à-dire si imposante d'interroger... que...

DON JOSÉ. Des voleurs ont escaladé les murs de mon jardin la nuit dernière...

DOÑA AGUSTINA à part. Je respire! (Haut.) Oui, mon ami, c'étaient des voleurs.

DON JOSÉ. Je n'aime pas que l'on m'interrompe quand je

parle. — Des voleurs se sont introduits dans ma maison...
et dites-moi, les connaissez-vous, ces voleurs?

doña agustina. Moi!... Jésus! Maria! Si je les connais!
Non, certainement!

don josé. Vous mentez avec impudence. J'ai reconnu ces
prétendus voleurs. Vous les attendiez, je le sais. — Point
de vos signes de croix, ni de ces simagrées qui ne me
trompent plus. — Je croyais mettre mon honneur en sûreté, en m'unissant à une femme qui n'était ni jeune, ni
jolie. Je me suis trompé. Ma femme, toute vieille qu'elle
est, donne la nuit des rendez-vous; elle attend de jeunes
cavaliers, et s'embarrasse peu que ses amants deviennent
les assassins de son mari.

doña agustina. Aussi vrai que je suis votre femme, aussi
vrai que Dieu!...

don josé. N'ajoutez pas le blasphème à l'adultère ; je sais
tout.

doña agustina. Le ciel m'est témoin si jamais!...

don josé. Taisez-vous, perfide! Vos complices ont tout
avoué. Don Alonso est venu cette nuit pour vous enlever.
Je sais qu'il est votre amant, j'en ai des preuves.

doña agustina. O ciel! lui! don Alonso!... Ah! vous ne
croyez pas ce que vous dites.

don josé. Quelle audace! me nier l'évidence! Il n'est plus
temps d'afficher une feinte réserve. Je vous connais à la fin,
et je vois toute la noirceur de votre âme.

doña agustina joignant les mains. Don José, mon cher
mari!

don josé mettant la main sur sa dague. Et tu oses encore m'appeler de ce nom!...

doña agustina. Ah! grâce, grâce! au nom de notre Sauveur! Je vous dirai la vérité.

don josé. Parlez. — Ainsi c'était pour vous que venait
don Alonso?

doña agustina. Non, mon ami... Mais vous savez bien qu'il
est amoureux de notre fille, et probablement... mais sans
qu'elle en sût rien, il est venu pour la voir.

don josé. Ainsi, infâme que tu es, tu n'es pas contente
de donner l'exemple du crime à ta fille, tu veux encore

souiller sa réputation virginale par tes lâches calomnies.

DOÑA AGUSTINA. J'en atteste le ciel et cette image de Notre-Dame de...

DON JOSÉ tirant sa dague. C'est trop souffrir tes blasphèmes ! Tu mourras.

DOÑA AGUSTINA. Au secours ! il veut me tuer ! au secours !

DON JOSÉ la saisissant par le bras. Confesse ton crime, ou tu vas mourir de ma main.

DOÑA AGUSTINA. Grâce, au nom de Dieu !

DON JOSÉ la menaçant. Tu ne veux point avouer ?

DOÑA AGUSTINA. Eh bien ! oui, je l'avoue, don Alonso venait pour l'enlever... puisqu'il faut le dire.

DON JOSÉ. Cet aveu vous sauve la vie. Mais ce n'est pas tout. Asseyez-vous dans ce fauteuil, et répondez franchement, si vous tenez à la vie. — Je sais que vous me trahissez depuis longtemps, et que Catalina n'est point ma fille.

DOÑA AGUSTINA. Juste ciel ! Catalina !

DON JOSÉ. Non, elle n'est point ma fille, et je veux savoir qui est son père.

DOÑA AGUSTINA. Ah ! mon Dieu ! faut-il endurer cette croix !

DON JOSÉ la menaçant. Répondez ! quel est son père ?

DOÑA AGUSTINA. Par pitié !...

DON JOSÉ. Ainsi, vous ne voulez point avouer ?...

DOÑA AGUSTINA. Catalina est votre fille...

DON JOSÉ. Ah ! tu veux mourir ! (Il appuie légèrement la pointe de sa dague sur le sein de doña Agustina.)

DOÑA AGUSTINA criant. Ah ! je suis morte ! il m'a tuée !

DON JOSÉ. Eh bien ! parleras-tu ?

DOÑA AGUSTINA. Mon sang coule, j'en suis sûre... J'en mourrai.

DON JOSÉ menaçant. Meurs donc !

DOÑA AGUSTINA à genoux. Grâce !... j'avouerai tout ce que vous voudrez... Mais jurez-moi de me donner la vie.

DON JOSÉ. Je vous en donne ma parole.

DOÑA AGUSTINA. Jurez-moi par Notre-Dame de Chimpaquirà [6].

DON JOSÉ. Allez-vous-en au diable ! je vous ai donné ma parole. Allons, parlez... quel est le père de Catalina ?

DOÑA AGUSTINA à part. Quel nom lui dirai-je?

DON JOSÉ voyant son embarras. Don Diego Ricaurte était assidu auprès de vous...

DOÑA AGUSTINA. Eh bien ! c'est don Diego Ricaurte.

DON JOSÉ jouant avec sa dague. Je le savais. Voici du papier sur la table. Approchez-vous, et écrivez.

DOÑA AGUSTINA. Que j'écrive ?

DON JOSÉ. Oui, écrivez ce que je vais vous dicter, ou bien cette dague s'enfoncera dans votre cœur... Voici ce que j'exige de vous. Je veux que vous fassiez l'aveu de votre crime à votre confesseur : après quoi, pour toute punition, vous quitterez ma maison et vous irez dans un couvent.

DOÑA AGUSTINA à part. Quel bonheur !

DON JOSÉ. Écrivez. Mettez la date. Vous savez le jour du mois. Je ne sais jamais ces choses-là. Écrivez maintenant : « *Mon père... mon révérend père, animée par le repentir, et* « *résolue à quitter ce monde, je veux soulager ma cons-* « *cience...* »

DOÑA AGUSTINA. O ciel ! comment puis-je écrire ?...

DON JOSÉ. Voulez-vous que je vous donne de l'encre rouge ? vous en écrirez mieux peut-être. — Avez-vous mis ? « *Je* « *veux soulager ma conscience du fardeau d'un crime que je* « *vous ai toujours caché. J'ai trahi la foi conjugale que* « *j'avais jurée à don José, mon mari. J'ai commis adul-* « *tère avec don Diego Uriarte...* »

DOÑA AGUSTINA. Uriarte ?

DON JOSÉ en fureur. « *Ricaurte !* » Vous moquez-vous de moi ? Je jure Dieu !...

DOÑA AGUSTINA. Je n'écris que ce que vous voulez...

DON JOSÉ. Écrivez. « *Il est le père d'une fille nommée Cata-* « *lina, portant improprement le nom de mon mari. Je de-* « *mande pardon à Dieu et aux hommes du scandale que j'ai* « *donné, et dont j'espère faire pénitence dans la retraite où* « *je vais cacher ma honte. Aidez-moi de vos conseils, je les* « *attends avec anxiété.* » Avez-vous mis ? Signez maintenant.

DOÑA AGUSTINA. Êtes-vous satisfait ?

DON JOSÉ après avoir lu la lettre. Demain, vous quitterez ma maison, et l'on vous mènera dans un couvent. Mais si vous y répandez le bruit de mon déshonneur ou si vous y faites courir quelques calomnies contre moi, songez-y bien, ma vengeance vous poursuivrait jusqu'au pied des autels.

DOÑA AGUSTINA. Puis-je me retirer ?

DON JOSÉ montrant une porte latérale. Jusqu'à demain voici votre appartement ; vous n'en sortirez pas, s'il vous plaît.

DOÑA AGUSTINA. Comment! ne pourrai-je pas embrasser ma pauvre fille avant de partir ?

DON JOSÉ. Non ; l'innocence de cette enfant ne doit point être ternie par la société d'une femme corrompue.

DOÑA AGUSTINA. Je ne demande qu'à l'embrasser ; je ne lui dirai pas un mot, si vous l'exigez.

DON JOSÉ. Nous verrons. Retirez-vous.

Doña Agustina sort avec lui. Entre Mugnoz blessé.

MUGNOZ. Où est-il, pour apprendre cette belle nouvelle? Cela va lui donner un accès de rage. Nous allons en entendre de belles. Pourvu qu'il ne s'en prenne pas à moi.

Don José entre, et ferme la porte par où il est entré.

DON JOSÉ. Ah, ah! Eh bien! Mugnoz, suis-je vengé?

MUGNOZ. Vous voyez comment je suis arrangé.

DON JOSÉ. Et don Alonso, est-il mort?

MUGNOZ. Ah bien, oui! — Je ne sais comment le scélérat a su l'embuscade que je lui avais dressée. Monseigneur, c'était la plus jolie position du monde. Nous étions tous les six couchés à plat ventre, bien dispos, chacun une bonne arquebuse auprès de soi, l'oreille au guet, comptant les instants et attendant notre homme. Ces diables d'Indiens ont deviné l'affaire. Ce sont de fins drôles, vous le savez. Ils se sont glissés, en rampant comme des serpents qu'ils sont, parmi les buissons et les roches où nous étions embusqués. Nous ne pensions à rien... Tout d'un coup, paf! un coup de pistolet de don Alonso, accompagné d'une volée de flèches... et les voilà sur nous, avant que nous ayons le temps de nous lever. Jacques le mulâtre, qui était à côté de moi, a été cloué à terre d'une de leurs grandes flèches ; les quatre autres, tous morts ou blessés, sont restés sur la place. Quant à moi, après avoir inutilement déchargé mon arquebuse, j'ai quitté le champ de bataille à toutes jambes, mais je n'ai pu courir aussi vite que la flèche d'Ingol. Le scélérat m'a labouré les côtes, comme vous pouvez le voir.

Le grand diable sait si la flèche n'est pas empoisonnée.

DON JOSÉ. Comment! tu as vu don Alonso et tu ne l'as pas tué?

MUGNOZ. Parbleu! monseigneur, j'aurais voulu vous y voir! Croyez-vous qu'il soit si facile?... Au reste, il a un bras en écharpe, ce qui prouve qu'il a reçu un cadeau de nous la nuit dernière.

DON JOSÉ froidement. Une autre fois... Va te faire panser.

MUGNOZ à part. Il n'a pas l'air plus touché que si l'on n'avait fait que boire un verre de vin pour lui faire plaisir.
Il sort.

DON JOSÉ après un moment de réflexion. Holà! quelqu'un!

UN NÈGRE entrant. Monseigneur?

DON JOSÉ. Que doña Catalina vienne me parler. (Le nègre sort.) La vieille est enfermée... nous sommes libres enfin. — Catalina a deviné mon amour. — Déclarons-le. Voici pour le justifier. (Il montre la lettre de doña Agustina.) La ruse... Le rôle est nouveau pour moi... et je ne sais si je pourrai faire le renard, moi qui suis accoutumé à saisir ma proie comme le lion. Allons, une dernière tentative!... Si je ne suis le plus fin... eh bien!... je serai toujours le plus fort. — La voici.      Entrent doña Catalina et Dorothéa, négresse.

DOÑA CATALINA. Vous m'avez fait demander?

DON JOSÉ. J'ai à vous parler. Dorothéa, laisse-nous.

DOÑA CATALINA. Dorothéa, écoute.    (Elle lui parle bas.)

DOROTHÉA. Oui, madame, dès que vous m'appellerez.
Elle sort.

DON JOSÉ. Asseyez-vous. (Il se promène quelque temps en silence.)

DOÑA CATALINA. Je m'attendais à trouver ma mère avec vous.

DON JOSÉ s'arrêtant. Hélas! Catalina, vous voyez un homme bien malheureux. Je vous ai fait venir pour que vous m'aidiez à supporter les maux qui m'accablent.

DOÑA CATALINA. Mon père!...

DON JOSÉ se parlant à lui-même. Plût à Dieu que je fusse son père!... — Catalina, j'ai un douloureux secret à t'apprendre... Mais je crains de t'affliger.

DOÑA CATALINA. Je suis accoutumée à la douleur, mais je n'entends rien aux secrets.

DON JOSÉ frappe du pied avec impatience et se promène rapidement. Il se calme peu à peu, et s'arrête devant Catalina. Catalina, tu vois un homme déshonoré.

DOÑA CATALINA se levant. Dans les affaires d'honneur une femme est de mauvais conseil. Excusez-moi, mais j'ai une petite broderie à terminer pour la Madone de notre estrade.

DON JOSÉ avec tristesse. Comment! tu ne peux un instant accorder ta pitié... tes conseils à ton... à moi... à un malheureux... Reste, Catalina, je t'en supplie.

DOÑA CATALINA hésitant. Parlez.

DON JOSÉ s'asseyant près d'elle. Je me suis marié par amour, Catalina... mais je n'ai pas tardé à m'apercevoir que j'avais fait un mauvais choix. J'ai été bien malheureux.

DOÑA CATALINA. C'est de ma mère que vous parlez

DON JOSÉ. Écoute-moi. (Il se rapproche.) Peut-être suis-je autant qu'elle à blâmer. Mon caractère est violent, et je suis injuste dans mes mouvements de colère. Moi-même j'ai dû souvent t'offenser, ma Catalina... Hier encore ;... (Il lui prend la main.) M'as-tu pardonné?         Silence.

DOÑA CATALINA faisant un effort sur elle-même. Vous êtes mon père.

Don José lui serre la main, puis il fait un tour dans la chambre et se rassied.

DON JOSÉ. A peine étions-nous mariés, que j'eus lieu de reconnaître que nos caractères ne se convenaient pas ; mais j'étais encore loin de soupçonner tout mon malheur. Depuis longtemps je n'aime plus ma femme, et cependant... Tiens, Catalina, lis ce papier, et dis-moi si un homme d'honneur ne sent pas son sang bouillonner en apprenant tant d'infamie.         Il lui donne la lettre.

DOÑA CATALINA sans l'ouvrir. D'où vient cette lettre? que contient-elle?

DON JOSÉ. C'est une lettre adressée à son confesseur ; je viens de la surprendre. Tu verras qu'elle m'a trahi ; tu verras que don Diego Ricaurte est son complice... qu'il est ton père.

DOÑA CATALINA déchirant la lettre sans la lire. Je n'en crois pas un seul mot !

DON JOSÉ. Que fais-tu?

DOÑA CATALINA. Je connais ma mère!

DON JOSÉ ramassant un morceau de la lettre. Connais-tu son écriture ?

DOÑA CATALINA. Je ne veux rien voir. De ma mère, je ne crois rien de déshonorable.

DON JOSÉ. J'ai longtemps été comme toi ; mais le moyen de se refuser à l'évidence ? J'en atteste le ciel, cette funeste découverte m'a plongé dans le désespoir, et... cependant... j'éprouvais en même temps... je ne sais quelle espèce de volupté... Oh! Catalina, il me semblait que l'affection... que cette tendresse si vive, que tu m'as toujours inspirée, prenait une force nouvelle... L'amour d'un père est grand sans doute, mais il est un autre amour plus grand encore.

DOÑA CATALINA. Mon père !

DON JOSÉ. Ne m'appelle point de ce nom, je ne l'aime plus. Il y a dans ce mot une idée de respect que je voudrais éloigner de notre intimité, de notre amour... Oui, ma Catalina.

DOÑA CATALINA se levant avec effroi. Entends-je bien ce que vous dites ?... Vous me faites trembler !

DON JOSÉ. Demeure encore à cette place, ma bonne Catuja, mon amie. Doña Agustina me demande à se retirer dans un couvent, je vais rester seul. Qu'il me serait doux d'avoir près de moi un ange qui dirigerait mes actions, qui tempérerait la violence de mon caractère, qui me donnerait l'exemple de la vertu... — Oui, ma plus chère amie, toi seule au monde tu peux être cet ange... toi seule tu peux me rendre heureux. Ne dédaigne pas un amour qui n'a point d'égal.

DOÑA CATALINA se jetant à ses genoux. Mon père !... tuez-moi, je vous en conjure, mais ne prononcez pas ces mots affreux !

DON JOSÉ. O fille adorable, si tu lisais dans mon cœur !...

DOÑA CATALINA s'éloignant avec effroi. Regardez cette Madone, elle vous voit. Ne craignez-vous pas qu'un volcan ne s'ouvre sous cette maison pour vous engloutir ?

DON JOSÉ. Ah! pour toi, je m'élancerais au milieu des flammes de l'enfer.

DOÑA CATALINA. Tuez-moi, ou laissez-moi fuir cette maison.

DON JOSÉ. Ecoute-moi!

DOÑA CATALINA s'approchant de la porte. Je ne puis! vous me faites horreur!

DON JOSÉ l'arrêtant. Tu crois donc que je suis ton père? Non, ma Catalina, non, je te le jure. Si j'étais ton père, aurais-je pour toi tant d'amour? C'est cet amour si impétueux qui m'avertit que tu n'es pas mon sang. — Mais... je le vois, ton cœur est tout rempli d'un jeune homme à la tête éventée; les broderies de son habit t'ont séduite; tu n'as pas pensé à la légèreté, à l'inconstance de son âge. Ah! si tu cherchais un amour qui ne change jamais, plus brûlant que la lave au sortir du volcan... Où trouverais-tu cet amour ailleurs que dans mon sein? Je t'en conjure, aimable fille, prends pitié de moi.

DOÑA CATALINA se dégageant avec impétuosité. Ne me retenez plus, il faut que je sorte! Ne me retenez plus... ou je ne sais ce que je ferai...

DON JOSÉ l'arrêtant encore. Eh bien! sors si tu veux; mais écoute encore quelques mots. Tu me connais, tu sais que je t'aime; je n'ai jamais ressenti de passion plus violente... Pour satisfaire un désir, jamais je n'ai hésité à braver toutes les lois... Tiens, vois ce bras, sans peine il lève deux arquebuses. Compare-le à ton petit bras si blanc!... J'en ai dit assez. Pense à mes paroles. Tu peux sortir.

DOÑA CATALINA s'avançant. Écoutez-moi à votre tour. Je suis votre fille, et vous le savez. Vous m'avez donné votre énergie, votre courage. Si mon bras manque de force, je porte un poignard. Tant que j'aurai la force de tenir ce poignard, (elle tire un poignard de son corset [7]) de me défendre avec ce poignard... je ne vous craindrai pas. Elle sort.

DON JOSÉ avec un rire sauvage. Eh bien! frappe ton père! J'aime mieux triompher d'une tigresse que d'une biche timide. Surpasse-moi... Par les os du vieux Carvajal! j'en suis bien aise... Si je triomphe, il naîtra de nous une lignée de démons. Il sort.

## SCÈNE VI.

#### La chambre de doña Agustina.

**DOÑA AGUSTINA** dans son lit; MUGNOZ, L'AUMONIER.

DOÑA AGUSTINA. Croyez-vous que je sois en état de grâce, monsieur l'abbé?

L'AUMONIER. Je le crois fermement.

DOÑA AGUSTINA. J'espère que votre consolante assurance me donnera la force de supporter cet affreux moment. — Oh! lorsque j'y pense, je sens une sueur froide qui me couvre tout le corps.

L'AUMONIER. Hélas!

DOÑA AGUSTINA. Il n'y a donc plus d'espoir... plus d'espoir?... (Silence.) — Croyez-vous que j'aie encore quelques heures à vivre?

L'AUMONIER. Je crains...

MUGNOZ. Tenez, moi j'ai été douze ans charpentier et médecin à bord du lougre *le Mombar*, et j'ai entendu les derniers râlements de plus d'un brave boucanier. Je m'y connais. Je m'en vais vous dire au juste...

DOÑA AGUSTINA. Oh! ne me dites rien, Mugnoz. Je veux que la mort vienne sans que je le sache. — Mon Dieu, mon Dieu! faut-il tant souffrir pour paraître devant toi?... — Et toutes ces souffrances pour si peu de chose! pour un verre de limonade!

MUGNOZ à part. Oui, mais elle était bonne.

L'AUMONIER. Ce danger de mort qui accompagne toutes nos actions, même les plus indifférentes, doit nous montrer combien nous devons être attentifs à marcher dans les voies de Dieu, puisque d'un moment à l'autre il peut nous appeler à lui.

DOÑA AGUSTINA. Oh! que je souffre! Ma poitrine est en feu! Mugnoz, ne sauriez-vous me donner quelque chose pour calmer ces douleurs aiguës?

MUGNOZ lui présentant une tasse. Buvez cela; cela vous fera du bien. (Bas à l'aumônier.) Qu'avez-vous, monsieur l'abbé?

Vous faites la grimace, je crois. Mêlez-vous du spirituel, s'il vous plaît.

DOÑA AGUSTINA d'une voix éteinte. O mon Dieu! si mon agonie doit être longue... donne-moi du courage. — Mugnoz, mon mari ne vient pas... Vous devriez le prier de se hâter.

MUGNOZ. Il va venir.

DOÑA AGUSTINA à l'aumônier; bas. Mon père... venez plus près de mon lit... encore plus près... Ma fille... savez-vous où elle est?

MUGNOZ. Que demande-t-elle?

L'AUMÔNIER. Elle voudrait voir sa fille.

MUGNOZ. Elle est chez les dames du Rosaire, à Cumana. Je vous l'ai dit déjà plus d'une fois.

L'AUMÔNIER faisant du doigt un geste négatif. Oui, madame, je l'ai vue partir.

DOÑA AGUSTINA. Hélas! ma pauvre fille!... Et mon mari qui ne vient pas!... Il faut que je le voie cependant... J'ai besoin de lui parler.

MUGNOZ. Tenez, le voici.

Entre don José; l'aumônier et Mugnoz se retirent au fond de la chambre.

DOÑA AGUSTINA. Je vous remercie, don José... je vous remercie de tout mon cœur.

DON JOSÉ s'approchant du lit. J'espérais vous trouver mieux, madame.

DOÑA AGUSTINA. Ah! je suis bien mal... Don José... je vais paraître devant Dieu... je ne voudrais pas me damner pour un mensonge... Mais... vous le savez bien... Catalina est votre fille... vous n'en avez jamais douté.

DON JOSÉ. Excusez-moi si dans un moment de mauvaise humeur... Pardonnez-moi, je vous en prie.

DOÑA AGUSTINA. Don José!... donnez-moi votre main... si vous n'avez pas peur de gagner mon mal... (Don José lui donne sa main.) Promettez-moi... c'est la prière d'une mourante, don José!...

DON JOSÉ. Si vous avez quelque ordre à me laisser, soyez sûre qu'il sera fidèlement exécuté.

DOÑA AGUSTINA l'attirant vers elle; très-bas. Soyez un père pour Catalina, don José! Jurez-le-moi... Songez que les jugements de Dieu sont terribles.

DON JOSÉ brusquement. La fièvre vous fait délirer. (Il retire violemment sa main.)

DOÑA AGUSTINA saisissant le bout de son manteau. C'est votre fille! vous êtes son seul protecteur! vous êtes son *père!*

DON JOSÉ. Il faut que je vous quitte. Je reviendrai tantôt savoir de vos nouvelles.

DOÑA AGUSTINA l'arrêtant encore. Encore un instant, don José... Que je l'embrasse une seule fois... Un seul baiser, et puis elle s'en ira.

DON JOSÉ. Elle est partie, elle est au couvent.

DOÑA AGUSTINA l'arrêtant toujours. La laisser seule ici... et mourir sans lui dire adieu! Oh! mon doux Sauveur!

DON JOSÉ à part. Quel horrible spectacle! (Haut.) Laissez-moi partir, il le faut.

DOÑA AGUSTINA. Je vous en supplie!... Ah! pourquoi ce poignard?

DON JOSÉ. C'est ma dague. Vous savez que je la porte toujours.

DOÑA AGUSTINA. Jetez-la... elle est toute sanglante... Don José... pitié pour elle! Mais cette dague...

DON JOSÉ retire son manteau et s'avance vers l'aumônier et Mugnoz. Elle a le délire; il n'y a plus d'espoir.

DOÑA AGUSTINA. Catalina... ma fille... — Oh! écartez cette dague. Du sang... des poignards!... Sauvez-moi! sauvez-moi!

DON JOSÉ à part. Ce misérable Mugnoz est un maladroit. L'agonie de cette femme est affreuse.

MUGNOZ, bas à don José. Si vous vouliez, je retirerais son oreiller, et puis ce serait une affaire faite.

DON JOSÉ. Non, qu'on la laisse mourir tranquille. (A l'aumônier.) Je la recommande à vos soins. (Il sort.)

L'AUMONIER présente un crucifix à doña Agustina. Madame, voyez celui qui a tant souffert pour vous. Que sont vos douleurs en comparaison de celles de Jésus-Christ?

DOÑA AGUSTINA. Otez cette dague de devant mes yeux!

MUGNOZ. Elle prend un crucifix pour une dague à cette heure. C'est parce que cela reluit.

L'AUMONIER. Madame....

DOÑA AGUSTINA. Grâce! grâce!

L'AUMONIER. Pensez...

MUGNOZ. Ne la tourmentez plus ; elle est confessée, prête à appareiller pour l'autre monde ; qu'avez-vous de plus à lui faire?

L'AUMONIER. Ses yeux sont fixes, elle est toute raide.

MUGNOZ. Elle râle encore... elle parle toujours de dague.

DONA AGUSTINA. Jésus !  (Elle meurt.)

MUGNOZ. Une convulsion... Bon ! encore une autre! C'est fini à ce coup. Oui, le pouls est parti... Elle a levé l'ancre.

L'AUMONIER. Dieu veuille avoir son âme ! (A part.) Quelles horreurs suis-je obligé de voir dans cette maison ! Ils sortent,

## SCÈNE VII.

#### Le cabinet de don José.

### DON JOSÉ seul.

Cela était inutile... Cette femme m'a fait de la peine... Elle n'était pas gênante ici... Je n'aime pas à voir souffrir un être faible... Mieux aurait valu... — Ce qui est fait est fait ; n'y pensons plus... Un homme ne doit jamais se repentir... Eh ! qu'est-ce que fait une femme de plus ou de moins dans le monde?... — Quant à Catalina... quelle différence y a-t-il entre ces désirs si violents et l'exécution de ces désirs?... L'aimant, je suis criminel et malheureux ; la possédant, je suis criminel, mais heureux... et j'hésiterais?... Cependant, je ne sais ce que j'éprouve... Je manque de courage, et de jour en jour je remets l'exécution de mes desseins... Si la nature, si la voix du sang, comme ils disent, allait faire un miracle?... Et... j'ai quarante-six ans... (Avec un rire amer.) Il y a des saints qui, dit-on... Eh ! quand il le faudrait, je boirais aussi du breuvage infernal que je lui ai préparé... Si je meurs après... qu'importe? j'aurai été heureux. Oui !... je vais goûter un bonheur diabolique. — Après celui-là, il n'en est plus pour moi sur cette terre

(Entre Mugnoz).

MUGNOZ. Ah! monseigneur!...

DON JOSÉ. Qu'y a-t-il, Mugnoz? Pourquoi cet air effaré?

MUGNOZ. Mille pipes de diable! monseigneur, vous n'avez pas voulu me croire quand je vous ai prédit que cette canaille d'Indiens vous jouerait un mauvais tour. Encore si vous aviez fait venir de la côte une vingtaine de lurons comme moi, nous pourrions nous tirer d'affaire : mais vos nègres!... les coquins, ils ne savent manier ni une arquebuse ni une pique.

DON JOSÉ. Enfin qu'est-ce qu'ont fait les Indiens?

MUGNOZ. Parbleu! monseigneur, montez à votre observatoire, et vous verrez ce qu'ils ont fait. Il y en a plus de deux cents à deux portées d'arquebuse de votre porte ; et le pis est que j'ai vu parmi eux une vingtaine de blancs, que don Alonso a sans doute amenés.

DON JOSÉ se parlant à lui-même. Hier j'ai eu quarante-six ans accomplis. Mon temps est venu.

MUGNOZ. Voilà le grain qui nous prend par le travers, il s'agit de tenir la barre. Qu'ordonnez-vous?

DON JOSÉ. Ils ne sont que deux cents, dis-tu?

MUGNOZ. Par la fressure du pape! en voilà bien assez pour nous couper le cou à tous tant que nous sommes. Savez-vous comment font les Indiens pour couper le cou à un honnête Espagnol? Ils lui mettent un pied sur l'estomac; d'une main ils lui tiennent les cheveux. — Deux coups de machète [8], et la tête leur reste dans la main.

DON JOSÉ d'un air distrait. Il faut armer mes nègres.

MUGNOZ. Je n'ai pas attendu votre ordre, monseigneur. Mais les drôles font déjà piteuse contenance. Ils pâlissent sous leur peau noire. Ah! si j'avais seulement deux fauconneaux pour défendre la porte!... seulement ce canon de chasse que nous jetâmes à la mer dans cette fameuse tempête qu'essuya *le Mombar!*

DON JOSÉ à part. Une heure de plaisir. — Ensuite l'enfer. — Peut-être, rien. (Haut.) Je vais encourager mes gens. (Il sonne; à un nègre qui entre.) Apporte une jatte de lait. (Le nègre sort. Mugnoz regarde don José avec étonnement.) Mugnoz, tu prendras le commandement de mes esclaves. Tu tiendras pendant une heure, je le veux. J'irai te rejoindre dans une heure, et nous les chasserons, ou nous mourrons ensemble.

MUGNOZ. Mais, monseigneur...

DON JOSÉ. Point de réplique; nos murailles sont hautes. Des Indiens armés de flèches t'épouvantent! Drôle, il y a dix ans que tu n'aurais pas eu peur, si je t'avais ordonné de sauter à l'abordage devant un canon chargé jusqu'à la gueule.

MUGNOZ. Eh bien! je me ferai tuer! N'en parlons plus.

Le nègre rentre, pose le lait sur une table et sort.

DON JOSÉ. Viens ici; tourne la cuiller pendant que je verserai cette liqueur dans le lait.

Il tire un flacon de son sein et en verse quelques gouttes dans le lait; puis il le serre avec soin.

MUGNOZ à part. Il tremble, cependant.

DON JOSÉ. Je vais faire ma ronde. — Porte ce lait à ma fille. Voici l'heure de son déjeuner. — Attends, je n'ai que faire de cette épée. Prends-la. Que je la retrouve sur ma table avec mes pistolets chargés. Tiens.

Il ôte son ceinturon et remet son épée à Mugnoz. Sa dague sort du fourreau 9 et tombe par terre.

MUGNOZ la ramassant. La voilà, cette dague qui faisait tant de peur à doña Agustina. Prenez garde, elle ne tient guère au fourreau.

DON JOSÉ. Telle qu'elle est, elle me servira encore aujourd'hui. (Il la met dans son sein.) — Mugnoz, tu es sûr que ma fille n'a plus son poignard?

MUGNOZ. Oui, monseigneur; Flora la mulâtresse vous l'a donné, vous le savez bien.

DON JOSÉ se frappant le front. Je deviens un lâche! — Va, porte le lait, tandis que je vais parler à mes gens.

MUGNOZ à part. Cela prend une mauvaise tournure pour nous. *Ils sortent.*

## SCÈNE VIII.

**La chambre où est enfermée doña Catalina.**

### DOÑA CATALINA, MUGNOZ.

MUGNOZ. (Il pose le lait sur la table. A part.) *De profundis !* Et de deux.

DOÑA CATALINA. Comment se porte ma mère ?

MUGNOZ. Très-bien.

DOÑA CATALINA. Je sais qu'elle a été malade. Qu'on me dise la vérité.

MUGNOZ. Voilà votre déjeuner.          Il sort.

DOÑA CATALINA seule. Misérable scélérat !... Ma pauvre mère ! Je ne sais quelles idées atroces m'assiégent... Oh ! non... cela est impossible... Don José... un tel crime est encore loin de son cœur... Pourtant... comme ses yeux étaient farouches quand il la regardait... Non... il n'oserait... mais... Pauvre mère ! elle est seule, j'en suis sûre... Ils la laissent sans soins... Ils la laisseront mourir... Et je ne puis être auprès d'elle... Les misérables !... Ah ! don Alonso, et toi aussi, m'aurais-tu donc abandonnée ! Mais que pourra-t-il faire pour ma délivrance... et lui-même est-il vivant ?... O mon Dieu, n'auras-tu donc pas pitié de moi !... Je donnerais toutes les années de ma vie pour un jour de liberté !... Ah ! (Elle cache sa tête dans ses mains.) je ne puis penser... Si je pouvais dormir !... Pas un instant de relâche... à mes angoisses... Je ne puis lire... Quelle horreur ! m'ôter des livres pieux et m'enfermer avec ces livres damnables ! Hélas ! je n'ai jamais eu un instant de bonheur depuis que je suis au monde... (On entend un bruit confus au dehors.) Qu'entends-je ? me trompé-je ? N'est-ce pas là le cri de guerre des Indiens ?... Non. Tout est tranquille... Rien... C'est le vent... Comme mon cœur bat !... Non. Je me trompe encore... Je suis tellement fatiguée par mes pensées et mes veilles, que je crains de devenir folle... Souvent il me semble entendre parler tout haut dans ma prison... Ma pauvre tête est bouleversée... (Elle s'assied devant la table dans le plus grand abattement.) Oui, je le sens... je deviens idiote... me voici encore à compter les pailles de cette natte... (Elle se lève impétueusement.) C'est ce qu'il veut, parce qu'alors je serais à sa merci. O Jésus! Jésus! aie pitié de moi! donne-moi du courage! (Elle se met à genoux et prie. Se relevant.) Que l'air est épais ici! et ce petit carré de ciel que je puis apercevoir, comme il est d'un brillant azur! (Elle se rassied.) Ah! ma tête est en feu! (Elle regarde le lait.) Ils me traitent comme je traitais ces animaux que je nourrissais en cage. Si jamais je suis libre, je leur rendrai la liberté à tous. (Elle prend la tasse et fait le signe de la croix, puis elle éloigne la tasse tout d'un coup.) Mais j'allais faire un péché... c'est aujourd'hui jour de jeûne, et, au soleil, il n'est pas encore midi. Depuis cinq jours que je suis dans cette prison, j'ai peut-être oublié d'observer les jours de jeûne. (Elle compte sur ses doigts.) Oui, je dois jeûner aujourd'hui. (Avec humeur.) Encore cette privation! Ce lait me fait envie... Un instant plus tôt... Misérable que je suis! un péché de gourmandise dans ma position!... Ah! que le malheur abaisse les sentiments!... Pour me punir je veux le répandre jusqu'à la dernière goutte. (Elle verse lentement le lait dans une caisse d'arbuste.) J'ai fait quelque chose de bien; je viens d'éviter un péché, et cela me soulage. (Bruit dehors.) Ah! je ne me trompe pas cette fois!... Un coup d'arquebuse! Il vient me délivrer... Encore un! encore un!... Le cri de guerre des Indiens! je l'entends! Alonso! Alonso! — Ah! (Elle fuit au bout de la chambre en voyant entrer don José.)

Don José ferme la porte, jette la clef par la fenêtre, puis regarde la tasse vide.

DON JOSÉ. Démons, vous allez avoir une comédie digne de ous! Le ciel, qui me donna le cœur d'un père, le ciel eut parler maintenant; mon élixir parlera plus haut..

DOÑA CATALINA. Au secours! au secours!

DON JOSÉ. Tes cris sont inutiles!

DOÑA CATALINA. Ne m'approchez pas!

Les cris et les coups d'arquebuse se rapprochent.

DON JOSÉ. Ils vont entrer; mais ils viendront trop tard.

Il s'élance sur doña Catalina, qui se débat quelque temps entre ses bras. En le repoussant, elle sent la poignée de sa dague, elle la saisit et frappe son père.

DOÑA CATALINA. Je suis sauvée !

*Elle fuit jusqu'au mur le plus éloigné de don José, et reste immobile, la dague sanglante à la main, et regardant son père d'un air hagard.*

DON JOSÉ renversé. Tu as tué ton père, misérable !... Tu es bien ma fille... mais tu me surpasses encore... Va... je te maudis... et je vais là-bas... préparer ton supplice... Tiens ! c'est le sang de ton père !...

*Il secoue sa main sanglante vers elle ; le tumulte augmente. On frappe à grands coups contre la porte.*

DON ALONSO derrière la scène. Frappez ! enfoncez la porte !

*La porte est enfoncée ; entrent don Alonso, le cacique, Ingol, Espagnols et Indiens armés.*

DON ALONSO. Ma bien-aimée !... Dieu ! que vois-je ?

DON JOSÉ. Espagnols, vengez un père assassiné... par sa fille... La voici... la parricide... Vengez-moi... vengez-moi !...

*Il meurt.*

DON ALONSO. Que dit-il ?

LE CACIQUE. Il est mort !

UN ESPAGNOL. Elle est couverte de sang !

UN AUTRE ESPAGNOL. Elle tient encore la dague toute sanglante.

DON ALONSO. Catalina.

DOÑA CATALINA. Ne m'approchez pas !

DON ALONSO. Qui l'a tué ?

DOÑA CATALINA. Moi. Fuyez la parricide...

TOUS. Elle a tué son père !

DON ALONSO. Vous, Catalina, vous !

UN ESPAGNOL. Une arquebusade dans la tête, voilà ce qu'elle mérite.

*Don Alonso fait un pas vers Catalina, et s'arrête devant le cadavre.*

DON ALONSO au cacique. Cacique... adieu... conduisez cette malheureuse où elle voudra se retirer... Adieu, vous ne me reverrez plus. *Il serre la main d'Ingol et sort ; les Espagnols le suivent.*

LE CACIQUE. Les voilà, ces blancs, ces fils aînés de Dieu, comme nous disent les robes noires !

*Ingol saisit doña Catalina par les cheveux, et lève son machète pour lui couper la tête.*

INGOL. Meurs, toi qui as tué ton père.

LE CACIQUE l'arrêtant. Notre ami veut qu'elle vive : elle vivra, le cacique le veut ainsi. — Femme, où faut-il te conduire ?

DOÑA CATALINA après un silence. Menez-moi dans la forêt.

LE CACIQUE. Mais... tu y seras bientôt dévorée par les tigres.

DOÑA CATALINA. Plutôt des tigres que des hommes ! Partons !

Elle marche d'un pas ferme vers la porte ; mais, en passant devant le cadavre, elle pousse un cri perçant et tombe sans connaissance.

INGOL. Ainsi finit cette comédie et la famille de Carvajal. Le père est poignardé, la fille sera mangée : excusez les fautes de l'auteur.

FIN DE LA FAMILLE DE CARVAJAL ET DU VOLUME.

# NOTES

**1.** Cette herbe, dans laquelle les Espagnols de l'Amérique méridionale croient trouver un remède ou un préservatif contre la plupart des maladies, est d'un usage à peu près général dans cette partie du Nouveau-Monde. On jette l'herbe séchée et presque en poussière dans un vase d'argent ou de porcelaine, auquel est adapté un long tuyau. On y mêle du sucre, du jus de citron et des parfums, puis on verse dessus de l'eau bouillante. Il faut, pour être véritablement amateur, pouvoir aspirer par le tuyau l'infusion toute brûlante, sans faire une seule grimace.

**2.** Grosse pièce de bois fort lourde, creusée et divisée en deux parties qui se réunissent au moyen d'un cadenas. On y fait entrer la jambe du prisonnier, qui ne peut alors ni se lever, ni se tourner.

**3.** Je demande grâce pour ce mot. — Il se trouve dans la Bible, et Catalina n'avait guère lu d'autre livre.

**4.** La croix du Sud, constellation familière à tous ceux qui ont voyagé en Amérique. On connaît les heures, pendant la nuit, par son inclinaison sur l'horizon.

**5.** Une flèche dont les plumes sont teintes en rouge est un signe de guerre pour la plupart des nations indiennes.

**6.** C'est l'image la plus révérée de la Nouvelle-Grenade.

**7.** Beaucoup de femmes portent encore de semblables corsets en Amérique et en Espagne.

**8.** Grand couteau dont on se sert le plus souvent pour couper les lianes et les plantes qui vous barrent le chemin à chaque pas dans les forêts du Nouveau-Monde.

**9.** L'épée et la dague se portaient attachées au même ceinturon. Voir *El Médico de su honra*, de Calderon.

# TABLE

|  | Pages. |
|---|---|
| Notice sur Clara Gazul........................................... | 3 |
| Les Espagnols en Danemarck.................................. | 7 |
|     Avertissement............................................... | ib. |
|     Prologue..................................................... | 9 |
|     Notes......................................................... | 73 |
| Une Femme est un Diable, ou la Tentation de saint Antoine.... | 74 |
|     Prologue..................................................... | ib. |
|     Notes......................................................... | 88 |
| L'Amour africain................................................ | 90 |
|     Notes......................................................... | 100 |
| Inès Mendo, ou le Préjugé vaincu............................. | 101 |
|     Avertissement............................................... | ib. |
|     Notes......................................................... | 123 |
| Inès Mendo, ou le Triomphe du préjugé....................... | 124 |
|     Notes......................................................... | 159 |
| Le Ciel et l'Enfer............................................... | 160 |
|     Notes......................................................... | 177 |
| L'Occasion....................................................... | 178 |
|     Notes......................................................... | 212 |
| Le Carrosse du Saint-Sacrement............................... | 213 |
|     Notes......................................................... | 244 |
| Préface de la Jaquerie......................................... | 247 |
|     La Jaquerie, scènes féodales............................. | 249 |
|     Notes......................................................... | 402 |
| Préface de la Famille de Carvajal............................ | 408 |
| La Famille de Carvajal......................................... | 412 |
|     Notes......................................................... | 449 |

## FIN.

Paris. — Imprimerie Viéville et Capiomont, rue des Poitevins, 6.

www.ingramcontent.com/pod-product-compliance
Lightning Source LLC
Chambersburg PA
CBHW070539230426
43665CB00014B/1745